LOCUS

LOCUS

LOCUS

LOCUS

mark

這個系列標記的是一些人、一些事件與活動。

mark 93

逆風順水：阿嘉仁波切的一生和金瓶掣籤的祕密

作者：阿嘉 · 洛桑圖旦（阿嘉仁波切）

文字編輯：魏立新、朱瑞、唯色

責任編輯：潘乃慧

美術編輯：顏一立

校對：呂佳真

法律顧問：董安丹律師、顧慕堯律師

出版者：大塊文化出版股份有限公司

台北市 10550 南京東路四段 25 號 11 樓

www.locuspublishing.com

讀者服務專線：0800-006689

TEL：(02) 87123898　FAX：(02) 87123897

郵撥帳號：18955675　戶名：大塊文化出版股份有限公司

總經銷：大和書報圖書股份有限公司

地址：新北市新莊區五工五路 2 號

TEL：(02) 89902588（代表號）　FAX：(02) 22901658

製版：瑞豐實業股份有限公司

初版一刷：2013 年 9 月

初版五刷：2019 年 3 月

定價：新台幣 500 元

Printed in Taiwan

༄། །ཨ་ཀྱཱ་བློ་བཟང་ཐུབ་བསྟན་རང་རྣམ། །

逆風順水

阿嘉·洛桑圖旦 著

目錄

尊者達賴喇嘛推薦序

一九九八年，我在紐約講法時，得知西藏著名的袞本強巴林（塔爾寺的藏語發音，以下都寫「塔爾寺」）住持阿嘉仁波切流亡到了美國。回想起來，塔爾寺是我僧伽生活開始之地，自我離開西藏，已在流亡中追求自由近五十年，離開塔爾寺的時間就更長了。而此時，站在我面前的，正是我最早寺院的住持。

塔爾寺是我歸宗的藏傳佛教格魯派創始人宗喀巴大師的誕生地。在初建的二百年間，只是一個小規模的朝拜之處。十六世紀時，三世達賴喇嘛索南嘉措將其改造成一所著名的僧侶大學。

這座寺院離我出生的地方不遠。二十世紀五〇年代中期，我還在那裡度過了一些時光，那時的阿嘉仁波切還是稚童。我對塔爾寺的記憶是溫馨的，那隱蔽在青山中的建築宏偉、錦繡。自此以後，在中國共產黨的控制下，眾多寺院所發生的變化，塔爾寺的僧侶所遭遇的困境，以及周遭的藏人又是如何生存的？這些都是我很想從阿嘉仁波切這裡知道的。

我們進行了親切的長談。阿嘉仁波切和我都經歷了太多的變故，雖然有著迥異的人生經歷，但是我們始終牽繫著藏人的安寧與幸福。鑒於他與中國政府共事多年，曾見過中國國家主席江澤民，我期望他或許能夠幫助促進與中國方面的對話。考慮到這點，我請他致函江澤民主席。

之後，阿嘉仁波切在加州的舊金山市郊建立了「西藏悲智中心」，他做得非常好。後來，我的長兄塔澤仁波切病倒，無法繼續管理他在布魯明頓建立的「西藏文化中心」，我想到了阿嘉仁波切，他在這方面經驗豐富，我相信他能夠恢復並管理這個重要的佛教文化中心。

一如既往地，阿嘉仁波切接受了挑戰。說起來，我的長兄也曾是塔爾寺的住持，這是阿嘉仁波切成爲布魯明頓合適人選的另一背景，所以該中心又被視爲「西方塔爾寺」。另外，阿嘉仁波切來自於蒙古人的家庭，如果能夠將中心的關注範圍擴展到包括蒙古在內的佛教徒，無疑是非常喜樂的事情。這個中心由此改名「藏蒙佛教文化中心」，不僅爲旅美的藏人社區服務，也同時爲蒙古人社區服務。

得益於重獲言論自由，著名僧侶大學——塔爾寺的前住持阿嘉仁波切將他的記憶彙集於這本自傳，坦陳他在西藏度過的短暫快樂和長期恐怖的歲月：如何在饑荒中倖存；如何與已故的班禪喇嘛一起工作；如何在中國的統治下，爲服務於藏人而周旋於危機四伏的政界等等。

其他人也曾寫過在共產黨統治下被監禁、被處罰的可怕經歷。而阿嘉仁波切是進入中國控制的宗教界頂端的人士，他瞭解、熟悉中國政府是如何工作的。然而，當十世班禪喇嘛突然圓寂之後發生的一系列事件，以及備受爭議的對十一世班禪喇嘛的認定，威脅著他面臨被迫放棄自己持守的原則時，他選擇了流亡。

想要瞭解在沒有言論自由、沒有新聞自由的國家，在恐懼和懷疑的狀態下，人民眞實的生活情形，是需要依賴個人記錄的。阿嘉仁波切無掛慮地、很眞實地，寫出了他在西藏的所見所聞和親身經歷，對於那段歷史來說，是一個寶貴的貢獻。

我相信，阿嘉仁波切所寫的將會滿足世人的濃厚興趣，因爲他們都懷著慈悲心爲生活在危境中的西藏人民、南蒙古人民、東突厥斯坦人民尋找共同的人道。我希望透過這本書，可以幫助人們更好地瞭解西藏這個古老民族正在爲生存、爲保護珍貴的宗教文化遺產而痛苦掙扎的眞實歷史與現實，進而有助於西藏的和平變革。

二〇〇九年七月二十日

自序

我的前世就喜歡寫作，雖然他在三十八歲的盛年圓寂，卻留下了四部佛法方面的著作。後來每當我寫作時，我的舅舅，也是我的上師嘉雅仁波切就感慨：「這都是前世的因緣哪。」

寫傳記的想法在我很早就產生了。隨著年齡增長，接觸的人、經歷的事越來越多，眞相也越來越撲朔迷離。如「宗教改革」、「金瓶掣籤」、班禪大師的婚事和圓寂，以及中共諸多領導人的行爲，都是促我寫作自傳的動力。別無原因，只是想還原歷史。

二〇一〇年三月，我的英文自傳由紐約 RODALE 出版社出版，幾個月後又發行了第二版。不久，自傳被譯成了蒙文在蒙古國出版。

然而總像是有什麼事情沒有結束似的，我常坐下來，拿起這部自傳的中文初稿，不由自主地修改著。其實我最想出版的還是中文，最初選擇用中文寫作，就有這個想法。畢竟在西藏、在塔爾寺所發生的這一切，與中國歷史及現實息息相關。另外，我也認爲，各民族之間應該多溝通，像水，是需要流動的，這樣就可以消除那些不必要的隔閡，使得冰雪消融。

書寫歷史並不是爲了記仇，或者製造矛盾，相反是讓我們明鑒過去，告誡世人今後不犯同樣的錯誤。事實上，今天很多中國人都不再記得大饑荒、「大躍進」、文化大革命了，甚至連「六四」天安門的槍聲都變得遠不可聞了，這是很危險的。

而我，作爲歷代阿嘉仁波切的轉世繼承者，親身經歷、見證這一切，實在不是小事。包括那些細節，有的在當時就已成了祕密，被精心地封存起來，不見天日。如果我不說出來，永遠不會有人知道，也自然不會成爲歷史的教訓，而同樣的悲劇很可能被重複。

很多學者和佛教徒都跟我談過，想把我的英文版自傳直接譯成中文，但我沒有同意，這是因爲有很多內容需要充實，所以我還是在早先的中文初稿的基礎上，重新進行了寫作。

感謝魏立新女士，作爲一名佛教徒，她誠摯地對這部書的中文初稿提出了建設性的意見，並做了部分修改。遺憾的是，她因病過早去世。在此我要表達我的懷念，並爲她祈禱。

感謝漢人作家朱瑞和藏人作家唯色，爲這本書的最終定稿承擔編輯的工作。

感謝大塊文化出版此書，提供了我與中文讀者眞誠交流的機會。

頂禮三寶，賜予此生之因緣際會，成就此書。

二〇一二年二月完稿
二〇一二年十二月定稿

編者的話

此刻想來，對於遠去異國十多年的阿嘉仁波切，我並沒有陌生感和時空造成的疏遠感，反而很是熟悉他的音容笑貌，這應該緣於在編輯他的自傳的時日中逐漸獲得的印象和感受。

在此之前，我只有幸見過阿嘉仁波切兩回。那都是在他尚未別離寺院與故鄉之前，屬於很偶然也很短暫的遇見。但仁波切並不記得見過那個年輕女子。即便我透過網路傳給他當時在他的喇讓（意即仁波切宅邸）前的合影，仁波切依然想不起，僅對復甦記憶的老屋及花朵發出了感歎。這是必然的。因爲沒有比只是合個影這種見面更能忘懷的。

但對於我來說，包括與仁波切合影在內的那段時間有著非同尋常的意義。爲此我將這張合影以及與其他仁波切、喇嘛的合影放在一本小相冊裡，並帶著小相冊從拉薩去往北京。與此同時寫下的一首長詩中，我含蓄地記錄了發生在內心這塊場域的衝擊：

一九九四，八節之間

最黑的光陰在轉變

繁星降下露珠
一百零八顆
那兩鬢髮黃的女子
穿著本族的衣裳
要走一條去安多的路……

實際上，在這首名爲《前定的念珠》的詩中，我敘述了去塔爾寺（藏語稱袞本貢巴）的諸多細節：

在藏語爲袞本的寺院
她目睹輕風拂過
一棵樹！舉世無雙
在一座珠寶鑲嵌的塔中變幻
啊！千萬尊佛像
或千萬個藏文字母
化爲千萬片樹葉
彷彿落滿雙肩……

不過我慕名去見阿嘉仁波切的時候，並沒有穿本族的衣裳，而且也並不知道這位著名的仁波切、塔爾寺的寺主有著怎樣的傳承與個人史。其實當時的我更像是充滿好奇心的文學青年。聽說仁波切很忙，常常去北京參加各種會議，帶我去往仁波切喇讓的僧人說我們不一定能見到。不過，某個因緣可能在那時已經發生，穿絳紅鑲黃袈裟的阿嘉仁波切正站在門外，與一些僧人交談著。我就這麼容易地，見到了這位大仁波切。看上去他很平易，但也很忙。即便不忙也不可能多聊的，因爲我不知從何說起，只能提出一個流俗的要求：可否合個影？

如今重看合影，我顯得稚嫩，也不太懂與仁波切合影時須恭敬有加的規矩，但有些緊張，以致靦腆地含笑。仁波切那時也較年輕，笑呵呵的，有著從容的氣質。像這樣要求與他合影的來自四面八方的人一定很多。我的不同在於我從拉薩來，我的胸前戴著一枚尊者達賴喇嘛的像章，而阿嘉仁波切一定注意到，是不是因此爽快地面對鏡頭？這像章是我的一位遠親幾年前去印度朝佛後帶回的。在那段四處遊歷的時間，我常常醒目地別在胸前，只要有人問我他是誰，我就會語調緩慢地說：「他是我們的領袖。」那時不像今日，沒有幾個外人認得尊者，所以往往會因我的回答一頭霧水。

第二次見到阿嘉仁波切是第二年，應該是一九九五年的初冬。不是在袞本貢巴，而是在拉薩的哲蚌貢巴（漢語稱哲蚌寺），我朝拜了措勤大殿三樓上巨大、精美的嘉瓦強巴佛（漢語稱未來佛），走出佛殿時看見排隊朝佛的信眾都轉身望著樓梯。詢問得知將有數位大仁波切亦來朝拜。等了一會，果然見到拉薩的德珠仁波切、安多的阿嘉仁波切等諸多高僧緩步走來。信眾們都躬身合十，期待仁波切們的摩頂加持。但我不由自主地後退了幾步。這些仁波切中我只見過阿嘉仁波切，可我的眼前是最近官方電視播出、爲十世班禪喇嘛的轉世靈童舉行的「金瓶掣籤」儀式上，這些仁波切包括阿嘉仁波切親臨現場，認可中共安排的情景。

我並不知道其實仁波切們內心有多麼不情願參與這欺天瞞世的「金瓶掣籤」，直到多年後讀到阿嘉仁波切的自傳初稿，才窺見深掩在黑暗中、槍口下的眞相。仁波切們雖然是信眾們頂禮再三的上師，卻是強盜手中任其擺佈的羔羊，已經有太多的事例佐證了這可怖的現實，原本依照藏傳佛教定制由尊者達賴喇嘛認定的十一世班禪喇嘛，才六歲的孩童，竟於一夜之間被失蹤，直到今天也無人知其生死。

我有所介意地看著阿嘉仁波切含笑走過，依次爲虔誠的信眾們摩頂，其實錯過了與仁波切的親近。直到幾年後驚聞仁波切祕密出走的消息，才明瞭自以爲是的我低估了仁波切的勇氣。袞本貢巴的一位僧人告訴我，當時阿嘉仁波切勸另一位大仁波切公開反對北京安排的十一世班禪喇嘛，慨然歎曰：「我們都是仁波切，死了還可以再來；可如果我們不說眞話，就對不起把我們視爲生命的人民。」阿嘉仁波切是否眞的說過這擲地有聲的話，我從未向他求證過，但我初次聽到就沒忘過，是因爲當即淚下……

讓我再回憶一遍阿嘉仁波切的這本珍貴的自傳吧。

對於藏人、蒙古人或者藏傳佛教信徒來說，阿嘉仁波切意味著什麼是不言而喻的。他是被稱爲猶如黃金一般珍貴的傳承上的重要一環。不能中斷，否則整個傳承都會招致中斷的危險。然而，閱讀了阿嘉仁波切的自傳就會看到，這滅頂之災事實上多次降臨。第一次是他八歲的時候，他身爲寺主的著名寺院——塔爾寺，在中共發動的「宗教改革」這個政治運動席捲下，數百位高僧被逮捕、被死亡，數千名僧人被迫還俗。有著無數寶藏、培育佛學人才的塔爾寺不但被砸、被掠，還曾一度被改爲生產大隊。

對於阿嘉仁波切來說，他遠在牧場上的父親與無數放牧牛羊的牧人，被拿槍的中共軍人從帳篷裡帶走，從此一去不歸，可能還不算是最慘重的打擊。令他至今心有餘悸的是十世班禪喇嘛留下懸疑的突然亡故，以及數年後因班禪喇嘛轉世靈童的認證，中共與尊者達賴喇嘛決裂，而中共在這個極其嚴肅的宗教事務上蠻橫插手、弄虛作假，終究使得阿嘉仁波切在五十歲時不得不放棄寺院，逃往自由世界，去安放修行的心靈與記錄的願力。

然而，阿嘉仁波切扣人心弦、跌宕起伏的自傳，讀來卻有一種安然、寬容甚至幽默的感覺，哪怕是在經歷令人心碎的遭際時。首先更重要的是自己的心。心若不亂，再亂的世界又能奈我幾何？阿嘉仁波切包含了慈悲的智慧，總是將逆境及逆境中的戾氣化爲烏有，這自然會吸引渴望不爲形役的讀者沉浸其中。我雖爲義務編輯，卻總是在反覆閱讀時得到超越文字本身的加持力。除了由他作爲諸多歷史事件的見證人，在多少年以後披露的一個個祕辛令人震驚，比如與十世班禪喇嘛畢生相關的那些接踵而至的遭遇：作爲持戒高僧的牢獄之災與媒妁之婚，作爲民族靈魂的掙扎、力爭與奪命橫禍，作爲菩薩再來卻人間蒸發、遺患無窮，等等，都揭示了那無時無刻、無處不在的「無形之手」，遠比命運和業力更專制、更殖民。當阿嘉仁波切與如今擁有各種虛職的嘉木樣仁波切在飛過拉薩天空的專機上，聽到時任國務院宗教局局長的葉小文得意忘形地洩露「金瓶掣籤」選十一世班禪轉世靈童造假祕密時，如晴天霹靂被驚嚇得甚至不互看一眼。共產黨對藏傳佛教的操控與淩辱莫過於此。

而我最難忘的書中片段，還是那個八歲的男孩，在參加了「揭開封建蓋子」的大會後，驀然發覺自己失去了一切：老師與同修，以及前世們累積的財產和傳下來的寺院。甚至，連身爲一位高級喇嘛的僧舍或宅邸都被各懷企圖的革命者占據。他當時惶惑，孤單，但他看到被革命者從屋裡抬出去的小桌抽屜裡，他的玩具還沒被扔掉，立刻很專注地玩起了玩具……此刻，當我覆述時，仍有一種含淚微笑的感覺。

唯色
二〇一三年七月三〇日於拉薩

右：塔爾寺，2006年。左：塔爾寺，1920年代。

左：塔爾寺，2006年。　右：塔爾寺，1960年代。

1940 年代，嘉雅仁波切。

1950 年代，阿嘉仁波切與雙親。

1940 年代，班禪大師和嘉雅仁波切。

1952 年，阿嘉仁波切繼承法座。

1950年代，我與賽朵仁波切。

大約1954年，班禪大師、嘉雅仁波切、賽朵仁波切和我。

1950年代，兩位尊者，達賴喇嘛十四世（右）和十世班禪喇嘛，與嘉雅仁波切在羅布林卡。

1960 年代，放學後。

賽朵仁波切、兩位僧人和我，宗教改革後僧人只能穿毛式制服。

1960 年代政策有所鬆動後，母親前來探望。

1960 年代，僧人都得勞動改造，除了賽朵仁波切和我，
其他都是僧人。

文革期間，從田間回家吃午飯後和賽朵仁波切等僧人合影，嘉瑪嘎也在其中。

1970 年代，嘎桑龍珠、金索南和我。

1970 年代，我與嘉雅仁波切。

1980年代，與青聯代表在北京。

1979年達賴喇嘛代表第一次來到塔爾寺時，仁波切們的合影，格嘉、卻西、楊嘉仁波切三位剛釋放回來，嘉雅、賽朵仁波切和我在塔爾寺改造，扎西、貢嘉仁波切也是剛從農村回寺不久。

1979 年，曲桑、卻西仁波切和我在北京。

1979 年，我與七位藏人、一位漢人藏文研究生、夏日東仁波切在青海民院。

1980 年代，嘉雅仁波切和我談論建造時輪壇城。

1980 年代，我與扎西。

1980 年代，正在康復的母親在塔爾寺。

1981 年，曲桑、嘉雅仁波切和我，還有兩位僧人在北京。

1983 年 3 月 10 日祁連縣，與賽朵仁波切騎馬。

1980 年代的尊者班禪大師。

1981 年，班禪大師在西寧會見仁波切們。

1980 年代，母親、扎西祕書和我在日月山口。

1987 年，我和香薩嘎桑、夏日東仁波切、賽朵仁波切。（左起）

1987 年，賽朵、德哇倉仁波切與我在北京高級佛學院。

1987 年，賽朵、熱振仁波切（中）與我在北京佛學院。

1987 年，參加高級佛學院的蒙古族仁波切們。

1988 年，班禪大師、多傑占堆與我訪問巴西。

1988 年，我與班禪大師、平措汪傑訪問南美。

1981 年，班禪大師造訪塔爾寺。

1986 年參訪藍毗尼時，
佛母瑪雅夫人雕像出甘露。

1986 年，赴尼泊爾途中，
班禪大師、貢唐倉與我。

1986 年，尼、中官方在藍毗尼陪班禪大師。

1986 年尼泊爾，我與嘉雅仁波切。

1990 年代，松布、卻西、嘉木樣、永增、曲桑、我、賽池仁波切。(左起)

1990 年代，中共國務院副總理吳邦國訪塔爾寺。

1990 年代，鄧小平之子鄧樸方訪塔爾寺。

1990 年代，北京高佛院祈祝世界和平。

1995 年，北京召開日、中、韓三國佛教會。

1992 年，我與胡錦濤在開兩會時。

1993 年，江澤民訪塔爾寺。

1995 年，中國佛協會會長趙樸初先生叫我繼承其職。

1996 年，塔爾寺維修竣工典禮儀式。

1996 年，見泰國僧王。

1998 年，我在紐約第一次見法王。

在瓜地馬拉。

1998 年在華盛頓第二次見尊者。

1998 年在美國，成力、群佩、法王、我、克瑞斯汀、美朵（洛桑妻）。

1998 年，在美國與尊者暢談辛酸。

美美和皮特全家和我們在加州三藩市郊區。

1999 年，拿到政治庇護的批文時，與律師夫婦合影。

1999 年，與塔澤仁波切在印第安那州布魯明頓。

2006 年，與塔澤仁波切在藏蒙佛教文化中心。

2000 年 3 月 16 日在洛杉磯參加美國國會一個宗教委員會的聽證會，談「宗教自由」並作證。

在布魯明頓舉行火供法會。

在加州奧克蘭中心講《廣論》。

達賴喇嘛問候蒙古國 102 歲的達西仁欽老人。

達賴喇嘛、神父本篤和我。

達賴喇嘛參加「各宗教祈禱會」。

我與台灣的海濤法師會面。

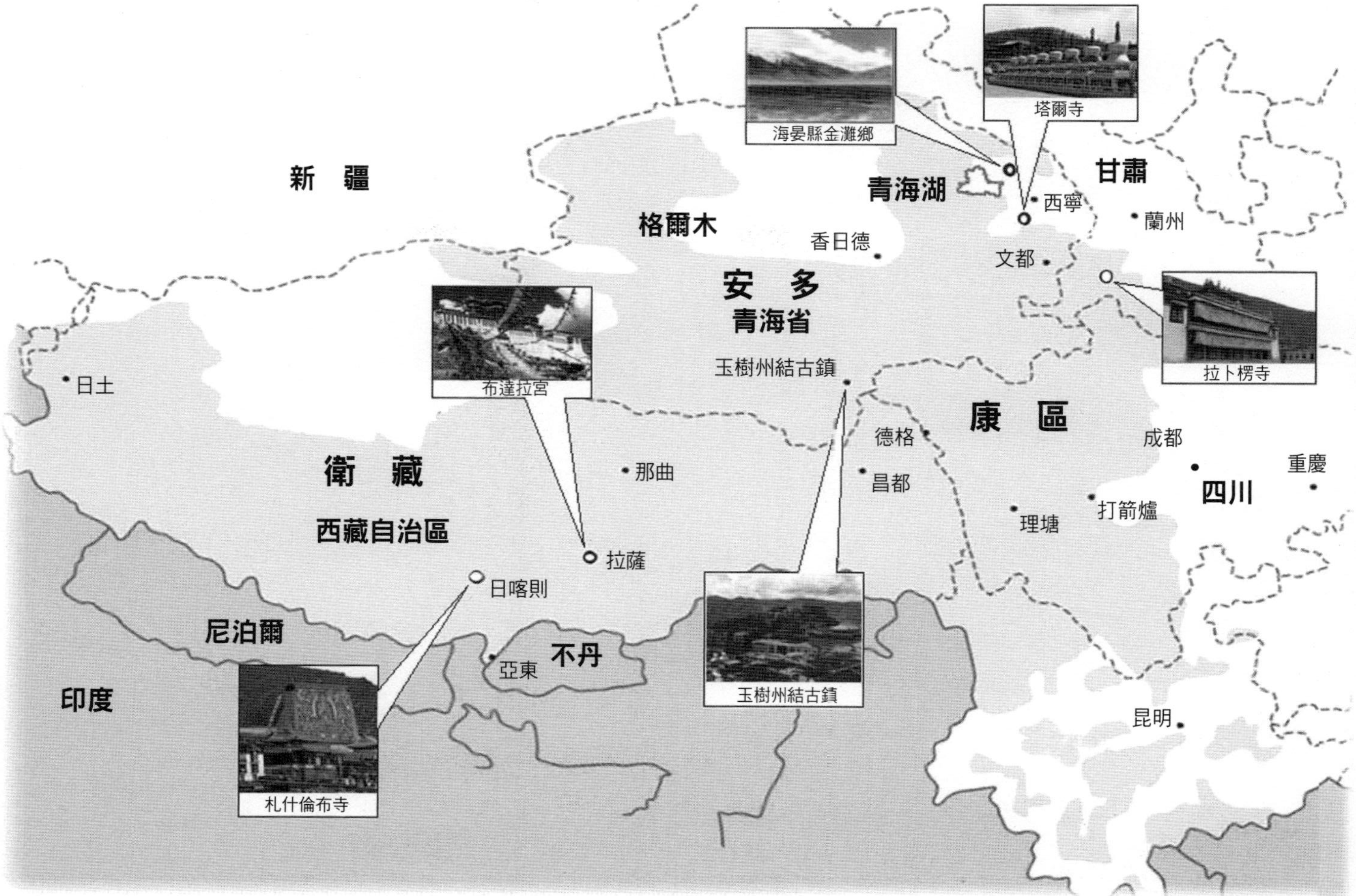

新疆
格爾木
香日德
青海湖
海晏縣金灘鄉
塔爾寺
甘肅
西寧
蘭州
文都
拉卜楞寺
安多
青海省
玉樹州結古鎮
布達拉宮
日土
衛藏
西藏自治區
那曲
拉薩
日喀則
尼泊爾
亞東
不丹
印度
札什倫布寺
德格
昌都
康區
成都
重慶
四川
理塘
打箭爐
昆明

第一章　童年

乘願而來

我出生於一九五〇年，藏曆第十六繞迴[1]鐵虎年。父親的父親是藏人，父親的母親是蒙古人。母親的父母都是蒙古人。

阿媽對我說：「懷你的時候，我夢見我們蒙古包的天窗上遊龍盤繞，親戚們、部落裡的人們，還有不相識的牧人，都捧著哈達從四面八方趕來了，朝我們的蒙古包頂禮膜拜，潑灑牛奶……」說到這，阿媽抹了抹眼睛，「這個夢，我誰都沒說，連你阿爸當時都不知道啊。」

1 繞迴：是西藏曆算的紀年法，起源於印度。以六十年為一週期，其中第一年名為繞迴，故得名。第一繞迴自西元一〇二七年算起，至今已歷經十七繞迴。

「爲什麼藏在心裡呢?」我問。

「在你之前，我生了八個孩子，眼看著那些尋找朱古[2]的阿克[3]們，經過我們的蒙古包，走遠了……哪敢想啊，怎敢相信眞的夢見了這些。」

阿爸告訴我的是另一個故事。說是我出生不久，恰好一位誦經師經過我們的蒙古包，就請他進來。

「是兒子嗎?什麼時候出生的?」一看到我，誦經師開口了。

「七天前，太陽快要出山的時候。」阿媽說。

「正是虎日虎時呀，今年又逢虎年，三虎相遇，這孩子生來尊貴啊。」

聽了誦經師的話，阿爸和阿媽樂得嘴都合不攏了。

「不過，虎到底是猛獸，三虎相遇，這孩子的今後怕是……」

「怕是什麼?」阿爸和阿媽的心又提了起來。

「瓦日切[4]不斷哪。依我看，單獨給他預備個木碗，保持清潔，再常薰著點這個……」誦經師說著留下了一小袋努桑秀巴[5]。

我的家鄉在西藏高原東北部的烏蘭淖爾草原。烏蘭淖爾是蒙語，爲「多湖」之意。北邊是連綿起伏的祁連山。南邊是綠松石般的池秀結莫，這是藏語，意爲萬湖之王；蒙語叫庫庫淖爾，漢語叫青海湖。歷史上，今天的青海省一部分、甘肅省的甘南州和四川省的阿壩州，都屬於西藏的安多地區。安多又分爲上、下兩部分，上部安多在藏語裡叫多堆，下部安多在藏語裡叫多麥。我的家鄉，就屬於西藏安多地區的多麥，現在被改爲青海省海北藏族自治州海晏縣。

烏蘭淖爾的春天盛開著各種各樣的野花，有藍色的邦錦梅朵、毛茸茸的鹿茸花、黃色的邊瑪花、粉紅色的苒厤日花，還有許多我說不出名堂的花兒。花叢之間飛翔著白色的蝴蝶，我們叫白度母；黃色的翅膀上點綴著黑斑的蝴蝶，我們叫老虎；還有從不螫人的大蜜蜂，我們叫念經頭，以及揹著小箱子似的瓢蟲……

綠茵茵的草甸如同鋪展開來的柔軟地毯，一直延伸到看不見的遠方。這之間，星星點點地散落著白色的蒙古包和黑色的犛牛毛帳篷。遠看去，白色的蒙古包像一朵朵草叢中鑽出的白蘑菇；而牛毛帳篷，像是一粒粒黑色的珍珠藥丸。精靈的藏系羊成群結伴，頭埋在青草間，你爭我搶地吃個沒完。而穩健的犛牛則漫不經心地將綠草捲到嘴中，淘氣的小牛犢跟在身後，相互追逐，嬉戲玩耍。偶爾，天地間會三三兩兩走出騎馬的牧人，雖然彼此並不相識，但迎面遇上，總要高揮手臂，熱情地招呼，甚至停下來詢問對方的草場和牛羊，不知情的人會以為他們是久別重逢的老友。不過，要是真正遇上了老友，那就不但要翻身下馬，把臂問候，還要坐下來暢聊一番，如果帶著酒囊，還會豪飲一場。

當秋風挾著雨雪不由分說地掃過草原，草場便一片片地褪去綠裝，換上金黃色的秋裝。牧民

2 朱古：藏語，化身，特指成就僧侶圓寂後乘願再來度化眾生的轉世者。
3 阿克：藏語，安多方言，指僧侶。
4 瓦日切：藏語，安多方言，意為坎坷。
5 努桑秀巴：藏語，香柏木，點燃後供奉祭祀之用。

們便忙於儲存牧草和耐心地尋找避風而溫暖的冬窩子。在冬季到來之前，他們必須把膘肥體壯的牛馬和羊群集中趕到足夠安全的地方。草原的冬季蕭颯、靜謐，有時候雪花會靜靜地飄上幾天，躲在暖融融的冬窩子裡的牲畜則很是自在，盡情地享受著主人為牠們備下的草料。但有時候會轉為暴風雪，這對牲畜來說是難熬的。春夏秋冬，就這麼不斷地更迭，草原上的人們也就這麼世世代代，生生不息。

一九五二年盛夏，多倫淖爾草原又迎來了一隊尋找轉世朱古的僧侶們。縱馬馳奔中，那飛揚的絳紅色袈裟越來越清楚了，領頭的強佐[6]頭戴寬沿貼有金箔的紅帽子，斜挎著黃色錦緞筒，又威嚴又神祕。

據說他們已在別的部落和村莊停留過。篤信佛法的蒙、藏農牧人，把他們視為最尊貴的客人，恭恭敬敬地招待了一番又一番。我們的百斯部落當然也不例外，除了端上熱騰騰的奶茶和油炸寶日擦[7]以外，還會端上酸奶米飯，甚至用肉腸煮了掛麵，用酥油烤了鮮蘑菇。並且，個個爭搶著回答來訪僧侶提出的各種問題。

現在，這隊僧侶又騎上了馬，緩緩地來到了我家的蒙古包前。阿爸阿媽別提多高興了。說來也巧，那幾天，我家的母牛剛剛生下小牛犢，阿媽就把那濃釅得差不多凝成了凍的鮮奶，煮得開了又開，而後，放了糖和野菜。這時，據說不及兩歲的我睜開眼睛，翻了個身，竟然拽著那強佐的袈裟，不肯鬆手。

一邊的僧人彎下身子，看著我，開起了玩笑：「沒有這孩子，就喝不到香噴噴的奶啦。啊，我的耳朵有沒有了？這味道香得來把我的耳朵割下都不覺疼啦！」

那強佐目不轉睛地看了我好一會兒，才拿出一副眼鏡、一只木碗、一串念珠、一支筆，還有一卷舊經書以及其他物品，將它們混在一起讓我辨認。同時，還與我的阿爸和阿媽對證了我出生前後的一些細節。

這一行人並沒有多說什麼就離去了。後來，阿爸得知，這隊僧侶來自著名的袞本強巴林，即漢語說的塔爾寺，而此行，正是爲了尋找塔爾寺寺主——尊貴的第七世阿嘉仁波切的轉世。在那些讓我辨認的東西裡，就有第七世阿嘉仁波切的物品。不過，這隊僧侶除了測試我和我們部落的另一個小孩，還在別的部落測試了十幾個小孩。究竟誰能入選，要由班欽仁波切[8]最後占卜。

阿爸和阿媽天天在佛像前祈禱，不時站在門外，凝望遠處。

一個太陽初升的時刻，天空和大地被染得一片金黃，晶瑩的露珠在盛開的鹿茸花上閃耀著瞬間的光彩。阿爸和阿媽的視野裡出現了一隊僧侶，他們立刻雙手合十。

在我們烏蘭淖爾草原延續著這樣的風俗：出家的孩子越多，這個家庭就越被尊重，而其中的一位出家人如果是朱古，榮耀還會成倍增加。這是因爲朱古甘願放棄佛界淨土，降至人世間普度眾生。

---

6 強佐：藏語，管家。

7 油炸寶日擦：油炸點心，西藏衛藏地區稱之爲卡普塞，通常屬於節慶食物。

8 班欽仁波切：藏語，對班禪喇嘛的敬稱，意爲佛學大學者。

可能是出於對即將出現的結果無法揣度的心緒，阿爸阿媽沒有像其他牧人那樣站在蒙古包前迎接，反倒緊張地躲進裡面，悄悄掀開門簾的一角，屏息凝視著那隊人馬漸行漸近的身姿。剎那間，我家的火眼狗叫了起來。那是怎樣難以抑制的激動啊！我阿哥飛奔而出擋住火眼狗，阿媽緊隨其後，手心朝上，伸出雙臂，彎下腰，表示歡迎這隊盼望已久的客人，而他們縱身下馬，接踵走進我們的蒙古包。還是那位領頭的強佐，戴著防雨金帽，從懷裡掏出長長的囊佐哈達，雙手一抖，獻給了阿爸和阿媽，接著又摘下錦緞筒，層層打開，現出了被摺成三摺的小紙卷。這是一份正式公函，還加蓋了塔爾寺的印章。強佐小心地托起，高聲念了起來——我被認定爲第七世阿嘉仁波切的轉世了！阿爸阿媽激動得竟一時說不出話，良久才想起向尊貴的客人磕頭還禮。

多年以後，我才知道，當我和其他十幾個孩童的名字，被一起呈送給班禪喇嘛時，是的，就是我們熟知的班禪大師，那時他年僅十二歲，卻毫不猶豫地，指著我的名字說「就是這個」，還在上面畫了個圓圈。這份帶有班禪大師手跡的文件，至今還保存在塔爾寺我的嘎日瓦[9]內。

在藏地，達賴喇嘛和班禪喇嘛的口諭就是律法，也就是說，再不需要任何手續即可以執行，但這一次卻遭到了嘉雅仁波切的反對。嘉雅仁波切是班禪大師的經師，也是我的舅舅。爲了更加公允，他建議班禪大師對所有候選靈童再逐個測算。大師點頭。於是選出了三名候選靈童，代表阿嘉仁波切的「身」、「語」、「意」，並在塔爾寺大金瓦殿宗喀巴大師的紀念塔前誦經祈祝。當時，班禪堪布會議廳[10]的官員們、塔爾寺的法台及仁波切們、我們百斯部落的王爺以及附近各村落的千戶[11]都參加了。

這次採用的是搖霰日[12]的方法，也是西藏認定轉世靈童時常用的方法：先把靈童的名字寫到同樣大小的紙條上，裹成紙卷，再用捏好的糌粑將紙卷一個個放入其中，並捏成大小相同的糌粑團。經過莊嚴肅穆的誦經之後，把這三個糌粑團放入一個高腳陶碗，由主持儀式的高僧站在高處，舉起碗，輕輕右旋搖轉，直到其中一個糌粑團自然跳出，這就是最終要被確認的轉世靈童，代表仁波切的「意」。如果同時跳出兩個糌粑團，就要淘汰碗中那個，再施以同樣的方法。這時，要由四位僧人拉緊一塊黃色緞子，接住蹦出去的糌粑團。

那天，班禪大師親自主持了甄選第七世阿嘉仁波切轉世的搖霰日儀式，他邊誦經邊搖動著高腳陶碗，很快，一個糌粑團蹦了出來。班禪大師於是雙手拾起，慢慢打開糌粑團，裡面的紙卷上寫著我的名字：永中多傑。

9 嘎日瓦：藏語，指府邸。如我的府邸就叫阿嘉嘎日瓦，嘉雅仁波切的府邸就叫嘉雅嘎日瓦。

10 班禪堪布會議廳：據網路提供的信息，此爲班禪喇嘛召集隨從人員決策議事的權力機構。堪布，係藏語音譯，意爲「寺院或扎倉的宗教首領」。一九二三年，九世班禪喇嘛遠去中國南京，建立班禪行轅，後改稱班禪堪布會議廳，簡稱堪廳，下設祕書處、政務處、總務處、教務處、典禮處、顧問室等，並擁有武裝衛隊。其前身是十七世紀四世班禪喇嘛時代的「堅參呑波」。

11 千户：官名，又稱千夫長。蒙古成吉思汗建國後，建立「千户分侯制」，於各路設千户所，置千户爲長官，隸屬於萬户，下領百户。清朝也置千户一職，正五品，管理所轄部族及士兵。

12 霰日：藏語，捏的糌粑團，藏人用其占卜。

舅舅嘉雅仁波切

舅舅嘉雅仁波切有著獨特的音喉，尤其誦讀經文時，雄渾得如同右旋海螺，高昂得如同鷹笛；舅舅嘉雅仁波切，還有著一雙如同克珠傑[13]一樣智慧的大眼睛，留著和誰都不一樣的兩撇細而工整的八字鬍。他從小被認定爲第六世嘉雅仁波切轉世，迎請到塔爾寺剃度受戒，法名：洛桑・丹貝堅參。

記得舅舅嘉雅仁波切爲了記錄修法精要，常讓人從集市上捎回本子。他用鉛筆密密麻麻地把一套又一套的修行儀軌如《勝樂金剛》、《密集金剛》、《大威德金剛》、《時輪金剛》等都記了下來。「等你長大了，我就傳授你這套儀軌。」他常這麼對我說。

文革中造反派抄家時，嘉雅仁波切的很多經書被燒毀，有些佛像和法器也被沒收了。所幸的是，這套修行儀軌筆記逃過了一劫。爲了防止二次抄家，嘉雅仁波切讓我把本子藏到後山崖的窯洞裡。那些窯洞都是「大躍進」[14]時挖的，說是備戰備荒儲存糧食，可是，那時候連口糧都沒有，人都餓死了，哪裡有糧食可儲存啊，所以這些窯洞就廢了。等到文革結束，我們打開封閉窯洞的亂石找到那些筆記時，才發現大部分都被老鼠啃掉了，剩下的也都發霉，黏在了一起，那密密麻麻的鉛筆字也褪了色，無法辨認。

「這是沒有傳播的機緣哪。」嘉雅仁波切感歎道。如今，這些筆記的殘本還保留在嘉雅嘎日瓦的佛堂裡。

*

嘉雅仁波切跟隨班禪大師去過許多地方，包括農牧區。他每天都讀經，就是在飛機上也要讀經。《佛說大解脫經》是他每日必誦的經文。每念完一遍，就畫一個圓圈，十個爲一組，下面是五個，依次向上，形成金字塔，金字塔一個連著一個，簡直數不過來。

有時，爲了求解一個問題，儘管嘉雅仁波切心中已十有八九，可還是要打開經書。往往，他「啪」地打開經書時，正是他要找的那一頁。

「神奇啊！」我常在心裡這樣說。

嘉雅仁波切製作壇城[15]的時候，找不到合適的格子紙，就自己動手。藍圖畫起來是很複雜

---

13 克珠傑：全名克珠・格勒巴桑（一三八五—一四三二），出生於後藏地區，是宗喀巴大師兩大弟子之一，甘丹寺第三任法台即甘丹赤巴，後被五世達賴喇嘛追認爲第一世班禪喇嘛。

14 大躍進：據維基百科介紹，「大躍進是在一九五八至一九六〇年上半年，在中國共產黨領導下，於中華人民共和國發生的試圖利用本土充裕勞動力和蓬勃的群眾熱情在工業和農業上『躍進』的社會主義建設運動。不同的學者估計中國在大躍進期間非自然死亡達一千八百萬到至少四千五百萬人。人口統計學家估計在一千八百萬到三千二百五十萬人之間。歷史學家馮客斷言『強迫、恐怖和系統的暴力是大躍進的根本』，『人類歷史上有動機最致命的大規模屠殺之一』。」

15 壇城：梵文音譯是曼陀羅、曼達拉等，藏語音譯是吉廓。其意義深奧、繁複，其形式從立體到平面，不一而足。簡言之，壇城是以具象方式來表現佛教教義的核心本質。

的，那個線既不能寬，也不能窄，方和圓也都很規矩。經線和緯線畫完之後，用圓規再畫圓輪時，如果精確的話，那圓規畫的線可以正好扣在交叉點上。他做壇城時，總要我在身邊幫忙。每當他看到我用圓規畫的線正好落在交叉點上時，就捋著八字鬍笑道：「很享受啊！」

畫完藍圖，製作壇城時就更細了。壇城裡的大樂輪殿需要木匠做，可他們就是弄不懂我們的要求，這麼解釋那麼解釋都不行。嘉雅仁波切就自己動手，用硬紙殼做出了一個模型。那匠人也是個好手藝人，拿起模型左看右看，不肯放下：「喲，這個你都懂？了不起，我以為你只會念經呢！」其實，這是嘉雅仁波切把五明學通了。他做得不僅好看，還示現著慈愛和清淨。

打開嘉雅仁波切的抽屜，每一樣東西都有自己的位置，從高到低，從大到小，從方到圓，井然有序。不必浪費時間，可以立即找到所需要的。至今，我每天早晨念經前，都把香折得一樣長，這樣連燒後留下的香灰，都是整齊的，我甚至用香灰做成了一個藝術品。這都是嘉雅仁波切留下的習慣。他常說：「即使經書，如果包得整整齊齊，方便和智慧也會雙運哪。」為此，我每當包經書時總會想起這些話，不禁把四個角都包得筆直。

甚至在文化大革命期間的「勞動改造」當中，割青稞的時候，他看到有的人割得不整齊，就會掉頭再為他們割一遍。有的人就生氣：「他也不是田間管理員，不過是和我們一樣的改造對象，還這麼挑剔！」可嘉雅仁波切就是改不了這個「毛病」。

*

作爲一個持戒修行的上師，虔敬的信徒總是源源不絕，嘉雅仁波切總是耐心地陪著他們，絕不會讓客人看出他的時間是寶貴的。當人們獻給他供養時，尤其是一些並不富裕的農牧人，他還要回贈一些禮物，如果信徒不好意思接受，他就說：「這都是加持過的啊。」這樣，信徒們就不能不接受了。

*

我的前世，也就是第七世阿嘉仁波切，是嘉雅仁波切的知音，據說還有前世賽朵仁波切，他們三人常常並肩辯經、念佛。

「他們將成爲塔爾寺的吉布丹巴[16]啊。」大家都這麼說。

果然嘉雅仁波切首先輪到擔任塔爾寺總法台的職務。我們安多地區有句諺語：「太陽照東山，一個部落吉祥；太陽照群山，所有部落吉祥燦爛。」就在嘉雅仁波切上任之際，第九世班禪喇嘛曲吉尼瑪蒞臨塔爾寺，並決定暫時駐錫於此。依照慣例，達賴喇嘛或班禪喇嘛駕臨時，出於尊敬的禮節和吉祥的緣起，當贈讓「榮譽法台」之名號。嘉雅仁波切如是祈請時，班禪喇嘛愉快接受，並回贈由嘉雅仁波切代爲管理。年輕的嘉雅仁波切，從此肩負起照顧九世班禪喇嘛和管理塔爾寺的雙重責任，並成爲班禪喇嘛的親近弟子。

16 吉布丹巴：藏語，意爲中流砥柱。

「以後，我們會經常在一起。」九世班禪喇嘛常對嘉雅仁波切這麼說。

一年後，九世班禪喇嘛離開塔爾寺，在返回他自己的寺院，即位於衛藏日喀則的札什倫布寺的途中，不幸圓寂於康地玉樹的結古寺。根據預言及卜卦，在班禪堪布會議廳的札薩・羅桑堅贊等人的數年努力下，終於在安多文都地區的瑪日村，找到了九世班禪喇嘛的轉世。

班禪堪布會議廳決定將九世的轉世暫時留在塔爾寺的嘉雅嘎日瓦，請嘉雅仁波切照顧。當他坐床之後，又請嘉雅仁波切為經師，由此開始了嘉雅仁波切和十世班禪大師長達半個多世紀的師徒情誼。而這時，嘉雅仁波切才恍悟第九世班禪喇嘛的話中深意。

*

我初到塔爾寺正式拜師之前，嘉雅仁波切擔任了我和賽朵仁波切的老師。當他要求我背誦經文時，我總是會不時地斜著眼睛偷看他的八字鬍。即使他抬起手，隨意地捋一捋鬍子，我原本顫抖的聲音都會更加顫抖。不過，對仁波切的懼怕也僅僅停留在課堂上，當功課完成後，嘉雅仁波切總要和我們一起玩遊戲。那時，他就不再是一位嚴師了，而是再好不過的玩伴。

「咚咚咚，羔拉熱都喲[17]？」嘉雅仁波切說著把拳頭輕輕地放在我的頭頂，伸出指頭。

「兩個！」我會脆生生地喊起來。

「不，是三個！」一邊的賽朵仁波切，著急地糾正我。

「錯了。」嘉雅仁波切說著，又把拳頭放在了賽朵仁波切的頭上，「咚咚咚，羔拉熱都喲？」

如果我和賽朵仁波切有誰輸了五次的話，嘉雅仁波切就會問：「怎麼辦吧？」

「我點千燈！」我喊著。

「我煮芒珈[18]！」賽朵仁波切也喊了起來。

「好啊！上殿的更頓巴[19]來嘍！格貴[20]來嘍！」嘉雅仁波切說著，就咯吱起我和賽朵仁波切的背和腋窩，癢得我們呀，打著滾笑作一團。

「阿襄[21]，您爲什麼會念那麼多、那麼多的經書呢？」後來，我們稍大一點時，常這樣問。

「如果我在修行上有一點成就的話，那要歸功於喇嘛[22]們的如理教誨。」嘉雅仁波切總是這樣頌讚他的三恩上師。說著說著，就會說到他的叔叔維色嘉措。在藏蒙地區，前面我說過，孩子步入佛門是父母的榮幸。通常，七、八歲的孩子到了寺院都要有一位吉澒葛甘[23]，也就是世俗老師，照料小出家人的起居及日常生活。有的吉澒葛甘也教授佛法，不過到了正式學習經文時，還要另拜經師。吉澒葛甘一般由孩子在寺院的叔叔或舅舅擔當，所以叔叔維色嘉措應該算是嘉雅仁

17 咚咚咚，羔拉熱都哟：安多方言的藏語，意思是：打打打，頭上有幾個角。
18 芒珈：上殿時供養的酥油茶。
19 更頓巴：藏語，僧眾。
20 格貴：藏語，大僧官或金剛上師。
21 阿襄：藏語，舅舅。
22 喇嘛：藏語，上師。
23 吉澒葛甘：照顧年幼朱古生活起居的老師，類似於父母。

波切的吉滇葛甘，不但要照管嘉雅仁波切的生活，在修法上也毫不放鬆。

「全能的叔叔」，這是嘉雅仁波切對叔叔維色嘉措的印象。的確，叔叔維色嘉措不僅教給嘉雅仁波切一手漂亮的藏文，還教給他了不起的繪畫技巧、精湛的醫術，以及對菩提心的培育。一句話，是叔叔維色嘉措，把天資不凡的嘉雅仁波切造就成了悲智雙全的修行上師。

每次說到叔叔維色嘉措，嘉雅仁波切最後總要惋惜地補上一句：「可惜呀，那時沒有相機，沒能留下叔叔的法照……」有一次，說著說著，嘉雅仁波切停了下來，目不轉睛地看了我好一會兒：「我給你說說我叔叔的樣子，你琢磨著畫一畫啊。」於是，他眉眼口鼻地描述起來。我使勁地想像著，一筆又一筆地畫呀，畫呀，也不知畫了多久，當嘉雅仁波切迫不及待地拿起我的作品時，眼睛瞪得大大的：「這哪是叔叔維色嘉措呀，倒像是我自己。」

*

由於歷代嘉雅仁波切的成就和對美的認知，使得這個有著一、二百年歷史的嘉雅嘎日瓦，日益華美而光彩奪目，尤其是那些精美的唐卡，讓人身心愉悅。然而嘉雅仁波切個人生活卻非常簡樸，他把自己所有的積蓄，都用來建造一座時輪金剛身口意壇城，其美輪美奐稱得上絕無僅有。

一九五八年，中共發動「宗教改革」[24]，嘉雅仁波切入獄，年輕的十世班禪大師上下奔走，才使嘉雅仁波切僥倖獲釋，被遣送回塔爾寺，接受「勞動改造」。一九六二年，班禪大師再次為嘉雅仁波切向北京遊說，使嘉雅仁波切的名字添進赴北京社會主義學院學習的名單中。但是，班禪大師因給毛澤東等中共領導人上書《七萬言書》[25]而遭厄運，尤其是在文化大革命期間，當班禪大師身陷囹圄，嘉雅仁波切也被扣上「反革命分子」的帽子，成爲批鬥對象。

文革後期，「上面」[26]要已被改成生產隊的塔爾寺提交一部《塔爾寺史》，儘管他們物色了

24 宗教改革：據《鏡鑒——青海民族工作若干重大歷史事件回顧》（原青海省委書記馬萬里主編），「經中央批准，中央統戰部於一九五八年五月和九月先後召開了伊斯蘭教問題和喇嘛教問題座談會，正式提出要進行宗教制度的改革。一九五八年十二月，中央批轉國家民委黨組《關於當前伊斯蘭教喇嘛教工作問題的報告》，提出……在充分發動群眾的基礎上，肅清宗教界反革命分子、反對宗教界的右派分子和壞分子，徹底廢除宗教的封建特權和剝削制度。這個方針，除了西藏地區暫不執行外，其餘所有信仰伊斯蘭教和喇嘛教的少數民族地區，都應當分別先後有步驟地貫徹執行。」事實上，這是在西藏安多和康區等藏區發動的政治運動，目標針對西藏宗教開展了一系列有步驟的摧毀行動，如關閉寺院、逮捕宗教界主要人士、強迫僧尼還俗。正如《鏡鑒》承認：「據有關資料統計，一九五八年十一月前，全省六一八座藏傳佛教寺院已解體五九七處，五七三九〇名教職人員中還俗二〇八三九人……不少寺院房屋被拆毀，或被人民公社、生產隊占用作爲倉庫、食堂、托兒所……錯誤地鬥爭、捕辦了一些宗教界人士。」

25 七萬言書：是十世班禪喇嘛於一九六二年撰寫並遞交給中共領導人的藏區調查報告，全稱是《關於西藏總的情況和具體情況以及西藏爲主的藏族地區的甘苦和今後希望要求的報告》，全文七萬多字，簡稱《七萬言書》。《七萬言書》被中共定性爲「反黨反社會主義的綱領」，一九六二年底，班禪喇嘛在西藏遭到嚴厲批判，並引來長達近十年的鐵窗生涯。

26 上面：本書中，一些這樣的詞彙，既是生活在一種意識形態環境中的人們的口頭習慣用語，還是具有「中國特色」的政治化名詞，相當於某種密碼：「上頭」、「上邊」、「上面」。這些詞匯的意義，都指向掌握了生殺予奪的最高權力。既可以代指一個邊遠地方的掌權者，更是所有權力的匯集之高處——北京——的

曾為僧侶的生產隊長和一些積極分子[27]，但即便是隻言片語都無法寫出，這才想起還戴著「反革命」帽子的嘉雅仁波切。嘉雅仁波切則要求打開被塵封多年的經堂，以便查找資料。這樣，蓋著紅印的封條才被揭去，沉重的大門訇然打開，耀眼的陽光再次照耀經堂，在黑暗中靜默度過了十幾年的諸多經卷，終於又被嘉雅仁波切捧在手上。

只用了幾個月的時間，嘉雅仁波切就完成了《塔爾寺史》，同時，也讓我做他的助手，查找資料，把倖存的經卷加以系統整理。後來，我將嘉雅仁波切用藏文撰寫的這部《塔爾寺史》譯成了漢語，在中國佛教協會辦的刊物《法音》雜誌上刊出。

一九七九年，嘉雅仁波切得到所謂的平反。而坐牢近十年的班禪大師也得到所謂的平反。此後，嘉雅仁波切一直伴隨班禪大師左右，直至一九八九年班禪大師突然圓寂，而他憂慮成疾，第二年也離世而去。種種曲折，容我後文再述。

賽朵仁波切

賽朵仁波切，法名賽朵．洛桑夏珠曲結堅參，比我大三歲，是第七世賽朵仁波切的轉世，也生於青海湖附近的多倫淖爾草原，是我的遠房親戚。

歷史上，賽朵仁波切的成就，在《塔爾寺志》中有詳細記載，而《塔爾寺志》的作者正是第六世賽朵仁波切洛桑楚臣嘉措。當時，他是第六十三任塔爾寺住持。歷代賽朵仁波切的影響，都遠遠地超出了塔爾寺，不僅惠及整個藏區，還傳到蒙古。

至於第八世賽朵仁波切，記得在我三、四歲時的眼裡，看他就如鄉下人看城裡人，除了羨慕還是羨慕。那時，他剛從拉薩回來——他是一九五一年被帶到衛藏的——差不多所有從拉薩來的人，我們都羨慕。連三大寺（甘丹寺、哲蚌寺、色拉寺）僧人穿的袈裟的顏色，也和我們的不一樣，那是手工織的毛料，我們叫天日瑪，而我們穿的袈裟，是從鎮上的回族或漢族的鋪子裡買的卡嘰布做的；他們穿的靴子叫松巴，而我們的鞋子叫寒木。再說，賽朵仁波切長得也英俊：雖然鼻梁不算太高，但有立體感，皮膚也細嫩、白淨，寬闊的前額下，那雙眼睛又大又明亮。別的不說，他搔你一下癢癢，沒等你發覺，他已像沒事人兒似的，早一本正經了，靈巧得簡直沒法說。而我的動作就不那麼靈巧，我喜歡坐下來，或讀書或畫畫，不愛動。雖然我和賽朵仁波切天性不同，但每到一起，就不願分開。逢年過節時仁波切們請客，也都叫上我倆。比如拉科仁波切請吃飯，最後總要分別給我倆一些小禮物，而我每次都更喜歡賽朵仁波切的，往往一出門，我倆就交換了禮物。藏語裡有個名詞叫「囊擦」，是指由家族的前輩延續下來的密友，或勝似親人的好友。

隱喻。事實上，在這種權力之下，人人對此心領神會，也噤若寒蟬。

27　積極分子：藏人作家唯色在關於西藏文化大革命的圖文書《殺劫》中，就「積極分子」寫道：「一九五〇年中共進軍西藏，便在許諾建立一個『光輝燦爛的新西藏』的同時，著力於精神上的『洗腦』和物質上的施惠，吸引了不少底層藏人從此追隨，甚至還有上層藏人中的熱血青年……一九五九年『平叛』結束之後，透過『民主改革』，中共在西藏既劃分出了『三大領主』，也劃分出了『積極分子』。這以後，歷次的運動如『三教』、『四清』，直至一九六六年文革開始，已經成功地培養了相當一批

我和賽朵仁波切就是「囊擦」。

每月初二，都是乃瓊護法神顯靈的「拉采」[28]，我和賽朵仁波切都要參加。我們都怕乃瓊護法神的降神者古滇確吉。當他被護法神附體時，先是全身哆嗦，雙目緊閉，面色由青變紅，口中不停地發出吟誦佛經和咒語的顫抖聲音，接著就會激烈地繞圈奔跑。不過，他仍然很有禮貌，總是會向我們這些小仁波切彎下身子，碰頭問候，而他身後插著的那些五彩繽紛的旗子，會隨著他彎下的身子，自然地彎曲起來，像一雙雙手能自動地張開和閉合，我和賽朵仁波切緊緊地盯著那些旗子，全身僵硬，動都不敢動。過後，賽朵仁波切眨動著眼睛，呼出一口氣，感歎道：「嚇死了，不過眞奇妙呀！」

一九五八年「宗教改革」時，賽朵仁波切的嘎日瓦也遭遇了劫難。他的經師、管家、侍者都被抓走了。但他比我幸運，還有哥哥岩佩跟他住在一起。他被分在第三大組，我們見面的時候少了。不過一九五九年，我們又在一起了，去政府指派的學校學習漢文，還一起去了班禪大師的札什倫布寺學習，又一起回到塔爾寺，接受生產隊的「勞動改造」。每次需要當眾說話時，他總是把我推出去：「你說，你說，你會說話。」萬一我受了委屈，他又會立刻站出來，「有本事跟我說好了，欺負我小弟算什麼呀！」

文化大革命後期，遭到破壞的塔爾寺被列爲重點文物保護單位，開始維修。我被分在畫畫組，偶爾，生產隊爲了搞副業，還派我去畫棺材。棺材是木板做的，前面要畫童男童女拿著饅頭，還有供桌，供桌上擺著壽桃呀佛手呀，什麼都有，都是漢人家庭。後來，他們還說：「遇上塔爾寺的阿嘉活佛來畫棺材，是我們那往生的老人好命呀！」還會偷偷塞點供養。而賽朵仁波切，這時喜歡上了機器，學會了開車，整天開著一輛解放牌卡車，給寺院拉木材和石料。一天的工作結束後，衣服就很髒了，有時又颳風又下雨的，土呀，灰呀，一身都是，得馬上洗。換上乾淨的衣服後，他回到他的房間聽收音機，我就看書。

雖然早晨四、五點鐘上殿念經的傳統已經被停止了，寺院也被關閉了，但是僧人們早起的習慣一時改不過來，天不亮，就出工下地幹活了，這樣收工也早，兩點鐘左右就幹完了一天的活。有時，我和賽朵仁波切偷偷地騎上自行車跑到西寧看電影。不過，只有三部電影可看：《紅燈記》、《沙家濱》、《白毛女》。總是重複，同樣的故事，不一樣的演員，我們就會說，啊，這個李玉和比那個李玉和長得精神，這個鳩山沒有那個鳩山嚇人。

看完了電影，還要到澡堂子洗個澡。交了錢後，每人給打開一個小箱子，把衣服裝進去，鎖起來，鑰匙是拴在皮筋上的，我們把那皮筋拉開，往手上一套，拿起一條毛巾和一小塊肥皂，進了浴池。裡面都是霧，看不到人，不過幾秒鐘後就適應了。首先看見一個專門拿著木板的人，把人們搓下的那些漂在水上的黑垢趕到一塊兒，弄到外面，騰出一小塊乾淨的水面，讓我們下去。有時我們感到噁心，可有人說話了：「這個好，這個對皮膚病非常好。」

水池裡總是有十幾個人。胖的，瘦的，老的，小的……賽朵仁波切就說：「看，那個人瘦得只剩個皮包骨。」「看，這麼小的孩子也來了，淹著咋辦？萬一喝了這池子裡的水……」

積極分子……積極分子當中有不少類似流氓無產者的人……藏語叫作『忽準巴』或者『忽準兼』」。

28 拉采：藏語，是專供護法神的法會。

從澡堂出來，換上乾淨的衣服。我們那時穿的是勞動布上衣，右邊胸口那貼著一個小口袋，上面半圓圈地印著「抓革命，促生產」幾個漢字。據說那是鐵人王進喜[29]穿的衣服樣式，是當時比較時髦的打扮。

回去的路就難了，上坡。再說，又是勞動又是洗浴，力氣都沒了。我用力地踩著自行車的腳蹬子，踩呀，踩呀，也踩不動。而賽朵仁波切總是有力氣跟上一輛上坡的拉貨卡車，還能用一隻手抓住後面的車擋板，這倒是省力的一招。

不過，賽朵仁波切還有誰都看不見的一面，那就是，他總是起得很早，繞寺，磕頭，誦經，做功課。《上師頌》、《皈依經》、《三十五佛》，他念的最多。他學習佛法也聰明，一天可以輕鬆地背下一頁經文，當然他不會炫耀，他的精進，只有他自己知道。

我到了美國後，曾和賽朵仁波切通過幾次電話，但更多的時候，雖然想打電話，還是壓抑住了，那是一種比想念更大的力量在左右著我，擔心連累了他。

前世與今生

人，投胎受生之後，從母乳汲取的營養，卻是由世間三毒染汙的食物轉化而成的，貪嗔癡從此開始遮蔽人的心識，認知能力也受到了限制，所以普通人中，少有人瞭知自己的前生和來世，但是，這不能說轉世就不存在。

在塔爾寺，老人們都知道修行師智華嘉措，他在臨終前，臥床了很長一段時間，當心識即將離開身體之時，他把弟子們都叫到了身邊，讓他們用手感覺他體溫的變化，從腳到小腿，再至膝蓋；從手到小臂，再至肩膀。修行師智華嘉措的身體逐漸變涼，體溫一點點收縮到胸部。此時此刻，他在利用生死的常規，結合圓滿次第，內修三遠離法門，即金剛念誦遠離語汙染、緣心為境遠離心汙染、修幻化之身遠離身汙染。當修到此階段，他不能說話了，安詳圓寂。

修行師智華嘉措以自己身體內部的溫度變化，傳授五蘊各識在人即將轉世時發生的現實，實地講授「今生心識歸結，來生投胎受生」的經驗，使弟子們有機會體驗了人的肉體內溫最後收縮到心識、結合圓滿次第修行的三寂法。在全西藏，修行僧一生如理修習真法，臨終顯現成就，或靜坐於禪定，安息歸亡，或多日不食，遺留肉身的事，比比皆是。

小時候，我的理髮師古仁巴，除了專為我理髮以外，還是香燈師，兼管佛堂的酥油燈和燃香，幫我準備與信眾結緣的嘛呢丸（經過加持的甘露丸，由多種藥材製成）。那嘛呢丸就放在我佛堂供桌上的舍利箱裡，每當快要用完時，很奇怪，嘛呢丸自己就可以生出許多新的。有一天，我們幾個小孩正在捉迷藏，恰好古仁巴打開儲藏嘛呢丸的舍利箱，我們立刻圍了上去。古仁巴卻要我們洗手、薰身、禁言，之後，才給我們看那舍利箱。

「這些嘛呢丸，經過了我們寺院幾千僧人的誦經加持，有很大的法力啊！在潔淨的環境中，

29 王進喜（一九二三—一九七〇）：石油鑽井工人，中共黨員，名噪一時的「全國勞動模範」。在毛澤東號召的「工業學大慶」運動中，被授予「鐵人」稱號。文化大革命中是大慶革委會副主任。

我兩歲就到了塔爾寺，見過那裡的僧人辯經、小沙彌背水，也見過文革中紅衛兵衝擊、砸燒佛像的情景；見過寺院被拆的悲劇，也目睹了重新恢復的盛況。這是一九九六年剛剛修復後，僧人和信眾繞寺的情景。（阿嘉仁波切繪）

可以生出一些小丸。」古仁巴一眨不眨地看著那些小丸，喃喃自語，卻又像在說給我們聽。

小時候，經師給我安排了不少課程，識字、寫字、背經、聽故事、畫畫等等，有的課程，比如背經，我就不樂意，還經常因爲不合格，讓經師慈誠拉森操心，他甚至高高地舉起「不求人」[30]，打過我。有幾次，一時抓不到「不求人」，經師就舉起了手，掌心懸空，巴掌落下來很響亮，儘管一點也不疼，但小孩子怕啊。那震天的聲音，發出的是一種威懾。

不過我喜歡修辭學。十三歲那年，我在札什倫布寺學習時，有一天，趁經師噶欽達瓦拉不在，我把他要求背誦的經文放在一邊，翻閱起書櫃裡的經卷。無意中，我打開了一本書，到現在還記得，那是修辭學本論《詩鏡》第二章的三十五修飾。讀過兩、三頁後，我居然放不下了，猶如拾到了失而復得的珍寶。自那以後，我常悄悄閱讀修辭方面的經文，這對我以後的學習起了很大的作用。在札什倫布寺期間，經師布置每個人寫注釋，我就選了一篇讚頌文殊菩薩的經文，想不到，經師表揚我說：「這都是前世的記憶呀！」

我還喜愛詩歌、建築設計，尤其是繪畫。我小時候的筆下，常是傳說中的英雄和他們的神駒寶馬。在整個藏地，人們都喜歡把馬和經文印在五色紙片上，這便是象徵運氣的「隆達」，譯爲漢語叫風馬，當在高山上或聖跡處，將一疊疊隆達迎風撒向天空，看誰的隆達飛得最高最遠。人們常請我畫馬，再做成隆達。看著我的馬乘風飛向高空時，我也奇怪，我爲什麼畫得那麼順手呢？

30「不求人」：是一種抓癢的工具，多用竹、木等製造，現也有塑膠製造的。俗稱「不求人」或「癢癢撓」。

製作酥油花[31]和壇城也都是我從不厭倦的。當我協助嘉雅仁波切製作堪稱世界最大的時輪金剛立體壇城時，我倆像是早有這方面的經驗，可以準確地提供彼此的需要，那眞是非常默契的合作，每當他完成經線時，我就會接上緯線。嘉雅仁波切說：「這其實不奇怪。你的前世和賽朵仁波切的前世，早就是我的好朋友。賽朵仁波切的前世喜歡玩耍、畫畫，你的前世則中規中矩，一心念經學法。根據寺院的傳統，學完課程後就要注重實修，於是我們參加了一次成就法會，並用彩砂爲法會製作了一個時輪金剛壇城。在製作壇城時，我和賽朵仁波切的前世合作得順心應手，而你的前世站在一旁無從插手。最後，他爲自己找了件差事，把製作壇城的全部過程給記錄了下來，比如做到什麼地方需要什麼顏色的砂子，做到什麼時候需要念什麼經等等，還撰寫了一本《時輪金剛成就法規範手冊》，這本書到現在還爲人所用。你的前世也因此發願，再轉世要成爲懂得藝術的人。而你，從小就喜歡畫畫，手又巧，這和你的上一世發願有關啊。」

繼承法座

每當阿媽講起那個隆重而吉祥的大典，總要閉上眼睛，有時淚水還會順著乾澀的眼角流淌。那是她一生最幸福的時刻了，那一天，是藏曆第十六繞迥水龍年九月九日（一九五二年十月二十七日），是我繼承法座的日子。

烏蘭淖爾草原的牧民，無論百斯部落還是達于部落，都全體出動了。達于部落的男人們穿著嶄新的羊羔皮襖，蹬著長腰靴，而我們百斯部落的女人們，在那金緞鑲邊的衣服上，掛起了各種各樣的銀飾，鑲嵌著一顆又一顆耀眼的紅珊瑚和綠松石。盛裝以飾的男人和女人一路護送著我，到了峽口那裡賽朵仁波切的本寺賽朵寺，與從塔爾寺來迎請的僧人會合。早就等在那裡的當地農民和遠道而來的牧人把峽口擠得水泄不通。當班禪大師的老式吉普車拖著尾巴似的煙塵，隆隆地由遠而近時，如同圍觀我這個兩歲的塔爾寺寺主一樣，人們又呼啦啦湧向寺外，轉眼間，把還在喘息的吉普車圍得裡三層外三層。

第二天上午，我們抵達塔爾寺時，全體僧眾早已列隊等候在八個塔[32]那邊的開闊地。最前面的是威風凜凜的大僧官，頭戴高高的黃色法冠，身穿錦緞滾邊的棗紅色袈裟，手捧哈達、薰香。大僧官的身後，並列站著寺院的高僧大德，威儀莊嚴。仕把我從吉普車裡抱到黃色的八抬大轎後，轎前的年輕喇嘛立刻舉起幡、幢和八吉祥圖排成兩行，轎後則緊跟著一位僧人撐起黃傘。這時，法號吹響，轎被抬起，僧眾前呼後擁，在唱頌佛樂和信眾的祈禱聲中，我被迎請至充滿梵香的阿嘉嘎日瓦。當然這一切，都是阿媽和我的管家後來總愛重複的話題。

31 酥油花：是藏傳佛教雕塑藝術的一種特殊形式，以酥油爲原料，塑造出完整而立體的佛經故事，內有各種佛像、人物、山水、花卉、樹木等，大至一米到二米，小至十到二十毫米。塔爾寺的酥油花被認爲一絕，所建立的上、下兩個酥油花院，專門培養油塑藝僧。每年農曆正月十五日是塔爾寺燈節。

32 八個塔：即八寶如意塔，也叫善事八塔，位於塔爾寺前廣場。爲紀念佛陀的降生、成佛等八大成就，於一七七六年建造。

一九五二年，我被認定爲第八世阿嘉仁波切時，我們父母榮耀地站在後面，只有兩歲的我怕從凳子上掉下來，有人從蓋凳子的黃緞墊子後面暗暗地抓住我，直到繼承法位的全部活動結束。(阿嘉仁波切繪)

阿嘉嘎日瓦有七個院子，二百多個房間，而我的房間裡鋪著地毯，地毯上織著花瓶，花瓶裡有花、寶、象牙、珊瑚，邊緣圍著吉祥圖。阿嘉嘎日瓦在塔爾寺所有的嘎日瓦中規模較大，經師、大管家、隨員、侍者進進出出，像河水一樣流淌著。

參加坐床典禮的僧俗信眾早早地守候在阿嘉嘎日瓦院內，高僧大德、僧官已在經堂各就各位，地方官員也在貴賓席位坐下。當誦經師率先吟誦，拉開法座慶典的序幕，在幾千名僧人的朗朗經聲中，塔爾寺幾位主要仁波切和僧官為我敬獻了曼達拉[33]，以此祈願常駐於世，常轉法輪。誦經聲未落，時任中共西北軍政委員會主席的彭德懷派來的代表匆匆趕到，以錦旗和座鐘相贈。座鐘上寫著「阿嘉活佛[34]坐床紀念，中國西北軍政委員會，彭德懷、張治中、習仲勛贈」。

正是深秋，天空清朗，太陽格外耀眼，塔爾寺的經堂、僧舍掩映在金黃色的樹木中，不時有北風吹過，透著初冬的氣息。就在這樣一個吉祥而略帶涼意的日子，我正式成為塔爾寺寺主、第八世阿嘉仁波切。依據這一傳承，傳統上已追溯至二十一世。

33 曼達拉：mandala，梵文的圓輪或完整的意思，中文譯為壇城，包括用彩砂製作的、立體的及繪製成唐卡的幾種形式。

34 事實上，「活佛」是一種錯誤的中文翻譯。尊者達賴喇嘛在自傳《流亡中的自在》中開示：「更嚴重的誤解源自中國人把『喇嘛』解為『活佛』，意喻『活著的佛』。這是不對的，西藏佛教裡沒有這回事。只有這種說法：某些人可以自在地轉生，例如達賴喇嘛，這種人稱為『化身』（tulkus）。」tulku 即朱古，或仁波切。「朱古」，藏語，意為化身，轉世者，指的是藏傳佛教的轉世僧侶。「仁波切」，藏語，意思是珍貴之寶，藏人對轉世再來人間度化眾生的高級僧侶的尊稱。

拉卜楞寺

我三、四歲的時候，一早起來，管家和侍者就帶我到佛堂禮佛、祈願，接著背誦一小段經文，或用竹筆在木板上練習三十個藏文字母和四個音標，最後才是遊戲，可以隨意畫畫，玩玩具。有時，專門打水的僧人曲廉，會帶我到佛堂和客廳兩個相通的院子走一走。其他的幾個院子就很少去了。由於阿嘉仁波切尊貴的身分，沒有重大的法事，基本不去外面。即便是在我自己的嘎日瓦，有些地方也是不允許我去的，比如大廚房、管家的房間。

我最喜歡後花園了。那是一片開闊的山坡，坡上陡峭的地方生長著一排又一排的柳樹、榆樹，還有楊樹。幾個喜鵲窩架在樹叉之間，老遠就聽到嘰嘰喳喳的聲音；坡下平緩的地方，盛開著一簇簇鮮花，有阿嘎日、檀春，非常濃郁，連吹過的微風都是香的。還有一種小果子，吃起來酸酸的，我們叫斯贊旁[35]。更多的時候，我會坐在小客廳裡給信眾摩頂，這是每天必做的。午飯後，就得照看我睡覺了。我終於睡著了，大家也許會鬆一口氣，但通常我會很快醒來，如果發現屋裡只有我自己，我會放聲大哭，邊哭邊跑出屋子找人。我驚天動地的哭聲，瞬間將阿嘉嘎日瓦的寧靜攪得粉碎，大家於是都扔下手裡的活急急地跑過來。爲了安撫我，有時我的哥哥諾日和祁包也會陪我玩上一陣子。

我正式成爲第八世阿嘉仁波切後，阿爸和阿媽在寺院裡陪我住了六個月就回去了。臨走前，留下了我的兩位哥哥——諾日和祁包做我的玩伴。直到「宗教改革」那年，也就是一九五八年，我的兩位哥哥才被迫離開我。

就這樣，我一天天長大了。一九五七年春，在嘉雅仁波切的帶領下，我去拉卜楞寺受戒，同行的還有賽朵仁波切和他的經師，我們的幾位管家、隨員，以及幾個陪讀的小僧人。我們一行人，經西寧，過蘭州，跨黃河，再一路向南，最終到達拉卜楞寺所在地桑曲（今甘肅省甘南藏族自治州夏河縣）。

路過蘭州時，管家們緊緊地拉著我和賽朵仁波切的胳膊，唯恐走丟，或被別人撞了。擁擠的人群和往來如梭的自行車弄得我眼花撩亂，你呼我喚的喧鬧聲和不停的汽車喇叭聲，使我不得不用雙手緊緊地捂住耳朵。不過我還是被路邊攤鋪上擺放的各種糖果和那些花花綠綠、跳跳轉轉的手工玩具吸引了。可是一輛大公共汽車偏偏在這時停了下來。「這是我們要坐的『轎子車』，我們得上去。」就這樣，我又被拉著上了車。

在西藏，環繞著寺院會形成一個個文化中心。桑曲也因爲拉卜楞寺成爲遠近聞名的地方，同塔爾寺所在地湟中縣一樣，顯得比別的縣城繁華。一條不算寬的街道兩旁，林立著各種商鋪和館子。

而拉卜楞寺也和塔爾寺一樣依山而建，經堂、佛殿等建築都非常古老，一看就可以認出純粹的藏傳佛教智慧。教學上，拉卜楞寺是以修習顯密二宗爲主，以藏醫、曆算、詞章、音韻、書

35 斯贊旁：藏語的安多方言，指一種很小的野果子，漢語叫「酸蘋蘋」。

法、聲明、雕刻、印刷、繪畫、樂舞等爲輔。在多麥，拉卜楞寺的僧人以修持嚴謹著名。我到拉卜楞寺時，有四千多位僧人駐寺，著名的格西[36]不在少數。

出家爲僧，受戒是重要的一環。考慮到人生無常，世事多變，我和賽朵仁波切又年幼，嘉雅仁波切主張我們只受僧戒的最初戒，即淨士戒。當時，受戒的有三人，除了賽朵仁波切和我，還有拉卜楞的一位小仁波切。前一天晚上就把我們的頭髮都剃了，只在頭頂留了一撮，這是爲了受戒時節省時間。

爲我們授戒的，是曾擔任第九世班禪喇嘛經師的阿科．晉美倉仁波切，他是精通五明的大學者。那天早晨，我們三個小出家人，都以淨水沐浴，穿上早就準備好的嶄新袈裟，來到傳戒師阿科．晉美倉仁波切跟前，右手放在左手上面，又舉到額頭之上，在導師佛釋迦牟尼像前，半蹲半跪，回答仁波切的提問。另有一個僧人，把我們頭上最後的那撮頭髮剪掉。阿科．晉美倉仁波切賜我法名：阿嘉．洛桑圖旦久美嘉措。

我們在拉卜楞寺住了兩個多月，參加了《牟駝羅》百品講授法會。主講人就是阿科．晉美倉仁波切。那是一個盛大的法會，安多及周邊地區的僧俗百姓都趕來了。前排就座的仁波切和高僧們一邊專注聽法，一邊忙著做筆記。而我們這些小仁波切也都沒閒著，你扯扯我，我拉拉你，抓緊機會相互打鬧。

「可不要再出聲了，聽話。」課間休息時，經師們總是忘不了叮囑我們。

除了聽法時我們這麼忙個不停，其餘時間也不讓經師省心。有一次我們玩「蓋房子，請客人」的遊戲時，破壞了房東的花園。因爲那花園的草坪之間，有一條用細土鋪出的散步小路，而我們拉著玩具汽車跑來跑去，還把那些細土裝上了小汽車。這一來，賽朵仁波切的經師和管家更生氣了：

「連自己是客人都不知道了，破壞了人家的院子，將來怎麼當仁波切呀！」

我們也只老實了一會兒，轉身就把經師的話忘得一乾二淨。

我們當時住在年智赫仁波切家裡。這位仁波切是個攝影愛好者，因此我們有機會看到很多以前沒見過的玩意兒，比如放大鏡，還有魔術盒似的照相機。一天，我們捉迷藏時，還發現很多大小不一的瓶子，裡面裝著不同顏色的水。我們幾個小仁波切正玩得滿頭大汗，喉嚨乾得冒煙，看到這些糖水似的東西，迫不及待地想拿來解渴。我們那時候，沒見過這麼多種類的飲料，只能偶爾拿色雪沏糖水。「色雪」，就是將一張四正四方的紅紙鋪在比它稍大的一張白紙上，再在紅紙上放上半斤白砂糖，一份色雪就準備好了，然後敬獻仁波切，也可以送親朋好友。我們以爲那些小瓶裡裝的是這樣的糖水，正擠來擠去地爭搶，結果把一些液體濺到了一位小仁波切的袈裟上，瞬間，袈裟現出一個大洞。

「不能喝，這是狗尿，我家小狗的尿就是這個味兒！」不知誰喊了起來。

我們都嚇壞了，趕緊把瓶子放了回去。後來才知道，這些瓶裡裝的原來是年智赫仁波切沖照

---

36 格西：漢語意譯爲「善知識」，爲藏傳佛教格魯派僧侶經過長期修學，通過辯經考取的一種佛學學位，相當於博士。

片用的顯影液和定影液。

這期間，我還見到了拉卜楞寺的住持嘉木樣仁波切[37]。他的府上很是森嚴，似乎經過了好幾道程序，又是管家又是祕書的，最後才見到他。我身邊的人就叨咕：「這也太高高在上了吧？」我卻沒有什麼感覺。嘉木樣仁波切只比我大兩歲，穿著袈裟，給我獻了奶茶和措瑪哲色[38]。

回到塔爾寺的時候，因爲我是寺主，又是第一次遠行並受戒而歸，還有好幾位仁波切陪同，全寺三千多位僧人都穿戴整齊地列隊迎接，老僧人們則鞠著躬，手捧鮮花和焚香。記得那是吹著嗩吶、舉著華蓋、前呼後擁的盛況……

葛甘慈誠拉森

葛甘是藏語，經師之意。

嘉雅仁波切常說，慈誠拉森的學識如同我們的庫庫淖爾一樣，遼闊無邊，尤其是他說著一口純正的多麥口音的藏語，很是讓人讚歎，就推薦他做了我的經師。

葛甘拉森的個子不高，身材清瘦，袈裟披在他身上顯得有些寬大了。一天中，大部分時間他都在誦經。一串菩提子念珠被撚得晶瑩剔透。葛甘拉森講話不緊不慢，還擅長引述諺語。也喜歡開玩笑，只是到最後，總是他自己笑個不停，聽的人直眨巴著眼睛。

他成爲我的葛甘時已年過花甲，而我只有五、六歲。在此之前，他是尊者達賴喇嘛的長兄塔澤．晉美諾布仁波切的經師。上個世紀三〇年代，尊者尚幼小，未去拉薩前曾在塔爾寺駐錫過一段時間。葛甘拉森作爲塔澤仁波切[39]的葛甘，也自然地照顧了幼年的法王。後來他經常講起法王小時候的故事，我印象最深的是馬步芳[40]請客的事。

當時，爲打探十三世達賴喇嘛的轉世爲何人，以便索取昂貴的「身價費」，時任青海省政府主席的馬步芳特別邀請所有靈童候選人到他的公館作客。而那些候選靈童被安排就座時，有的哭哭啼啼不肯離開父母，有的見了滿桌的糖果點心就抓來吃。唯有才兩、三歲的法王十分從容、自

37 嘉木樣仁波切：藏傳佛教格魯派六大寺院之一、安多大寺——拉卜楞寺的寺主。傳承六世。前幾世嘉木樣仁波切都以學問著稱，並對藏傳佛教做出貢獻。第六世嘉木樣仁波切出生於一九四八年，安多藏人，一九五二年在拉卜楞寺坐床。

38 措瑪哲色：將野生蕨麻、米飯分別煮熟，並澆上融化的酥油，再撒上白糖和葡萄乾。屬於藏人、蒙古人的節日食品或接待貴賓的美食。

39 塔澤仁波切（Taktser Rinpoche, 1922-2008.9.5）：全名圖登晉美諾布，出生於西藏安多塔澤地區，十四世達賴喇嘛的長兄。三歲時由十三世達賴喇嘛認證，八歲在塔爾寺學習佛學，二十七歲任塔爾寺住持。一九五二年，爲尋求國際社會幫助遭中共占領的西藏，流亡美國。一九六五年任印第安那大學藏學研究系教授，一九七九年創立西藏文化保護中心。塔澤仁波切同時堅定追求西藏獨立，於一九九五年在美國成立國際西藏獨立運動組織，被認爲是「一位偉大的民族自由鬥士」。

40 馬步芳（一九〇三—一九七五）：回族，軍閥，又稱「西北王」，中華民國時期任國民政府西北軍政長官公署長官、青海省政府主席，長達四十年。西北當地民歌唱道：「上山的老虎下山的狼，凶不過青海的馬步芳」，他對藏人屠戮甚重。

在，既沒有多拿，也沒有少拿，接過糖果，吃了，再把糖紙果皮放在桌上，又接過茶碗，慢慢地喝著。馬步芳仔細地打量著幼小的法王，而後，轉向噶廈[41]的隨行人員：「聽說，大佛爺的轉世已經有眉目了？」

噶廈隨員自然也心中有數，便說：「西藏三區都在尋找，只有回到拉薩才能知曉。」

「別的人我不管，但要帶走這位童子，必須通知我。」馬步芳斷然道。

一九三九年夏天，當法王終於可以啓程去往拉薩時，馬步芳果然勒索巨額贖金，而噶廈當時是從轉道拉薩去麥加朝聖的穆斯林商人中籌借重金，才得以讓法王成行。

多年以後，那是二〇一〇年十月，法王到布魯明頓藏蒙佛教文化中心傳法時，與我回憶起小時候駐錫塔爾寺的往事，特別提到了經師慈誠拉森。法王說，他和三哥洛桑桑天玩起來時經常闖禍，有時還去戲弄塔澤仁波切的大管家，也是法王的遠房叔叔，外號麻老爺。然而，麻老爺對他們一點都不客氣，追著打，情急中，法王總會藏到經師慈誠拉桑的圖瓦[42]裡。「又暖和又安全啊。」多年後，法王還沒有忘懷保護過他的圖瓦。

葛甘拉森整理自己的圖瓦時，也常對我說：「嘉瓦仁波切[43]小的時候，藏過這裡啊。」

其實我也很早就見過法王的。那應該是一九五四年，法王被中共邀請去北京開會，途經塔爾寺時，寺內高僧一一覲見法王，獻了供養，以求佛法。至尊爲大家誦經祈福，並逐一賞賜禮物。輪到我時，除了禮品，法王還特意拿出我最喜歡的冰糖。他用紅、白兩色紙的色雪托著冰糖遞給我，我伸手去接，卻沒能接住，冰糖撒了一地，大家都笑了。這笑聲中有一個聲音極爲殊勝，那是法王爽朗而慈悲的笑聲，我從此難忘。

再說葛甘拉森剛到我的嘎日瓦時，有七、八十個徒弟。我還記得他們來找葛甘上課的情形。有學習五明的比丘，也有剛剛入寺的小沙彌，小沙彌往往盤坐在院內的草地上，前搖後擺，緊閉雙目，聲音洪亮地背誦經文。高年級的比丘，則三三兩兩分組來到葛甘拉森的門前，規規矩矩地脫下靴子，彎腰進屋，聽取《釋量論》或《現觀莊嚴論》等。後來，也許是爲了專心照料我的緣故，葛甘拉森逐漸停止教授這些學生。

我小時候寫字、解意比較擅長，可就是背不好經文。有的出家人能很快地背熟一小段經文，甚至只看一遍就能背出，我卻經常背了後邊忘前面，惹得葛甘打過我好幾次。

他有一把精緻的小疊刀，每次用完，都要仔細地磨得鋥亮，再收起來。而我總想擺弄。有一天，乘葛甘拉森出門繞寺時，我把小疊刀拿了出來，剛費力打開，不想葛甘又折了回來，我慌慌張張地收起刀，結果割破了手指。

41 噶廈：譯爲中文有兩層含義：「受命大臣之房」；「發布命令之房」。一六四二年，噶丹頗章政權建立，五世達賴喇嘛被稱爲「貢薩欽波」，意爲「偉大的至高無上者」。一七五一年，七世達賴喇嘛對西藏行政機構進行改革，任命四人爲噶倫，即受命大臣之意，表示直接接受達賴喇嘛命令的大臣，負責日常的行政事務，由此組成的政府被稱爲「噶廈」。一九五九年達賴喇嘛流亡印度，在流亡期間，噶廈的性質和職能發生了很大的變化，變成一個代表全體西藏人民的民主政府。

42 圖瓦：藏語，斗篷。

43 嘉瓦仁波切：藏人對達賴喇嘛的敬稱，意爲勝煩惱的解脫佛。

傷口很快長好了，我以爲誰都沒有發現，暗自高興。幾天後葛甘拉森考我背經，我又吞吞吐吐起來，他立刻舉起撓背用的竹製「不求人」，高聲喊道：「你的心思都用到哪去了？我不在時你都玩了些什麼？」

我低頭說不出話。「啪」的一聲，「不求人」落到了我的袈裟上，因爲冬天的袈裟很厚，我沒有感到疼痛，只是把所有的灰塵都掀了起來，我不敢睜開眼睛，順勢閉上眼放聲哭起來，想用聲音和眼淚掩飾自己的行爲。

「還玩不玩刀子了？不小心的話，那個刀子會割斷你的指頭的！」葛甘拉森大聲地問我。

「不，不玩了……」我戰戰兢兢地回應。

「啪、啪、啪」，葛甘拉森接連又打了三、四下。就在此時，從屋外傳來巨大的轟鳴聲，我立刻止住哭聲，葛甘也屏住了呼吸，我們緊張地對視著，突然，葛甘指著外面的天空：「飛機，是飛機，快去看！」我轉身跑了出去，只見一個灰色的影子在雲層中時隱時現。我盯了好一會兒才回到屋裡，而這時，葛甘拉森的氣也消了，如往日一樣，擦去了我眼角的淚珠：「看見了嗎？」

我連連點頭。

「佛經裡說，鐵鳥可以飛上天空，不可思議呀。」葛甘叨咕著。

那時，人們通常根據太陽的位置判斷時間。儘管我有彭德懷將軍送的一個三五牌座鐘，但是沒有人定時上弦，時走時停。我上下課的時間也是靠太陽的方位確定的。有一天，外面忽然陰了，烏雲遮日，葛甘拉森就叫我上課，我感覺還不到時候，心裡不樂意，但又不敢跟葛甘頂嘴，就說要上廁所。上了一次還要上，葛甘就轉向了窗外，恰好這時，太陽出來了，我也又一次從廁所跑了回來，葛甘笑了：「原來，是我搞錯了時間啊！」

葛甘拉森在我的嘎日瓦，度過了他人生最後二十年，是對我恩情最大的一位經師。

寺主的轎子

一九五七年，凡是寺院的吉哇[44]邀請我參加的法會，無論大小，葛甘拉森都叫我點頭。而這以前，不論舉行什麼法會，只要邀請，葛甘拉森就會替我作主：「小仁波切還在學經，下次吧。」

這主要為了避開隆重的禮節。實際上，我還是會去的，不過不是作為塔爾寺寺主，而是悄悄坐在一邊。現在，我要正式參加法會了。

在塔爾寺，一年中的主要法會有：正月法會、四月法會、六月法會、九月法會，以及十月燃燈節等。法會上，都要演示金剛法舞「羌姆」，有怖畏金剛護法舞、馬頭明王護法舞等，都是表達人生無常、遠離紅塵和生死煩惱，以及修行的境界。不同的法會，演示的金剛法舞和儀軌也各不相同。法會期間的佛事和程序都非常嚴謹。

44 吉哇：藏語，有些地方稱吉薩，指管理後勤和總務的機構。

正月法會是最爲重要的，起源於一四〇九年宗喀巴大師在拉薩主持的「默朗欽墨」，即祈願大法會，這是僧俗共慶的節日。作爲宗喀巴大師的誕生地，塔爾寺的正月法會聲勢之浩大，在全西藏也是數一數二的。那時，不僅安多地區的蒙藏農牧人都要趕到塔爾寺，連遠在康區的百姓，還有周邊的漢族、回族也會趕來，將塔爾寺擠得水泄不通，連魯沙爾鎮也人流翻捲。

酥油花供是正月法會上最爲光彩奪目的時刻。還在幾個月前，寺院裡那些會做酥油花的拉蘇[45]，就開始將純淨的白酥油揉以各色染料，捏塑佛祖本生故事、米拉日巴修行故事、宗喀巴大師修行故事等各種佛教故事，包括人物、花卉、樹木、飛禽、走獸，還有經堂、大僧官等等。

這是我第一次以寺主的身分參加法會。恰好，我的阿爸和阿媽也從烏蘭淖爾草原來到了塔爾寺。兩位老人和草原上的人們一樣，不會錯過每一季法會。當然，除了聽經、拜佛、祈福之外，還可以看望我和我的兩個哥哥。所以，塔爾寺的大眾（管理機構），那天也邀請了我阿爸阿媽參加酥油花供。

雪，一直下著，紛紛揚揚的雪花中，迎接我的儀仗隊和我熟悉的黃色八抬轎等在了我的嘎日瓦門前。我穿上特別在拉薩訂做的靴子「熱松巴」，六種錦緞做的上衣「董嘎」，披上深紅色的袈裟，緩緩步出。幾個身強力壯的僧人立刻抬起轎子，「道布道」[46]手持長木杆開道護駕，兩名僧人在轎子兩側各挑一盞大紅燈籠。天色漸暗，紅盈盈的光散在雪地上，像鋪了一層紅地毯；只是，抬轎人的腳下，不時地發出「嘎吱、嘎吱」的響聲，提醒我那其實是很厚的一層雪呢。

阿爸和阿媽被保護得安安全全的，走在兩個轎杆中間，不僅可以隨時看著我，還可以自在地看著兩邊的人群。

「佳素且[47]，寺主也來啦！」

「寺主的父母也來了，看那走在轎杆中間的老人！」

認出我的信眾都擠過來頂禮膜拜。我目不轉睛地看著眼前的情景，聽見人們議論說：「今年的酥油花，到底哪個更好啊？」

「依我看，傑尊增札[48]做得好。」

「還是果芒增札[49]的好。」

我可看不出哪個更好。都是用圓木搭起一個方形的酥油花供架，圈成了一個四四方方的院子，正面是酥油花，其他三面掛著重重疊疊的唐卡和堆繡[50]，差不多有三層樓房高。文殊菩薩為主尊佛，兩側是佛祖生平事蹟。彩色的花朵，飛舞的花枝，一個個活靈活現的神佛菩薩，在幾百盞酥油燈的輝映下，美得無法形容。我們在擺滿了酥油花的廣場上看呀看呀，就是不想離開。

---

45 拉蘇：藏語，繪畫神佛的藝人。
46 道布道：藏語，指寺院有活動時維持秩序的僧人。
47 佳素且：藏語，感歎詞，意為保佑，護佑。
48 傑尊增札：藏語，「增札」相當於寺院裡的班，在塔爾寺相當於大學裡的系，而這個系名為傑尊。「增札」在衛藏等寺院又稱作「扎倉」。
49 果芒增札：藏語，此「增札」這個系名為「果芒」。
50 堆繡：西藏的寺院藝術。屬於唐卡的一種。唐卡有卷軸（繪畫）唐卡、刺繡唐卡、提花唐卡、貼花唐卡（又稱剪堆，即堆繡）和寶石唐卡等。堆繡分平剪堆繡和立體堆繡。題材包括佛像、佛經等故事。

後來，阿媽還常對阿爸說：「哎呀，幸好把我倆放在兩根轎杆裡了，要麼，早就擠碎啦。」

阿爸笑呵呵地看著阿媽：「倒也沒聽說有誰碎了。」

我出生的蒙古包

還是那年，一九五七年，葛甘拉森、大管家、小管家，以及我的兩位哥哥諾日和祁包，還有一些隨員，都騎上馬，帶著給我阿爸、阿媽以及兄弟姐妹的各種禮品，浩浩蕩蕩地從塔爾寺出發了。

我騎的是一匹棗紅馬，比其他的馬個頭小，馬鞍子上放了個特殊的架子，保護我不會摔下馬背。專門有一位隨員，騎在自己的馬上，還牽著我的馬。我一個勁兒地衝他喊：「把馬韁繩給我！我也要像你們一樣自己跑一跑！」可是，爲了我的安全，他只是笑笑，我委屈地噘起了嘴。

自從我兩歲被迎請至塔爾寺，這還是第一次回家鄉。走在翠綠的樹林和青青的草地上，走在溪水潺潺、鳥語花香的峽谷間，走啊走啊，大人們似乎從來都不覺得累，不停地說著笑話。我的諾日哥哥也說，他見過一位老僧人，頭光光的，又光又亮，坐在一堵牆的後面，從牆的這邊看，很像一塊石頭，還眞的有人把一塊石放在了他的頭上。大家又笑了起來，遠處的牛羊也「咩咩」、「哞哞」地叫著。

又路過了幾個小村子，四周是黃燦燦的油菜花和綠油油的青稞田。田裡的農民看到我們，都放下農具，遠遠地揚起了手。其實他們也不知道我們是誰。在這裡，跟陌生人打招呼，是再平常不過了。但對我來說，一切都是新鮮的，連我出生的烏蘭淖爾草原，也是新鮮的。

後來，我們來到了位於峽口的賽朵寺。他們說，這是當年班禪大師的小汽車接我的地方，也是賽朵仁波切的本寺。顯然，賽朵寺早就接到了我們將經過的消息，奶茶呀，乾肉啊，各種好吃的立即端了上來，甚至還爲我們準備了過夜的房間。

過了賽朵寺，就進入牧區，少有農田了。一群又一群的牛羊，一片又一片的地毯草，散發著我熟悉的氣味，很像我母親身上的奶味和牛糞餅混合的氣味。

這樣走了三天，才到達我們的百斯部落。老遠，我就看到幾個小孩子，把一些小灌木枝當成馬來騎，雙手拖著枝條的頂端，飛快地跳躍著，而後面的樹枝樹葉，把地上的塵土都掀了起來。遠處三三兩兩的羊群和牛群，居然扯著嗓子叫了起來。

「蘇日古阿嘎到了！」一個小孩子喊了起來。所有的孩子呼啦啦地朝我們跑來了，橫七豎八地扔下了那些樹枝。

「蘇日古阿嘎回來啦！」

「蘇日古阿嘎回來啦！」

遠處的牧羊人也扔下羊群，向我這邊趕來。正在擠奶的女人，聽到孩子們的叫嚷，立刻起身，把手放在額前遮著陽光，向我們這邊的大隊人馬望著：「阿媽，我們的蘇日古阿嘎回來了呀！」說著，也向我們跑了過來。她那長袍，差一點掀翻了奶桶，不過，奶桶晃了晃，又穩住了。她正是我的大嫂！

阿媽提著牛奶桶出現了，還一勺勺地把雪白的牛奶灑向天空，眉毛聚在一起，嘴裡念念有詞，祈求著山神土祇保佑天空晴朗。

而那敞開的門簾裡，這時擠著好幾個老人和孩子，只見我阿爸，踮著腳向外看，擠也擠不出來，因爲大家的勁兒都用在了一起。

我家的蒙古包不大，但裡面井井有條。當然，這一切都與我阿媽的巧手和勤快分不開。說起來，牧民們每搬到一處新地方，就要立灶燒茶，這實際上是家庭婦女間的一種暗中比賽，而我阿媽常常是頭一名。

聽說，早以前，阿爸早就看好了阿媽，但是阿爸的家太窮，阿媽家裡的長輩都不同意，好在阿媽的奶奶同情他們，在她的幫助下，最終，阿爸將我阿媽「偷」走了。

現在，阿媽和阿爸的日子過得暖融融的。一進門，中間是塔布卡[51]，左邊是櫥櫃，右邊是客廳，而正中上方，即塔布卡的後面是佛堂。阿爸身材魁梧，從小放羊、放牛、騎馬、剪羊毛、搬帳篷、遷徙遊牧，牧民的手藝他樣樣在行。據說，他年輕時常去「茶卡」[52]馱鹽，然後到門源一帶做些貨物交換的生意。後來我大哥瓦里瑪長大，就頂替了阿爸。阿爸的治家有方在我們百斯部落是有名的，就連我這個很少見到他的「貴客」，也怕三分呢。

在十一個兄弟姐妹中，我是老九。但是，由於我是阿嘉仁波切的身分，在家裡的地位多少有些特殊。現在，桌子上爲我們擺上了香噴噴的餅子、吉祥米飯，自然也少不了手抓羊肉，還特別擺上了阿媽親自用小石磨磨出的「拉絲庫」糌粑，這是我最愛吃的。還有酸奶，這酸奶和一般的有些不同，是凝固的酸奶，我叫「坐酸奶」。每次阿媽和阿爸去寺院看我時，都要帶去一些，有幾次，大哥大嫂看我時，也帶去了。

大管家也把我們的禮物拿了出來，有給阿爸的藏刀，那是從蒙古捎來的，刀鞘上還配了一雙象牙筷子、瑪瑙鼻煙壺，給阿媽和大嫂的錦緞衣服，給孩子們和親朋好友的糖果……叔叔、舅舅、姨姨、姑姑、姐夫、嫂子、朋友，以及部落的老人們都圍了上來，議論著這個好看，那個好吃。人們說啊，笑啊，像是永不會停歇。

在我家的蒙古包前，還臨時為遠道而來的親朋好友以及我們的大隊人馬，搭了幾頂帳篷，就像是舉行法會似的。接下來的幾天，年輕人玩起了「巴拉」[53]，老人們則三五成群地喝茶聊天。我呢，成了脫韁的野馬，跟孩子們纏到一塊兒。

「來來，該剃頭了，頭髮這麼長了，哪像個仁波切呀。」一天晚上，阿爸叫住了我。

平時，我最怕的就是剃頭了。在寺院，每當給我剃頭時，我都又哭又鬧的，因爲剃刀一觸到我的髮根，我就感到疼。我的理髮師古仁巴，一定要說上好多的好話，再加上一塊又一塊糖果，我才就範。可今天，阿爸也沒什麼客套，更不哄勸，只說了三個字「安靜點」，我就乖乖地坐下了。

其實不只是我，連我的大管家也怕我的阿爸呢。在塔爾寺，我房間裡有個金花炕櫃，櫃子上

---

51 塔布卡：藏語，指灶台。牧區常用的一種鐵架製的灶台，上面可架鍋或茶壺來煮飯燒茶。

52 茶卡：藏語，指鹽湖。

53 巴拉：藏語，擲骰子的遊戲。

擺著我的小佛龕，裡面供奉著長壽三尊[54]。櫃子內裝著我的新衣，還有從北京雍和宮阿嘉倉[55]帶來的各種糖果。平時這個櫃子總用一把小藏鎖鎖著，我阿爸、阿媽來的時候，阿爸總會打開櫃子，給我拿出一些糖果。我一直以爲只有阿爸才能打開這個櫃子，後來我發現鑰匙其實就在大管家曲江加布手裡，可是他從來沒有打開過櫃子。大管家是北京雍和宮派來的，很節儉，他管家的訣竅就是，把能收起來的財物全都收起來，可究竟收到了哪裡，那就是他自己的祕密了。

那時，很多人都不是天天能吃白麵的，偶爾得吃幾頓黑青稞麵。不過，仁波切家裡總要富裕一些，但我的嘎日瓦就不太富裕，只是我的大管家比一般人吝嗇，侍者、隨員都心裡明白，儘管嘴上不說。我和經師每天倒是都有白麵饃饃和麵片湯。大管家曲江加布自己開小灶，吃的和我們差不多。其他人的飯菜就差了，甚至只能吃洋芋剩飯，或者黑青稞麵拌開水。一次，有人請我作客，吃過午飯回家後，侍者問我要不要再吃一點，我一連點了好幾個頭。小孩子就是這樣，說不吃的時候很少。實際上，並沒有給我準備午飯，大家一時也沒了辦法，就把他們吃的洋芋和黑麵饃饃端了上來。出於好奇，我老是問：「這是什麼？」「那是什麼？」「爲什麼是黑的？」老隨員就看著我：「吃飯時別講話，快吃。」

如果塔爾寺的寺主也在吃黑青稞麵的事傳出去，大管家曲江加布的聲名就會受損。不過，到底還是被我阿爸知道了，是我把吃黑青稞麵當作趣事告訴了阿爸。接著，阿爸就詳細地問了起來：「你和經師喝不喝牛奶？」我說：「很少。」「你們平時吃不吃牛羊肉？」我說：「在麵片湯裡只有一點。」

阿爸就轉向了我的侍者：「今天的陽光很好，把被子拿出來曬一曬吧。」

當我的被子拿到外面時，竟發現了很多蝨子。

這一下，我的阿爸再也忍無可忍了，就叫來了大管家曲江加布和兩位老隨員，以及葛甘拉森：「聽我兒子說，他在府上很少吃到奶和肉。我們是牧民家，我兒子從小就喜歡喝奶，喜歡吃牛羊肉，我理解你省吃儉用，不過，咋也輪不到讓我兒子吃黑青稞麵吧！就是府上別的人，也輪不到吃黑青稞麵哪！再看看這被子上的蝨子吧。我想好了，再不能讓我兒子受委屈了，還是把他帶回草原去，為了不影響修習佛法，請葛甘一同前往。等我兒子長大成人，我再送回來不遲。」

大管家曲江加布臉上的笑容很像哭：「這個，這個，帶走仁波切，萬萬不可啊。」曲江加布這時，從炕上一下子滑到了地板上，跪下了：「都是我的疏忽，還不知道有這樣的事呀，大人不記小人過，以後我保證不再這樣。」說著，還一個勁兒地瞟著葛甘拉森。

葛甘說話了，請阿爸寬宏大量，那兩位老隨員也竭力請求阿爸把我留下，保證從此好好照顧我。呵呵，這以後，不僅我的生活改善了，連嘎日瓦裡其他的人，聽說，也只是隔三差五，才吃一頓黑青稞麵了。

「啊，龍出來了！」是黃昏時分，阿媽突然喊了起來。大家都跑出蒙古包。果然，天上出現了「龍」，可這條「龍」並不像畫裡的那樣，翻捲著金色的身子，當然也不像綠色的恐龍，那是

---

54 長壽三尊：藏傳佛教中，無量壽佛、尊勝佛母、白度母被認為是福壽吉祥的象徵，稱為「長壽三尊」，是西藏諸多寺院中常見的佛像組合形式。

55 阿嘉倉：清皇宮所供養的歷代阿嘉呼圖克圖在北京的府邸。

一條長長的、深灰色樣的東西，又不同於平時的雲，而是從那厚厚的雲層中懸掛下來，頭上還有鱗片似的東西閃著光。更奇怪的是，它還能變化，有時變得長而窄，有時變得寬而短。老人們就說開了，說天上出現龍，預示著陰雨連綿了。

說著說著，雨就來了，一連下了好幾天。不過，這並沒有影響我第一次回家鄉留下的甜美記憶。

第二章 「宗教改革」之劫

「反革命窩子」

「宗教改革」蔓延到塔爾寺那年，我八歲。沒錯，正是一九五八年，我必須要強調這個年份。記得有一百多名幹部組成的工作組住進了塔爾寺，每天召集僧人們學習「宗教改革」政策。那時，葛甘拉森的腳腿已經不利索了，還得了慢性關節炎，但也沒能例外。「年生不好了，不好了……」每次學習結束，葛甘拉森拄著木頭拐杖，挪動著腳步回到嘎日瓦時，老是長吁短歎。

必須參加學習的人越來越多了。一天，我的嘎日瓦裡所有的人都被叫去了。我樂壞了，頭一回沒了大人看管，我到處亂跑，這裡瞧瞧那裡看看。平日裡，因爲阿嘉仁波切尊貴的身分，我只能在佛堂和客廳兩個相通的院子裡玩，現在我跑進了其他五、六個連在一起的院子。對那些我早就好奇卻不允許我去的地方，比如大廚房、管家的房間，也都跑去瞧了瞧，當然有點緊張，心「怦怦」直跳。最後，累了，就又回到了我的院子。那裡，有一個又寬又大的木床，有點像羅漢床，鋪著兩個方形卡墊，中間還有一個木桌，木桌的抽屜裡盡是我的玩具。除了小房子、小飛機、小汽車，還有一些古董玩具，像木刻的小人啦、馬啦、大象啦……我玩啊玩啊，還畫了一個佛堂，又畫了馬呀、大象呀，主要是各種各樣的小人，都給佛磕頭……

一個陰晦的午後，因爲找不到玩伴，我噘起了嘴。這時，出現了三、四個人，都有些眼熟，但又和其他塔爾寺的僧人不一樣，拉著臉，東張西望，沒有一點禮貌。其中，表情最凶的是一個穿著俗家衣服的，他盯著葛甘拉森說開了，聲音很大。葛甘低著頭，像挨訓的樣子。「他叫納旺金巴。」後來有人告訴我，還說他當上了什麼主任。

他們走後，葛甘拉森又歎起了氣，自言自語著：「年生不好了，不好了……」

從此，葛甘拉森天天得去學習了，我也再沒有正式上過課。大部分時間，都和哥哥諾日、祁包，還有狼尾巴（管家侄兒的外號）泡在一起。捉迷藏時，我們甚至不管不顧地藏進了箱子、櫃子，把裡面的卡墊啊、馬鞍啊、炕桌啊，弄得底朝天。有時也看小人書，比如藏文《說不完的故事》、《猴鳥的故事》、《佛經故事》，還有八大藏戲《白瑪文巴》、《頓珠頓月》、《諾桑王子》等等，偶爾也看中文的《三國》，而後扮成張飛、關公，但誰都不願意當董卓和曹操。有時，我們還往牆上畫畫，在紙上和布上畫畫，畫方形的解脫圖：有六道輪迴、南瞻部洲、三十三天……然後我們擲骰子，骰子有六面，寫著六字眞言「嗡嘛呢叭咪吽」，每個字母，都代表一個地方，輸了就下地獄，贏了就入天堂，成佛了。

但有一天，我的嘎日瓦裡來了很多人，有的穿著俗家衣服，有的穿著袈裟，外面還有汽車的響聲。這些人二話不說，就把佛堂、客廳裡的東西都搬了出去，拉走了。後來，這些人和車經常出現，幾乎搬空了阿嘉嘎日瓦裡所有的東西，連倉庫也沒放過。我的前幾世留下的法器、家具、樂器、嘎烏、寶瓶、馬鞍，甚至鐘錶、衣服、鞋帽，還有大型法會需要的卡墊等等，都被沒收了。我的上一世和日本有來往，家裡還有不少精製的日本禮品，如寶石和瑪瑙鑲嵌的鼻煙壺、茶器、餐具，也都被沒收了；連灌頂時穿的，那個用雕刻的象牙和骨頭串起來的法衣；念經時戴的，用銀子做的五佛冠也都被拉走了。

拉走的東西，再也沒有拉回來。其他仁波切、僧人的財產，也都被拉走了。那時，塔爾寺的很多僧人都是富有的。有的仁波切家裡還有多餘的房子當小客棧用，逢年過節和大型法會，一些牽著駱駝、馱著箱子，從遙遠的蒙古和西伯利亞來的香客，一些騎著馬，大包小包，從阿柔、天峻，以及黃河南邊來的藏人，都會住在仁波切的家裡。走時，總要留下一些供養，不只是錢，還有綢緞、磚茶，以及金銀財寶等等，爲以後的法會做準備，而這些，都被沒收了。

後來，一聽到汽車的動靜，人們就互相提醒：「沒收局來了！」我也把這些人叫作「沒收局」。很長一段時間，「沒收局」三個字，在我們的談話中出現的頻率最高。

一天，納旺金巴主任又帶著那三、四個人，出現在我的嘎日瓦。現在，他們中只有一個人穿袈裟了。納旺金巴主任這回逕直朝我走來，豎起了雙眉：「明天召開鬥爭大會，都要參加，你也不例外！」

我望著他一聲不吭。倒不是想拒絕，而是沒理解。

「點頭啊，答應他。」一邊的經師慈誠拉森著急了。

我這才點頭，應了一句：「噢呀。」

「哼！」納旺金巴主任從鼻孔裡噴出一股氣，轉身走了。

天黑後，很少到我房裡的大管家、小管家和幾個隨從都來了，他們馬上就和葛甘拉森商量了起來，聲音低低的，還不時地看看門口。「究竟發生了什麼？」我想著，豎起了耳朵。可是，我的上下眼皮卻不聽話，一個勁兒地打架，很快我睡著了。

「往後，你得照顧自己了……」早飯時，我剛端起奶茶，葛甘拉森就說話了，還從懷裡掏出一塊彩色氆氌，拿出夾在中間的白粗布，擦了擦眼角，又擤了擤鼻子：「……趕上了這個年生……躲是躲不過去了……有了難處多祈請三寶，還有護法……別信那些積極分子，壞了良心……」

這天早晨，也就是一九五八年十月十五日，藏曆土狗年九月初二，我們到鬥爭大會會場時，那高台階上已擺了一排桌子，坐著穿藍制服的幹部們，他們的腰桿都挺得筆直，有的，還穿著軍裝，披著軍大衣，揹著槍。前面，還掛了一個橫幅，都是漢字，我不認識。

納旺金巴主任命令我參加的鬥爭大會，也叫「揭封建蓋子大會」[1]，在雅囊曲扎（漢語叫九間殿）的院裡召開。這是由幾個佛堂和大經堂圍起來的一塊空地，可容納幾千人，是我們辯經考試和舉行各種大型宗教法會的地方。而那高台階上，原本是專門留給主持法會的大仁波切、大堪布們就座的。

在高台階下面，除了大仁波切、大堪布們，還有很多的僧人，看得出，塔爾寺所有的僧人都來了。我坐在靠前偏左的地方。幾十個穿軍服的人，揹著槍，腰裡和肩上都夾著子彈，就在離我不遠的地方走來走去；還有一些附近村莊的「貧下中農」代表，也揹著槍，也在轉悠；兩邊的屋頂上還架著槍，解放軍都一眨不眨地盯著院子裡的人們。一些僧人中的積極分子，當然都是些年輕人，在會場的邊上不停地巡邏，不同的是，他們的手裡沒有槍，只攥著粗麻繩和鞭子。

杜華安講話了。他是青海省統戰部副部長，參加過紅軍二萬五千里長征，在紅四方面軍當過戰士、班長、排長、副連長、連長；後來，又在中國人民解放軍一軍一師當警衛營教導員。他個兒不高，嗓音卻不低，還不時地清清嗓子，帶出「哼」、「嗯」這樣的口頭語，說一句就要停頓一下：「哼，你們這些反動派，剝削階級，吃人民的肉，喝人民的血，都是寄生蟲，知道嗎，嗯？」接著，杜副部長還在台上走動起來，每邁出一步，都用勁兒地跺一下腳：「哼，塔爾寺就是反革命窩子，你們都是披著羊皮的狼，封建蓋子！不打倒你們，人民就當不了家，翻不了身……」

儘管有翻譯，我還是不大懂，老覺得杜副部長在罵人。自打我從烏蘭淖爾草原，被迎請到塔爾寺，也有五、六個年頭了，還從沒見過這樣粗俗的人。我的心「突突」跳個不停，就偷偷看了看前後左右，發現僧人們都低下了頭。坐在我前面的大管家，也就是狼以巴的叔叔，正在一邊偷著看我，一邊掉眼淚呢。

1「揭封建蓋子大會」：「揭蓋子」比喻揭露矛盾或問題，當屬中共歷次政治運動的常用語，即所謂揭露隱藏著的矛盾，以此來掀起政治運動。「揭蓋子」的反義詞是「搗蓋子」，都屬於政治運動的常用語。一九五八年中共在安多、康等藏區開展以「宗教改革」爲名的政治運動時，「揭封建蓋子」是其藉口。

後來，每次開鬥爭大會，都是杜華安副部長先訓話，他矮矮的個子一出現，沒有一個僧人敢抬頭。這時，也不知爲什麼，我就會想起董卓、曹操。

而那天，杜華安的話音落下時，會場上出現了從沒有過的安靜，靜得只聽見佛殿的房簷上傳來細細的鈴聲，是被微風吹的。遠處，有烏鴉「呱呱」的叫聲。突然，有人從邊上，似乎在離我不算太遠的地方，大喊了起來，其他的僧眾，說時遲，那時快，也跟著大喊，還舉起了胳膊，五指握成拳頭：

「揭開封建蓋子！」

「打倒反動派！」

「打倒剝削階級！」

「消滅寄生蟲！」

「有苦的訴苦、有冤的訴冤！」

「破除宗教迷信！」

……

接著，站在一旁，拿著繩子和皮鞭的年輕僧人們，一下子就鑽進僧眾裡，直奔坐在中間的前住持——拉科仁波切，把他揪了起來，拉出去，直接按在高台階下面中間的地方，開始了五花大綁，還有人舉起了拐杖、鞭子，以及燒火炕的木鍬，朝拉科仁波切亂打。

拉科仁波切個子不高，很是文弱，六十歲左右。愛好修錶、畫畫，還有攝影。每逢過年過節，總邀請仁波切們到他家吃飯。而我，總是趁機擺弄起他家的許許多多小玩具。其實那根本不是什麼玩具，都是照相和修錶的工具：放大鏡呀，小螺絲刀呀，等等。拉科仁波切甚至還送過我，可以說，每次到他家，我都滿載而歸。

拉科仁波切的家裡，我最喜歡的還是他的炕桌。那本來是一個方形的木頭桌，可是，拉科仁波切把木頭的桌面揭掉了，換上了玻璃，玻璃下面，是他自己製作的時鐘，白天是太陽，晚上是月亮。

是的，拉科仁波切是第一個被揪出來的。現在，他支持不住了，臉上滲出一層汗珠，呻吟著：「啊克勒勒！啊克勒勒！咕嘰咕嘰[2]……」那些人打得越發厲害了，不過拉科仁波切似乎只對緊緊綁著他的粗繩子有感覺：「可憐家，請……鬆鬆綁吧……」他哀求著。於是，有人解開了那條粗繩子，更緊地勒了勒，又繫上了。拉科仁波切佝僂著，駝著背，像個侏儒，在所有的塔爾寺僧人面前，他哭了：「可憐家，我止不住了……止不住了……」

我見過父母打小孩，老師打小沙彌，可從沒見過大人打大人的。我的五臟六腑都空了，連腦袋也空了。我深深地低下了頭。不知道他們打了拉科仁波切多長時間，那些年輕僧人和附近村莊的貧下中農代表，又瘋了似的到人群裡抓人。有的人也像我一樣，盡可能地低著頭，可還是沒能躲過積極分子的眼睛；有的人想以抓別人的行動來立功贖罪，到頭來，還是被其他人揪了出來。揪出來的人太多了，準備的繩子都不夠了，那些年輕的僧人，就解開了僧衣上面的帶子，捆起了

2 這些都是表示哀求的藏語。

人，一個又一個……

第三批被揪出來的沒有被捆，只是工作組的人在台上點名，讓他們主動到前面。那時，塔爾寺的僧人們已被分爲幾個大組，每個大組裡又包括不少小組。所以點名時，只說第一大組的第二小組的誰誰誰，第三大組的第一小組的誰誰誰。而他們一上前，直接就被解放軍銬上了手銬，剛開始每人一副手銬，後來，不夠用了，就兩個人銬一副。

他們被排成兩行，由解放軍押著，到了八個塔那邊的廣場。聽說，一排有篷布的軍用卡車早已等在那裡。解放軍就把他們，兩個人、兩個人地扔了上去。車上的人漸漸地多了，因爲擁擠，或者因爲新扔上來的人砸了其他的人，就出現了一點動靜。

「不許動！」解放軍的槍口立刻對準了他們；而車下的人，如果動作稍慢了一點，解放軍就用槍托子，猛砸他們的後背、腰，甚至腦袋。

後來，我的經師嘉雅仁波切說，把他們拉到西寧後，關進了郊區那邊一個很大的房子裡。裡面什麼都沒有，連捆乾草都沒有。他們坐在光禿禿的地面上，捱著時間，到了晚上，還是什麼都沒有。後來，有人說話了：

「哎，叫我們住的房子，怎麼連個氈也沒有呢？」

「怎麼還不給我們吃的呢？」

「怎麼這樣對待我們呀？」

大多數人都不知道這是什麼地方，連做夢，也沒有過這樣的經驗，只有極少的人明白，就說了：「這是班房[3]。」

班房？班房不是關押殺人放火、越貨行劫的罪犯嗎？但現在，這麼多著作等身、修行有成、受人尊敬的仁波切，怎麼就進了班房呢？

第二天，才給了他們被子。是根據那幾個大組統計的被抓走人的數字，拉過去的。有的人，是好多天以後才得到的被子，因爲那個數字，並不精確。因此，那十月裡冰冷、潮濕的地面，使不少人後來都得了病。

藏人那種天性樂觀的脾氣，在僧人身上，顯得格外突出。一個星期後，笑聲又回來了，因爲有點習慣這個陌生環境了。大家就開玩笑，說起阿柔廉巴[4]當年到拉薩朝拜，看到泥塑的佛沒穿鞋子，就脫下自己那暖融融的靴子叫佛穿，泥菩薩沒有動，阿柔廉巴就推著佛說：「我怕你冷，給你穿靴子，你咋不穿呢？」笑聲傳出了班房。那時，他們還不知道害怕。有一位看守，是藏人，他們都叫他韓處長，也不知怎麼的，他取了一個漢人的姓。韓處長的眉毛之間，老是擠著一個疙瘩，挺嚴肅的，可心眼好使。這天，他聽到大家的笑聲，就進來了：「你們這些阿克[5]，什麼都不知道，還笑呢，看看你們的門，都是從外面鎖上的，這是監獄！」

慢慢地，他們有了壓力，笑聲少了。後來，又讓他們到磚瓦場幹活：打土坯，燒磚，出窯，再摞起來裝到車上……每天每天，重複著這些簡單而繁重的勞動，不能念經，不能讀書，晚上還

3 班房：俗語，指監獄。
4 阿柔廉巴：阿柔是地名，今青海省祁連一帶。廉巴是安多藏語，傻瓜的意思。
5 阿克：安多藏語，一般稱僧人爲阿克。也是叔叔的意思。

要開鬥爭大會，一天又一天，有的就垮了，想笑也笑不出來了。

過了一段時間後，有的就被判刑了，押到德令哈、格爾木等很遠的地方；還有的，分到了西寧附近的監獄，比如化隆、湟中等地。聽說，判刑之前，差不多天天審訊，並且沒有固定的時間。有時在夜裡，睡得正熟時，就被叫了起來：

「你以前幹過什麼？」「你都做了什麼？」「人民群眾已經把你的罪惡都揭發了！」說著，還會拿出一摞子紙，「你的問題都在這裡，現在，你要老實交代！」

有一位叫索南堅贊的僧人，外號「十八羅漢」，也被捕了。被反覆逼供：「你是十八羅漢，老實交代，其他十七個在哪裡？」

就是這樣，他們被定時和不定時地摧殘著、嚇唬著，甚至胡折騰著。聽說，五八年的「叛亂」[6]頭目，有的被判了無期徒刑，有的被判了死刑。重犯，都被關在單間裡，而輕犯，就十幾個人一間房子，叫號子。號子裡的人，也是經常調換，晚上排著隊學習回來時，還都好好的，第二天，就不見了，又來了新人。誰也不知道發生了什麼，可能換走了，也可能死了。

號子的門口有個馬桶，屎呀尿呀都在裡面。旁邊睡覺的人就倒楣了，味道難聞還是其次，主要是那些屎呀，尿啊，動不動就濺到了臉上。

聽說，在監獄裡，倒是不怎麼打人的，不像開鬥爭大會時那個樣子。有的人，開始還偷偷地藏著念珠，後來發現藏不住了，就在做工時，把念珠扔進了廁所。也有的人，渴望一串念珠，卻怎麼也得不到，就在做工時，悄悄地把麻袋上的繩子抽下來，一根又一根，天長日久，積攢夠了，就撚在一起，打成一顆又一顆結，直到一百零八顆。

我還要重複一下那個日子：一九五八年十月十五日，藏曆土狗年九月初二。那天的鬥爭大會，從早上八點半（或九點鐘）開始，直到下午三點鐘左右才結束，共揪出三撥人。後來聽說，那天，有五百多人被抓。連年僅十五歲的茸康仁波切，還有剛滿十八歲的西納仁波切，也都被抓了。我的經師、管家、祕書、香燈師、侍者，更是一個也不剩地，都被抓走了。

我的嘉瑪嘎

往常，我參加法會時，都是前呼後擁的。現在只剩下我一人，就迷路了。再說散會時很亂，我究竟怎麼回到我的嘎日瓦，如今一點也想不起來了。只記得一進門，我愣住了，諾日哥哥不見了，祁包哥哥也不見了，連管家的侄兒狼以巴也不見了。我的家，轉眼間成了「第一大組」。

我的房間裡，所有的東西都不見了。往常，除了炕桌以外，還有一個畫了金花的櫃子，裡邊裝著糖果和我的一些新衣服。櫃子上面供著佛龕，有長壽三尊的塑像：無量壽，白度母，尊勝佛

6「叛亂」：所謂「叛亂」，是中共對於藏人抗暴行動的詆毀說法，也是中共對自己實行鎮壓予以合法化的說法，即將鎮壓說成是「平息叛亂」，簡稱「平叛」。據記載，十世班禪大師在一九八七年三月二十八日的人大小組會上發言時曾談到：「一九五八年我在青海聽到黨內文件上說『要挑起叛亂、壓出叛亂，然後在平叛過程中，徹底解決宗教和民族問題』。」而其中的「解決」也是鎮壓的委婉說詞。

母。佛像前有酥油供燈和七個淨水碗，現在，都不見了。

到處是陌生人，他們說話的聲音都很大，有的還穿著俗家衣服，叼著香菸，哼著歌，進進出出地抬東西呢。過去，我的房間很安靜，連整個阿嘉嘎日瓦都是安靜的。經師也常說，別大聲說話，要懂禮貌。

我在自己的房間裡站了好一會兒，還是沒人理，就退了出來。院子裡，那個又大又寬的木床還沒抬走，和原來一模一樣，上面鋪著卡墊，還有靠背，中間是一個木桌。我走過去，打開了木桌的抽屜，見我的玩具還都在，就擺弄起來。可是，我眼前老是鬥爭大會上抓人的情景，拉科仁波切的哀求聲一直在我的前後左右響起。還有葛甘拉森，怎麼連影子都不見了呢？不知不覺地，我的眼淚掉了下來。

作爲塔爾寺的寺主，最高貴的仁波切，平日裡，我的衣食住行都是有人操心的。學經時，有經師耐心教授；吃飯時，有廚師照顧；玩耍時，又有哥哥們和其他小僧人的陪伴。可是現在，所有我熟悉的人都不見了。孤單像緊箍咒一樣，越來越緊地箍著我。最要命的是，肚子又「咕嚕嚕」地亂叫起來。我想起了奶茶，還有糌粑、牛肉包子、天圖[7]、十錦菜……這些平時常吃的飯菜都出現了。可是還是沒有人理會我。那些新來的人一直在忙著搬東西，嘴裡不停地哼唱著：

社會主義好，
社會主義好！
社會主義國家人民地位高，

反動派被打倒，

帝國主義夾著尾巴逃跑了……

終於，一位穿著袈裟的中年人走過來了。我仰頭時，他那長著濃郁鬍鬚的臉上，一點笑容都沒有：「餓了吧？過來，吃點東西。」

聲音卻是溫和的。他是我的新一任經師嗎？我跟著他，到了他的房間。那其實也不是他的房間，是我從前的祕書崗圖莫的房間，也是我經常出入的地方。現在，崗圖莫的東西都不見了。看得出，這位僧人是剛剛搬來的，只有被子和茶杯。後來我常聽說，一些僧人搬到食堂後，他們的東西就鎖在了原來的住處，不少東西都被偷了，有的，還被「沒收局」登記後，拉走了。

後來，「沒收局」開了一個商店，除了將貴重的東西上繳給國家，剩下的，就分門別類地出售了，有餐具、家具、法器和堆積如山的袈裟……應有盡有。都是舊貨的價格。先是農村人買，後來，城裡人也來買了，但我們寺院裡的人一直都不敢去買，那個商店開了兩、三年呢。

「我叫強久嘉措，外號『嘉瑪嘎』[8]。」這位不善言笑的鬍子僧人，把一個餛鍋子[9]饃饃放在我的跟前：「吃吧，吃飽，大組長叫我看管你……」

7 天圖：藏語，揪麵片。
8 嘉瑪嘎：藏語，嘉瑪是廚師，嘎是高興或好，這裡是「好廚師」的意思。
9 餛鍋子：安多地區常用的一種烙餅的鐵鍋，即餅鐺。

從此，我就和嘉瑪嘎住在一起。

我們之間隔著一個炕桌，得閒時，他就給我講故事。他說：

「從前，我們塔爾寺只靠周圍的部落和村莊供養就足夠了。後來，塔爾寺擴大了，僧人越來越多，藏人、蒙古人、土族人……塔爾寺的吉哇就擔當起開支、收支的責任。有一百多位僧人爲吉哇做事呢，叫吉哇囊參，我也當過吉哇囊參。我們定時化緣，尤其是大型法會之前。一次，一個吉哇囊參化到錢，就揣進了自己的腰包。偏巧，在他向施主許願開法會那天，施主來了，於是就露餡了，名譽呀什麼的都沒了。後來，輪到我化緣了，我先到阿尼瑪欽護法殿點了供燈，磕了長頭，說：『我不會做壞良心的事，請保佑我吧。』

「我出生在化隆，從小就沒了父母，後來到了尖扎地方，從尖扎又到了得扎，得扎就成了我的家鄉，所以我就去了那裡，要大家幫忙，那個地方是農區。『我們的阿克要做法會了！』『當然要幫啦！』『可以。可以。』大家都這麼說。於是，有東西的出東西，有糌粑的出糌粑，有錢的出錢，那個法會呀，哎，別提多圓滿啦。可有些出家人就不行，結果讓白瑪扎西抓住了把柄……」

殺狗人白瑪扎西

說到白瑪扎西，我小小的身子就發抖了。別說人，連塔爾寺的狗，老遠見了白瑪扎西都會沒命地逃，可還是逃不出他的手心。白瑪扎西是杜華安副部長管轄的統戰部二處處長，還是我們第一大組的工作組組長。他常在批鬥大會上痛罵仁波切們：「你們這些所謂的活佛，盡剝削、壓迫勞動人民，院落華麗，錢財滿箱！釋迦牟尼佛很有名，釋迦牟尼佛的府邸在哪裡呀？十六尊者很有名，十六尊者的倉庫在哪裡呀？誰能給我說出來？」「你們預謀叛亂，企圖恢復失去的天堂，這是白日做夢！」

「乍一聽，白瑪扎西說得也有些道理，有的仁波切確實不如法，不過這只是白瑪扎西的把柄，沒有這個把柄，他還會抓別的把柄，沒有別的把柄，他會編造把柄的。他的目的就是用佛語來汙辱別人，昧著良心幹缺德事……」嘉瑪嘎又說了起來。

難怪嘉瑪嘎生氣，白瑪扎西整天挎著槍（當時的工作組幹部都隨身帶著手槍），手癢癢時，就拿狗當靶子，一槍一個。當年，塔澤仁波切喜歡養狗，儘管後來他已經離開塔爾寺了，可是他養的那些狗還在，七、八條又高又大的藏獒，都是讓白瑪扎西當靶子，一槍一個，給打得血肉模糊，慘死在地。

有個晚上，「上面」突然集合像我這樣的小僧人開會，還端上了很多的肉和肉湯，說是專門照顧我們的。結果，有些小僧人吃了肉以後就吐了。有的人，第二天嘴巴都腫了。這才知道，原來給我們吃的肉是白瑪扎西打死的狗肉，要知道，藏人、蒙古人最忌諱的就是吃狗肉了。多虧我太小，還輪不到我吃肉，就被比我大的人都搶光了。

接著又開了不知多少次的鬥爭大會。那些早就被抓走的人，經常從不同的地方，如監獄、勞教所，還有臨時關押的地方，被押送過來挨鬥。每次他們出現時都很狼狽。據說是怕他們上吊，就沒收了他們的靴帶，還有三法衣10中那個上衣的帶子，這樣，他們中有的人只好把襌裙披在上身。有的人還得了病。一位外號叫糖餃子老爺的僧人，就得了睪丸下垂的病，據說發病時相當折磨人，疼得要命。所以，糖餃子老爺出現時，披著長髮，雙手托著睪丸，顯得人不人鬼不鬼的。鬥他時，還有人專門叫喊：「放開手！」「別裝病！」

那時，幹部們都把「坦白從寬，抗拒從嚴」掛在了嘴邊。說起來，塔爾寺周圍的漢人不少，僧人中會講漢語的人也不少，但是都不會寫，就把「坦白從寬，抗拒從嚴」聽錯了，以爲是「坦白存款，抗拒存菸」，很多人就議論：「當然啦，『存款』和『存菸』相比，還是存款好唄。」不過，還是沒有多少人交代，於是「老實交代」又掛在了幹部們的嘴邊。

「老實交代」跟一九五八年有關，他們說那是「叛亂」，就要讓大家交代都做過什麼，還有什麼計畫，等等。對那些不老實交代的人，懲罰的方法很多，像拔頭髮是最常見的一種。記得塔澤仁波切的管家麻老爺（臉上有坑坑），他們拔他的頭髮時他就說：「別拔我的頭髮了，今天我就交代。」

「好，那你就老實交代！」有人說話了。

「我很長時間沒有吃肉了，有點暈，說出來也是顛三倒四的……」麻老爺吞吞吐吐的。

「好吧，就叫他吃肉。」有幹部嚷嚷著。

吃過肉後，麻老爺又說：「我的頭髮長了，頭疼病又犯了，說不出話，是不是剃了？」

就又給剃了頭。

「這回，你還有什麼可說的？老實交代吧！」

「我交代完了，就是這些。」麻老爺說。

工作組和積極分子們也常說「逮捕法辦」這個詞兒。有一個小組長叫拉依頭群增，耕地時，他的牛不聽話，他就大聲訓斥：「你再不好好幹活，我就逮捕法辦你！」拉依頭群增知道，那一定是最厲害的懲罰了。

塔爾寺的乃瓊護法神古滇確吉，那是神和人之間的橋梁。每當塔爾寺有了大事小情，都要請教古滇確吉，請他發神。每月的初二，都是他顯靈的「拉采」，洛薩[11]時節就更不要說了。他也被鬥爭了。記得鬥爭他時，我就在二樓，眼看他們抽打了古滇確吉好一陣子，又強迫他穿上請護法神降臨時的衣服，這自然是爲了侮辱他。可是，一穿上那衣服，古滇確吉眞的發起了神：口吐白沫，血液上聚，臉膛一片紫紅，全身抖擻：他右手拿起斷癡的熱執[12]，左手拿起美隆[13]，飛快地旋轉了起來，和正常人完全不一樣了。他身後的那些旗了，也個個飄動起來。古滇確吉是一位蒙古人，不懂藏語，但那時，他說出的全是藏語。往日發神時，他還有個翻譯，專門記錄那些話，但這一天，自然什麼都沒有了，只聽他在說，不停地說。那些幹部們，還有積極分子們，個個往後退去，並且摘下了槍，咔嚓咔嚓地壓上了子彈。這樣有五、六分鐘吧，神散了，古滇確吉

---

10 三法衣：也叫比丘三衣，具體是支伐羅、祖衣、七或五衣。
11 洛薩：藏語，藏曆新年。
12 熱執：藏語，利劍。
13 美隆：藏語，照魔鏡。

倒下了。於是，他們又接著抽打他。

後來，寺院被分爲小孩組和大人組，僅我們第一大組裡的小僧人就有一百多，只有一個比我小幾個月，其他人都比我大。我們被安排在塔澤仁波切的嘎日瓦裡。除了學習文件外，還教我們怎樣揭發大人的「罪行」。比如，揭發大人之間都談了什麼，誰在說共產黨的壞話，誰在偷偷地念經拜佛，誰想恢復舊制度等。另外還讓我們找出大人藏起來的東西。當時，有很多僧人認爲年生不好，都把東西藏了起來，尤其是一些做過生意的僧人。通常說來，老僧人不會提防自己的徒弟，所以工作組就對我們說：「誰檢舉得多，誰就最光榮，這是立功受獎的好機會……」工作組還教我們怎樣鬥爭「反革命」。比如，山水同志是負責我們小孩班的幹部之一，脾氣好，常讓我們拿他當靶子。

「好，今天我們開鬥爭大會，我來裝反革命。」說著，他九十度彎下了腰。我們一個個開始發洩「憤恨」。最常用的批鬥詞是：

「你剝削人民，壓迫人民，人民對你有仇！」

「坦白從寬，抗拒從嚴！」

「老實交代！」

「立功折罪，立大功受獎！」

「頑固不化，死路一條！」

儘管這些話並不複雜，可對小孩子來說，還是有些拗口。工作組又安慰我們：「能往反革命身上吐吐口水，打一個耳光，也可以表明你們很勇敢。」

我們眞的上台了。批鬥大會上，輪到我出場了。我的「敵人」是更登索巴。他曾是格貴，也就是大僧官，出生於平安縣湧各村。他被拉回來批鬥時，大家捉弄他，就叫成了鸚哥索巴。我上台時，心亂跳著，很緊張。但還是清了清嗓子：「反革命，你壓迫人民，剝削人民，人民對你有仇！」「呸！」我朝他身上吐了口水。

晚上，我的哥哥諾日突然出現了。「啊，你到哪裡去了？」「祁包哥哥在哪裡？」「你見到經師慈誠拉森了嗎？」我拽住哥哥的手，一時間，湧上了問也問不完的問題。可是，哥哥諾日只是端詳著我：「今天看你在批鬥會上罵人，我都低下了頭。你還說人家『壓迫人民』，還往人家臉上吐口水，多丟人！」

我低下了頭，不吱聲。

「我一直都在寺院裡，只是分到了別的組裡。」這時，哥哥諾日才開始回答我的問題，許是安慰我吧，「『上面』已經把祁包遣送回家了。葛甘拉森在第一次開鬥爭大會那天就被抓走了。記住，咱們和僧官更登索巴是一個成分，都屬剝削階級的人哪，千萬不能亂說。啊！」哥哥最後囑咐了幾句，急急地轉了身。

我上前一步，拽住哥哥的手。

「我得走了，『上面』不讓我們隨便走動。聽話，啊！」說著，哥哥諾日擦了擦眼睛，跑了，跑遠了。

哥哥諾日比我大四、五歲，跟我一起來到塔爾寺後，也出家了。阿爸和我的管家曾想安排哥哥諾日長大了當我的宗教祕書，哥哥祁包長大了當我的中文祕書。哥哥諾日喜歡畫畫，後來我才知道，他被分到了漫畫小組。「上面」的想像太豐富了，讓他們把「反革命」想像成烏龜、烏鴉、毒蛇、蠍子等。而我批判的鸚哥索巴，乾脆被畫成了鸚鵡。我們批判他時，就有人命令更登索巴：「你說，說鸚哥來了，呱呱呱！」更登索巴剛一張嘴，有人就把一個東西塞了進去。那時，僧房裡都有晚上用的尿壺，爲了防止臭味串出，就用一個塞子塞住尿壺口。而他們塞進大僧官更登索巴嘴裡的，就是尿壺塞子。

嘉瑪嘎又講故事了：「人哪，不能昧良心，不管怎樣，都要幫助別人。因果報應，不信也不行。聽說白瑪扎西也被抓起來了。」

「爲什麼？他不是工作組的人嗎？」我納悶地問。

「是啊，都升到果洛州州長了，本來第二天就要上任，可是當天晚上，他在西寧賓館把一個女服務員強姦了。壞良心哪！」嘉瑪嘎不住地搖著頭。

作爲刑事犯，白瑪扎西被勞改了許多年。一九九八年，我出走異國之前，還特別去看望了他。他那時住在尖扎附近的一個村子裡，爲他的遠親，一個叫格西冶喜的人，看護嘛呢康[14]。聽說他勞改回來時，家裡人早就去世了，他已家破人亡。

我是打聽了不少人，才找到了白瑪扎西看守的私人小廟。他以爲我是專門來磕頭的，立刻找來鑰匙，打開了廟門。其實，好奇的我是專門去看他的。四十多年過去了，他已經白髮蒼蒼，穿著一件褪了色的貼著四個兜的黑制服。他住在只有一鋪小炕的房子裡，簡單的鍋碗瓢盆都放在地上。什麼都沒有，挺可憐的，我給了他一些錢。

與我同行的幾個人跟他介紹我時，他還特別說了一句：「我也在塔爾寺待過，那是一九五八年。」

可能他以為我那時小，記不得他。

「我記得你的槍法很好，一槍就打死一條狗。」我說。

「那時，為了保護仁波切們，我也出了不少點子。」他抬起手，抓了抓頭，岔開了話。

「我們一起照張相吧？」我看著他。

白瑪扎西便直了直腰，站在我一旁。

從塔爾寺到「關公廟」

進駐塔爾寺的工作組，也就是那些幹部們，在「上面」下令召開的歡送會中，一批又一批地撤走了。「宗教改革」似乎結束了。只是，宗教仍然作為封建迷信，被看成是落後的、反動的、黑暗的，和進步的社會主義格格不入。塔爾寺還是被關閉著。

至於僧人們的「前途」，「上面」也想出了辦法，不能再當「寄生蟲」接受供養了，要參加生產勞動，改造思想。像我這樣的小僧人，也照顧到了，要「接受先進文化」，做社會主義的接班

14 嘛呢康：藏語，有大轉經筒的殿堂，以供信眾轉經，其院落也是信眾聚會的地方。

人。

嘉瑪嘎帶著我來到了魯沙爾鎮的裁縫鋪，把我的袈裟改成了一套小制服。這之後，我就跟賽朵仁波切、永旦尼瑪、西若索巴、嘎桑龍珠、金美嘉措等六、七個小出家人，一起被送到了鎮上的第二小學。

那其實是一座頹敗的關公廟。房頂很高，穿過橫七豎八的蜘蛛網，我發現房梁上的「八仙過海」仍然完整。只是牆上的畫不容易辨認了，因爲牆的外層，有的部分已經脫落，露出了土坯和麥稈，不過我還是認出了關公、秦瓊、包公。課桌和長條板凳，參差不齊，還漆著黑色，使桌面上那些橫七豎八的新舊刀痕格外醒目。地面是高低不平的，積著一塊又一塊的黑泥，有的地方居然長著草芽。

就想到了塔爾寺我上課的房間。那地板，總是清晰地現著木頭的花紋，連炕上的木頭牆圍子都擦得亮晶晶的，閃著光。不僅我的嘎日瓦如此，應該說所有仁波切的嘎日瓦都是如此，就是普通僧人的家，也鋪著地板。如果說我們的塔爾寺是那八瓣蓮花，而這裡，頂多算蓮花下面的泥塘。

我從沒見過這麼多的孩子，男男女女混在一起，一窩蜂地圍上了我們。

「啊，膻味，藏民身上有股膻味！」有個孩子捏住了鼻子。還有個孩子，幾乎把臉貼在了我的臉上，那股當地漢人特有的炕煙味、燒柴禾味，一陣又一陣地撲來。聞慣了寺院裡的酥油味和香柏木氣味的我，不得不屏住呼吸。

也許，他們從沒有見過像我們這樣的人吧？我們穿的衣服是用袈裟和氆氌藏裝改成的，至於他們的衣服，我現在已記不清是什麼質地和款式了，似乎都是咔嘰布，大都是黑色和藍色，還有草綠色。

我們的長相也不一樣。除了我和賽朵仁波切有蒙古血統外，其他幾個人，都是百分之百的藏人，兩頰掛著深深的紅色。總之，藏人的臉，像是從前面被狠狠地拉了一下，五官凸起；而漢人的臉，像是從前面被狠狠地壓了一下，又扁又平。

突然，一個風乾的小泥球擊中了我的左肩，那是一種像被什麼東西咬了一口的疼痛。我立刻斜過身子，而一個比我高出一頭的小孩攥著黑橡皮筋的彈弓，正向操場跑去，一邊跑還一邊回頭，似乎在等我追過去。而這時，我右腳的鞋子又被踩掉了。「不是我幹的，是她。」那個貼著我的臉喘氣的男孩，向我擠了擠眼睛，指著一個老實巴交、在一邊啃手指頭的女孩子。

我不能不想起和哥哥諾日、祁包，還有狼以巴在一起玩的情景，儘管我們也有不那麼高高興興的時候，可是從沒有動過手呀，更不要說無緣無故地欺負別人了。經師慈誠拉森常說：「做長輩的，就要關照晚輩，大的就要關照小的，強的就要關照弱的……」

「散開，散開，上課了！」老師來了，那尖厲的聲音甚至穿透了我的耳膜，要不是礙於禮貌，眞想捂上雙耳。可是，這能怨老師嗎？她畢竟還是個小姑娘呀。「我姓徐，就叫我徐老師吧。」老師走到我們的身邊，聲音溫和多了。

也許是照顧我們，也許是表示歡迎，老師讓我們坐到了第一排。除了我以外，他們幾個都很高，都低下了頭。就是我，也老是感到，那些陌生的目光，像一隻隻蚊子，叮著我的脊背。

老師點名了。他們的名字是：王名孝、王天兵、趙成德、葉富貴、賀海、牛惠明、李英、趙啦莫、趙玉璽……點到我的名字時，學生們笑了起來。點到西若索巴時，一個學生還莫名其妙地喊了聲「七十四吧」，從此西若索巴就得了「七十四」這個外號。

「有什麼好笑的，就是名字不同嘛。別看他們以前是寄生蟲，現在要重新做人，再不過剝削生活了。」徐老師用教鞭敲著黑板。「好了，好了，別笑了！」

笑聲更大了。有個學生，甚至把粉筆頭扔到了徐老師的手上。我嚇壞了，一動不動地盯著徐老師。徐老師拿起粉筆頭，立刻打回去，恰好落在一個小孩的腦殼上，結果學生們笑得前仰後合。接下來，好幾個粉筆頭向徐老師飛去。慢慢地，慢慢地，徐老師的眼圈紅了，一扭身，站到牆旮旯，抹起了眼淚。於是不再笑了，安靜了一秒鐘，但也只有一秒鐘，又響起了嗡嗡聲。

下課了，徐老師似乎忘了她哭鼻子的事兒，走近我們：「還喜歡這裡嗎？」「你們在寺院裡是怎麼上課的？」「都玩什麼？」「吃什麼？」

我們說漢語時老是鬧笑話。藏文的文法是動詞在後，所以我們常把吃飯說成「飯吃」，把喝茶說成「茶喝」等等，惹得大家一個勁兒拿我們開心。

「你們爲什麼不會說話呢？」有人問。

「自己的話，我們會說。」我說。

「你說一二三四……」對方好奇了。

「吉尼松西……」我大聲說著，如行雲流水。

斧頭打熱繩塔巴，

藏民把女婿叫馬巴，
樹上的烏鴉叫卡達，
街上的商人叫克哇。

一位叫趙玉璽的學生，一邊喊著，一邊走了過來。

「我們的話，你會說？」我大睜著眼睛。

「我爸爸專門跟你們藏民做生意，他還會寫你們的字呢！」趙玉璽說著，寫下了「嘎」、「喀」（藏語三十個字母的頭兩個）。

「你們爲什麼要和我們不一樣？」其他的孩子們直搖頭。

「羊就是羊，牛就是牛。」西若索巴接過了話。

也許是爲了讓我們感到學校這個大家庭的確比寺院溫暖，也許是老師眞的喜歡我們，因爲我們從來不像其他學生那樣調皮搗蛋，也許是爲了培養我們對官位的興趣，反正，當一個新的學期開始時，從塔爾寺來的每位小僧人，不僅戴上了紅領巾，還當了官。我當了中隊長，賽朵仁波切當了大隊長，金美嘉措當了小隊長。儘管我們不在一個班。

隨著時間流逝，所有的不同都漸漸地模糊了。最後，大家只對我們上學帶茶的習慣保持了興趣。每當我們拿出電壺喝茶時，學生們立刻圍了過來。這也是我們在寺院養成的習慣，僧人們總是一邊念經一邊喝茶，大型法會就更不用說了。就是普通的藏人和蒙古人，也離不開茶，連走親家串門，也要帶上三茶鍋，看到好的風景，就坐下來，三塊石頭墊起茶鍋，一邊燒茶一邊享受。

儘管塔爾寺第一大組的食堂，很樂意爲我們每天準備一壺茶，但後來，我們還是改掉了這個習慣，只是花了很長一段時間。

漸漸地，我發現，這些學生和老師，其實都是很好的人，我甚至還交了不少朋友。不過，我們始終不和女同學一起玩，最多說說話而已。比如，我的同桌李英就是女生。她學習認眞，拿不到好成績時，會不出聲地哭。我就笑：「哭什麼呀，人家拿了零蛋還笑呢！」

有一天，李英的胳膊上出奇地戴了一個黑布條，上面寫著一個「孝」字。「這是什麼呀，給我戴一戴吧。」我看著李英。

「這是戴孝，我奶奶死了……」李英說著低下了頭。

「眞不一樣啊，對死去的人，我們就是念經，點百燈，還有做善事。」我嘟囔著。

有一位叫賀海的同學，他父親是當時湟中縣的縣委書記，他常帶我們到縣委大樓裡轉悠，有時候，還帶我們去鍋爐房的地下通道探險。總之，同學們在一起玩得很痛快，我也喜歡上了學校。

教我們的老師換了一個又一個。每一個都和前一個不一樣。有的溫柔，有的火爆，有的既不溫柔也不火爆。而學生們對老師的態度也因人而異，有恭敬，有熱愛，有輕蔑……後來的一位張老師，她年輕美麗，嚴肅溫柔，學生們都非常聽她的話。

那時，課外活動也不少。「消滅四害」就是其中之一。如果一個學生能打死一隻麻雀或老鼠，會受到老師的表揚。打蒼蠅的任務分配了每個人，人人都必須打死十幾隻，而打死最多的，自然也會受到老師的表揚。當然我也打過蒼蠅和蚊子，可我清楚地記得第一次打蒼蠅的時候，心裡是有罪惡感的。

學校還經常組織學生看電影，都是解放軍把國民黨打得丟盔卸甲。至今我還能說出一、兩部電影的名字：《草原風暴》、《沙漠追匪記》等等。老師還會組織我們模仿電影中的一些情節，玩打土匪的遊戲。有些學生扮演解放軍，有些學生扮演土匪。大家都搶著當解放軍，不得不當土匪的學生總是滿肚子委屈，有的還會抹起眼淚。打土匪的手槍，差不多都是用紙疊的，偶爾也有人會拿出木頭的，大家就眼饞地盯著，估計是家長幫助做的。我們的規則是：打一槍，那個「土匪」就死了，不能起來，得在地上躺一會兒。可「土匪」往往性急，一骨碌，就起身了，「解放軍」就不依不饒，於是，一個「解放軍」和一個「土匪」，就眞的打了起來。

「給小孩就教這些呀？」每當嘉瑪嘎聽我講起學校裡的故事時，就咳聲歎氣的：「哪是學校啊，倒像個匪窩……」

最不同的還是我們的課本。從前，我在寺院裡，學的是《皈依三寶發慈悲心》、《釋迦牟尼佛生平祈贊》、《兜率天上師瑜伽法》、《救苦救難度母贊》、《普賢行願品》等等。現在，我學習的是《東郭先生和狼》、《董存瑞捨身炸碉堡》、《黃繼光英勇堵槍眼》……我也不明白，爲什麼學校的課本裡老是教我們去消滅別人，甚至不惜毀掉自己的生命。而佛經說，人身難得，如同山巔穿針，要善加運用寶貴而莊嚴的生命，善待一切，即使是你的敵人。

好在我們還有其他的課程：算術、音樂、體育、圖畫。我最喜歡的，就是圖畫課了。我天生就愛畫畫。在寺院裡，我常畫風馬、雪獅、四瑞圖、七政寶、八吉祥……有一次，我們聽經（聽經，有時需要手耳並用，有時，只聽就行了），我看到拉科仁波切一邊聽，一邊畫了一隻大鵬鳥，而後，他用火柴棍，纏上藥棉，蘸上墨汁，點出了那大鵬身上的花紋，跟眞的一樣。回到家裡，我也立刻找來火柴棍，纏上藥棉，蘸上墨汁，點了起來。然後，我左看右看，覺得很滿意，在我的想像中，幾乎和拉科仁波切的畫差不多呢。多年以後，我再拿出那幅畫看時，才發現，和拉科仁波切的作品比，完全不一樣。

學校的圖畫課儘管對我來說太簡單了，只畫一些靜物，桌子啦，椅子啦，板凳啦，還有天安門啦，五星紅旗啦，但我還是喜歡圖畫課。我畫的五角星，連老師也不住地誇獎：「特別好」，「有立體感」，「整齊」。

有一陣子，我們還開了俄語課。俄語老師總是很賣勁地教我們捲舌，誰的舌頭捲得最厲害，誰學得就是最好的了。現在，近五十年過去了，有一次，我把學過的那幾個單詞，說給幾位懂俄語的蒙古人，他們都聽不懂，好半天，才吃力地猜出我說的兩個單詞：不厤嘎（紙）、克大依（中國）。

在漢人學校裡，我只學習了四年。儘管全都是漢語教學，四年，也僅僅打了一點點基礎。我後來的漢語，是在嘉雅仁波切的鼓勵下自學的。

僧人唱情歌

僧人們在接受改造時，正趕上「三面紅旗」[15]飄到塔爾寺的上空。於是，塔爾寺四周的山上都拉了電燈，指揮部的帳篷那邊，還獨出心裁地架起了廣播，鼓勵大家晝夜墾荒。墾荒，就是把塔爾寺四周的山挖開，鏟掉草皮，伐掉樹林，種上小麥、青稞、燕麥、豌豆、土豆[16]、油菜籽等等。那時，食堂裡的伙食已經越來越少了，幹了一天的活兒，大家已筋疲力盡，四肢沉得抬不起來，指揮部裡的幹部們就讓嗓子好的年輕僧人，在廣播裡唱情歌，來撩撥人們的幹勁。這可是個發明，雖然這情歌在民間早就有，藏語叫拉伊，當地土話叫少年。藏人唱拉伊，當地漢人唱少年。

經過了一番訓練，僧人們唱出了味道，最常唱的就是漢語的花兒[17]：

上去個高山望平川，
平川裡有一棵牡丹。
看去是容易摘去是難，

15 三面紅旗：據維基百科介紹，「爲中共於一九五八年推行的『第二個五年計畫』中的三項核心工作，原名『三個法寶』，一九六〇年五月後改稱『三面紅旗』，分別是總路線、大躍進及人民公社，企圖在短期內使中國成爲一個富強的國家，建立起具有中國特色的社會主義。總路線是社會主義建設的綱領，大躍進是指速度，人民公社指的是組織。」

16 土豆：馬鈴薯。

17 花兒：據介紹，「花兒」又稱「山歌子」。在「花兒」對唱中，男方稱女方爲「花兒」，女方稱男方爲「少年」，這種對人的暱稱逐漸成爲回族山歌的名稱，統稱爲「花兒」，多爲情歌。

摘不到手裡是枉然。
上山了上個刀對山，
刀對山山高麼跳遠。
一隻腳踩個兩隻船，
船開時兩耽下哩。
尕馬兒騎上槍背上，
西口外挖一趟大黃。
想起個尕妹了哭一場，
朝林棵放給了兩槍。
……

我印象中很深的一首情歌，也是他們最常唱的。我不記得歌名了，但我仍然可以說出那些詞，其實是藏語的拉伊。當時，幹活的人就跟著那歌的節拍哼唱：

是不是眞的想騎馬？
如果是眞的想騎馬，
從拉薩集市買馬鞍，
從帕廓街上買馬轡，

等到了前面草灘上，
收不收韁繩你自己看。

是不是眞的找情人？
如果是眞的找情人，
在袖子口裡還信物，
在山神面前留誓言，
等到了風言風語時，
處不處朋友你自己看。

當然，感謝毛主席和共產黨的歌，是啥時候都少不了的。不過他們常唱的一首歌頌毛主席的歌，原本是我們西藏民間流傳的一首獻給達賴喇嘛和班欽仁波切的歌，只是被換了詞：

原詞：

嘉瓦班欽二位
嘎拉亞卓諾諾
就像太陽月亮
照到雪域高原

心間慈悲諾諾
啊……啊……
照到了雪山上
依拉強巴諾諾

從此西藏人民
嘎拉亞卓諾諾
有了幸福的生活
依拉強巴諾諾

啊……啊……
有了幸福的生活
依拉強巴諾諾

新詞：

毛主席的光輝

嘎拉亞卓諾諾
照到了雪山上
依拉強巴諾諾

……

（略去，與原詞同）

且不說唱拉伊，對於一個修行人是如何違背了基礎的戒律，在我們那一帶的草原上，就算牧羊男女唱拉伊時，也要在看不到帳篷的地方唱；農區也一樣，只有在看不到村莊的時候，少男少女們拔草種地時，才可以對唱，否則會被視爲敗壞風俗，老人們會氣得追出去，凶個沒完。但而今，一切都變了，連調情也可以公開了，還誇張地借助高音喇叭，山下的老人們都氣得直咬牙。

甚至，湟中縣一中和師範學校的女學生，也被派到了塔爾寺居住。和其他格魯教派的寺院一樣，塔爾寺是不許女人過夜的。只有在特殊的大型法會期間，有的出家人的父母或親戚遠道而來，才允許住在寺院。平時，尤其是在夏日安居修行，藏語叫守亞日奈，這期間，一律不許女人在寺裡過夜。

現在，那些天眞爛漫的少女，笑意盈盈地出現在塔爾寺的各個角落。的確，有的出家人，就和其中的女孩子結婚了。僧人還俗，要有一個奉還戒律的儀式：做一套新的僧服，也就是奉還之意，還要舉行專門的儀軌……這種情況過去也出現過，如像有的出家人的父母或兄弟姐妹去世，需要他承擔起世俗的義務時，他就不得不還俗，但這也是萬不得已的事呀。不過，現在一切都改革了，甚至還沒有還俗，就有不少僧人從其他地方娶了媳婦，並帶到寺院居住。

那時，白天我在學校，不知道大人們在幹什麼。到了晚上，每當聽到山上傳來歌聲，就忍不住跑去湊熱鬧。我常和賽朵仁波切、永旦尼瑪和金美嘉措等七、八個小僧人一起玩。有一次，我們還玩起了「崔成嘉措和韓英華結婚」的遊戲，因爲我們都見過那個結婚典禮的全過程。崔成嘉措是塔爾寺帶頭結婚的出家人之一，而韓英華就是那些女學生之一，她是漢人。

喝酒抽菸的出家人常被提拔爲積極分子。而不抽菸不喝酒的，自然就屬於受宗教迷信約束的落後分子、死腦筋，是揭不開的「封建蓋子」。這樣的人，往往都是年長者，當沒人的時候，他們除了一聲接一聲地歎息，還暗暗地祈請三寶：

金剛上師，十方諸佛
我今爲貪嗔癡所迷縛
從身語意積惡十不善
誹謗侮辱三寶、誹謗正法、傷害眾生
請佛菩薩加持
悉發懺悔！
……

後來，很多年輕僧人被招收到大通煤礦當了工人，也有一些被招到西北民族學院和青海民族學院學習去了，還有不少僧人還俗回家了。當然，還有已經被抓走的，還有不斷被抓走的、失蹤的。總之，僧人的數量一下子少了很多，僧舍也空了出來。

「大躍進」的故事

成立食堂時，還選了個日子，喜慶了一下。

塔爾寺附近，那時已有不少漢人居住，喜慶的方式也就帶有藏、漢兩家風格：在八個塔那邊的開闊地上敲鑼打鼓，一串串放著鞭炮。有一個密宗院的僧人，外號叫張爺居巴，扮演社火中的啞巴，反穿著毛朝外的皮襖，臉上抹著黑乎乎的煤炭，一手提著銅鑼，一手舉著鎯頭似的小木棒，頂端的圓木疙瘩上還繫了一塊紅綢布，每敲一下，張爺居巴就說一句自己編排的順口溜：

「封建蓋子」揭開了
貧苦僧人解放了
我們的主任結了婚
大紅胸花紅又紅

封建迷信我不怕
敢鬥敢批又敢砸
……

塔爾寺倒是沒有踩高蹺的，卻出了一個載歌載舞的秧歌隊。那時，學校、牧區、農區都有文工團，塔爾寺也沒落下。這天，年輕僧人中瘦弱一些的，就扮成了女的，看上去花枝招展，倒也標致。圍觀的人中，有的甚至說：「啊，你們的寺院還藏了女的！」

「不是，不是，這是喇嘛扮演的，很快他們就要結婚了，他們的寺管會主任，就是打頭的那個，早就結婚了，媳婦是楊金花，都認識吧？」幹部們就在一邊解釋著。

法器中，除了長嗩吶等少量幾種沒派上用場以外，其他的過去跳金剛舞、馬頭明王舞時，用的鼓呀鈸呀，都被調到秧歌隊裡，雨點般地響出了一個動靜：

嘣嘣恰
嘣嘣恰

嘣恰恰
嘣恰恰
……

食堂化，就這樣轟轟烈烈地開始了。我們的伙食也的確改善了。有一段時間，天天吃牛肉包子，或者手抓羊肉。

我所屬的第一大組的食堂，挑了幾個僧人爲大家當嘉瑪，幹部們糾正說應該叫炊事員。還讓他們用染黑的袈裟，每人做了一個從頭上套過去的圍裙。總之，那幾位炊事員天天都在忙，蒸饃饃呀，切白菜呀、削蘿蔔呀、剝洋芋。一聽到那刀落在木菜墩子上發出「嗵嗵」的聲音，我就會進去。尤其晚上，嘉瑪嘎和其他的人都去開會，我一個人待在家裡也沒有了伴兒的時候，去得就更勤了。

冬天的夜晚寒冷，那幾位炊事員常把我放到灶台上，到現在我還記得那灶台像一鋪熱炕。偶爾，炊事員還會偷偷地塞我一個饃饃呀、花捲呀。有幾次，我甚至躺在灶台上睡著了，總會有一位炊事員，輕輕地抱起我，把我放回我自己的炕上。

有一次，看著幾位炊事員在蒸花捲，我甚至也要動手。「哎呀，你啊，見羊學羊，見牛頂仗！快點，不要叫人看見。」炊事員慈成拉吉說著把一塊柔軟的麵團塞進了我的手裡。我立刻開始了，還眞的做出了幾個小饅頭。

「你們這些剝削階級，不珍惜勞動人民的血汗，浪費糧食就跟糟蹋泥土一樣！」納旺知華突然闖進來了，他是這個食堂的大管家，現在都叫他大管理員。

可我並沒有浪費糧食呀！雖然委屈，也不敢頂嘴。炊事員們都低下了頭，甚至有點互相埋怨了。從此我再也沒去廚房。不過，人們都餓肚子那會兒，我經過廚房時，炊事員慈成拉吉常趁人不備，往我手裡塞一個用代食品做的乾糧，就是那種像小餠子似的東西。

那會兒，小僧人們也沒了規矩，晚上放學，就在塔爾寺裡到處跑。透過一扇扇昏黃的燈光，我常看到，三、四個僧人坐在一起，一邊喝酒、一邊划拳，還有的在「趕羊」。趕羊和划拳有點不一樣，每次出局之前，要先發出一種如同趕羊歸圈的聲音：「噓——」又叫大壓小，或小拇指，或無名指，或中指，或食指……就伸出來了。無名指會壓住小拇指，而食指會壓住無名指，這個壓那個，那個壓這個，輸了就喝酒。總之，僧人中的積極分子，很高興這種不再有戒律的生活。

一天，鬥爭一位外號叫三角落的僧人，他曾是吉哇的大老爺，掌管過收糧和發放布施等大事小情，得罪了一些人。甚至附近村莊的一個貧下中農代表，也混在人群裡，罵三角落：「惡霸，你不是想強姦我阿媽嗎？今天，我就認你作阿爸！」人們都愣住了。後來，有人說，那貧下中農代表不過想出出鋒頭，什麼沒影兒的事都敢編造，不是頭一回了。當時，還有人指著三角落的前腦門：「反革命三角落，你剝削壓迫我們，讓我們過著牛馬不如的日子，現在揭開了『封建蓋子』，我們天天吃包子，天天有肉，過上好日子啦！」

「太好了，太好了，但願天天這樣。」三角落點著頭，沒有人能看到他的表情，他是九十度彎著身子的。

*

吃食堂，說起來，就是把每家每戶的麵粉、酥油、肉乾，還有人們省吃儉用攢下的一點大米都交給了食堂。一夜之間，暴增了這麼多的食物，自然吃得就好了。不過，吃一天，就少一些，幾個月以後，就吃得差不多了。

開始，食堂做好了飯，幹部們要求敲鐘喊大家。不管幹部怎麼教，那僧人敲出的節奏，都和從前的法會一樣：噹，噹，噹，噹噹噹……

後來，沒等敲鐘，大家就都來了，排著長隊。飯在大鍋裡，基本上都是擀麵，一人一勺。肉，明顯地少了，有的人的飯裡，始終沒有得到一塊肉，就左顧右看，看到旁邊的人有肉吃時，心裡就不自在。生氣、仇恨，就這樣出現了。包子，是一個月才能吃到一次。再後來，麵飯就沒有了，包子連想都別想了。頂替麵飯的是拌湯，又叫散飯，就是有菜的漿糊。並且，原來的三頓飯減到了兩頓：第一頓，一般來說，是饃饃，饃饃的個頭兒越來越小了，比小孩的拳頭還小；每二頓就是拌湯，麵糊漂在湯上，再加一點土豆和乾菜葉子。

「這拌湯連個筷子都插不住了！」老人們埋怨著越來越稀的拌湯。

「說不定要餓肚子了……」

「不會吧，這是新社會呀……」

「聽老人說，出天花死過人，地搖死過人，沒聽說挨餓還會死人……」

說啥的都有。總之，大家都憂心忡忡，而這些話，很快被幹部們聽見了，說是「煽動人心」，定性爲「反革命謠言」。

大約到了一九五九年底，連拌湯也只能喝到很少的一點了。一大鍋拌湯裡差不多都是野菜，稀得一下子就進了肚裡，都不會在嘴裡停一下。人們就開始拉肚子了，臉色也越來越綠，甚至連走路都搖搖晃晃的。

*

但是，政府還在宣傳：十年趕英國，二十年超美國，社會主義的蘇聯就像天堂等等。有人說，在蘇聯，商店是沒有營業員的，需要什麼就自己拿什麼，包括食品，應有盡有，吃多少就拿多少，吃飽爲原則。

*

爲了達到這一偉大目標，「上面」又開始了「大煉鋼鐵」。有的人，甚至把經堂裡佛龕上、書櫃上的大大小小的合頁、門栓子、藏鎖，甚至鑰匙，凡是鐵製作的東西，都拆了下來，拿去煉鋼鐵了。

當時煉鋼鐵的地點隨處可見，不過塔爾寺的地點卻在幾十里開外的圓石山，幹部們都說，已經在那裡找到了礦石，開採的話，會出礦，說不定還會出鐵呢。

不少僧人都被派到圓石山大煉鋼鐵了。但是，有些僧人回來後就累倒了，連話都懶得說了，甚至有的連喘氣也不均勻了。大家就都怕了起來，偷偷地祈禱護法神，不要被派到那裡去。

*

後來，食堂就發放飯票了。我記得飯票有二兩、四兩、半斤、一斤，都印在厚墩墩的牛皮紙上。還發放了購物證，買糧，買油，買肉，買蛋，買糖，買豆製品，買布，甚至買火柴，買肥皂，都要購物證了。那時，商店不叫商店，叫百貨公司。到百貨公司的人，越來越少了，顯得冷冷清清的，反正買完了限量的東西，再去一百次也沒用。那時，連晚上使用的燈泡，也是受限制的，不能超過十五瓦。

「紅得像個貓眼睛，啥都看不見……」每當嘉瑪嘎戴上老花鏡補衣服的時候，就這麼叨咕著。

一天，嘉瑪嘎撿回一個破舊的自行車內胎，昏暗的燈光下，他用剪子，一圈又一圈地剪了許多橡皮筋，把我們倆的糧票呀，布票呀，還有出工的工票呀，都仔細地綁到了一起：「這可是咱倆的口糧啊，一旦少了一張，就等著挨餓吧。」嘉瑪嘎叨咕著。

但「上面」總宣傳：「按勞分配，多勞多得，少勞少得，不勞不得。」其實定量太少，都吃不飽肚子，很多人就開始了偷。大家開玩笑說，這不叫偷，這叫「撈」。於是，人們就編出了順口溜：「多撈多得，少撈少得，不撈不得。」

*

就出現了代食品，比如麵粉，是用磨碎的土豆秧、蘿蔔秧替代的，還開始吃野菜，像苦苦菜、蕨麻、豬耳朵（一種野菜的名字）。學校裡也鼓勵我們挖野菜。有學生挖到了一個大的「豬耳朵」，大家都會羨慕地圍上去，老師也會表揚好幾天。有一種植物，我記得叫麻英子，它的根，我們吃了不少。

後來，連野菜也沒了。肚子實在餓得不行，人們就到山裡，在小溪的邊上，把那些長在一起的綠色植被挖回來，洗淨。那是些連在一起的根，村裡人叫渣垈，我們第一大組和第二大組的食堂，就開始用渣垈做餅子，有人說，周圍的農村，都吃了很長時間了。

「連牲口都不吃，人怎麼能吃？」

「不吃這些東西，又能吃什麼呢？」

大家議論紛紛，就有人提議，讓第一大組和第二大組的積極分子帶頭吃。

「好吃，非常好吃，這和乾糧沒什麼區別。」他們都這麼說。就不得不吃了。眼看就要把渣垈吃到肚子裡了，突然，也許是護法神的保佑，「上面」來了指示：不能吃渣垈！

後來，我們才知道，渣垈裡有劇毒。

*

學校放假，我也跟著大人們去了田裡。眼看著幾個人沿那條橫穿田地的小路，向坡那邊的曲如卡村走去。他們像是在魯沙爾鎮辦完了事，正回家。看上去，每張臉都灰撲撲的，甚至是浮腫的。那時候的人都是這樣，愁眉苦臉，眼神發綠。

「米拉日巴苦修的時候，就是這個樣子。」嘉瑪嘎說：「不過，米拉日巴是爲了日後領悟慈悲和智慧，利益眾生。」

「我們呢？」我問。

「爲了走社會主義的路唄。」嘉瑪嘎的聲音小得連我都得豎起耳朵，我懷疑，他自己可能都沒聽清。

再說那幫人，上坡的時候，有一個慢慢地落在了後面。後來，他乾脆坐下了。他的同伴們都停了下來。他又站起來，跟著他們走，走了兩、三步，又坐下了。「啊，我坐也坐不住了。」他說著就翻倒在地。有人放下工具，趕緊跑過去。我也跟了過去。我眼睜睜地看著他的眼睛望上翻了，盡是白眼仁，奄奄一息的樣子。

「快去告訴他家裡人。」有人喊。就有人離開了。開始，我還能看到那個倒下的人在動，一下，又一下。但我也只能看，又沒有吃的可以給他。後來，一個女人拿著一暖壺的茶和一小塊餅子來了，都是代食品。她把戴在頭上的毛巾扯下來，先在那人臉上擦了擦，又往暖瓶蓋子裡倒點茶，一手扶著那人，一手端著茶，讓他喝了兩口，又餵他吃了一點餅子，他就坐了起來，像是緩了一口氣的樣子。

「是你們及時捎信，救了我的男人啊，多謝了。」女人看著大家，眼圈紅了。

其實，她看上去是一個很能幹的女人，是她自己救了她的男人呀。恰好有一個人牽了一匹馬過來，馬也是沒有勁的，但馬背上還馱了一些農具，他們就讓那男人拉著馬的尾巴向村子走去。

我們那裡常有這樣的事，上坡走不動，就拉著馬的尾巴，等於讓馬稍微幫一下忙，沒有騎上去，就沒有把百分之百的壓力給馬。

*

偶爾，也有人在街上賣東西，開始是偷偷的，在一些犄角旮旯迅速地買賣，後來政策似乎鬆了一些，買賣東西的人就多了。但是都很貴。一塊糖果，當然也是代食品，我記得，吃到最後跟鋸末子似的，舌頭都被扎得生疼，想嚥也嚥不下去，就是這樣的一塊糖果，人民幣要十二元。

有一次，我看見一個人賣涼粉，我和賽朵仁波切很長時間沒見過涼粉了，就停了下來，帶著饞意看著，恰好一個人買了一小碗，剛要吃，卻被另一個人一把搶了過去，轉身就跑，後邊的人就追，眼看要追上，那個搶涼粉的人竟往那涼粉上吐口水。

*

安嘉斯嘎日瓦和我的住處相鄰。安嘉斯仁波切，是一位顯密精通的修行人，尤其對密宗，他的悟性常被人們稱道。他還喜歡朝聖。不僅去過拉薩，還去過印度呢。一九五八年十月十五日，在那個第一次「揭封建蓋子」的鬥爭大會上，安嘉斯仁波切被抓走了。他的嘎日瓦，被湟中縣衛生學校占用了。

那是種地時節，馬拉著一車的肥料，有氣無力地向田邊走去。但下起了小雨，上下坡很滑，那馬一下踩空，身後的大車就失去了平衡，拽著馬，一起翻下了山澗。那馬立時就摔死了。

我們雖說餓得難受，但風俗上，藏人是不吃馬肉的。因為七政寶[18]裡，馬是其中一寶。那麼這匹死馬該怎麼處理呢？

「就不要吃了。」最後，還是風俗戰勝了饑餓。大家做出了決定，把這匹死馬，賣給與我的邸院相鄰的衛生學校。再用得來的錢，買食物，能買多少就多少。

於是，衛生學校的學生們，幾乎全體出動，把那匹死馬拉走了。

站在我的房頂上，可以清楚地看到坐落得稍低一些的安嘉斯嘎日瓦，也就是當時的衛生學校。所有第一食堂裡的人，在那一天，幾乎都出動了，有的站到了房頂，有的站在與房簷相接的牆頭上，交叉著雙臂，向前伸著脖子，緊盯著衛生學校的學生們。只見滿院子的人，剝皮的剝皮，剔骨的剔骨，切肉的切肉，還有的掏出了馬的腸子，像繩子似的展開了，後來，還把剩下的馬腿和連著馬尾的皮子，都掛了起來。而被剝了皮的死馬，現出了幾乎和牛肉一樣的顏色。

就有人埋怨了：「其實，我們自己就可以留下來吃呀。」不少人都在點頭，一邊看著那些學生們開始煮馬肉，啊呀，那味道，一點點地出來了，太香了。但是，我們已經賣給人家了，再說啥都沒用了，只能乾嚥口水。

18 七政寶：既是佛教供品，也是法器，指輪寶、象寶、馬寶、君寶、臣寶、摩尼寶、玉女寶。

＊

嘉瑪嘎有個朋友叫元丹嘉措，被調到縣委農場的食堂，當了炊事員。那邊到底好一些，因爲都是幹部家屬。經常地，元丹嘉措會悄悄送我們一些稀罕的吃的。饅頭呀，稀飯呀，雖然饅頭小得像桂圓，而稀飯裡，幾乎撈不出幾粒米，但畢竟不是代食品，都是眞麵眞米做的。

每次吃元丹嘉措送來的飯時，我都一小口一小口的，再慢慢地嚥下，讓糧食的香味在嘴裡留得長久一些。

有一天，元丹嘉措又來了，說縣委農場要撤了，但食堂裡還有一點存糧，大家都不想上繳國家，都說，乾脆我們吃的吃，分的分吧。還有人提議，不如先做一頓飯，把家屬和朋友都找來吃一頓。元丹嘉措便想到了我和嘉瑪嘎，請我們過幾天去縣委農場食堂吃飯。

可那天，偏偏我從學校回來得很晚。嘉瑪嘎已經站在門前左顧右盼等了好一會兒。

「哎，你幹什麼去了，這麼晚才回來，忘了嗎？」我剛一露頭，嘉瑪嘎三步併作兩步地迎了上來。

「我們要偷偷吃飯去呀。」我笑了。

「噓——小點聲。」嘉瑪嘎也笑了。

於是，我們上路了。我跟在嘉瑪嘎的後面，看著他屁股上的兩塊黑補釘，越來越快地擺動著，一前一後的，那麼顯眼，像兩塊黑鐵焊在了他的屁股上，我就想笑。其實，他的褲子也是黑色的，不過是袈裟染成的黑色，天長日久，紅的底色就露出來了，顯得黑不黑紅不紅的，而那兩塊補靪因爲是新的，越看越扎眼。我們都盡可能快地邁著步子，也不知從哪兒來的力氣，甚至感到脊背都熱辣辣起來，走出了汗。

那天，縣委農場的食堂做的是手擀麵片。都吃得挺厲害，偌大的房子裡，只聽得到一片稀里呼嚕的聲音，還有「踏踏」地奔去盛麵片的腳步聲，幾乎沒有人說話。

我呢，一下子吃了十二碗！那個碗，還眞不算小，我用雙手捧著都捧不住，那是我一生中吃得最多的一次。嘉瑪嘎都怕了，連說：「好了，好了，吃壞了咋辦哪？」

是啊，我的肚皮都鼓了起來，在隱隱地疼，是撐的。可是，我的眼睛還盯著麵片，這眼睛，就是不飽。

我們回去後，就怕了，怕人們發現，聞出我們身上那香噴噴的飯味，所以我們反覆用清水漱了口不說，還在房子裡點上柏香，薰了又薰。

*

晚上六點左右，我們放學回來，經過八個塔那邊的開闊地時，看到很多人，少說也有兩百人，有男有女有孩子，都穿著黑色囚服，可他們那種遊牧人的姿勢還是改不了，像從牧區來的，但是穿著又比牧區的人破爛，也沒有牛馬和帳篷，個個臉色灰灰的，東倒西歪。相互間低聲說著藏語，已經有不少人圍著他們看。

「從哪裡來的呀？」有人搭話了。

「勞改。」一個歪坐在地上的老爺爺說話了。

大家面面相覷。都明白了，他們一定是一九五八年的那場「平叛」中被抓的。那時，被抓的人太多了，我的家鄉海晏縣就被打成了「反革命縣」。「上面」說：鎮壓一千個男人，海晏縣就不會叛亂！於是海北州公安局命令抓夠一千個人，如果抓不夠，就抓女的和小孩頂替。

所謂「平叛」的「叛」，與當時在牧區實行合作化、公社化有關，不管富人和窮人的財產都要歸公。牛羊被趕走了，値錢的東西也被拿走了，一夜之間，農牧民辛苦積累的財富都被強行收走了。保護自己的財產是天性。很多牧人家庭都有獵槍，平時是爲了保護自己的牛羊不被野獸糟蹋，這時就派上了用場。

到底擋不住解放軍的槍炮，最後，農牧民不得不躲進寺院，這也是千百年來的習慣，一有災難，就去寺院。於是寺院被說成是「窩藏叛匪」的據點，眨眼間，很多古老的寺院都被炸成了廢墟。比如康區的理塘寺[19]、安多的賽宗寺[20]等等。

「上面」又把藏人保衛自己財產的行爲分成兩類，一類叫「叛亂」，另一類叫「預謀叛亂」。塔爾寺被定性爲「預謀叛亂」，儘管塔爾寺怎麼「叛亂」都不知道，更不要說預謀了。

緊接著，就是按比例抓人。

「當時，我們整個部落的人全都被趕到卡車上，拉到西寧，連小孩帶大人，一個也沒留下。已經死了很多，直到現在，才放了剩下的我們，說是無罪。」那位歪坐在地上的老爺爺又說話了。

「我那時就是在放羊，看見大路上開過一輛大車，裡面的人跟我招手，我就去了，到了跟前，就給我戴上了手銬。審我時問我什麼罪，我就說，我的罪是他們人數不夠，就把我抓來了。」一個小夥子也說話了。

「你們家在哪裡呀？」一個看熱鬧的人問。

「太遠了，回不去了。抓我們的時候，是用車拉出來的。回去就沒人管了。有人說，到了塔爾寺，就能求口飯，所以就把我們拉到了這裡。」小夥子又說。

「是幾輛大卡車把他們卸到了這裡。我看到了。」又一個看熱鬧的人證實著。

從此，這二百來人就在塔爾寺找些沒主兒的空房子住了下來。那時，塔爾寺的空房子也多，到了雨季就有一些自然坍塌。在塔爾寺正常的時候，也就是一九五八年吃食堂以前，那是一處處整齊的四合院，有圍牆。現在，長時間沒有人住，圍牆都倒了，從外面可以看到裡面的動靜。

我們就叫他們勞改犯，也叫阿布霍。太遙遠的牧人，我們都叫阿布霍，有那種鄉巴佬的意思。偶爾，也叫他們勞改阿布霍。

開始，他們在塔爾寺裡要飯。可寺院不再是避難的地方了，再說我們那時也沒有什麼東西吃。五、六個月以後，就看到那些勞改阿布霍的臉，一個個浮腫起來。有人走著走著，就倒下

---

19 理塘寺：始建於一五八〇年，又名長青春科爾寺，位於康南（今四川省甘孜藏族自治州理塘縣），是康區第一大格魯派寺院。部分毀於一九五〇年代，之後主要由藏人信眾重建。

20 賽宗寺：始建於一九二三年，位於安多（今青海省海南藏族自治州興海縣），在安多四大奇景之一的賽宗山下。

了，還有人死在了房子裡，我們眼看著一些小孩和大人都死了。

多年以後，我在塔爾寺附近一個叫拉爾干的村莊遇到一位婦人，聽口音和當地藏人不一樣，又會說一口當地的漢話，我就問她的家鄉在哪兒。

「我是玉樹的。」她說。

「怎麼到了這裡？」我問。

「五八年那時我還是個小孩子，被抓起來了，關了好幾年才放了我們。後來，我們就在塔爾寺要飯。」她說。

「玉樹那邊還有親戚嗎？」我又問。

「沒了。我們全家都勞改了。就剩了我一個人，成了孤兒，就在這裡結了婚。」她難過地說。

我這才知道，在勞改阿布霍中，還眞有人僥倖活了下來。

當時，很忌諱一個字，就是餓。人死了，不能說是餓死的，只能說是病死的。「上頭」還讓塔爾寺幾位懂藏醫的僧人成立了衛生組。看病的人越來越多，天天排著長隊，因爲只吃一些代食品，得病也就正常了。衛生組給藥，可藥也不能充饑，還是死人了。凡是這種情況死的人，都說是病死的。

據說，塔爾寺周圍的村莊早就死人了，有的全村子人都死了，像曲嘎堂、扎西堂、曲如卡、哲科、嘉雅灘[21]、半隆、紅崖爾、坡家營、班沙爾……都死了很多人。

*

這時，塔爾寺又來了不少陌生人，七、八十個，由一個工作組帶著。這些人對待幹部彬彬有禮，又不顯卑微。有時，還和幹部們有說有笑。他們穿的衣服和我們的不一樣。儘管都是制服，可那料子顯得筆挺，看上去，甚至比幹部們穿得還要好。

他們大都被安置在格嘉嘎日瓦裡。剩下的，就住到了相鄰的房子裡。一進去，幹部們就帶著他們打通了格嘉嘎日瓦和那些相鄰房子的隔牆，等於是所有人基本上都在一個空間裡了。

說起拆牆，據說跟社會主義有關。幹部們說，到了社會主義，就是樓上樓下，電燈電話。於是，牆上都被挖了洞，房子之間都被打通了。連我們的房子之間的牆也被拆了，至於電燈，五七年那會兒就有了，只是不怎麼亮。

後來，我們聽說，這些人都是「民主人士」，雖然沒有被逮捕，卻需要管制。又有人說，他們的眞實身分是千戶、王爺，還有城裡的資本家、馬步芳的部下等等，什麼民族都有。現在，他們被組成了一個「社會主義學院」，都是學員了。

---

21 嘉雅灘：藏語，現爲湟中縣上新莊。

學員們的確在學習，每天都被召集到一起。但究竟學什麼，誰也不知道。過了些日子，學員們也開始跟我們一樣勞動了。也拿著鐵鍬、鎬頭、鋤頭等工具到田裡，也種青稞、燕麥、豌豆……

又過了一段時間，有人說，他們的伙食比我們的還差。

一年後，他們中有的人就「畢業」了，被拉到山上，挖個坑，埋了起來。開始，幹部們還開個簡單的追悼會，就在格嘉嘎日瓦的佛堂裡。後來，「畢業」的人多了，乾脆直接扔到了山上，扔進那些被雨水成年累月沖積形成的溝裡，連埋也不埋了。有的僧人到田裡勞動時，就指著那屍體說：「前幾天還好好的，怎麼今天就死了？」

我們每天上學、放學時，都會在寺院周圍坑坑窪窪的地方看到屍體。那時，一走出塔爾寺，我身上的汗毛都會立起來。

慢慢知道，這些「民主人士」被送到塔爾寺，是專門來「洗腦筋，換思想」的，其實就是勞教[22]，只是名字取得好聽。

22 勞教：維基百科介紹，「勞動教養就是勞動、教育和培養，簡稱勞教。勞動教養制度是中華人民共和國從蘇聯引進，但和蘇聯的相關制度並不完全相同，形成了中國獨有的制度。從法律上講，勞動教養並非《中華人民共和國刑法》規定的刑罰，而是法律及行政法規規定的一種行政處罰，公安機關無須經法院審訊定罪，即可將疑犯投入勞教場所，實行最高期限爲四年的限制人身自由、強迫勞動、思想教育等措施」。

第三章　寺院半開放

喜饒嘉措大師來了

劉昌方這名聽起來是漢人的名字，不過他是藏人，小名叫劉啦莫，當時任湟中縣統戰部部長。他帶著一位幹部來了，恰好我放學回家，就在八個塔那裡，碰上了。

「我剛剛找過你。」劉部長看著我，開口了，「明天，你有個宗教任務，需要穿上袈裟。」劉部長說。

「不去上學了嗎？」我有些吃驚。

「已經給你請假了。」另一位幹部也說話了。

「可我沒有袈裟呀！」我看著他們，很不解。

「『上面』都給你準備好了，包括你的一個客廳，嘉瑪嘎會告訴你的。」劉部長顯得神祕兮兮的，又向那位幹部點點頭，兩人就走了。

那年，我十一歲。除了一個書包、一套制服、一雙被褥，還有一個枕頭以外，什麼都沒有了，我的前幾世留下的法器和其他珍貴物品，都被沒收得一乾二淨。

進了我的嘎日瓦，就看到佛堂邊，已臨時騰出了一個房間，還鋪了地毯，擺著家具，中間的小桌上放著糌粑盒子，圍了四個卡墊。可是，從前這裡的桌子，是根據房間的大小製作的，紅底，畫著八吉祥；上面還並列著各種法器：寶瓶、小手鼓……周圍是六套卡墊，都是一樣的顏色。再說，其他的家具也跟從前不一樣，高高低低，大大小小，怎麼看，都不像以前的。

「都是從沒收局拉來的，他們擺弄了一整天。」嘉瑪嘎過來了，托著一個包袱：「還留下了一套袈裟。」

第二天一大早，有人帶我到了巴周嘎日瓦。因爲那裡的一個小客廳，現在，變成了塔爾寺的接待室。已有十幾人先我而到了，包括賽朵仁波切，有些人穿著袈裟。

「怎麼回事呀？」我小聲地問賽朵仁波切。

「不知道。」他也在納悶。

突然，響起了汽車的「嗚嗚」聲和煞車聲。我們立刻都擁向外面，剛到門口，車門就被打開了，一位披著袈裟的老人出現了。深紅色的襌裙，沉甸甸地前後擺動著，一看就是天日瑪做的，還有那華貴的六緞董嘎（上衣），在袈裟之間時隱時現。老人的鬍子花白，雖說瘦削，但步子穩健，腰板挺得筆直，顯得格外結實。他首先朝著大金瓦殿的方向閉上眼睛，雙手合十，用藏語說：「又到宗喀巴大師的誕生地了。」

「歡迎會長到來！」

「歡迎大師光臨塔爾寺！」

縣上的領導們一個比一個熱情。

「這是喜饒嘉措大師，中國佛教協會會長。」劉部長看著我和賽朵仁波切，介紹著。作為塔爾寺方面的「代表」，我和賽朵仁波切立刻向大師獻了哈達，

「扎西德勒[1]！貢康木桑[2]！這是哪一位呀？」大師彎下身子接過哈達。

「這是塔爾寺的寺主阿嘉活佛，那是賽朵活佛。」劉部長介紹著。

「知道，知道，你上一世的著作我早就拜讀了，賽朵・羅桑崔成嘉措的著作我也讀過，在我們藏區，還沒有不知道他們的吧？」大師說著，看了看警衛員和省、縣上的幹部們。

開始上茶了。省裡和縣上的幹部們端起茶，喝得「吱吱」直響。

喜饒嘉措會長念了一段供茶經後，這才端起茶喝了一口。接著，轉向了我和賽朵仁波切：

「你們平時也穿袈裟嗎？」

「是呀，平時也穿。」一位民委負責人替我和賽朵仁波切回答了。

「黨的宗教政策就是好啊！」政協副祕書長也說話了。

喜饒嘉措會長點了點頭，又轉向我和賽朵仁波切：「會念經吧？」

1 扎西德勒：藏語，吉祥如意。
2 貢康木桑：藏語，貴體安康。

「不會，都忘了。」我和賽朵仁波切異口同聲，搶在了幹部們的前面。在這方面，我們有經驗，一說會，說不定就要被考試了。

「仁波切不會念經怎麼行啊！來，跟我學：無邊福聚所生身，無量眾生樂聞語，正觀無盡所知意，釋迦尊王我敬禮。」

我們重複著。喜饒嘉措會長笑了：「念得很好啊，怎麼說不會念呢？」他又帶著賽朵仁波切念了另外四句經。而後，轉向縣上的幹部們：「很好！很好！現代知識要學，經典也不能叫他們忘了啊。我讀過很多佛經，光醫學方面的就有四十本。當年拉薩三大寺辯經，還得了第一名。」

「我佩服毛主席的才華，不過，辯經的話，我能把他說得啞口無言，你們信不信？當然，他解放了全中國，功績不小，我尊敬他。」喜饒嘉措會長說著，笑了。

賽朵仁波切悄悄地捅了捅我，指了指他自己的下頷，我想，他這是在暗指毛主席，因爲毛主席的下頷有個痦子。賽朵仁波切又把拇指和食指伸了出來，形成「八」字，我想，他這是在暗指八路軍。總之，他的意思是，喜饒嘉措會長在說，毛主席是個土八路。我又捅了捅賽朵仁波切，忍著，沒笑出來。

「我接觸過的人不少，國民黨時我是當官的，共產黨來了，我也是當官的。不同的是，共產黨對人民好，所以我擁護共產黨。」喜饒嘉措接著說。

「大師說得有理。」幹部們直點頭。

接下來，我們陪同喜饒嘉措會長一起就餐。有海參魷魚、蘑菇粉絲、木耳炒肉。主食是米飯。都是縣委小灶的廚師親自做的。另外，飯桌上還明晃晃地擺了茅台酒和中華牌香菸。雖然喜饒嘉措會長是出家人，既不喝酒，也不抽菸，但這是當時接待中央級別首長的標準。後來，班禪大師來時，飯桌上也是這個擺法。

吃過飯後，我們開了一個小型座談會，似乎是歌頌黨的宗教政策如何英明。不過我記不清了，只對那頓午飯印象很深。那是我們餓肚子以來吃到的第一頓沒有代食品的米飯和菜，我和賽朵仁波切都狼吞虎嚥地吃了個夠。

後來聽說，喜饒嘉措會長和周恩來一起參加了一個國際會議。當時，中國政府沒有發言權，是列席。但喜饒嘉措會長聽著聽著，就吱聲了：「我是不是也去說個話？」

「你不能去，我們沒有資格。」周恩來說。

喜饒嘉措會長沒聽，一下子上了台，穿著袈裟，拿著佛經，講了一節佛法，沒講政治。聽他講話時，有一個人的菸蒂竟然燒了手。他講得不長，就五分鐘左右。結束時，還提到「周恩來總理說了，我們沒有發言權，謝謝大家給了我這個機會。」當時，全場鼓掌。連周恩來也說：「喜饒嘉措會長，您眞有本事！」

大概是一九六四年，又聽說，喜饒嘉措會長「裡通外國」、「串通叛亂」、「擬定反動綱領」等等，被遣送回老家青海批鬥了。在西寧，還舉辦了一個「喜饒嘉措反黨叛國集團罪行展覽」。

有一回，我在西寧大街上竟然碰到了喜饒嘉措會長！他穿著長長的褐色丘巴[3]，橘黃色的腰

---

3 丘巴：藏語，藏袍、外衣。

帶已褪了色，前襟和衣袖上盡是油漬，又髒又舊，手裡還拿著一個買菜的黑布袋子，孤零零地走著。

不久，就聽說喜饒嘉措被打成了殘廢，甚至連飯也不讓吃，說是他剛端起飯碗，紅衛兵和積極分子就會把碗打翻。再後來，就聽說喜饒嘉措會長圓寂了，誰也不知道這其中的祕密，法體至今下落不明。

班禪大師的座談會

一九六一年，聽說班禪大師要來，僧人們便開始整理和打掃各經堂。大經堂的法座上積下了不少灰塵，連佛龕裡也落了一層，佛的面目也灰撲撲的，像經過了勞動改造似的。

整個寺院彷彿又變得像往日般忙碌，大廚房還做了吉祥的哲圖米飯，放了肉、紅棗、蕨麻、乳酪……傳統上，每當達賴喇嘛和班禪喇嘛蒞臨寺院時，都要大放布施，請全寺的僧人們吃哲圖。現在，誘人的香氣在塔爾寺的每條小路上迂迴。

幾天後，舉行了幾年來從未有過的隆重儀軌，也是歡迎達賴喇嘛和班禪喇嘛的專門儀式——我和幾位仁波切手持燃香，開道迎接；幾十名僧人組成的樂隊和儀仗隊，緊隨其後；僧眾列隊兩邊，手持鮮花、哈達和燃香，口誦經文。在高亢的嗩吶和法號聲中，在花朵一般綻開的黃傘之下，身材高大而英俊的班禪大師，走上特別為他鋪設的佩丹[4]，首先進了賽東欽莫[5]。

第二天一早，班禪大師端坐在大經堂的法座上，塔爾寺現有的僧人都來了，排著長隊，舉著哈達，高誦宗喀巴大師贊，向班禪大師長拜。大師爲每個人戴上了吉祥的金剛結，還發放了嘛呢藥丸。許多百姓跟在僧人後面，向大師頂禮膜拜。大經堂內外水泄不通：老的、小的、男的、女的、抱著小孩的、揹著病人的，都爭先恐後地請大師加持、護佑。

班禪大師親切地問候著，爲他們摩頂，有的老人甚至停下來，訴說這些年佛寺被破壞、親人被抓走的悲劇；有的人還抓住班禪大師的手，哭個不停。大師說話了，聲如洪鐘：「明天我要專門調查，讓大家把憋在心裡的話都說出來。」

第二天，大師果然在拉讓澤[6]召開了座談會。人員不多，但包括了各個階層，如「宗教改革」時被批鬥的高僧大德，提前釋放的「勞改犯」，還有當時的積極分子等等。

一九五八年的「宗教改革」廢除了僧官制度，取而代之的是「民主管理委員會」，主任是納旺金巴，有名的批鬥英雄。他曾命令我的經師慈誠拉森參加「宗教政策」學習，也命令我參加那個揭「封建蓋子」的大會，正是在那次大會上，五百多名高僧大德被連打帶罵地捆起來，關進了監獄。

納旺金巴主任已經結婚了，他的妻子是積極分子楊金花。但今天，納旺金巴主任也穿上了袈

4　佩丹：藏語，畫有八吉祥圖的長卷黃布，相當於迎貴賓的紅地毯，專爲迎接達賴喇嘛和班禪大師之用。
5　賽東欽莫：藏語，大金瓦殿。
6　拉讓澤：藏語，吉祥行宮。

裟。平時一邊倒的長分頭改成了平頭，前面的一些長頭髮，又往裡捲了捲，乍看和其他僧人差不多。

班禪大師首先說話了：

「大家都知道宗教信仰自由政策。但是，在『宗教改革』運動中，有些地方犯了極左路線錯誤，很多寺院受到衝擊：無辜人士被逮捕和勞改，佛像被砸碎，經卷被燒毀，還把唐卡佛畫一節節拆下來，做成鞋墊……今天，我就是來瞭解類似情況，使今後不再犯同樣的錯誤。不要怕，有什麼就說什麼，但是要實事求是。今天，中央統戰部的同志和省裡的領導也都在這裡，我還要把調查結果直接交給中央。好，我不多講了，主要聽大家的。」

就有人說起了大好形勢。大師立刻打斷了：「看來，你們還有顧慮，那就由我開頭吧。請問納旺金巴主任，聽說你結了婚，那你爲什麼還要穿袈裟？佛教的戒律很清楚，俗人不能穿袈裟，穿了袈裟就不是俗人。你有不當僧人的自由，可你沒有玷汙佛法的權力！」

大師話音剛落，有名的外號「把不住」宗智嘉措就發言了：「雖然說宗教信仰自由，可是我們根本沒有學習佛法的自由，沒有念經的自由。『宗教改革』以後，寺院都成了飼養場，養雞養豬，還沒收了我們所有的財產，連糌粑酥油也不例外，說是讓我們吃食堂，餓死了多少人哪，還把我們那麼多的喇嘛都抓進了監獄……」說著說著，他掉下了眼淚。

「是啊，一九五八年那會兒，僧官和列納[7]們都無緣無故地被抓了，硬說他們『叛亂』，可他們什麼都沒做……」

「出家人越來越少了。」

「我們需要恢復辯經院，應該盡快地培養我們的格西，尤其是這些小朱古們。」

……

座談會持續了很長時間。最後大家請求班禪大師把我和賽朵仁波切帶到札什倫布寺去學習。大師說：「這個建議好，是要抓緊培養佛學接班人，佛教不僅是聞、思、修，還要持、護、增。仁波切們被抓的抓，勞改的勞改，圓寂的圓寂，損失太大了。」

我樂得嘴都閉不上了，也聽不見別的話，不住地看著賽朵仁波切。我高興，是因爲有機會去拉薩了！早年，賽朵仁波切從拉薩回來時，送了我一套手工袈裟和一支印度的大頭筆，還有兩小袋「甘丹康巴」和「熱振修巴」，這是我們最喜歡的用來煨桑的香蒿和柏香，生長在甘丹寺和熱振寺一帶。我們保存了好久，每次都小心翼翼地燃一點，儘管只是一點點，那濃郁的香味也會彌漫整個佛堂，實在太好聞了。再說，拉薩有三大寺、布達拉宮、羅布林卡，還有覺吾釋迦牟尼（佛陀十二歲等身像）、覺吾彌覺多吉（佛陀八歲等身像）……聽葛甘拉森講過，有個阿柔廉巴，到了拉薩後，一高興，鬧出了不少笑話。一次，他去布達拉宮朝聖，因爲我們這邊都是帳篷，沒有樓房，他一層層地上去後，不知道該怎麼下來了，就端著供燈東張西望，恰好一隻貓跑下了樓梯：「原來如此！」他學著貓往下跑，結果滾了下來：「哎呀，快是快，就是有點疼呀。」他說。

班禪大師走後，僧人們可以穿袈裟了。寺院也實行了半開放，就是半天勞動，半天念經。我

7 列納：寺中有職務的僧人，相當於漢傳佛教的執事、當家。

和賽朵仁波切儘管還在上學，偶爾也上殿念經了。正月法會上，又做起了酥油花，不過增加了很多內容，原來用酥油捏塑的經堂改成了天安門，用酥油捏塑大僧官改成了毛主席劉少奇周恩來朱德等。當時，中國流行一幅年畫：一個氣勢洶洶的農民，一手壓著正在吐水的龍腦袋，一手舉著斧頭砸向龍腦袋，據說這是與天鬥與地鬥的意思。「上面」也要求僧人們用酥油把這幅年畫做出來，可是，不管他們怎麼解釋，僧人們就是做不出來。「上面」就派來了一個漢人藝術家進行指導。

這藝術家穿著一件短大衣，向外翻開的領子上，是一層很厚的皮毛。不太愛說話，甚至跟派去侍候他的僧人也不說話。他拿著酥油的樣子很有派頭，像拿著泥一樣，一塊塊地往上貼，而後跑到很遠的地方，看半天，再回來貼。貼得越來越大，突然，整個雕塑都塌了。「哎呀，大藝術家的龍頭，沒等用斧頭，自己就掉下來了！」大家偷偷地笑話。他顯然是沒有捏塑酥油的技巧。藝術家這下有點不好意思了，也有點謙虛了。後來，還是在僧人們手把手的幫助下，大藝術家才完成了酥油年畫的任務。

很奇怪，那時候，有些人念經，有些人堅決不念，堅持認爲宗教就是迷信。有個叫加央撒哇的僧人，他曾經是個積極分子，但現在，又屬於願意念經的了，甚至把經書揹到了田裡，當耕牛休息時，他就念經，有人就說他裝腔作勢。總之，整個形勢有些放鬆了。

一天，我從學校回來，聽到嘉瑪嘎正在和幾位僧人大聲地說著什麼，像從前辯經的樣子，連我的出現他都沒感覺。我聽了好一會兒，才弄清楚，他們在議論怎麼停止吃食堂和分自留地。

「活佛小組」

食堂解散的前幾個月，縣上將幾位既沒被捕、也沒下放的朱古，都集中在嘉雅嘎日瓦學習，命名爲「活佛小組」。說起來，塔爾寺共有八十多位朱古，差不多都被抓走了。而他們的嘎日瓦，也就是通常說的活佛府邸，現在都被利用了幹別的。比如十觀嘎日瓦，即土觀活佛的府邸，就被充當了縣聯社的靴鞋廠。每當嘉瑪嘎帶著我從那裡經過時，都要低聲囑咐一句：「千萬別買這個靴鞋廠的靴子啊，鞋底裡有唐卡！」

從前，我經常去嘉雅嘎日瓦。記憶中，那是很莊嚴的地方。歷代嘉雅仁波切都傳下一些珍貴的佛像、法器、唐卡和裝飾品，再加上這一世的嘉雅仁波切很細心，都保存得十分完好，有一種聖潔的氣氛。但現在，嘉雅嘎日瓦的佛堂大門已被貼了兩片交叉著的封條，還有一把大藏鎖，緊緊地咬著門上的鐵扣子。

因爲班禪大師的說情，關在監獄裡的嘉雅仁波切提前獲釋，還去了中央民族學院代辦的社會主義學院學習，那裡面都是所謂的文化宗教人士。到了放暑假的時候，嘉雅仁波切就回來，也算我們「活佛小組」的成員。其他成員，還有貢嘉活佛、霍爾東活佛、扎西活佛、夏格日活佛，再就是我和賽朵仁波切了，數我的年齡最小，十一歲。至於成立「活佛小組」的目的，「上面」沒有說，現在猜想，很可能是爲了應付有關宗教政策的政治任務。

貢嘉活佛和霍爾東活佛，同住在嘉雅仁波切原來的臥室，都二十出頭。貢嘉活佛右手的中指和食指之間，老夾著一根香菸，天然長出來的一樣，兩個指頭都被燻成了淺黃色。

霍爾東活佛眉清目秀，說話很少。

扎西活佛天天磕磕巴巴地讀報，翻過去又調過來，眼睛不離報紙，也許在學習漢文。他三十出頭，戴副眼鏡，後來當了藏醫。

夏格日活佛長得最英俊，眉毛又粗又黑，像個電影演員。惹得那些進駐塔爾寺的女學生，身前身後地圍著，沒話找話。僧人們都怕他，他一來，大家就一個一個地走了。因為每次批鬥會上，他都帶頭喊口號，對「階級敵人」他是毫不留情的。

當「上面」鼓勵年輕的出家人早日還俗、脫離封建迷信時，他積極地響應了這一號召，和一位叫陳生玉的漢人女學生結了婚。

記得嘉雅仁波切從北京回來時，戴著鴨舌帽，穿著皮夾克，衣兜裡還插著幾支鋼筆。那時他四十多歲。我和賽朵仁波切很羨慕他的鋼筆，老是琢磨著怎麼擺弄一下。

既然嘉雅仁波切的臥室已被貢嘉活佛和霍爾東活佛住進去了，他就在樓下隨便找了個房間。現在，他只有一條被子和毯子，被子是捲起來的，毯子是打開的，旁邊放著幾本書，都是他在社會主義學院的課本，筆直地摞在一起。還放了一個茶缸，上面印著幾個紅字：「社會主義好」。

當時我的經師慈誠拉森還在監獄，而賽朵仁波切的經師已在獄中圓寂了。「唉，你們當朱古的，不能這樣下去，得學習佛經呀。」嘉雅仁波切說過好幾次。

可是我們還在上學啊，哪有時間學佛哪！不過，我和賽朵仁波切都沒敢吭聲。

「從現在開始，你們白天上學，晚上跟我學佛經。」嘉雅仁波切決定了。他考了我們一些經文，我和賽朵仁波切都背得磕磕巴巴的。這以後，他讓我們複習了《皈依發心》、《兜率天》、《三十五佛頌》、《心經》、《度母頌》、《大白傘蓋》等經文。抽空兒，又簡單地講了講《皈依經》和《菩提道次第略論》。

被搬遷的蒙古部落

「班禪大師咋還不來呀？」我心急地問嘉雅仁波切。

「我的十個手指頭都數了好幾遍了。」賽朵仁波切小聲地嘟囔著。

「依我看，他可能在中央那邊很忙，一時還來不了。」嘉雅仁波切尋思著：「要麼，先回趟老家吧，一旦你們去了札什倫布寺，就不知道什麼時候回來了。聽說，我們的家都從烏蘭淖爾搬到了阿柔。」

「搬了？」我和賽朵仁波切異口同聲。

「是呀，聽說搬到了祁連山的南邊。去年趁放假，你舅舅洛桑東悅和你二哥丹巴嘎坐火車去了武威，你二哥說，遇上有人從阿柔那邊過來，建議他們去找找看。他們就爬山。可是，山太高，又趕上大雪，連路也找不到了，只好又折回了武威。」嘉雅仁波切說著，突然想起什麼似的，「要麼，我們先到剛察，你舅舅洛桑東悅他們後來在西寧，聽說大個兒陽本家搬到了剛察。」

陽本是我的小姨夫，也就是嘉雅仁波切的妹夫。

「我這就跟工作組給你倆請個假，一旦學校放假，我們就上路。」嘉雅仁波切做出了決定，「蘇日故[8]，你回去跟嘉瑪嘎說一聲，巴何西[9]，你也回去跟岩佩說一聲。」

賽朵仁波切的經師已經在監獄裡圓寂了，他就跟哥哥岩佩住在一起。

「我給你們做點死麵餅子，帶在路上吃。可別惹嘉雅仁波切生氣呀，得聽話。」嘉瑪嘎很是支持我。而賽朵仁波切的哥哥岩佩，死活也不同意他去。

「哎呀，跟著嘉雅仁波切回老家是多好的事啊！」我很是惋惜。賽朵仁波切也無奈，還哭了一場。

探親回鄉的一行人中，有嘉雅仁波切、舅舅洛桑東悅、二哥丹巴嘉措，算我，一共四個人。我們提上簡單的行李，買了一些餅乾作爲給家人的禮品，就上路了。那時，餓肚子剛剛過去，能有一些眞的食物而不是代食品，是很受歡迎的。

坐公共汽車到了西寧後，我們換上了長途汽車，車頂的網罩內橫七豎八地堆著行李，車裡擠著三十幾人。車走得吃力，像牛一樣，上坡時嗚嗚直響。從早晨出發，到了晚上五、六點鐘，才蹭到剛察縣。塵土滾滾中，我們下了車，你看看我，我看看你，都灰撲撲的。

開始找人打聽。

「請問，你認識陽本嗎？」

「陽本在哪裡？」

天黑前，我們還眞的打聽到了陽本住在哈爾蓋鄉。

陽本的蒙古包和從前差不多，那門，仍然低低的，塔布卡灶立在中間。我們圍著灶台，坐在了左邊，陽本立刻陪坐一邊，問長問短。小姨跟我阿媽一樣，也特別矮，老是帶著笑，在右邊的廚房跑來跑去，又是上茶又是上飯。

夜深了。人們一個傳一個地來了，大家圍著塔布卡灶的火光，低聲說著這幾年的變化。說話時，老是左右看一下，儘管都來自海晏縣，彼此還是親戚，但看得出，這些年的政治運動搞得人人擔驚受怕。火涼了，有人加了一把牛糞，「砰」地一聲，火星又冒起來了。偶爾，會響起狗的叫聲，那是又一個親戚到了。

原來，一九五八年「宗教改革」時，我的家鄉海晏縣被打成了「反革命縣」，以「預謀叛亂」爲藉口，抓走了很多人。然後，對沒被抓的人強迫實行大搬遷。根據出身成分的好壞，有的人搬到了臨近的縣，有的人搬到了幾百里以外荒無人煙的地方。也有人被「上面」認爲是比較可靠的貧下中牧，允許留下來，用以掩護在海晏縣建的二二一廠，對外稱「青海省綜合機械廠」，實際上是核武器研製基地[10]。

8 蘇日故：這是我的小名。藏語的意思是小仁波切。

9 巴何西：是賽朵仁波切的小名，蒙古語的意思是老師。

10 核武器研製基地：位於青海省海晏縣西海鎮金銀灘。一九五八年，中國在此建設第一個核武器研製基地，占地一一七〇平方公里，由十八個廠區、四個生活區組成的總建築面積達六十多萬平方米，代號爲二二一廠，中國第一顆原子彈、第一顆氫彈均於此處製造、發射。二〇一二年第三期《炎黃春秋》發表〈金銀灘之痛〉一文（http://www.chinainperspective.com/ArtShow.aspx?AID=15574），作者尹曙生是原安徽省公安廳副廳長，曾在青海省公安廳工作。他回憶了

早在大搬遷之前，工作組召集牧民學習了好幾個月，又召開了批鬥大會，積極分子和民兵當場就抓人。為了保護牛羊，牧民們原本都有槍的，是那種比較原始的叉叉槍。凡是家裡有槍的，都被當成了「叛亂」的證據。有意思的是，這些年挨餓，牧區的盜匪也多了，有的專門搶牛、搶馬；另外，狼也不少，為此組織了「打狼隊」，打狼也打盜匪。這時，把「打狼隊」的人，也都說成了「叛亂分子」。

部落的王爺、頭人都被抓走了。我們百斯部落的小王爺，是我的大姐夫，也被抓走了。還有阿拉赫堪布，他是唯一留在我們部落裡的朱古。從前，他常去塔爾寺看我，他很胖，兩腮鼓鼓的，喝茶時都會打盹，我就說：「快給阿拉赫堪布倒茶呀。」就是想看他喝茶時閉上眼睛的樣子，但這時，也給抓走了。其他人都是五花大綁，只有阿拉赫堪布，他們把他供奉的最大佛像，那是一尊綠度母像，掛在了他的脖子上，壓得他直不起身子。

「你大哥瓦里瑪，手老是不離刀把，眼睛瞪著積極分子。」我的叔叔采塔爾看著我，也說話了：「他可能在想，如果有人敢碰我阿爸，我就豁出去！」

「抓你阿爸時，瓦里瑪真的跳了起來，還說了一句：『西熱括！』[11]」另一個親戚接過了話頭。

「可那些積極分子，壯得像公牛，立時圍住了你大哥瓦里瑪，把他手裡的刀子也搶了，用大麻繩把他一圈圈捆起來，還有你阿爸，連人帶繩地從人群中給拉了出來，麻繩緊勒在他的脖子上……」叔叔采塔爾的聲音越來越小了。

親戚們還說，早就聽說要他們響應黨的號召，必須搬遷。可是，為什麼要搬，究竟要搬到哪裡，什麼時候搬，誰都不知道。大家心煩意亂地開始收拾東西。因為留戀家鄉，這個想帶上，那個也想帶上，漸漸地，把家裡所有的東西都打起了包。

突然，工作組來人了：『上面』有指示，遷往祁連的今天就走，你們什麼東西都不需要帶，那邊都給你們準備好了。」有的人說：「我們好好吃頓肉吧，然後就離開。」

「不行！絕不得拖延一分一秒！」工作組說。

「把肉帶上行嗎？」牧人問。

「不許帶！」工作組的人毫不客氣。

有一個叫狗牙的積極分子，爲了劃清界線，硬是把他阿爸趕了出來，連鞋都沒來得及穿就上路了。「哎，犛牛生下的，也不一定就是犛牛，還有犏牛啊。」大家感歎著。

一群群人就這麼離開了家鄉。從海晏縣開始，一站站往西走，有的留在了剛察縣，像我的家人。屬於最不可靠的，就被發配到了更遠、更偏僻的阿柔，也就是今天所說的青海省祁連縣。

「還是讓仁波切們說說吧。」親戚中有人轉移了話題。

嘉雅仁波切和洛桑東悅舅舅就說了起來，偶爾，丹巴嘉措哥哥也插一兩句。自一九五八年以後，我們就沒有見過面了，儘管大家都聽說發生了「宗教改革」，但不知道細節。當親戚們聽到

這個核武器研製基地闢建時的血腥，如製造「以打狼（獵）爲名的反革命叛亂集團」假案，抓捕海晏縣七、八百人，包括宗教界上層人士，倖存者寥寥。當地一七一五户藏人、蒙古人牧民家庭被強行移民，八百多人死於途中。

11 西熱括：藏語，豈有此理。

連嘉雅仁波切都被捕入獄時，就安慰起自己來：「哎呀，仁波切們都受了這樣的苦，我們的這點苦算什麼呀，什麼都不算。」

大家又商量著，派叔叔釆塔爾明天為我們帶路。二十年前，他打獵時走過那條路。

第二天，我們借了生產隊的六匹馬。我們四個人和叔叔釆塔爾各騎了一匹，還剩一匹馱帳篷。

要不是嘉雅仁波切帶了一個羅盤，簡直分辨不出東南西北。一連走了幾天，我們都看不到一頂帳篷，也見不到一個人。「哎，釆塔爾，我們走的路對吧？」舅舅洛桑東悅不住地問。

一點也不像海晏縣那些平平的山，這裡的山高高低低，連綿起伏，翻也翻不完。有好幾次，我們都以為這是最後一座山了，一旦翻過去，肯定會出現一個部落，可是翻過去後，還有一座山。不過，風景很美，遠處的雪山和我們腳下綠油油的草地，形成了有趣的對比。那是七月，不時有陣雨劈劈啪啪地打來。而叔叔釆塔爾總是知道，我們從哪個方向走，可以避雨。

到了祁連縣的地界時，更是風景如畫。山是山，樹是樹，長在陰坡的，往往是松樹，而陽坡的是柏樹。陰坡的樹，都很茂盛，陽坡的草，都是嫩綠嫩綠的。過不完的河流一條接著一條。過河時，我們騎在馬上，我的馬小，老是落在後面，看到他們的馬尾巴在水上漂著，我就想，如果馬的尾巴不是長在馬的身上，真的會被水沖走的。偶爾，還有三三兩兩的野馬、岩羊、黃羊，遠遠地跑過。還有狼，經常藏在石頭的後面，盯著我們。

太陽落山之前，嘉雅仁波切就會說：「今天我們可以歇腳了！」

於是，我們就支起帳篷，到周圍撿牛糞。「啊，這周圍有人家啊。」看到牛糞時，我們就會這麼說。嘉雅仁波切還帶了一個放大鏡，拿一點草，對著太陽一照，草就燃起來了。茶燒好後，我就把嘉瑪嘎做的死麵餅子拿出來。

「阿襄，您怎麼知道用放大鏡點火呀？」我問嘉雅仁波切。

「《毗那耶經》裡提過的呀。」嘉雅仁波切笑了。

有一天，走著走著，看到了一塊羊肉！一定是在我們之前，有牧人走過，那塊羊肉恰好掉在岔路口上。洛桑東悅舅舅不住地叨咕：「哎呀，這就是山神的賞賜呀，除了上面沒有掛著哈達，簡直就是山神親自送給我們的呀！」

那天，嘉雅仁波切讓我們搭帳篷的時間比往日早得多，太陽還沒落山時，我們美美地吃上了一頓肉。這可不是說，一頓就吃完了，而是吃了好幾頓呢。

我的任務是爲嘉雅仁波切挎包，裡面都是他學習的文件。雖然是個不大的包，可對我來說還是很重。我怎麼挎著，都覺得不對勁兒。丹巴哥哥老是訓我，你不能這樣，不能那樣。舅舅洛桑東悅說：「沒關係，來來，我幫你。」

走了六、七天，終於到了祁連縣的托里鄉，也就是我的外祖母家。

當年，嘉雅仁波切把九世班禪喇嘛請到我的外祖母家作客時，班禪喇嘛還給外祖母帶來了禮物，可怎麼也找不到外祖母。最後是在羊圈的外面，發現外祖母正對著班禪喇嘛住的房子磕頭呢，一點也沒有因爲生了嘉雅仁波切這麼有出息的兒子，覺得自己了不起。外祖母是虔誠的佛教徒，每逢重大法會，都要去塔爾寺朝聖磕頭，年輕的時候，她甚至每天可以磕上千百個長頭呢。

我們遠遠地看到了外祖母。她正在帳房外擠奶，嘉雅仁波切急急地過去，扶起了她。外祖母仰起頭，前後左右地看著嘉雅仁波切，又看了看我們幾個人，哭了起來。

「母親，見了就好，還哭什麼。」嘉雅仁波切也含淚說。

表哥和表姐們都在。只是我的兩個舅舅，僧人強秋雲丹和強秋維色，在「宗教改革」時被抓走，至今仍關在監獄裡，要不然，今天也會和我們一起回來，與親人團聚。

吃過、喝過以後，表哥表姐說起了被迫離開烏蘭淖爾的經歷，都咳聲歎氣：「我們的命怎麼這麼苦呀，『上面』說，這邊什麼都準備好了，可到了以後才發現，什麼都沒有。」

「這邊不適合蓋蒙古包，所以我們的家，還有其他蒙古人的家，現在都改成了犛牛帳篷。」表哥說。

表姐說，搬遷那會兒，連鍋叉、奶桶、刀子都不許帶，結果在路上，他們只好撿解放軍「平叛」時扔下的罐頭盒，用蓋子切東西，盒子當杯子。表姐的腳都凍傷了，因為她出來時，是光著腳的，只好把皮襖撕下來，包住腳……

這麼多人好不容易走到托里鄉，本來我的家也留在這裡，可沒多久，又把我們部落的一部分人，遷到靠近門源一帶的多隆鄉。儘管那裡也屬於祁連縣，可是，外祖母家與我家離得很遠很遠，只有一眼望不盡的山鼻梁。

「人嘛，死不掉，就有口飯，像羊的下巴子底下總是有口草一樣……」外祖母寬慰著我們。

於是又上路了。這次走了四天，才看見我阿媽的帳篷立在札薩灘上。從山上往下看，除了草坪和一條小河，什麼都沒有。對了，有大煉鋼鐵時留下的一個煙囪，四周堆著破鐵亂瓦。我家的犛牛帳篷孤零零地立著。阿媽還在，大哥瓦里瑪也在。都悲喜交加地流了很多淚。

我的阿媽從一個牛皮袋子裡，小心翼翼地拿出了一些碎掛麵，給我們煮了，又放了一點野蔥。大哥瓦里瑪也不知從哪裡翻出了一把牛肉乾，放在了我們面前。想起從前，我阿媽特別給我準備的用小手磨磨出的拉絲庫糌粑，還有釃得快凝固的「坐酸奶」，如今都沒有了。看得出我家的日子過得很苦，可大哥瓦里瑪說，現在好多了，前陣子，政府讓他們開荒種地，但他們偷偷地把發的種子都吃了，這才活了下來。

圍著塔布卡灶，阿媽老是咳聲歎氣的：「如果你阿爸在多好啊。可是，他被抓走後，連個音信都沒有，活不見影，死不見屍啊。」

第四章　在札什倫布寺

班禪大師行宮

從老家回來，我總是鬱悶難遣，直到有一天，嘉雅仁波切突然把我和賽朵仁波切叫到身邊：「班禪大師已經到了西寧，我們明天就去日喀則。」

「眞的嗎？」我這才高興了，心「撲騰撲騰」地跳著。賽朵仁波切也睜大了雙眼。

第二天一大早，嘉雅仁波切就帶著我倆趕到了西寧的樂家灣機場。很多僧人都來拜見班禪大師。哥哥諾日也來了。班禪大師從人群中把我和賽朵仁波切拉出來，看著我連連說：「小胖子，小胖子……」又轉身看著大家說：「這次沒有時間去塔爾寺了，兩個小仁波切就交給我吧，放心好了。」

這是一九六二年夏季的一天。我們乘坐的是一架早期的軍用飛機。鐵製的條凳，背靠著窗戶，聲音震耳欲聾。飛機離開了地面，我盯著窗外，心都提了起來，身子向一邊傾斜著。房屋漸漸變小，變小，被一團又一團的白雲遮住了。

大約飛行了兩、三個小時，飛機開始降落。地面一片白色，我以爲是冰，後來才看出是鹽湖，而這裡，正是建在鹽湖上的察爾漢軍用機場[1]。接下來，還有一千多公里才能到拉薩，但是只能坐汽車了。班禪大師有個車隊，一共六、七輛大車和幾輛美式吉普，現在都派上了用場，從日喀則浩浩蕩蕩開來接大師和隨行人員。

簡易公路坑坑窪窪的，我被上上下下地顛著，從車窗向外看，遠處總是雪山和彎彎曲曲的河流，還有三三兩兩的羚羊、野馬、狐狸，偶爾遠遠的，還有狼。一路上，除了一些兵站，基本沒有人煙。與我們同行的，有班禪大師的經師伍曲仁波切、嘉雅仁波切，班禪大師的阿爸和阿媽，還有他的弟弟貢波嘉、弟媳白瑪央金及他們的兩個孩子。不知什麼時候，阿沛·阿旺晉美[2]夫婦一行，也加入了我們的隊伍。

「蜷在車裡也太遭罪了，還不如騎馬哪。」班禪大師的阿爸心直口快，車一停下就埋怨，看到兩個孫子跑來跑去的，又笑了：「別跑別跑，告訴波啦[3]，喜不喜歡雪山哪？」

「哎呀，快讓孩子們喝口茶吧！小仁波切們也過來喝茶呀！」班禪大師的阿媽，總是跑前跑後地忙著，一會兒拿起備用暖瓶給我們倒茶，一會兒又遞來了卡普塞[4]。

又瘦又高的阿沛先生，戴著一副眼鏡，文質彬彬，一旦車停下，他的警衛總會拿起一塊毛毯或墊子，鋪在石頭上或平坦一點的地方，請阿沛先生坐下，而阿沛先生總是會讓班禪大師先坐。他的醫生偶爾還會過來問要不要量血壓。阿沛夫人衣著講究，大衣裡若隱若現的丘巴顯得沉甸甸的，無疑是上好的呢子做的，皮鞋上儘管也落了一層土，仍掩飾不住與眾不同的華貴。和班禪大師的母親相反，阿沛夫人不怎麼說話，除了問候班禪大師以外。

像永遠也走不完的路，終於到了盡頭。遠遠地，布達拉宮的金頂閃著耀眼的光芒，還有那色澤分明的紅宮和白宮、那錯落有致的圍牆，在蔚藍的天空下分外美麗，我不住地眨著眼睛，不敢相信這是眞的。

我們住進了藥王山下的班禪大師行宮——雪林多吉頗章。院子很大，主樓爲兩層，也叫班禪小樓。班禪大師住在樓上。班禪小樓的前面還有一個房子，是小電影院，側面又是一棟樓。中間是一排排的房子，我們住在離班禪小樓不太遠的另一座兩層樓裡，我和賽朵仁波切，以及他的管家，也就是我的洛桑東悅舅舅住在一樓，樓上住著嘉雅仁波切，及一位拉卜楞寺的僧人。

1 察爾漢軍用機場：「察爾汗」是蒙古語，意爲「鹽澤」。察爾汗鹽湖是世界上最著名的內陸鹽湖之一。一九六〇年代在察爾汗鹽湖建小型軍用機場。二〇〇二年擴建爲軍民合用機場，名爲格爾木機場。

2 阿沛・阿旺晉美（一九一〇—二〇〇九）：據維基百科介紹，他「曾任西藏噶廈政府噶倫（兼昌都總管），一九五五年被授予中國人民解放軍中將軍銜」，是首任西藏自治區人民政府主席。曾任職中國人大常委會副委員長、中國政協副主席等。中共官方對他的評價是「偉大的愛國主義者，著名的社會活動家，藏族人民的優秀兒子，我國民族工作的傑出領導人，中國共產黨的親密朋友」。藏人則對他有不同評價，總之他是一個具有爭議的西藏歷史人物。

3 波啦：藏語，爺爺。

4 卡普塞：藏語，油炸點心。

雪林多吉頗章裡還有一個機械學校，我們叫「澤・拉扎瓦」。有一百多名學生，都是從西藏各地擇優錄取來的，很精幹。分爲幾個班級，學習電器、照相、修車、放映電影等等。而基礎課都是一樣的，包括佛學、藏文、數學，還有歷史。有一個內蒙來的騎兵軍官，專門訓練他們騎在馬背上射擊、舞刀、過障礙等等。當時，班禪大師買了很多的馬，如門源馬、新疆馬，還有康區的馬，每天都要馴馬。雪林多吉頗章忙忙碌碌，人來人往。

那位蒙古軍官聽說我和賽朵仁波切都有蒙古人的血統，就常來找我們說話，一張嘴就是我們蒙古人如何如何，也不管我和賽朵仁波切能不能聽懂。他的衣服上還掛著軍銜，但不記得是尉官還是校官了。

班禪大師手下有很多堪布和「大喇嘛」（僧俗官員），比如，蘇本堪布指揮著一名大廚師、三名普通廚師、三名膳房助手，還有清潔工、汲水人、取柴人，以及犛牛頭人等等；森本堪布指揮著一些專門的僧俗官員，保管班禪大師平時穿戴的服飾，布置呈獻典禮的服裝，以及新服裝等等；卻本堪布指揮著幾個僧司，管理各寢室的供品和典禮祭祀用品。除此，班禪大師還有侍衛、私人醫生、轎夫、馬夫、舞樂隊、帳篷隊等等，直到我長大了，才明白這些人都屬於一個很嚴密的行政組織，漢語叫「班禪堪布會議廳」，早在大約十七世紀，四世班禪喇嘛時代，就有了這個組織，當時叫「堅參吞波」。

現在，我們每天都可以見到班禪大師了。他有佛事活動時會穿袈裟，出現在雪林多吉頗章的院子裡，而一般的時候，他會穿金黃色的內衣和咖啡色丘巴，戴一頂咖啡色禮帽，偶爾他也會穿馬靴，本來就英俊的班禪大師就更爲英俊了。「哎，小胖子，經學得怎麼樣了？」「你們兩個想不想家呀？」他常這樣問我倆。

因爲下雨，去日喀則的路被沖斷了，我們只得在拉薩等候。除了班禪大師的經師伍曲仁波切給我們講經，大多數時間，我都和賽朵仁波切在院子裡跑來跑去，成了最愛玩的人。

一天，雪林多吉頗章的後面，那個很大的草坪上，除了班禪大師的黃底藍花帳篷，又搭起了幾頂白底藍花的帳篷，還擺上了好多的水果和點心。自治區的官員們都來了，觀看班禪大師的機械學校學生們的騎術表演。班禪大師的阿爸、阿媽、弟弟貢波嘉、經師嘉雅仁波切也在場，賽朵仁波切和我自然也沒有落下。

先出來的是三三兩兩的騎兵，騎著馬，拿著刀，左右比畫，很是斯文。接著，一隊隊的騎兵出現了，他們騎在馬上，兩人一組，只聽「嗖嗖」的砍殺聲。而後，又是一隊隊騎兵出現了，還是騎在馬上，但馬背上架著轉盤機關槍，只聽一聲「臥倒」，那些馬立刻臥了下來，轉盤機關槍就架在馬的肩上，「噠噠噠噠」，一發發子彈打出去時，那馬仍然一動都不動。當然，子彈頭是已經卸了的，只是演習而已。

離開拉薩之前，班禪大師又帶領機械學校的學生和我們這一行人進山裡打靶。他的十幾輛車都武裝起來了，所有的槍也都拿上了。

我和賽朵仁波切都興奮得合不上嘴了。小時候，不管到哪裡，一聽說要走，就高興，心想走得越遠越好。可這一次，只走了一個多小時就停下了。有人說，是色拉寺的後面；還有人說，是哲蚌寺的後面。反正是一片沒有人的山林。大石頭很多。大家就把所有的東西都卸了下來。學生們跑到石頭後面，豎起了靶子。還拿出手搖電話，兩個學生之間儘管距離很遠，但一搖就通話了。這邊的人，就準備打靶。有一個人拿著旗，藏在大石頭的後面，一會兒指示開始，一會兒指示結束。班禪大師也拿起手槍，那個豎靶子的人還沒等完全豎穩，他就「砰砰砰」地開槍了，那些靶子都被打中了。我看得直著急，也要拿槍。「小孩子可不能動槍！」班禪大師說話了。接著把手槍給了嘉雅仁波切：「雍增仁波切[5]，您也試試。」

嘉雅仁波切還真接過了槍，不過，先閉上了眼睛，不知朝什麼方向打了一槍，引得大家都笑了起來。

那些槍，我們都叫加拿大，有一號加拿大，二號加拿大，三號加拿大；三號最小，一號最大。

在大昭寺發願

益西是班禪堪布會議廳的工作人員，來自我的安多老家，主動要帶我們去祖拉康[6]朝聖。舅舅洛桑東悅早早地就囑咐我和賽朵仁波切：「一定要恭恭敬敬地給覺仁波切磕長頭，有這個機緣，可不是一般的福分哪……」

「在覺仁波切的心臟[7]上還特別放了一個如意寶。到了那裡，好好地祈願吧……」嘉雅仁波切也囑咐著。

很小的時候，我就知道拉薩有三大寺，還有布達拉宮、羅布林卡，其中最有名的就是祖拉康，因爲有釋迦牟尼佛親自開光的，以他十二歲身像塑的等身像，通常我們叫覺仁波切。如《西藏王統記》[8]所言：「色如熟金色，兩手中一手作結定印，一手壓地印，相好莊嚴。若略睹斯像，即能解除三毒病苦，發起眞實誠信，具足一切見、聞、念、觸等功德。此像與眞實本師無有差別……蒙佛親爲開光，散花加持。」

來到祖拉康時，我一個勁地眨著眼睛：層層香霧沿著那燻得黑黑的香爐繚繞，香柏木潔淨的氣味四處飛揚。牆頭上的邊瑪牆一片深紅，像堆積起來的藏香。兩邊的石牆上，白色的石粉被經年的雨水沖成一條條溝壑，凸得格外凸，凹的格外凹，像峽谷中的風化石，呈現著有形有狀的滄

---

5 雍增仁波切：一般對達賴喇嘛和班禪大師的經師的稱呼，有些著名仁波切經師也得此稱譽，甚至有些仁波切的名字就成了雍增仁波切。

6 祖拉康：藏語，佛殿。即大昭寺，位於拉薩，被達賴喇嘛譽爲『全藏地最神聖的寺院』。由吐蕃（圖伯特）君主第三十三代贊普松贊干布修建於西元七世紀初，但在文革中，古老佛像基本被毀，徒留受損建築，直至一九八〇年代才重建。

7 就「心臟」這個詞，簡體中文「心臟」的「臟」和簡體中文「骯髒」的「髒」用同一個字「脏」，當然繁體中文是不一樣的。對於簡體中文的「心臟」這個詞，我不是那麼舒服，雖然我知道在《藏漢大字典》對佛塔像內裝藏的詞條有這樣的解釋：「song xug 佛塔內藏，裝進佛像、佛塔之內，作爲身語意功德依附處的佛舍利和陀羅尼咒。」

8 《西藏王統記》：全名《吐蕃王朝世系明鑒正法源流史》，是十四世紀的薩迦僧人索南堅贊（薩迦大寺座主，宗喀巴大師的上師）的著作。該書以吐蕃王朝歷代贊普世系爲主要線索，敘述整個吐蕃王朝的政治、軍事和宗教文化的歷史。是一部有關吐蕃的史書。

桑。石牆中間的鎏金銅鏡、十相自在、梵文字母，格外明亮而莊嚴。還有各種幢蓋、經幡隨風招展，殿角的風鈴叮噹作響。

祖拉康跟前磕長頭的人們洶湧澎湃，那石板地面已被身體打磨得一片光亮。大門兩邊，靠著牆壁，排出了長隊，有的舉著酥油供燈，有的舉著小茶壺、黃酒、哈達。大多數朝聖的人都穿著丘巴，戴著帽子，那是有四個舌片的帽子，男帽叫次仁金古，女帽叫娘夏，各種花色。一看到我們身上的袈裟，大家很尊敬地伸舌，這是久遠的禮節。我們就站在了隊伍的後面。有人認出了益西：「啊，這是從雪林多吉頗章來的！」就讓開路，請我們先走。剛到強巴拉康的門前，一位僧人就迎了出來，他先指著門前鋪在地面上的大石頭說：「這塊石頭正對著覺仁波切，在這裡祈禱的話，會事事如意呀。」

我雙手合十，站在石頭上，祈禱我的阿媽還有嘉瑪嘎長壽；祈禱我自己早日精通五明，成爲格西；祈禱班禪大師長壽，佛事圓滿。

強巴拉康裡，迎面是兩個泥塑僧人，一個手指前方，另一個手遮前額，似乎在看著遠處。據說那個指著前方的僧人，是一位來自印度的高僧，當時在藏地的印度高僧有蓮花生大士、寂護大師等等。還有故事說，本來雕塑時，印度高僧的兩手是放下的，可是蔡公堂那邊著火了，他的手就抬起來說：「貢唐寺著火了！」從那以後，這隻手再沒有放下。他身邊的另一個泥塑，抬起手擋住陽光問：「在哪裡？」

……終於見到了覺仁波切，那慈悲的雙眼，微閉的嘴唇，五冠下若隱若現的螺旋狀頭髮，都是那麼莊嚴；只是臉上被塗了太多的金粉，有些變樣了。沒等嘉雅仁波切說話，我馬上磕了三個等身長頭，而後右繞覺仁波切轉了一圈。

繼續轉，左側一個佛殿的牆上有隻雕塑的山羊，祖拉康的僧人介紹說，從前，祖拉康也叫熱薩，熱就是山羊，薩就是土。一千三百年前，初建祖拉康時，就是這隻山羊每天馱土，填滿了下面的湖，當祖拉康修好後，僧侶們專門爲牠塑像，以示紀念。

從這個殿出來，在被稱爲「措古米隆堅」的牆上，見到了有著特別意義的黃文殊菩薩像。傳說，從前的從前，漢人要打拉薩，想搶走覺仁波切。藏人們就把覺仁波切藏在一個小殿裡，在門上用泥糊成牆，在牆上畫了黃文殊菩薩的像，以示掩護。後來，拉薩平安了，人們要抬出覺仁波切時，怎麼也找不到入口，這時，黃文殊菩薩張口了：「把我挪開一點。」人們恍然，抬出了覺仁波切。從此以後，這尊黃文殊菩薩就被叫成了「那約瑪」，是「我挪開一點」之意。

祖拉康裡的故事是講不完的。每一個塑像，每一個畫梁雕棟，都十分特別，是我在塔爾寺時連想也沒有想到的。

在二樓至三樓間，我還見到了女護法班丹拉姆，她顯得很凶，滿臉漆黑。嘉雅仁波切讓我和賽朵仁波切磕頭，我剛一彎身，一隻老鼠跑了出來。「別怕，牠是很特別的，不偷吃任何糧食，只吃我們餵的東西，如果你們當地，有哪個女人生不出小孩，用它擦一擦，就好了。」祖拉康的僧人解釋著，還讓人拿來一隻風乾的老鼠屍，送給了嘉雅仁波切。

「這裡說不定保存了很多死老鼠……」賽朵仁波切跟我嘀咕。

從祖拉康朝聖出來，我們又捲進了熙熙攘攘的人流。很多人按著順時針，匆匆忙忙地走著。有的拿著念珠，有的拿著小小的嘛呢輪，他們在轉帕廓[9]。帕廓的兩邊都是店鋪，金銀珠寶、松石、珊瑚、哈達、馬鞍、氆氌、藏香，要什麼有什麼，把我看得眼花撩亂。不過，我們在帕布叢康[10]（尼泊爾人商店）停留的時間最長，那跟帕廓的其他商店不一樣，點著印度香，掛著尼泊爾國王和王后的照片，放著尼泊爾的音樂。

又轉到了祖拉康的香爐前。啊，這麼多的甘丹康巴和熱振修巴啊！以前有人去拉薩，偶爾捎回塔爾寺一些，都是用一個小小的袋子裝著，我們總是節省著用，每次只燃一點點，那香味總是讓我不住地吸著鼻子。

我們每個人都買了一袋子，然後放進了香爐。芬芳的煙縷中，益西看著嘉雅仁波切說話了：「有一個我們安多的老鄉，也在這裡開了鋪子。去她的鋪子看一看嗎？她的男人是阿拉善人，我們平時就叫他阿拉善，夫婦兩個人知道您要來，都打聽過好幾次了。」

「好啊！」嘉雅仁波切同意了。

沒有想到，阿拉善和他的太太一定要請我們吃飯。那個熱情，用舅舅洛桑的話來說，比七月的太陽還熱。

後來，我們又多次去了帕廓，還去了小昭寺、宇妥桑巴、宗角祿康。唯一遺憾的，就是沒能去布達拉宮與三大寺。原因是嘉雅仁波切說，我們應該等候班禪大師的安排。結果直到七〇年代末，文化大革命的風暴過去之後，我們才一饗宿願。但那時見到三大寺，尤其是甘丹寺，曾經的波瀾壯闊，只剩下殘垣斷壁了。

綠度母的懷抱

抵達札什倫布寺時是一個漆黑的夜晚，我們被領著來到了一個似乎不小的宮殿，我甚至覺得腳下在發出巨大的回音。我、賽朵仁波切，還有舅舅洛桑東悅，被引進了一個很大的房間，阿嘎土的地面上圍著地毯，以及一個又一個彩色木桌。

幾乎立刻，就有人端來了酥油茶，還有一籃子卡普塞。

第二天一早，沖巴啦[11]就來了，帶我們去拜見班禪大師。走出房間才發現，這宮殿朱門黃牆，絢麗典雅，而宮內更是天棚敞亮，梁柱高聳。沖巴啦告訴我們，這就是一九五七年竣工的班禪大師的行宮德欽頗章。

班禪大師的臥室在樓上，房間裡鋪著地毯，大師盤坐在休仲[12]上，那麼高大，像座山。嘉雅仁波切就坐在班禪大師旁邊。

我們都先磕了頭，而後坐在了地毯上。

9 帕廓：藏語，環繞大昭寺的外轉經路，並形成街市。
10 帕布叢康：藏語，尼泊爾人商店。
11 沖巴啦：藏語，某些寺院的初級格西和一般執事。
12 休仲：藏語，對上師和仁波切使用的床具的敬稱。

「已經到了札什倫布寺，我都給你們安排好了，以後就好好學經吧……」

「袞頓13親自操心的人可不多呀，還不趕緊拜謝？」嘉雅仁波切也說話了。

拜完大師，我們就退了出來。沖巴啦又帶我們到了有花園的大陽台，遠眺對面絳紅色的建築群：「那就是札什倫布寺。遵照大師的吩咐，已在那邊給你們安排好了住處。明天就可以搬過去了。」

我恨不得一下子就搬到札什倫布寺！那邊的一切，看上去都是那麼盡善盡美。陽光下，尤其是那幾個熠熠生輝的金頂，把整個建築群都照耀得神祕莫測。而背後的尼色日山更顯得巍峨，透著綠色的生機。

「看見尼色日前面的小山了嗎？那是卓瑪山哪，札什倫布寺就在卓瑪的懷裡。」沖巴啦說。

「為什麼說這是卓瑪山呢，是哪一個卓瑪呢？綠度母嗎？」舅舅洛桑東悅問。

沖巴啦笑了：「是啊，仔細看，那上面的尖頂，白色的部位是綠度母的臉啊，還有左右隆起的山包，那是綠度母的乳房……」

「噢，札什倫布寺就坐在綠度母的懷裡。」賽朵仁波切瞇起了眼睛。

「對啊，這是一個完整的綠度母像。每個山頭每一眼泉，都代表著綠度母的善相。我們的札什倫布寺還有許多自然生出的泉眼，其中的一眼泉，是我們平時不喝的，只在法會期間才用作供養。」沖巴啦解釋著。

「為什麼只用來供養呢？」我又問。沖巴啦笑笑，沒說什麼。直到多年以後，我長大了，讀了一些關於札什倫布寺的書，才知道那眼泉，被看成是綠度母的密部，所以格外被珍視。

我還知道了，札什倫布寺原是第一世達賴喇嘛根敦珠巴創建的，那是十五世紀的時候，他來到日喀則修法。對甘丹寺的思念，常使他不由自主地凝望東方，而遠處的雪山上，常會升起三朵白雲，在湛藍的天空中悠然飄飄，中間的那朵雲，總是略高一些，這讓他越加想念宗喀巴大師師徒三尊，於是他寫下了著名的詩《東面的白雪山》。

有一次，根敦珠巴揹著行李架，拄著插有一面經幡的拐杖，向南面走去。他邊走邊誦《聖妙吉祥眞實名經》，當走到今天札什倫布寺的位置時，他正好念到「建立法幢極微妙」，便記住了這個地點，休息了一會兒，又上路了。當他返回時，走到這裡，恰好又念到「建立法幢極微妙」這句。「哎，爲什麼有這樣的吉兆啊？」他自問著，回身看到了尼色日前面的小山一片綠意：「原來如此，這是綠度母的懷抱啊！」後來，根敦珠巴就在此建立了札什倫布寺。再後來，成了歷代班禪大師的住錫地，也就是班禪大師的祖寺。

不管怎麼說，我和賽朵仁波切將在札什倫布寺開始新生活了。那麼，我將要在這裡待上多少年呢？一般來說，學完五部大論，差不多也要二十年的時間，再考取格西，加在一起，少說二、三十年，也可能一生都會留在這裡吧？從前，很多出家人，從西藏各地到三大寺和札什倫布寺學經修法，就再也沒有回去。雖說他們精通五部大論的才華讓人敬仰，可是，如果再也看不到塔爾寺，嘉瑪嘎會不會想我呢？我的阿媽會不會想我呢？我的阿爸，他還在監獄嗎？是不是已經回到

13 哀頓：藏語，敬語，意爲虔心呼喊即出現眼前，簡譯尊前。是對達賴喇嘛、班禪大師及地位崇高者的敬稱。

了家裡？

吹響白海螺

西藏佛教寺院，基本上都是由扎倉和康村構成。雖然不同的寺院有不同名稱，但結構大同小異。比如在塔爾寺，有參尼扎倉，即顯宗學院，學習五明或五部大論；居巴扎倉，即密宗學院，學習密宗四部；頂科扎倉，即時輪學院，學習天文曆算；曼巴扎倉，即醫宗學院，學習《四部醫典》等。扎倉，意為學院，也相當於大學的系，下面設有增扎，相當於班級。最高學位，有拉讓巴格西和阿讓巴格西，分別為顯宗博士和密宗博士學位；其下有措讓巴格西，相當於碩士學位；多讓巴，相當於學士學位。扎倉也是寺院的行政機構，由許多個康村組成，康村下面又由許多個米村組成，都是根據地域劃分。

札什倫布寺也有四個扎倉：推桑林、夏澤、吉康和阿巴扎倉，除了阿巴扎倉修習密宗以外，其他都是顯宗學院。我們就被安排在夏澤扎倉的傘螺康村，住在夏澤扎倉的六樓，有自己的房間和廚房。在大叢林寺院裡學經，這種特殊條件實在不常見。

「都是班禪大師的恩情呀。」舅舅洛桑感慨著。

夏澤扎倉的堪布噶欽．達瓦啦成了我和賽朵仁波切的上師。他是個大格西，卻一點也不覺得自己比別人更有學識。

每天上午，我們去堪布噶欽．達瓦啦的房間上課時，總看到他披著厚厚的圖哇，埋在一本本經書裡，他不是在誦經，而是在閱讀。他的房間很暗，窗子是長形的，很窄，而牆壁又特別厚，顯得屋裡格外地靜。焚香的煙縷，層次分明地在房裡悠然飄動。我和賽朵仁波切進去後，總是很規矩地，拿起牛糞火上的酥油茶陶壺，走到堪布達瓦啦的經桌前，搖一搖，斟滿他的茶碗，也總是在這時，他會點頭笑一笑說：「舟頌，舟頌[14]。」而每當我拿起陶壺時，那竄出來的牛糞餅的氣味，總讓我想起老家的塔布卡灶，還有我阿爸阿媽的氣味。

堪布達瓦啦的臉，瘦瘦的，稜角分明，稀稀落落的鬍子裡攙雜著幾根白色。他喜歡吃糌粑，吃法很有日喀則哇[15]的特點，要先把糌粑放進一個皮袋子裡，揉啊揉，再吃。有時會選出一、兩塊，遞給我和賽朵仁波切。

堪布達瓦啦常給我們講他自己的故事。他出身貧寒，攻讀格西期間，因爲沒有錢點油燈，夜裡讀經時，只能藉著一炷香火的微光。也因此，他的經卷裡留下了很多的燒痕。他曾在石板地上打坐和辯經，苦練五部大論。所有的格西都是這樣練出來的，他也是這樣努力才獲得拉讓巴格西學位，並成爲夏澤扎倉堪布的。

歷史上，札什倫布寺出家人有四、五千，現在，雖說經歷了「宗教改革」，仍然有兩千多，並且各大扎倉的教務和法務都顯得繁忙。這是因爲札什倫布寺是班禪大師的祖寺，也算特殊了。

14 舟頌，舟頌：藏語，即夠了、夠了的意思。
15 日喀則哇：藏語，日喀則人的意思。

各扎倉的格西們仍然按傳統方式，根據不同的班級教授課程。學僧們見了老師，親近頂禮。新來的小沙彌得先背誦很多經文，再由寺院統一考試，合格者才有資格入寺。我是在大經堂前面的多扎唐[16]參加考試的。考官有四、五個人，坐在敞開的二樓上，考生除了我和賽朵仁波切，還有一位從阿里來的小出家人。那天，我們一直在背誦上殿時必念的經文《法行明經》，差不多背了小半天。

和其他叢林寺院相似，札什倫布的教學也非常嚴謹。每天黎明，在白海螺的「嗚嗚」聲中，全體僧人上殿，誦讀經典，這是早課。而後，小僧人們到經師的僧舍學經。下午三、四點鐘時，都到大經堂前面的多扎唐集體辯經。晚上，高聲朗誦白天學過的經文。無論在屋頂還是在經堂，都是經聲雷動。聽說札什倫布寺的經聲，聞名遐邇。

寫字和背經是日積月累的工夫。一旦我背得磕磕巴巴時，堪布達瓦啦就會說：「背誦經文哪，要像清水流淌，痛痛快快。每個字吐出來時，要像熱鍋裡蹦出來的熟青稞，清清楚楚……」當有的經文韻律整齊，我背得流利時，堪布達瓦啦就會鼓勵：「很好嘛，就得這樣精進，要超過你的老師，成爲甘丹赤巴的人選，依我看也不難哪。」

札什倫布寺有許多法會，尤其是藏曆新年和佛誕吉祥日時，嶄新的唐卡啊經幡啊勝幢啊，還有五顏六色的確則[17]，都會掛出來。上殿的僧人也把三法衣穿上了。遠近的人們，熙熙攘攘地擠滿了札什倫布寺的每一條小巷。

六月的祈願法會，我們叫主巴才西，即六月初四，是釋迦牟尼佛初轉法輪的日子，這一天的供茶僧，是特別挑選出來的本年度學習成績最好的僧人。他們格外周到，會讓每個上殿的僧人都心滿意足。供完茶後，還要把空的銀茶壺，從裡到外擦得乾乾淨淨。那些銀茶壺都非常精製，上面的敞口和壺的頸部，以及下面的底座，都是砸花鎏金的。我們會把早就準備好的錢一一地投入茶壺，作爲他們服務周到、學習精進的嘉獎。

幾乎所有的百姓都會給我們送來供養。另外，法會期間，寺院自己也會準備很多供品，最後都要供養僧人。我們就一份又一份地往回拿供品。然後，又與俗家的功德主分享，而這些功德主又會與他們的親朋好友分享。總之，差不多每個僧俗百姓都能得到經過加持的供品。

除了宗教節日以外，我們還有一些假日。這時，僧友和同鄉們常常聚在一起野炊。有一天，舅舅洛桑的朋友森島，他是日喀則人，請我和賽朵仁波切，還有洛桑舅舅過林卡[18]。我和賽朵仁波切都樂壞了。一大早，就拿著一塊長布，到寺院外的林卡裡圈出一個臨時的布圍牆，又拿出毯子鋪在草地上。舅舅洛桑拿來了我們的安多奶茶，森島帶來了日喀則的糌粑和曲拉[19]。

「我們安多的拉絲庫糌粑可沒有這麼細呀！」我說。

「日喀則的糌粑就是不一樣。」舅舅洛桑也笑道。

「不管出生在哪裡，我們藏人都喜歡糌粑呀。」森島感慨起來。

16 多扎唐：藏語，指僧人辯經或舉行法會的場地，因多爲石塊鋪就，形成石塊院子。
17 確則：藏語，這裡指的是吉祥彩緞做成的裝飾品或陳設品，有時也這樣稱供品。
18 過林卡：「林卡」是藏語的園林、花園之意。過林卡即指在園林裡聚會、遊樂。
19 曲拉：藏語，乾乳酪。

「我們可是蒙古人啊。」賽朵仁波切喊了起來。

「眞的？」森島很好奇。

舅舅洛桑就對森島說起我們的烏蘭淖爾草原，還把我阿爸阿媽抱著我的一張舊照片拿出來給森島看。

這時，我和賽朵仁波切和其他的小僧人跑到了小河邊，玩起了釋比廓洛，這是僧人們喜歡的一種遊戲，首先在布上打上方格，再把宇宙間的地名都寫進去，連天界、地獄也包括在內，這就是一個輪迴圖。然後用一個帶有六字眞言的骰子，在圖上擲骰。下地獄的，自然就是輸家了。有時，我們也玩巴拉和提嘎，前者也是擲骰子的遊戲；後者是玩羊踝骨的遊戲。

四周又出現了不少人，有的是來過林卡的，有的是來洗衣服的。好幾個小孩圍上了我們，就這樣，我和賽朵仁波切又結交了不少新朋友。

不過，有些時候，我和賽朵仁波切很是讓舅舅洛桑東悅操心。當他不在時，我倆就乘機闖禍，有幾次，還偷出了舅舅的鑰匙，跑到五樓的儲藏室，把他掛在鐵絲上的牛肉乾、羊肉乾，人不知鬼不覺地摘下來，偷吃了不少。偶爾，我們還追趕、恐嚇經師達瓦啦的小狗，甚至會拿著棍子互相拳打腳踢。

一個月明如晝的晚上，我和賽朵仁波切趁舅舅洛桑熟睡，偷偷爬起來，溜到屋頂六樓的牆頭上，走過來走過去，相互比賽誰走得快。其實，這些遊戲都是非常危險的，白天裡，別說在這六樓牆頭上走，往下看一看，都會頭暈的。

轉眼三年過去了。儘管淘氣，我和賽朵仁波切也學到了不少的佛法：比如札什倫布寺的祈頌文，藏文書法、文法，《攝類學》、《因明學》等。還掌握了一些辯經的技巧，比如先發問：世上有哪些原色和輔助色？像海螺一樣的白色，能不能代表紅寶石的紅色？對方可能要答，當然不能代表紅寶石的紅色，白就是白，紅就是紅。但是，我們由此可以延伸到，潔淨如白的觀世音菩薩，能不能代表金黃色的文殊菩薩，慈悲能不能代表智慧？等等。

仁波切掏糞

雖說札什倫布寺是在綠度母的懷抱裡，可重重疊疊的，像一座山城，從高處往下看，每個院落，每條小巷，每位行人，都盡收眼裡。僧人們都是住在上面的，現在，大家都好奇地趴在自己院子的牆頭上往下看呢。

新來的工作組就住在寺院的下面，一百多號人。有的穿著草綠色上衣，有的穿著藍制服，有的在晾被子，有的在擦槍枝，有的在看文件，誰都不知道他們到底要幹什麼。在幾百年來，一直由絳紅色袈裟覆蓋的寺院裡，這些突然闖入的俗人，顯得格外地扎眼。

「猜猜看，那槍裡有子彈嗎？」

「子彈？八成是木頭的。」

大家哄笑起來。我也好奇，但和其他僧人不同的是，我笑不出來，直感到嗓子眼兒發緊。雖然這時是一九六四年秋天，我只有十四週歲，可是六年前在塔爾寺搞的「宗教改革」，尤其是，第一次揭「封建蓋子」大會上抓走五百多僧人的情景，在我心中成了一個黑洞，什麼時候想起來，都陰森森的。和札什倫布寺的僧人相比，我和賽朵仁波切是「老運動員」了。還有舅舅洛桑東悅，也一聲不吭地盯著這些人，沉著臉。

工作組很快進入了角色。首先，他們召集全寺僧人開了「三大教育運動」的動員大會。一位許同志，我們都叫他洛敦[20]許啦，一字一句地翻譯著：「三大教育運動，就是階級教育、愛國主義教育和社會主義前途教育……」

會上，大部分時間都是幹部們在講社會主義制度的優越性和念文件，乍聽起來，社會主義社會比佛界還要完美。開大會、學習政治文件的地點在大經堂前面的石頭院子裡，也就是我們的多扎唐，平時那裡是辯經場，而現在，我們的辯經課已經停了，停下來的，還有我們的早課和晚課。

一大早，他們就敲鑼讓我們開會，到中午，我們只能隨便地吃一點早晨帶出來的糌粑，喝一杯從大廚房打來的茶，又得在院子裡就座，學習文件。有時，我們也以康村為單位，坐在房頂學習，但下雨時，會到經堂裡學習。晚間也不能閒著，還要分成小組，加班學習。

漸漸地，我們的全部佛學課程，都停了下來。

和塔爾寺「宗教改革」時一樣，經過幹部們的「細心教育和積極帶動」，一些出家人中的「積極分子」敢於發言了，還拿出了他們辯經的魄力。而我們這些仁波切，在這回，由「封建蓋子」變成了「階級敵人」，儘管名稱不一樣，但性質不變，總是被無產階級專政的對象。一旦我們說了什麼，或者臉上稍有一點表情，積極分子們就會說：「你們這些上層階級，要端正態度，接受貧苦喇嘛的教育！」

學習了六、七個月以後，不僅政治詞彙增加了，還增加了不少生產勞動，比如整修圍牆、屋頂、粉刷牆壁等等，其中掏廁所是最髒的活兒。在過去，寺院會雇傭一些有經驗的農民處理這些糞便。農民們都很勤快，隔三差五，就撒上一些乾土，這樣既可以糞土混勻，又可以吸去難聞的氣味，很容易地就出糞。

可是現在都輪到僧人自己幹了，整天忙著參加政治學習的我們，哪裡還有時間墳乾土呢？等到到處都是臭味時，工作組才集中僧人墳廁所。這時，我們要到差不多離札什倫布寺十里左右的地方，將乾土一袋子又一袋子地揹回來，墳進廁所，但不管怎麼墳，這日積月累的糞坑上面，雖然墳了乾土，但底下卻是稀糊糊，大家確實爲掏糞而頭痛。

後來這些任務就輪到我們這些「階級敵人」的頭上了。積極分子爲了看我們改造的表現，還要我們捲起袈裟光著腿，鑽到糞坑裡掏出糞來。那股氣味，臭得全寺到處都能聞到，更不要說我們站在糞坑裡掏糞的人了。

一天，賽朵仁波切因爲發高燒，就跟組長請假，組長不但不准，還罵他「裝病」，特別強調其他人一律不許替代。賽朵仁波切無可奈何，可沒想到掏糞時出了一身大汗，感冒竟然好了。組長抓住了把柄，到處宣傳：「對階級敵人，就是不能鬆手，要擦亮眼睛！」

舅舅洛桑常引用嘉雅仁波切的話，勸我和賽朵仁波切：「屎尿好似甘露，源於五穀，又變化

20 洛敦：藏語，同志的意思，屬「新西藏」之後新造的諸多名詞之一。

經歷文革前的札什倫布寺，在我思緒中，就像佛經中描述的「兜率天」。全寺僧人燒茶做飯用的燒柴是當地生長的「黃刺」，寺前廣場堆積的黃刺，整齊得像座古城堡。這是一九六四年，三大教育運動中，賽朵仁波切和我被派去打柴，意為勞動改造，然後將所打的黃刺從四、五十哩外背回來，堆到上面。正好有當地鄉下人的毛驢隊，響著其脖子上的鈴子，拖糞路過這裡。（阿嘉仁波切繪）

於人的體內，最終排泄於體外。當人們將糞便攜帶於體內時，一點不覺得汙穢不淨，一旦排泄出，卻覺得又髒又臭，這一切，都是因爲對物質的執著計較，才有了這分別心。」舅舅洛桑還說：「幹最髒最苦的活，是淨除罪障和消除災禍的最好方法。」

漂不走的屍體

後來，我們又被派去挖解放渠，那是個大工程，橫跨日喀則地區。每個單位、寺院、學校、村莊，都分配的有任務。

攤派給札什倫布寺的地段，在江孜和日喀則中間。我和賽朵仁波切也毫無例外地被派到挖渠的行列裡。揹著行李，跟著三百多個出家人，我們排著隊上路了。差不多走了一整天，才到達目的地。而後安營紮寨。寺院裡大大小小的帳篷都被帶出來，最小的可以睡二十幾人，最大的雖說睡了一百多號人，其實，大部分都睡露天，只不過用布圍牆略微遮了一下，睜開眼睛就是星星和月亮。

第二天就開始勞動。樁子是提前釘好的。正是冬天，凍層很厚，先用钁頭打開了凍土，再放炸藥，爆破凍層，將鬆散的土方全部轉移到水渠之外。運土的方法就是揹，或者用鐵鍬鏟。每兩個人一把鐵鍬，一個人往下挖，一個人往一邊拉，這是日喀則地方特有的使用鐵鍬的方法。那個往一邊拉的繩子，繫在鐵鍬的脖子上，是羊毛編織的，乳白色和咖啡色交織在一起，眞是好看，像烏朵[21]。過去，藏人在使用這個工具時，總是伴著歌聲的。現在也有歌聲，可純粹是爲了動作一致，已沒有任何享受了，並且每一鍬挖下去，都像地老鼠啃凍土般吃力。

終於打開了凍層，接著往下挖時，上邊的人就把土堆在一起，再一袋子、一袋子地揹走。每揹走一袋子，回來後就發一張紙票，最後，以紙票的多少評估一個人的勞動態度。

有一位出家人強曲，來自我們安多老家，他讀過很多的經，很有學識，但他的紙票總是得的最少，積極分子就盯上了他：「強曲，你得加快腳步啊！」可是，強曲的步子還是像老牛一樣慢騰騰的，並且，他袋子裡的土明顯比其他人的少。

「走不動啊！」強曲終於說話了。

「你本來揹的就比別人少，走得又慢，是不是想當反面教材？快走！」組長不依不饒的。

「昨天，我挨著強曲睡覺，他呻吟了一夜。」有人小聲地解釋著。

「這次出來前，他跟組長請假，可組長偏說他裝病。」又有人說。

後來，來了一位施工員，自我介紹是東北來的大學生。「就叫我楊同志吧。你們不能這樣垂直往下挖，這是渠。要斜下來，挖成梯形。」楊同志掏出一個恆大牌香菸盒，在上面畫了起來，可是大家還是不懂。我就跑到帳篷裡，從我的被褥下面，撕下一塊紙殼，摺成四十五度，向大家示意什麼是梯形，所有的人都明白了。

楊同志吃驚地看著我：「你懂漢語呀？哪裡學的？」

「青海。」我說。

「你是青海人哪，來來來，你當我的翻譯了。」楊同志如釋重負。

楊同志不僅負責寺院的工地，還負責鄉村和學校的工地。接下來，我幾乎天天跟著楊同志在工地上轉悠。這眞是一份好差事，不僅不必再挖那個溝渠了，還可以到處走一走。再說，楊同志也是個和和氣氣的人。後來，我天天盼著楊同志，可有些時候，怎麼盼，他也不出現。

一天，剛收工，又有人吆喝我們傘螺康村的幾個人開會，地點在組長的帳篷裡。這是一個不露天的帳篷，又小又新，很是暖和。我們五、六個人一進帳篷，就靠著地上放著的一個長長的東西，累得坐了下來。

組長又像以往一樣，先講了一段大好形勢，講著講著，就有人打起了呼嚕。可是，組長並沒有像往常一樣瞪著眼睛叫醒大家，而是話鋒一轉：「你們的老鄉強曲死了，你們靠著的，就是他的屍體。」

我們都跳了起來，睡意跑得無影無蹤。

「火化是不可能了，沒有時間。水葬算了，如果你們同意，就把他的屍體扔到江裡。」組長決定了。

「扔到江裡不行啊，我們吃水怎麼辦？」有人急了。

「如果在吃水下游找個冰洞，倒也不礙事。」又有人說。

「下游找是找了，沒有。只在上游發現了一個冰洞。」組長說。

---

21 烏朵：用牛、羊毛編織的一種牧鞭，還可以夾住一塊石子當成擲石器，漢語叫拋甩石。

「那我們吃水怎麼辦？」大家異口同聲。

「這就儲備一些用水，等屍體漂走了，還可以接著飲用雅魯藏布水，不要有顧慮，兩、三天以後水就衛生了。」組長胸有成竹。

我們就開始儲水，然後，把強曲的屍體投進了那個上游的冰洞。

過了好幾天，一個上去取水的人跑了回來：「啊，我看到了，強曲喇嘛的屍體還在那裡，沒有漂走！」

可是，我們已經喝了好幾天那江裡的水了。

第五章　班禪大師成了「反革命」

「私生子」

那是一九六四年最寒冷的一天，所有的人都被召集到札什倫布寺東南角的一個空院子。隔壁就是歷代班禪大師的夏宮吉界那嘎，漢語意為福樂花園，四面環繞著高牆，裡面盡是鬱鬱蔥蔥的大樹。

從表面看，這突然召開的大會和以往沒什麼不同，只是幹部們都挎上了槍，而那些從僧侶中培養了不短時間的積極分子，比如勘巴主任、多傑夏冉、色布、阿日、巴桑諾日等，不住地在周圍來回走動。

一個漢人幹部開始講話：「我們的運動已進入了高潮，即將取得偉大的成就，大家學習了黨的政策，認清了形勢，提高了覺悟，千百年來騎在我們頭上拉屎拉尿的敵人藏不住了，披著羊皮的狼露出了尾巴。現在我們要狠狠地揭露他，批判他，堅決把他打倒在地……」

話音剛落，多傑夏冉就把右手攥成拳頭，一下一下地高舉著，喊道：「打倒班禪反革命！」「揭露七萬言罪行！」

所有的人也跟著叫喊起來：「打倒班禪反革命！」「揭露七萬言罪行！」……喊了十幾分鐘才靜下來，越來越靜，連呼吸都聽不到了。自從「宗教改革」以來，人們都像鸚鵡學舌一樣，凡是有人喊口號，大家就跟著喊。

原來，他們繞了大半年的彎路，終於在這樣一個冷得發抖的早晨，達到了要扳倒班禪大師的目的。大師會不會已經在隔壁的夏宮被五花大綁了？會不會被戴上腳鐐和手銬？會不會被拖到這個批鬥會上？……我胡思亂想著，心跳得越發厲害了。

班禪大師始終沒有出現。幾個早已動員好的積極分子接二連三地跳起來，他們的措辭比罵人還狠。說班禪大師以「七萬言書」誣衊社會主義和攻擊共產黨，搞反攻倒算；還說他藏有武器和車輛，培養機械學校的學生是妄想「叛逃」、搞「西藏獨立」等等。這種被批判的人不在現場的批鬥大會，不過是殺雞給猴看，耍威風，搞震懾。當然這是多年後，我才理解到的。當時，還是少年的我，只是爲班禪大師提心吊膽，滿腦子都是他被解放軍和幹部們逼得低下頭的可憐樣子，揮之不去。

兩、三個小時以後，大會終於結束了。幹部們開始總結成果：「聽了這些窮苦喇嘛的發言非常感動。原來窮苦喇嘛們對以班禪反革命爲首的『三大領主』[1]如此憤恨！但他們從來沒有得到說話的機會。今天在偉大的中國共產黨領導下，我們終於推翻了『三座大山』[2]，說出了心裡話。

毛主席的恩情比喜馬拉雅山還高，共產黨的恩情比雅魯藏布江水還要長……」

記得一九五八年進行「宗教改革」時，派到塔爾寺的幹部們也是這麼說的，一模一樣。毫無疑問，這些積極分子都是得到安排和指示去這麼做的。

後來，幹部們又把僧人們分成許多小組，要求大家發言、表態。開始，大家都低著頭，幹部們就輪番點名：「你先說說，打個頭炮吧！」

在藏傳佛教的教義中清楚地寫著：尊敬和親近上師，是一個修行人成就的關鍵。因此，我們觀察和選擇一位上師，往往要一年、兩年，甚至十二年，一旦選擇了，拜了，就要虔信上師，忠誠上師的教言。作爲一個修行人，就是稍微怪罪上師，也會毀壞修行的基礎，違背了皈依的學處，更不要說這樣的誹謗了。且不說每日的修行不會得到果實，簡直可以說是造了大孽！

佛陀說眾生如母。所以要修般若六度，即以布施、持戒、忍辱、精進、禪定、智慧，來對待一切眾生。布施，就是「捨心」，捨出自己，幫助別人；持戒，就是「防護心」，防止自己的心，不要傷害其他人；忍辱，就是吃虧，不在乎自己的失去；精進就是勤奮，做事要有耐心，成功了不要顯示自己，失敗了也不要責怪他人；禪定，就是不要分散注意力，指做善事的精神不分散；

1 三大領主：中共給予傳統西藏的政府、寺院、莊園主的專用名稱，並被定性爲「最反動、最黑暗、最殘酷、最野蠻」。

2 三座大山：中共將三大敵人——帝國主義、封建主義、官僚資本主義——比喻爲三座大山，沉重地壓在舊中國人民的頭上。而將傳統西藏的政府、寺院、莊園主比喻爲壓在西藏人民頭上的「三座大山」。

智慧，就是清明和不執著，瞭知五明和諸法之道。

對眾生尙應如此，何況法恩深重的上師！只有從上師那裡，我們才能獲得佛陀的教法，尊師如尊佛。當然，上師也會有過失，他的過失，是他示現爲人的緣故。而這些，不正爲我們提供了修習「親敬上師」和修持「六度」的機會嗎？

今天，二十一世紀，當我把藏傳佛教的這個傳統介紹給西方世界時，不論大、中、小學生，還是他們的老師，都認爲這不僅僅是尊老敬師的優良傳統，還有更深的哲理，以一位歐洲的心理學家的話來說，敬重他人，標誌著一個社會的健康和良性循環。然而，上個世紀中、後期乃至今天，雪域高原的這個優良傳統，卻讓一個聲稱「爲人民服務」的紅色政權，如此不能容忍，如此踐踏。

幹部們後來還空穴來風地編造說：「反革命班禪作風敗壞，他的弟媳白瑪央金就是他的情婦！如果不相信，還可以特別安排一個大會，讓白瑪央金把眞實情況揭發出來。」

這樣，一傳十，十傳百，都說白瑪央金要來寺院親自揭發「反革命班禪」的醜惡事實。沒多久，日喀則市果然召開了萬人大會。各個單位都排著隊，轟轟烈烈地去了。當然，札什倫布寺的全體僧人也不能例外。密密麻麻的人群中間，立起了一個大電線杆，上面還綁了個大喇叭。大家左等右等，白瑪央金也不出現。幹部們就解釋了：本來白瑪央金要親自來，爲了揭發「反革命班禪」的醜惡事實，她什麼會場都可以去，但是面對著大家，尤其是札什倫布寺的僧人，她有點害羞，不過你們可以聽她的眞實錄音。於是，廣播響了。有一個女人的聲音，在格外嘈雜中又哭又說，還眞無法確定是不是白瑪央金。

散會後，森島來到我們的僧舍。他苦著臉，隨時都會哭出來似的：「都瘋了，專門說些沒影的事兒。」

「就算班禪大師眞的做了什麼，那也是佛在測試他，我們的肉眼能看出什麼呢？不管怎麼說，任由這些不信教的人造業，我們也一起造業了啊。」舅舅洛桑也急了。

「我是特別過來告訴你們，自打批判班禪大師起，在其他小組裡，有的幹部到處說，你倆是班禪大師的私生子。」森島看著我和賽朵仁波切。

「我倆？」我和賽朵仁波切異口同聲。

「沒錯。不過，我當即就說了：『這兩個孩子是蒙古人，還有親生的父母，我都見過照片的。』可那些幹部們不僅不信，還警告我不許亂說。」森島看了看窗外，「現在，人人都在背後嘀咕，就剩你們幾個不知道了，以後凡事得小心哪。」

我和賽朵仁波切相互看著，捧腹大笑起來。這是自從工作組進入札什倫布寺以後，我們第一次開懷大笑。我們也明白了白瑪央金的錄音是怎麼回事了。

後來，聽說在拉薩，人們眞的批鬥了班禪大師。再後來，又聽說，班禪大師被送到了北京中央民族學院等地批判。最後，他們把他關進了秦城監獄[3]，將近十年。

---

3 秦城監獄：據本書編輯唯色瞭解，另一說十世班禪大師應該不是關在泰城監獄的，而是在公安大學。降邊嘉措在該處採訪過班禪大師。

政治風暴下想家

現在，大部分幹部都要撤走了，只有少數幾個人留了下來，目的是繼續改造「階級敵人」。改造的方法之一，是開發農場。本來，寺院裡已經有好幾處農場了，但工作組幹部黑鼻子老徐說，「上面」已經決定了，必須在干布江達開墾一個新農場。干布江達，漢語意爲乾枯的灘。「上面」的口號是：「把干布江達變成濃布江達！」意爲，把乾枯的灘變成綠樹成蔭。黑鼻子老徐說：「那是個好地方，唯一的問題就是缺水。」有些年輕的出家人就主動報了名，我們沒有報名。後來，公布名單時，我和賽朵仁波切的名字也出現了。

顯然，這裡的積極分子一心要「改造」我們，如果眞的和他們一起去了農場，沒準兒，我們也得走喇嘛強曲的路，被扔進冰窟窿。因爲，我們實在難以應付那些意想不到的刁難。舅舅洛桑早就爲我們申請回老家了，黑鼻子老徐私下也同意了。可是，開發農場的名單裡居然有我們的名字，難道不讓我們回塔爾寺了？

「你們可以回家了。」一天早晨，積極分子色布來了，「『上面』有指示，除了你們穿的衣服，經書、佛像，一律不准帶。」

舅舅洛桑顫巍巍地拿出了班禪大師的信函，看著佛像說：「當時有個說法，這些都給我們了……」

那積極分子接過信，連看也沒有看，立刻撕得粉碎，扔在地上後又踩上一腳：「班禪當家的日子已經過去了，現在輪到我們貧苦喇嘛作主了！」

好在這時，有幾位僧人派往拉薩學習開車，我們也就搭個腳，和他們一起坐上了這輛敞篷卡車。上車前，我向不遠處班禪大師住的德欽頗章望去，冷冷清清的，連一個人都沒有。曾經的熙攘就像一場幻象。而我們在札什倫布寺的朋友，連一個都沒敢來送行。汽車緩緩地離開了這座傍依著尼色日山的札什倫布寺，離開了綠度母的懷抱，離開了這個給我希望也讓我絕望的地方。

在拉薩，我們被安排在自治區第二招待所，據說這裡曾是十四世達賴喇嘛父母的莊園，被稱作堯西達孜。院子很大，三面都有房子，正面是樓房，出來時，門口有個走廊。我們住的房間只有三個卡墊床。服務員是個漢族小姑娘，每天按時送來兩暖瓶開水。當她發現我們會講漢語時，話也多了起來，問我們從哪裡來，往哪裡去，在寫什麼，可不可以給她看看？

我和賽朵仁波切就藏起了筆記本，舅舅洛桑在一邊笑。因爲我們寫的是藏文，怕她認爲是落後的。

吃飯在樓下，那是一個大廳，有幾張圓桌，上面蓋著白布，服務員每天早晨都會端來一盆稀飯，還有鹹菜、饅頭、包子，標準的中國式早餐。

這個招待所離祖拉康很近，我們都想悄悄地去朝拜一下，可能的話，再買一些甘丹康巴和熱振修巴帶回去。於是，我們從沖賽康拐進了帕廓街。可這是帕廓街嗎？那些匆匆忙忙轉經的腳步沒有了，稀稀落落的人只是從這經過。所有的商店都關閉著，連尼泊爾商店也關閉著。當我們繞到祖拉康前面時，那平時敞開的大門也緊緊地關著，連一個磕長頭的人也沒有，昔日光滑的地面結了很厚的一層泥土，香爐也靜悄悄的，那芬芳的香柏木氣味早已沒了蹤跡，更不要說那些賣甘丹康巴和熱振修巴的人了，連個影子也沒有。

我們又找到了那位老鄉，就是嫁給阿拉善的那位開鋪子的安多女人，夫婦倆依然像往日一樣熱情，留我們吃飯。阿拉善說，祖拉康早就關門了，「三大教育」一開始就關門了。還有小昭寺、布達拉宮、羅布林卡、三大寺……都關門了。他說，他們也在搞運動，所以帕廓街的鋪子都被關閉了。

後來，自治區統戰部派人找我們，還有一位素不相識的藏人，也和我們一起到了統戰部的辦公室。接待我們的是一個操著南方口音的漢人：「你們什麼時候進藏的？」

「六二年。」我們三人異口同聲。

「現在是六五年了，拉薩變化不小吧？」他問。

「很大。」我們三人又是異口同聲。

「十年以後，你們再來，還會有更大的變化，怕是會認不出來了。要相信黨的政策嘛，回去後，希望你們好好聽黨的話，做建設社會主義的新人。」這位漢人幹部又向我們介紹了和我們一起進來的藏人，說他叫沖巴平措，將帶我們回西寧。我心裡說，這是看管還是照顧呀？原來沖巴平措以前在班禪堪布會議廳做事，是位僧人，不過已還俗結婚，妻子是位漢人，現在兩人要回內地工作。漢人幹部最後又祝賀了沖巴平措內調成功，在新的崗位發揮更大的作用。

出來時，遠遠地，我看到雪林多吉頗章的大門緊緊地關著，死一般的沉寂。

第二天，沖巴平措帶著我們坐上了一輛公共汽車。車上還有一隊「援藏」人員，像是搞地質的，都穿著統一的皮大衣、大頭皮鞋、棉褲。

青藏公路不那麼坑坑窪窪了，路面也加寬了不少。但土仍然很大，每當有車開過來，都會掀起一陣塵煙，擋住車窗好一會兒。沿途仍然看不到村鎮，我們只在軍營吃飯。

車窗上都是雪花。我坐在車窗旁，不停地畫畫、寫字，還寫了幾個俄文字母。有一個人過來看了好一會兒，試著念了念，最後還是說看不懂。

從拉薩出發，走了七天才到了西寧。沖巴平措把我們安排在西門口的一家小旅館後，讓我們跟他一起去青海省統戰部報到，至此，他完成了這一路看護我們的差事。接待我們的幹部說：「歡迎你們回來！你們都有什麼想法呀？」

「我們想上學。」我和賽朵仁波切異口同聲。

「上學？」他很是吃驚，「這怎麼可能呀？」又看了看我們，似乎我們在說夢話呢。

又見塔爾寺

又見到了嘉瑪嘎，我的哥哥諾日也在，最讓我高興的是，葛甘拉森也回來了，這是自打一九五八年的那個「揭封建蓋子」大會上他被抓走以後，我們第一次見面。我給他頂禮，他哆哆嗦嗦地扶起我：「給人家看見，你就麻煩了。」

漫長的監獄生活使他的關節炎更嚴重了，他的膝蓋上還綁著兩塊黃鼠皮子，顯得兩條腿腫脹而僵硬，走路時，鞋跟老是在地面蹭來蹭去。但是，他很高興地告訴我，他一出獄，就找到三法衣了。那是他在被抓走的前一天晚上給藏起來的。

大家仔細地聽著我、賽朵仁波切和舅舅洛桑東悅講述班禪大師的遭遇及札什倫布寺的劫難。最後，嘉瑪嘎歎息了一聲：「看來到處都一樣。這裡把這次運動叫『社教』[3]。從前，年羹堯占領塔爾寺時，殺了寺主和幾個高僧，就在八個塔那裡。當時塔爾寺只留了三百僧人，叫三百嘍囉，給他們發錢，說是皇上家定的。後來，在年羹堯殺害那些高僧的地方建了八個塔，表示紀念。今後，塔爾寺怕是連三百僧人也保不住了。從一九五七年開始，已經有『反右』運動、大躍進、人民公社化、『一平二調』和現在的『社教』，再也沒叫我們安寧了。」

「五七年還有運動呀？」賽朵仁波切問了一句。

「是呀，賽赤仁波切就是五七年那時被打成『右派』的。」

賽赤仁波切是當時塔爾寺的寺主。給我的印象很深，白白圓圓的臉盤，不僅長得英俊，心地也善良，還非常調皮。那時候，「上面」把塔爾寺和其他寺院的活佛管家叫到西寧的「學習班」，要他們「早點解放思想」，爲後來的「宗教改革」運動鋪路。雖說當時仁波切們和那些管家還不知道「上面」的目的，但是他們臉上的笑容一天天地消失了。可賽赤仁波切不憂愁，還經常模仿別人說話。有一次，他和嘉雅仁波切都住在西寧，只是賓館不同，他就打電話給嘉雅仁波切：「是塔爾寺的嘉雅活佛嗎？」

「是。」嘉雅仁波切應著。

「我是統戰部的白瑪扎西，請你馬上到西寧賓館開會。」賽赤仁波切模仿白瑪扎西的口音簡直到了惟妙惟肖的地步。

當嘉雅仁波切習慣性地甩著右手，匆匆走進西寧賓館時，賽赤仁波切笑得閉不上嘴：「看哪，仁波切又上當了。」

賽赤仁波切曾被任命爲全國青聯委員，到蘇聯訪問。據說參觀列寧遺體時，有記者採訪了他。他說：「無論是一般人，還是革命領袖，都會死，都得走這條路。」就爲這句話，後來，賽赤仁波切被他們整死在獄中，年僅二十五歲。

記得那年，賽赤仁波切從蘇聯回來時，還送了我一個禮物。那是個小青蛙，橡皮做的，下面有一個氣管，一捏，青蛙會跳起來，我常把這根橡皮氣管藏在袈裟裡，一捏，青蛙就跳出來了，驚得大家叫喊，很是稀奇。

嘉瑪嘎又說：「從『反右』開始，哈路人[4]就從漢地移民過來了。」

「移民什麼樣子？」我問。

「移民的臉色都是蠟黃蠟黃的，像胖子洛桑常穿的那身制服。」嘉瑪嘎說。

胖子洛桑是塔爾寺的一位僧人，胖胖的，穿一身藍制服，有點像漢人，這時候，就被大家起了個外號，叫「移民洛桑」。後來，哈路人越來越多了，我們發現，他們的臉一點也不蠟黃，倒

---

3 社教：是「社會主義教育運動」的簡稱。一九六二年在中共八屆十中全會上，毛澤東把階級鬥爭擴大化和絕對化，並提出在中國進行社會主義教育，由此在全國發起「社教運動」，某些地方也叫「四清運動」，其實「社教」就是文化大革命的前身。

4 哈路人：青海方言，「下」的發音爲「哈」，指外地來的漢人。

是白白的。

嘉瑪嘎還說：「自打搞了這些運動，就培養出不少積極分子，專門在內部挑動相互揭發，要徒弟揭發經師，侄兒揭發叔叔，外甥揭發舅舅，還鼓勵打小報告，這是我們佛法裡忌諱的離間罪呀。」

「札什倫布寺那裡也一樣，也培養出不少積極分子。」舅舅洛桑東悅也說著，歎息了一聲。

「這次社教運動，我們這裡也叫『四清』。」哥哥諾日補充道：「現在，這邊還沒有結束呢。」

沒過幾天，隊長來找我們參加社教運動的總結大會。這次，是給鐵棒喇嘛索南尼瑪戴「四類分子」帽子。自從一九五八年「宗教改革」以後，寺院的清規戒律早已被當作封建制度給廢除了，也沒有了眞正的宗教活動。索南尼瑪當鐵棒喇嘛是一九六二年開始的，不過是個爲了應付宗教「半開放」，屬於政府指定的虛假名號，但現在把假的也當成眞的來批鬥。

批鬥大會在過去做酥油花的地方舉行，那是個不太大的院子，有一個台階，我們在下面坐著，台階上是幾個幹部，索南尼瑪站在台階的右側，兩隻手交叉著放在前面，低著頭。群眾發言不是那麼激烈，有的甚至像曬蔫的莊稼，耷拉著腦袋。幹部們語氣單調地宣布著索南尼瑪的罪行，說他是「騎在人民脖子上作威作福的老爺」、「隱藏在貧苦喇嘛中的階級敵人」。

這之後的又一個大會上，也給嘉雅仁波切戴上了帽子。說他是「班禪反革命集團的幕後操縱人」、「幫助起草七萬言反動綱領」、「汙蔑社會主義」、「態度不端正」等等。

所謂「戴帽子」，是毛澤東時代的發明，分爲有形和無形兩種。有形的帽子，就是給挨鬥的人戴一頂紙糊的高帽，帽子的正面用墨水明晃晃地寫著「反革命」、「壞分子」等五花八門的罪名。另外一種是無形的帽子，也就是表面上不戴紙糊的高帽，但在精神上給你扣一頂帽子，比如定性你是「牛鬼蛇神」、「地富反壞右」、「歷史反革命」、「現行反革命」、「反社會主義分子」等等，一旦被扣上這些帽子，也就成了無產階級專政的對象，不僅沒有說話權，也沒有了做人的權力。所有的貧下中牧和無產階級都有權對你實行專政，也就是「監督改造」。你雖說沒有進監獄，卻一樣失去了自由。給大僧官索南尼瑪和嘉雅仁波切戴的就是「四類分子」帽子。

這時，安多的大部分地區已成立了人民公社，我們屬於魯沙爾公社的塔爾寺大隊。剩下的僧人被劃分爲五、六個生產小隊，我和賽朵仁波切也被分在了不同的生產小隊裡。

冬天慢慢過去了，春天的耕種開始了。生產隊派我去打磨耕地。磨地，就是把那些田間牛犁過的，一道道稜和一個個坑坑窪窪，全部磨平，這樣長出來的青苗才會整齊，同時還可以保持潮濕。磨地是我和堅參多傑的任務，他牽著兩匹馬在前面走，我就站在那柳條編織的磨子上，兩腿前後擺動，把剛剛下了種子的地打磨得平平板板。

「你一天一天地長大了。」嘉瑪嘎看著我，感歎著。雖然這日子過得無精打采，但比起搞運動那會兒，還是自在了一些。

掛滿大字報的犛牛帳篷

「四清」運動主要是整頓幹部，似乎階級鬥爭在黨的最高領導層，或者當權派之間進行。我和賽朵仁波切這時就得了空兒，便騎著自行車去西寧。偶爾，還會下頓飯館。那時的飯館很少，可選的飯菜就更少了，只有饅頭、餛飩、包子和一些家常菜。還要先到一個單獨的窗口買飯票，交糧票，再到領飯的窗口排隊。人總是很多。不僅買飯的時候要排隊，吃飯的時候也要排隊。因為桌子有限，我們得站在那些還在吃飯的人一邊，還得用一隻腳踩著凳子下面的橫梁，扠著腰，這樣，那吃飯的人走了以後，凳子才不會被人占去。偏偏那些吃完了飯的人，並不急於離開，常會相互辯論起來。什麼國家的未來呀，造反呀，革命呀。其實那時候，就是文化大革命的初期了。接著，報紙上就刊登了毛主席的「四大自由」：大鳴、大放、大字報、大辯論。我們以為是文化人的事，跟普通人沒啥關係。

「沒事了，我們回家探親吧。」賽朵仁波切說。

那時，留在塔爾寺內的僅有嘉雅仁波切、賽朵仁波切，加上我，一共三個仁波切。一時間，也放鬆了對我們的監督，只是嘉雅仁波切戴著「四類分子」的帽子，行動沒有自由。因此，我和賽朵仁波切、哥哥諾日跟隊長請了二十天的假，回家去了。

記得第一次回家探親時，我騎的是馬，眞是威風。第二次，就差多了，要不是嘉雅仁波切帶著一個羅盤，我們都辨別不出方向。而這一次，就更狼狽了，什麼都沒有。我們揹上行李，先到西寧，在街上買了幾斤糖果，就坐上了開往祁連的公共汽車。到太陽落山時，才到祁連。我們找了個旅店，住了一夜，第二天一早，就揹上行李上路了。

去托里鄉，不通公共汽車，只得步行。祁連一帶，和我的故鄉烏蘭淖爾草原不一樣，不僅地勢高，且層次分明，不同海拔生長著不同的植物。此刻正是冬天，呈現著深一層淺一層的黃褐色，很是淒美。我們一直沿著木勒河走著。河面很寬，水也清，在峽谷之間，綠瑩瑩地迂迴彎轉。兩邊盡是陡峭的石崖，還出現了紅色的土林，在浩瀚的藍天下顯得神祕莫測。偶爾，還可以看到纏在半山腰上的公路，但沒有公共汽車，只有拉木材的大車經過。遠處還會不時地出現一、兩個騎馬人。

有個晚上，我們住在了野牛溝鄉。鄉幹部的家屬們都非常熱情，還提供免費吃住。他們唯一的問題就是：「你們去北京，見到毛主席沒有？」

「我們沒去過北京呀！」我們面面相覷。

「啊，太謙虛了，當然了，這就是紅衛兵的高尚風格，值得我們學習。」村民們說。

他們無論如何也不相信我們不是「紅衛兵」。也許，因爲我們的年齡和中學生差不多吧？就這樣，步行了三天，才到達托里鄉賽朵仁波切的家。他阿媽一見他，喜得哭了起來。「哎喲，你吃了不少苦吧？」「聽說班禪大師被抓起來了？」「札什倫布寺那邊對你還好嗎？」

「阿媽，不說這些。」賽朵仁波切的哥哥岩佩進來了，他本是塔爾寺的出家人，現在還俗回來了。岩佩告訴我們，鄉上唯一的學校也停課了，學生們揹著行李，讀著毛澤東語錄，紛紛「大串聯」，還要去北京見毛主席。就連我們的帳篷學校，也停課，去北京「串聯」了。難怪我們一路上會遇到這麼多的熱心人。

岩佩還說，現在，牧人們天天集聚在一起學習政策，搞階級鬥爭，我的舅舅中有兩個被戴上了「四類分子」的帽子，這還不算嘉雅仁波切。他們任何事都要向貧苦牧民「請示彙報」。說到我的家，岩佩搖頭說更慘。「你們一看就知道了。」他像是不忍說似的。

我們在賽朵仁波切家只做了短暫的停留，便啓程去多隆。我的家這時已搬到雙俄堡。冬天的牧區，看起來空蕩蕩的，只有遠處的森林折射著幽深的暗影。我們的眼前，是一簇簇纏在一起的小灌木，走也走不完。牧區和農區不一樣，很難碰到人家，再加上這裡偏僻，有幾個晚上，因爲找不到住處，我們就在空山裡過夜。我們三個人在周圍摘了一些邊瑪草，圍著火，取暖。而後，就著燃盡的火堆，睡下了。我們三個人腳抵腳，相互取著暖。快天亮時，脊背涼得像是成了冰塊。

有一個漆黑之夜，我們點著火，正在燒茶取暖時，突然圍上了七、八個民兵，像是由天而降似的，一點聲音也沒有，都騎著馬，帶著槍。「不許動！」他們喊道。我們也都嚇了一跳。「你們是幹什麼的？」他們又問。「回家探親。」哥哥諾日回話了。他們查看了我們的探親證明，說了一句「我們以爲你們是特務什麼的，原來不是，注意火災」，就離開了。

折騰了好幾天，終於，遠遠地出現了一個帳篷！我們頓覺口乾舌燥。

「可以好好地喝一口茶了！」賽朵仁波切咂了咂嘴。

「是啊，老天爺總會給一條出路的。」哥哥諾日加快了腳步。

遠遠地，狗的叫聲後面，跟出了一個笑容滿面的女人：「你們是哪裡來的，是紅衛兵小將嗎？」

我們搖頭。

「是縣裡的幹部嗎？」女人期待著。她穿著長皮襖，兩隻袖子耷拉著。

我們還是搖頭。

「我們是瓦里瑪的親戚。」賽朵仁波切說話了。

「哪個瓦里瑪？『四類分子』瓦里瑪嗎？」女人的笑容沒有了，臉上橫肉暴起，「你們到底是他什麼親戚？」

「瓦里瑪的弟弟。」哥哥諾日說話了。

女人瞪起了眼睛，似乎在說，既然你們是「四類分子」瓦里瑪家的親戚，那就不用解釋了，肯定不是好人！她又問我們是否帶了介紹信。我們拿出了探親證明。她翻過去調過來地看了幾遍，還是一臉的糊塗。於是轉身問那個剛從帳篷裡鑽出來的孩子：「給我念，上面寫什麼了？」

小孩八、九歲左右，小學生吧，接過了介紹信，橫豎看了又看，最後，搖搖頭，交給了女人。

女人總結了一句：「反正蓋了個公章，算是證明吧，告訴『四類分子』瓦里瑪，讓他來跟我彙報！」

找到我家帳篷後，萬萬沒想到的是，我家的黑帳篷裡掛滿了大字報，風颳來時，響個不停。我阿媽正在黏補一張被風颳破的大字報的一角，突然看見了我們，她的身子都僵住了，一動也不動。她穿著破舊的皮襖，臉黃黃的，看上去一點精神都沒有。妹妹和弟弟也呆呆地看著我們，顯得格外老實。

「你是諾日吧？這兩個小夥子是誰？」還是我大嫂先說話了。

「這是蘇日古。」諾日哥哥指指我，又指指賽朵仁波切，「這是巴何西。」這都是老家人對我們的愛稱。這時我大嫂才放聲大哭起來：「我們到底造了什麼惡業啊，爲啥生不如死呀？」

原來，紅衛兵剛剛衝擊過我們的家，並把我大哥瓦里瑪帶去批鬥了。家裡人都以爲我們是第二批紅衛兵，嚇得魂飛魄散。而我們三個人的微笑，尤其讓我阿媽不安：「這些紅衛兵爲什麼要笑呢？」

我阿媽也嚎啕起來。我的弟弟妹妹，這時跑到外面，拿進一些牛糞，扔進了塔布卡灶。火，又嘶嘶拉拉地著了。我們圍著塔布卡灶，聽大嫂和阿媽哭訴這幾年的經歷，心如刀絞。

大嫂說，羽托隊長對我大哥格外凶，除了「四類分子」以外，從沒叫過別的名字。他還從幹部那裡學會了一個詞：「滾出去」。每當跟他彙報完了，他就會說這句話，而彙報人就眞的要躺到地上，滾著出去，因爲他們並不理解那句漢語其實是汙辱人的話，並不是叫人眞的躺在地上，滾來滾去。

自從一九五八年「宗教改革」運動之後，算起來，我的家族先後有二十九人被抓、被判刑。一位從監獄裡出來的人，曾在一九六二年寫了封信寄給他的獄友，而那人給我家捎信回來，信中描述的一位死者的名字、民族、年齡等，都和我阿爸相似。但是，直到今天，還是沒有找到我阿爸的屍骨。

差不多掌燈時候，大哥瓦里瑪低著頭回到了家裡，見到我們，勉強咧了咧嘴。他穿著一件很舊的皮襖，白色的皮子上都是黑漬，像掛了鐵一樣，領子袖口都破了，羊毛翻了出來，唯一沒有變的就是他嘴裡的一顆金牙。他一屁股坐在塔布卡灶的旁邊。他倒是一眼就認出了我們。大嫂倒茶時，他的眼淚就下來了。但是，仍然什麼也沒有說，只是無聲地端起茶，喝了一口，又從腰間拿出菸袋，吸著。他老了許多，臉也黑了。我無法想像，他曾拔出刀，保護過我的阿爸。過去的英氣，一點都沒有了，如今他隨時都在俯首聽命。

「他們說你還要到隊長羽托家裡彙報。」大嫂說。

「不用了，我剛剛被他凶了一頓。」大哥說。

看來，我們這次探親是多餘的，只會增添批鬥他的罪名。因爲紅衛兵們隨時都可能闖進來，我們決定第二天就離開。很晚了，我仍然睡不著，只聽帳篷裡面的那些大字報，在呼嘯的夜風中，嘩啦嘩啦地響著。

夜裡，我三哥崔成嘉措回來了。他以前也在寺院出家，和賽朵仁波切在一塊。現在，因爲他身強力壯，被派到多隆運輸隊，也就是專門用犛牛馱運生產隊的東西。見到我們，他倒很高興，說第二天送我們一程。

清晨四點左右，我阿媽用業報的道理安慰了我們一番，流著淚，目送我們離去。我們跟著三哥崔成嘉措，首先來到隊長羽托的帳篷前。

「隊長？」三哥小心翼翼地在帳篷外停下了腳步，「我弟弟要走了，請您再檢查一下……」好久，裡面才有了動靜：「『四類分子』瓦里瑪的親戚要走嗎？」

「是。」三哥彎著腰，在明亮的月光下顯得十分謙卑。

又過了好半天，隊長和他的女人才慢騰騰地走出來。可是，並沒有看我們，而是朝相反的方向走去。女人先蹲了下來，隊長羽托站著，解開了褲子。兩個人撒完了尿，提了一下褲子，扭一扭腰，才向我們走來。隊長打開手電筒，仔細檢查了我們的背包，最後女人說話了：「怎麼還不走？站在這裡跟誰發威風？」

第六章　文化大革命之劫

砸佛像

探親回來的路上，盡是敲鑼打鼓的聲音，尤其到了西寧，大街小巷，都是三三兩兩的年輕人，紅胳膊箍上寫著「紅衛兵」三個黃色大字。有的還排著隊，舉著五星紅旗，一邊走一邊喊些口號，連馬路兩邊的牆上、樓房的正面和側面都貼了標語：「革命無罪，造反有理！」「破四舊，立四新！」「毛主席萬歲！萬萬歲！」等等。

塔爾寺也被捲入了新一茬運動，從時間上來說，始於一九六六年。「宗教改革」時當上寺管會主任的納旺金巴，現在帶領一些僧人積極分子，成立了「捍衛隊派」，而積極分子洛桑熱傑，也帶領另一些僧人積極分子，成立了「八一八派」。

洛桑熱傑一派認爲納旺金巴屬於當權派，因爲他是塔爾寺管理委員會主任，應該批倒批臭，再踏上一隻腳。納旺金巴就有些不踏實了，爲了保護自己，堅決要把革命進行到底，於是開始了以實際行動「破四舊」[1]。

一天夜裡，我被敲鑼打鼓的聲音驚醒，剛翻身下床，納旺金巴一派已闖進了我的院子。他的隊伍中，一個叫貢秋的藏醫大夫，向我的經師慈誠拉森的房間走去，他本是葛甘拉森的徒弟。經師已經躺下，貢秋禮貌地彎下腰：「葛甘，您還留著三法衣吶，對吧？」

葛甘翻身坐了起來：「你問這幹什麼？」

「躲也躲不過去，晚交不如早交。」貢秋直起了腰，「畢竟是三法衣，屬於四舊。」

「三法衣也得罪了你們？」經師慈誠拉森看著貢秋。

貢秋避開了葛甘的目光，兩手拉起炕沿的一頭，往外一挪，就露出了夾縫之間的包袱，貢秋一把抓在手裡，頭也沒回地走了。

這時，納旺金巴已讓人從草房裡拽出了乾草，「呲」地一聲，親自劃著了火柴。貢秋打開那包袱，拎出三法衣，扔到燃起來的乾草上，那三法衣的黃色和熊熊的火光，不由分說地纏到一起，留下了一股布料燒糊的氣味。

接著，納旺金巴一夥又闖進了我的房裡，而我已一無所有。前些日子，工作組說，活佛不適合住在自己的嘎日瓦，命令我們搬到了這個小院子。這是一個早已無人居住的小四合院，破敗不堪，南面靠山的三間小房子，又潮又濕，不能住人，我們只能放些柴草。北面還有三間小房，嘉瑪嘎住了進去。東面的三間小房子，由經師慈誠拉森和我，一人住一頭。

我房裡的唯一裝飾，是一張嵌在玻璃框裡的黑白圖片，拍攝的是札什倫布寺，是我從《人民畫報》上剪下來的。於是納旺金巴抄起那個玻璃畫框，拿到院裡摔得粉碎不說，還將畫片扔進了火裡。折騰了半個小時的樣子，納旺金巴又帶頭喊了一些口號，才敲鑼打鼓地走了。

面對著漸漸熄去的火，經師慈誠拉森一動也不動，淚水順著他那瘦弱蒼老的臉頰，一滴滴地掉了下來。三法衣是一個比丘一生不能離身的聖物。自從他二十歲受比丘戒，六十年來一直跟隨著他，甚至躲過了「宗教改革」那一劫，但是今天，卻被他的徒弟付之一炬。我很想安慰幾句，又不知從哪兒說起。

兩、三天以後的一個晚上，又傳來鑼鼓聲，似乎是從西面傳過來的，嘉瑪嘎立刻跑到房頂上，向西面望去。

「嘉雅仁波切的院子著火了！」嘉瑪嘎喊了起來。

我們都不約而同地上了房頂，朝對面嘉雅仁波切的院子望去，不僅看到火光，還聽到一陣接一陣的口號聲和鑼鼓聲。

「又到那邊作孽去了！」嘉瑪嘎慢騰騰地說了一句。

這時，嘉雅仁波切仍然住在他自己的宅邸裡。正面的房子是兩層，被下面的幾個台階托舉著，比一般的房子高；在頂樓上，有一個三間房那麼大的佛堂，收藏著一代又一代嘉雅仁波切累積起來的佛像、佛經，以及各種供品。聽說，納旺金巴他們在嘉雅仁波切的院子裡，一直燒到天

1 破四舊：按照毛澤東的思想，不破不立，破舊才能立新。於是就有了文化大革命中轟轟烈烈的「破四舊運動」。所謂「四舊」指的是舊思想、舊文化、舊風俗、舊習慣。

亮。還聽說，在焚燒那些文物時，不少人都偷了東西，後來被一位幹部發現了。他讓眾人脫下衣服，結果金佛像、玉佛像、象牙、珊瑚供品、景泰藍的小瓷具、小銀茶壺，以及金箔和銀箔做的各種各樣的銅錢，全都從那些積極分子的腰間掉了出來，於是，人們又撿起來，都砸了、燒了。

後來，我才知道，到我家之前，納旺金巴帶領他那一派的積極分子，還去了茸康貢瑪。這是三世達賴喇嘛住過的禪房。茸康，是達賴喇嘛的宮殿之意。貢瑪，是上處、上方之意。藏曆第十繞迥火牛年（一五七七年），三世達賴喇嘛尊者應成吉思汗後裔圖彌阿爾太王父子等人的迎請，到此閉關靜修。那時的塔爾寺，還只是一座強巴佛殿，三世達賴喇嘛便建議把塔爾寺建成一座有五明學科傳承的寺院，後來，塔爾寺就成了不僅有顯、密教學，還有醫學和時輪教學的格魯教派叢林寺院。

三世達賴喇嘛離開塔爾寺時，留下一幅乃瓊護法神唐卡，從此，乃瓊護法神就成了塔爾寺的護法，還親自顯現，指點僧人用泥捏塑了一尊圖傑欽波，即千手千眼觀世音菩薩的像。這是一尊泥塑，其工藝之絕妙，連衣服的皺褶都有飄逸之感，且自然散發著旃檀的芬芳，那些朝聖之人每每到來，都有一種抵達淨土之歡喜。在藏地的很多地方，都流傳著關於這尊佛像的傳說。佛像不大，三尺高左右，一個壯漢使出全身的勁兒，可以揹起來。那天，納旺金巴就指揮加央薩瓦，外號「粗漢加央」的僧人積極分子，從茸康貢瑪的佛堂裡揹出了圖傑欽波，從石頭台階上往下一扔，那千手千眼觀世音泥塑像就碎了。那些積極分子又抄起鐵鍬、钁頭，把沒有完全碎的部分，打個粉碎。

大金瓦殿前的紅衛兵

我們總是揹著鍋去田裡，還要帶上兩、三桶水和乾糧。接著，燒茶的燒茶，割田的割田，快到中午的時候，茶就燒好了。廚師摘下草帽，朝著田裡搖一搖，大家就都放下鐮刀，過來喝茶，年輕人還會在這時摔跤、玩蹬棍、拔腰等等。總之，盡可能地找到一點樂趣。

但這天，天氣也顯得無精打彩，灰雲一層層地壓來。大家都默不作聲地在豌豆田裡喝著茶。「都下來，叫你們快下來，開會了！」忽然，山口那邊出現了喊聲。

大家就收了工，向下邊走去，只有我們腰間的鐮刀「喀啦喀啦」地響著。到了寺院跟前，有人說：「不好了，大金瓦殿上開了一個洞！」

「不是不是，是通上屋頂的天窗。」另一個人解釋著。

其實，那是一個小門，很小，平時沒人注意，但現在被打開了。一個人拿著五星紅旗，從小門裡鑽了出來，出現在大金瓦殿的金頂上。我們走得更快了，一會就到了嘉樣貢色，如果讀者還有印象的話，一九五八年的那個「揭封建蓋子」大會，就是在這裡，即九間殿，召開的。這時，裡面已有不少戴著紅胳膊箍，上面寫著「紅衛兵」的年輕人在走動。

隊長說：「大家都坐下，紅衛兵小將要給你們講話。」

我們都席地坐在嘉樣貢色的院子裡，有個學生模樣的人就站在我們前面，讀了一段「最高指示」：

「凡是錯誤的思想，凡是毒草，凡是牛鬼蛇神，都應該進行批判，絕不能讓他們自由氾濫。」
「凡是反動的東西，你不打他就不倒。這也和掃地一樣，掃帚不到灰塵照例不會自己跑掉。」

念完了毛主席語錄，那個學生模樣的人講了一堆話，意思是讓大家放下思想包袱，而他們只是來「破四舊」的，也要我們加入「破四舊」的隊伍。這時，大金瓦殿門前有兩個人爭論了起來。一個是小夥子，穿著草綠色軍裝，繫著有「八一」字樣的腰帶，兩個衣袖都捲到了胳膊肘子上，他堅決主張砸大金瓦殿。另一個是女學生，頭髮短短的，頭上扣著一個草綠色的遮簷帽子，白白淨淨，還戴著眼鏡，說不能砸，這是文物，應該保護。越來越多的學生參與進來，最後，堅持要砸的人占了多數，這位女學生顯然被孤立了。就有人喊：「打開大金瓦殿。」而當時的管門人阿克才讓，早就鎖上大金瓦殿，躲開了。這辦法還算有效，紅衛兵們一時也無法進去了，便到處尋找看門人。

大家穿的衣服都差不多，灰突突的，他們問了不少人，都說不知道。紅衛兵就找到工作組的李組長說，如果你找不到鑰匙，你就是「保皇派」。李組長認出了看門人阿克才讓。

才讓不得不交出鑰匙。那時，他管理包括大金瓦殿在內的四個佛殿。一時間，這四個佛殿的門，全被學生打開了。「呼啦啦」一下子，他們都先擠進了右邊的強巴佛殿，正是塔爾寺最早的那座佛殿。強巴佛很大，紅衛兵們一時無從下手，就都上了二樓，樓上供有一百零八部《大藏經》，他們就把那經書一本本地扔了下來。因爲二樓下面鋪著石頭，有的經書纏得緊，就在石板上滾動，有的散開了，一張張木刻紙，飛得到處都是。

這些紅衛兵，又從強巴佛殿轉移到了大金瓦殿，這裡一共三層，才讓早早地就把二樓鎖上了，他們進不去。當時的大金瓦殿裡黑乎乎的，雖說四面都有經書和佛像，但他們沒有發現，只跑到右側，把其中的四、五十部經書也扔到了外面。一個小夥子發現了平時專門掛唐卡的一頭有鐵鉤子的長木杆，不由分說，就把大金瓦殿的唐卡取了下來。正在這時，阿克才讓進去，跟那小夥子要下那個取唐卡的木杆，拿到外面藏了起來，算是保住了一些唐卡。

這些紅衛兵似乎沒有什麼組織，又湧出了大金瓦殿，衝進了左面的覺康和左側面的貢康，那裡的佛像也都很大，正當他們在取佛像手裡的法器時，有人在院子裡喊了起來：「好了，現在該燒四舊了！」

於是，這些紅衛兵就把許多經書和一些能搬動的小佛像、法器，都抬到了嘉樣貢色的院子裡，燒了起來。火光熊熊，火苗竄得越來越高。

有的僧人禁不住流下了眼淚。有個外號叫「瘸大爺」的僧人，他平時還算個積極分子，此刻竟然嚎啕起來。也有的站在那裡一動不動。也有的跑過去火上加油。

天空霎時電閃雷鳴。雨，說下就下了起來。

「拿到下面的路口去燒吧，讓人人受教育！」有個紅衛兵提議。

那些沒有燒完的《甘珠爾》和其他經書，就都被扔到了他們帶來的一輛大車上。接著，又有幾個紅衛兵，不知從哪裡找來一個梯子，摘下了嘉樣貢色的四個匾額，那上面都是歷代名人來塔爾寺的題詞，也扔到了車上，運到魯沙爾鎮的十字路口，繼續燒起來。但是雨越下越大，最後，紅衛兵們也顧不上焚燒，就都離開了。

百姓中，有的就把那剩下沒有燒掉的東西，撿回家。有一個裁縫，搶了一塊木板，拿回去做了裁衣料的案子。多年以後，有人說，這塊木板太厚，分成兩個吧。一翻過來才發現後面有字，還是白崇禧寫的。

「啊哎，我們找到了一個寶啊！」我當住持時，這位裁縫帶著幾個人，把那個匾額送了過來。

反面教材

納旺金巴也被關起來了。當然不是因爲他盜竊吉祥行宮的唐卡，也不是因爲他焚燒和砸毀珍貴的經書、佛像，更不是因爲他在「宗教改革」和「大躍進」中折磨無辜的出家人，都不是。而是在文化大革命的兩派鬥爭中，站錯了隊。

現在，他的對手洛桑熱傑當上了塔爾寺革命委員會的主任。「八一八」派戰勝了「捍衛隊」派。然而，沒過多久，「上面」又來了新指示，宣布所有的出家人都是剝削階級、寄生蟲，沒有資格加入紅衛兵。而洛桑熱傑組織的「八一八」被定性爲反革命組織，結果洛桑熱傑也被關起來了。後來，納旺金巴和洛桑熱傑，雙雙都被放了出來，並和我們一樣，到田地勞動了。

這期間，「上面」給所有的僧人召開了「上山下鄉」動員大會。可多數出家人，還是不懂這個新名詞。幹部們就解釋：你們中有些人不是從牧區來的嗎？那就要上山；你們中不是也有人從農區來的嗎？那就得下鄉。總之，上山下鄉就是回老家。再說，寺院是剝削階級所在地，你們得去農村和牧區改造自己，明天走不如今天走，下午走不如上午走，馬上要走的現在就可以報名。

很多人都報了名。當然，報名的人並不是眞的想離開，只不過，他們認爲這是一條不得不選擇的路。也有很多人沒有報名。我和嘉雅仁波切，還有賽朵仁波切，就都沒有報名。我們是聽天由命的心理。「『上頭』願意怎麼定就怎麼定吧，回去就放羊唄。」嘉雅仁波切叨咕了好幾次。

難道眞的必須離開我從兩歲起就在此生活的塔爾寺嗎？儘管我是從小被認定爲轉世活佛給送到寺院裡的，並不是自己選擇的，但今天，如果讓我自己選擇，我會一次又一次地說：我不離開寺院。而且，直到這時我才知道，除了留在我的寺院，別的什麼對我都沒有意義。爲了不離開這裡，我已承受了很多被撕裂的痛苦，如果需要，我還願意繼續承受。可是，我的命運不在我的手裡。

我來到經師慈誠拉森的房間，頂了大禮：

「今後，您就得照顧自己了，我沒有福分再侍候您了……」說到這，我的眼淚再也擋不住了。

「別擔心，你是不走的，我們的命運，依我看，是在一起的呀。」葛甘拉森安慰著我。

接下來，幹部們連夜在嘎欽嘎日瓦召開會議，說：「今晚最後敲定，我們點到誰的名字，誰就打鋪蓋，不能拖！」

塔爾寺生產大隊的幾個小隊都到齊了，大約三、四百人。點名是以小隊爲基礎，一個又一個地喊出來的。比如，一隊的格桑曲扎，二隊的相曲索南。有的人一聽點到了自己的名字，就哭了，朋友們就勸。但到最後，也沒有聽到點嘉雅仁波切、賽朵仁波切和我的名字。

我們三個相互看著，不知如何是好。這時，一個幹部走來了：「你們三個人也必須走，具體時間，『上面』會通知。」

但我們始終沒有接到通知。和我們一樣沒有接到通知的，只剩了一半不到。後來才知道，讓我們留在塔爾寺，是爲了作爲反面教材的活標本，讓紅衛兵和革命群眾形象地看到剝削階級是怎麼生活的。的確，每當紅衛兵們來到塔爾寺時，「上面」就會喊：「四類分子嘉雅出來！」

從此以後，經常有人來調查歷史，登記戶口，說是「清理階級隊伍」[2]。他們一張嘴，就問我們識不識字，當然這個「字」指的是漢文了。所以，塔爾寺百分之九十的僧人，最後都被劃爲「不識字」，等於就是文盲，其中包括那些格西、學貫五明的大學者。還有一個頭疼的問題，就是問我們的生日。對很多修行人來說，更看重無常，認爲死比生還重要，記不得自己的生日。來登記的幹部就隨口給定了個日子，作爲那些修行人的生日。還有一些人，雖然記得自己的生日，但那是舊曆，和新曆對不上，登記員就按著新曆，隨便地或前或後一個月，包括我現在填寫的生日，都是那時由登記員任意定下的。

喝有毒的水

這已經形成了規律——我們出工之前，先到飼養院，也就是生產隊所在地集合，攜帶勞動工具、乾糧和鍋具，一起出發，去田裡勞動。爲什麼叫飼養院？是因爲那裡養了十幾匹馬、五、六頭牛，塔爾寺成立生產大隊後，飼養員就住在那裡，這其實都是阿嘉嘎日瓦的一部分。

「從明天開始，大家就不要到飼養院集合了，先到我的住處，再一起出發。」洛桑熱傑通知大家。自打他和納旺金巴兩個造反派內鬥事件平息之後，他又當上了塔爾寺生產大隊的大隊長。

他住在阿嘉嘎日瓦原來的大管家房間，那裡掛了一張很大的毛像，差不多占了一面牆的三分之二。第二天早晨，人都到齊後，他先讓大家在他的房前排好隊，撣一撣衣服上的灰塵，又拽了拽前襟，才帶領大家進屋，但因人很多，還有一部分不得不站在外面。面對毛像，他先摘下帽子，鞠躬三次，才說：「敬愛的毛主席，我們是魯沙爾公社塔爾寺生產大隊第一小隊的群眾，我們永遠忠於您老人家。今天我們第一生產隊小隊要去褲襠地燒灰，我們決心按時完成所有的任務，以我們的勞動幹勁報答您的恩情。祝你老人家萬壽無疆！祝林副統帥身體健康！」

老阿克仁青，本是個有名的一本正經的人，總是微閉雙唇，靜靜地聽大家說話，不多言也不多語，這時突然笑出了聲，大家也都沒有憋住，笑了起來。洛桑熱傑自己也笑了：「哎，『上邊』交的任務呀，不只是我們塔爾寺生產隊，怕是全縣、全省、全中國人民都在這麼做呢。這是第一次，以後可不許再笑嘍。」

我們雖然都是職業宗教人士，默默地祈禱或者齊聲誦經，都是我們司空見慣之事，但今天這番話卻和往常的祈禱截然不同。毛澤東是一個指揮戰爭的殺手，而且不信神不信鬼，甚至和神鬼稍微有點瓜葛都被打成「封建迷信」或「四舊」，砸的砸，燒的燒，怎麼他老人家今天也成了神？

---

2 清理階級隊伍：一九六八年五月二十五日，中共發出《轉發毛主席關於〈北京新華印刷廠軍管會發動群眾開展對敵鬥爭的經驗〉的批示的通知》，以所謂深挖「階級敵人」爲名「清理階級隊伍」，被認爲是一場甚於史達林的「大清洗」運動。

接下來就更怪了，不論幹什麼，上車也好，買東西也好，都必須先背一段毛主席語錄。在車上，售票員見了乘客，首先說：「『領導我們事業的核心力量是中國共產黨。指導我們思想的理論基礎是馬克思列寧主義。』現在大家開始買票，到總寨每人五毛，到水磨一塊錢，終點站西寧一塊二。半路下車的舉手，下車前必須先念毛主席語錄……」

進百貨公司，售貨員看見顧客，也首先說：「毛主席教導我們『凡是敵人反對的，我們就要擁護；凡是敵人擁護的，我們就要反對』。同志，你買什麼？」

顧客則回答：「毛主席教導我們『凡是反動的東西，你不打，他就不倒』，我要買七尺條子紋，多少錢？這是我的購布證。」

到了晚上，我們幹完了一天的活，還要到洛桑熱傑的住處對著毛主席像彙報：「……今天我們本來是要按時完成任務的，可因爲天氣原因沒能完成，對不起您老人家，我們決心明天超額完成任務……」

有一位僧人叫阿克萬迪，每天都偷偷地點供燈念佛祈禱。有一天，他剛點上酥油燈，工作組的老王進來了，而阿克萬迪的手裡正拿著油燈，他只好繼續拿著，雙目緊閉，衝著牆上的毛主席像念念有詞：「祝毛主席萬壽無疆，萬壽無疆……」

後來，在學習大會上，老王說：「阿克萬迪對毛主席他老人家的忠誠值得大家學習。當然，點酥油燈就沒有必要啦。」大家就偷偷地笑了，都知道，在那毛主席像的後面，藏著綠度母像。

對毛主席的歌功頌德甚至傳染到了工地上。那時，「上面」給每個公社的任務很多，我們什麼活都幹過，建橋、修路、修水庫。其中修水庫是最常見的。我們修過黃鼠灣水庫、李家山水庫、螞蟻溝水庫等。而在這些水庫工地上，安裝了幾十個高音喇叭，一天到晚播放著「破舊立新」的最新戰果和革命歌曲，當然最多的，還是「敬祝毛主席萬壽無疆、林副統帥身體健康」這類口號。

但是，報酬卻很低。我們從早幹到晚，一個工一天還掙不到一塊錢。儘管我們埋頭苦幹，主要不是爲了掙錢，而是爲了完成生產隊的那些日積月累的任務，怎麼幹也完成不了。有些人就想出了辦法：賄賂。於是有的人賄賂施工員，有的人賄賂會計，有的人賄賂工程指揮員，結果是，可以虛報數目，多記工日。這樣一來，就可以早點完成任務了。看著這些天天喝得醉醺醺的工程指揮員和施工員，再看看低著頭、伸著長長的脖子、淌著汗水，用人力車拉著比自己重好幾倍土方的農民，你自然會質疑難道這就是新社會帶來的公平和幸福嗎？

有一次，魯沙爾公社總指揮部要求我們的帳篷跟他們的帳篷支到一起。他們說：「你們會做飯，可以給我們做飯，而我們會在分工上給你們吃點小灶。」他們的確說到做到了，給我們安排的工都是比較輕的，比如修路、打開場地和工地間的通道、到指揮部搬零件等等。因爲天天給他們做飯，接觸更多了，看到的也就多了。原來，每個生產隊的人都得給他們送禮，有的提著牛肉羊肉，有的提著燒酒。每個拿著禮品來的人，基本都能得到好處。

工地上擠滿了一、兩萬人，像螞蟻搬家似的拉運土方。身強力壯的男子漢，一人拉著一輛人力車，把土從山坡的高處推下來，再用壓路機一層層壓下去。一輛車內的土至少有〇．三立方。鐵鍬、钁頭的磕碰聲和高音喇叭傳出的口號聲此起彼伏。

黃鼠灣水庫修了一、兩個月，這期間，議論得沸沸揚揚的就是塔爾寺，說塔爾寺是最大的

「四舊」，隱藏反革命分子的「窩子」。一天，電線杆子上的廣播也響了，大聲嚷嚷「今天我們停工一天，但是大家不要回家，統一去塔爾寺破『四舊』，都把工具帶好，钁頭、鎬頭、銑鍬、耙子等等，別落下。」

這回塔爾寺算完了，幾百年的叢林寺院，多少代高僧大德們積下的功勞，就要被糟蹋了。我們幾個僧人你看看我，我看看你，磨磨蹭蹭地跟在隊伍後面，都一聲不吱。就這樣，幾千人浩浩蕩蕩地向塔爾寺開去，差不多走了一半的路程，突然，有個騎著自行車的人從前面過來了，吹著口哨：「停下來！停下來！指揮部那邊接到了『上面』新的指示……」

就這樣，塔爾寺僥倖留了下來。

我當民工時，不僅修過水庫，還修過公路，趕著馬車運輸石頭和砂子。雖然我樣樣活兒都能幹，包括種地、除草、收割等農活，可如果把這些時間都用來做一個僧人應該做的事，比如讀經、辯經、講法、翻譯，那該多好啊！然而，在這個時代，幾乎每個人都不能幹自己應該幹的事了，學生不能學習，工人不能做工，僧人不能念經，學者不能搞學問，這個世界完全混亂了，可是我們還要向製造這種混亂的人，以所謂「早請示、晚彙報」的形式，天天向其感恩，這個世界是不是瘋了？

嘉瑪嘎告訴我，從前的從前，在阿米舉黎[3]那邊有個村莊，住著一位修行人，他什麼都知道，還能和八部天神[4]說話。有一天，他發現要下雨了，下的還是毒雨，就告訴村裡的人們，把井蓋蓋好，可人們不聽。後來，村民們喝了有毒的水，都瘋了，可他們都說是這位修行人瘋了。

眞假活佛

後來，又給我們辦了學習班。來了不少省裡和縣上的幹部，我們熟悉的幾個人都在：省裡的人有森格達傑、曹守仁，縣上的人有公安局局長周三堂，還有魯沙爾公社的社長王奇山、劉副社長，以及魯沙爾公社派出所所長李啓發等。其中，周三堂最有名，小販出身。據說在戰爭年代，他以貨郎身分搞過地下工作，文革期間因爲打「牛鬼蛇神」有專長，就升任了湟中縣公安局局長。傳說在他面前，「階級敵人」不管隱藏得多麼深，都能被挖出來。他的招數是詐。比如，有人偷偷地念了經，他本來沒有看見，但是會問：「昨晚你幹了什麼？」

「沒幹什麼。」對方說。

「沒幹什麼。不對吧——」他拉長聲調，死死地盯著你，「我可掌握了你的全部行蹤！」

「我就念了一會兒經。」對方心虛了。於是，順著這條藤，他就摸到了瓜。

魯沙爾鎮上有個張銀匠，常常悄悄地幫信佛的人做些宗教用品。周局長就找到了這位銀匠，還是用詐的辦法，套出了這位銀匠一共補修了三尊佛像、五盞酥油供燈的祕密。總之，人人都怕

---

3 阿米舉黎：安多地區一神山之名。

4 八部天神：也叫天龍八部，是管風雨雷電等的天神。包括：一天眾、二龍眾、三夜叉、四乾達婆、五阿修羅、六迦樓羅、七緊那羅、八摩睺羅伽。

周局長，他一出現，大家都像老鼠見了貓一樣，恨不得一下子躲開。

社長王奇山是個大老粗，不管什麼發言稿都寫不出來，但他會說。比如，他想說些頌揚黨的話，就在紙上寫一個「黨」字，往下就不寫了，所以沒人能看懂他的發言稿。劉副社長有一點文化，不過臉上盡是橫肉，眉毛直立，僧人們送他一個外號：曼巴。曼巴在藏語裡是指大夫，治病的意思，但輪到劉副社長這裡，就是整治你們的含義。

幹部們講了一番大好形勢後，開始念文件。接著，點名了。點誰的名字，誰就得站起來，說一聲「到」。可是，點到嘉雅仁波切的名字時，他所在的塔爾寺第一生產大隊第一小隊的隊長說：「他有病，請假了。」「有病？有病也可以參加會議呀！」周局長威嚴地插話了：「把他找來！」

沒過半個小時，就有人喊：「四類分子嘉雅到了！」隨著話音，嘉雅仁波切被帶了上來。他低著頭，穿著一件草綠色帆布外套，是撿大糞時穿的。

「你不是有病嗎？就坐在地上吧！」周局長發出了命令。

嘉雅仁波切不得不席地而坐。又接著點名。點到了賽朵仁波切，還有很多的人，但是沒有點我的名字。會議結束時，周局長又說，這次省上的領導，就是專門來辦學習班的，凡是點了名的，都必須留下來，住在魯沙爾公社，不能回家。

我向外走時，劉曼巴叫住了我：「你不能走！」

「沒點我的名字呀。」我說。

「是漏掉了，像你這樣的反革命萌芽，不接受改造誰接受改造！」劉曼巴說。

我就留了下來。恰好派出所的李啓發所長過來了：「你還在這裡幹什麼？」

「讓我留下。」我說。

「回去回去，大家都參加學習班，家裡沒有人還行嗎？」李所長就以這種名義，保護了我。

其實李所長保護我，已不是第一次了，甚至可以回溯到我和他初次相識。那是一個中午，李啓發所長和「上面」的幾個人一起到了我家。有兩位裝作和我非常熟悉的樣子，躺在了我的炕上。隨便地打開了炕桌上的兩個抽屜，上下翻弄著。後來，又藉口喝茶，打開了炕頭的一個小碗架，這看看，那摸摸。我給他們做飯，進進出出的。李啓發所長就進了廚房，壓低聲音：「小夥子，你知道他們在幹什麼？是來調查你是不是參加了一個反革命組織叫『貴德騎軍』……」

「沒有呀！」我說。

「眞的沒有？」也許他從我吃驚的表情裡知道了什麼，又說：「既然這樣，你就什麼也不要管。」

吃過午飯後，他們說改日再來，就都走了。幾天後，眞的又來了，又是吃飯。然後，他們說要和我談談。一共三個人。一個趴在炕桌上，拿出了筆和紙，另一個和李所長一起站著，問道：「你知道不知道有個地下組織『貴德騎軍』？」我說不知道。接著，他們又問了一些問題，我還是說不知道。突然，那個記錄的人就綳起了臉，和吃飯前完全不同了，不認識了我似的，重重地拍了一下我的炕桌：「你說不說！」

他們又問了有關嘉雅仁波切和賽朵仁波切的一些事情，比如，他們平時都幹什麼？常去哪裡？見什麼人？等等。

「我都能保證他們沒有參加任何組織。」我說。

最後又回到主題說：「既然你說你沒有參加『貴德騎軍』，我們相信你。不過，如果你有隱藏，讓我們知道了，要罪上加罪。另外，你如果知道了什麼消息的話，也可以檢舉立功呀！」

後來，在魯沙爾鎮上，我又見到了李啓發，他騎著自行車，像是下班回家，老遠就跟我打招呼：「哎，小夥子，你品質不錯呀，老是護著人家。」

「哪裡是護著呀，我說的是實話，我確實瞭解嘉雅仁波切和賽朵仁波切。」我說。

李所長笑了，又說：「小夥子，今後有什麼事，儘管跟我說。」

所以，這一次，他又保護了我，倒也並不意外。

辦這個學習班，不過是大的運動中的無數個小運動之一。學習班裡有各種各樣被專政的對象：「反革命」、「投機倒把」、「地富反壞右」、「牛鬼蛇神」、「反革命萌芽」，還有幾位穆斯林阿訇。因爲清眞寺都被關了，就把阿訇也帶來了。還有「黑五類」、學校裡的「臭老九」、銀匠等等。晚上，他們睡在一個大板鋪上，每人只有一雙被褥和一條氈子，很像軍隊，隨時都可能打起行李遷移別處。我給嘉雅仁波切和賽朵仁波切送被子時，賽朵仁波切給我介紹了一位回民小夥子，很是帥氣。

「他自己剛剛交代，他是賽朵活佛。」賽朵仁波切笑著告訴我。

「有這樣的事？」我吃驚地看看賽朵仁波切，又看看那位假活佛。他們的年齡不相上下。

「爲了混點飯吃嘛。那時，我得到了不少藏人的供養，要不早就餓死了。」那小夥子倒不以爲然。

「現在，我們都叫他假賽朵。」賽朵仁波切看著他笑得更厲害了。

「這得感謝周三堂局長，否則，眞假賽朵說啥也不會相識呀。」我感慨起來。

後來，周局長等人又提出，像阿嘉、賽朵，這樣的活佛名字不能叫，這是封建迷信的產物，要大家叫我「洛桑圖旦久美嘉措」，叫賽朵仁波切「洛桑夏珠曲結堅參」，叫嘉雅仁波切「洛桑丹貝堅參」，雖然是我們的本名，可是這很拗口，讓人感覺我們更特殊了，沒過幾天，「上頭」又發話了，讓大家再把我們叫回阿嘉、賽朵、嘉雅。

有一位叫阿旺巴丹的僧人突然來找我，說是在魯沙爾鎭上，看到有人在倒賣塔爾寺吉祥行宮裡的三幅珍貴唐卡。吉祥行宮，是達賴喇嘛和班禪大師來塔爾寺時住的地方，那裡的東西都是無價之寶，所以他認得。

「肯定是有人偷出來的。」我想。

「可以想辦法找回來嗎？」阿旺巴丹眼巴巴地看著我，「現在，塔爾寺就剩下我們這幾個出家人了，如果我們不管，誰還能管呢？」

「試試吧。」我雖這麼說，心裡一點底兒都沒有。巧的是，剛送走阿旺巴丹，我的門口就出現了一位牧人。「眞是護法神保佑！」我在心裡說著。我跟他打了聲招呼，並介紹了自己。一般情況下我們都不會介紹自己，但因爲當時情況特殊，我就說了自己是誰。這牧人看了看周圍，剛要摘帽子讓我摩頂加持，我就說：「進來進來……」

在我的房子裡，我給他摩了頂，做了加持。

「我的福分不淺哪！」牧人感慨著，必恭必敬地說自己叫古佳，是貴南牧區來的。「我是來看藏醫的，老毛病了，腰疼腿疼的……」

「你來得正好，有件事情得請你幫忙。」我直截了當地說。

「您儘管吩咐。」他說。

「別的你都不用做，就是假裝買唐卡，盯住那個賣唐卡的人。」我又告訴了他確切的地點。

他馬上找去了。我也立即騎上自行車到了派出所。正好李啓發所長就在院子裡，我就說了來龍去脈，並請他幫忙，他立刻答應並開始行動。不大一會兒，李所長就把古佳和那個賣唐卡的人都抓了起來。古佳嚇得夠嗆。我一直在派出所門外等著，古佳出來後，我一個勁兒地感恩。多年後，祕密出走美國的我第一次到達蘭薩拉朝聖時，還見到了古佳的兒子，他說他父親經常講起這個故事。

當時，李所長悄悄地告訴我：「東西找回來就行了，至於人，我們動不了啊。因爲，是納旺金巴主任弄出去的。」

不管怎麼說，那三幅唐卡至今還掛在吉祥行宮。想像不出，還有多少文物被弄出去後，再也沒能找回來。

臨終密語

葛甘拉森感冒了。第二天，他把嘉雅仁波切和我叫到身邊，憂傷地說：「我的壽數到了，我出家六十多年，到了晚年，連三法衣都被付之一炬了……」其實，這才是折磨他的病魔。

「阿克拉森，別擔心，我看這個纖巴[5]沒事，你會好起來的。不要擔心三法衣，洛桑嘉措不是給你準備了一套嗎？再說，不穿也不要緊，三法衣就在我們的心間哪。」嘉雅仁波切安慰著。

「幸運的是，我這一生有你照顧，還有小仁波切，從記事起，就親近我。」說著，葛甘完全轉向了我，「你的前幾世都是大學者，你也應該像他們那樣，我才算沒有白白地當你的葛甘呀，我過世後，不念經可以，怕連累了你……」

「阿克拉森說得對，修行人和一般人不一樣。一般人過世，要做很多法事，才會超度往生，同時還需要本人的淨信。但是阿克拉森有平時的修行基礎，臨終時不需要更多的佛法助佑，即使需要也不過是一點提示而已。一般來說，出家人在臨終時喜歡做他們平時做慣的事，比如穿戴自己的袈裟，摸摸他的念珠，看看上師的法相，打開經文等等。所以你要準備好葛甘的袈裟、金剛鈴杵，然後念上師供。如果不便，就念『南無古如貝、南無布達雅、南無達日瑪雅、南無桑噶雅』，重複幾遍……」嘉雅仁波切悄悄地囑咐我。

第三天，當葛甘拉森的大弟子洛桑嘉措進來時（插句話，洛桑嘉措是在二〇一三年的藏曆十月二十五日，即宗喀巴大師的圓寂日去世的，享年八十歲。那之前我們在網際網路上見過，他生病已有兩年，身體很弱但神志清楚，欣慰地說我們總算是又見面了，再沒有其他牽掛了……），我已按嘉雅仁波切的要求，準備好了一切。洛桑嘉措一直虔信葛甘，一九五八年以前，因爲他學習好，成了領經師的候選人。自打「宗教改革」，他也參加了生產勞動，但私下裡，因爲我們是

5 纖巴：藏語，感冒。

一個葛甘的弟子，相互信任。他進來時，葛甘拉森已經好久沒睜開眼睛了。洛桑嘉措先磕了頭，然後走近經師，又低聲對我說：「該是給葛甘穿戴三法衣的時候了。」於是我倆給葛甘輕輕地披上了袈裟。洛桑嘉措又去請嘉雅仁波切過來。我則拿出金剛鈴杵，開始誦念《上師頌》，就在這時葛甘的呼氣長於吸氣了，隨時都會停止。後來，在我高聲誦完三遍《三皈依》時，隨著鈴聲，他的眼睛略微睜開了一些，並習慣性地看著天花板，就像是鈴聲將他從靜止的夢中驚醒了似的，還非常輕微地朝我點了點頭，嚥下了最後一口氣。他最後的收氣聲，讓我永遠認爲他就在我的身邊……

這是一九七三年二月十一日，葛甘拉森八十四歲。

我和洛桑嘉措、嘉瑪嘎，在嘉雅仁波切的暗中指點下，爲葛甘慈誠拉森祕密做了七次佛事，修持了《密集金剛》、《勝樂金剛》、《大威德金剛》以及《大日如來》等。這七次法會都是在夜深時舉行。由於我們的謹慎和他老人家的福分，沒被人發現。最後我們按嘉雅仁波切的建議，將葛甘慈誠拉森的法體請到了拉莫日山的高處，準備天葬。但是沒有禿鷲飛來。因爲當地的外來人口急遽增加，附近土地被開墾成農田，那些禿鷲已不見了蹤影。

嘉雅仁波切曾囑咐我們，你們得在山上住一宿，等到凌晨，天葬還不成的話，就得火葬。而我們住在山上的那個晚上，爲葛甘他老人家守靈時，洛桑嘉措發現有一大堆火在那法體上燃燒，當即叫起我們，於是大家都看得清清楚楚，因爲這火光一直保持不變，延續了很長很長時間。我們講如來三身，即法身、報身、化身，而這個火之光環，應該是法身的顯現，也可以說是修行人的靈光。因此，葛甘拉森的法體，還是完完整整的。

一九七三年二月十一日，我的經師葛甘慈誠拉森圓寂。幾天後，我們送他的法體上山「天葬」，可因周圍的大量土地已被開墾種田，不見禿鷲老鷹下來，因爲怕人。出於無奈，我們只得按嘉雅仁波切的囑咐，第二天就要將法體火化。當天晚上，我們發現師父的法體起火發光；天亮後再看，法體卻是安然無恙。(阿嘉仁波切繪)

凌晨，我們火葬了葛甘的法體。除了奉獻內心深處的淚水之外，還有什麼可以祭奉的呢？葛甘拉森是我親自照顧過世的第一位修行老人，他的一輩子直至圓寂，讓我看到了修行者的本色。

從此以後，我對死亡不再陌生了。不久，嘉瑪嘎得了中風，我一直守候在他的身邊。因爲病情嚴重，他不能說話，但心裡對一切都很清楚。我坐在他的對面低聲爲他誦念《心經》：「色不異空，空不異色，色即是空，空即是色，受想行識，亦復如是……」他直盯著我。十幾天後他也往生了。之前大約半個小時吧，他突然格外地清醒，並使勁地朝我比畫著，我知道，他的意思是要我摩頂祈福，我就走近他，將《心經》放在他的頭上，並撫摸他的臉和手。當我的手觸到他的額頭時，他緊閉雙目，眼角濕了。就這樣，他也安然地去了彼岸。

「不論什麼人，只要他心地慈悲、善良，就會走得輕鬆，來世也不用憂愁。如果不修正法，傷害他人，或者口上念經，心裡思慕錢財，臨終就會死得可憐，而他的來世也會墮入煩惱。所以不論學習多少佛經，最主要的，還是對人慈悲和善良。尤其是現在這末法時代，我們沒有學法的可能，但我們有的是修法的機會。」這是在嘉瑪嘎往生時，嘉雅仁波切對我說的話。

阿克年智是位普通僧人，心地善良，雖然沒有機會學習高深的佛典，但在文革中他常常對我說：「我雖幫不了一個人的忙，但不會傷害人。」我知道，他指的幫忙就是發慈悲心和修六度，而不傷害人即指的是皈依三寶和嚴守十善戒律，這種簡單的修行就是最直接、最眞實的「皈依」，使他的臨終顯得非常輕鬆自在。往生那天，他正在和朋友們聊天。當然，朋友們早就發現他身體非常虛弱，所以一直陪著他，以防不測。而那天他說他不能坐著，想躺下，要求朋友們不要離開他，而且要他們談論善事。在談笑自如中，他面帶笑容地往生了。另外，我的兩位哥哥、舅舅嘉雅仁波切、嘎桑喇嘛、洛桑嘉措喇嘛等人，都是由我主持喪事或者看著他們臨終的。他們的圓寂讓人心生敬意。

嘎桑喇嘛是蒙古人，塔爾寺的大格西，一九五八年的「宗教改革」時，被流放到蒙古草原。他一直暗暗地守著三學戒律。作為格西，他精通大小五明，尤其醫方明。後來，就在內蒙古的錫林郭勒當了醫生，一直到退休，才回到塔爾寺。儘管他那時已經老了，連眉毛都白了，但聲音還是很清脆，像辯經似的。他圓寂之前，我去看望他，那時他已經十多天沒有吃飯了，雖然聲音遠不如從前洪亮，仍然思路清晰。他說，正在等待體內的四大（即風火水土）回歸。他還念念不忘清規戒律，緩緩說道：「以後有法會的時候，應該鼓勵功德主，供養素菜素飯，慢慢地，塔爾寺的僧人就會習慣吃素。您戒肉，可以利益後人哪。」是的，那時候，我開始戒葷茹素了。他還談到了他的佛學成就，都是因他的上師，也就是我的前世加持和督促的結果。他幾乎掌握了往生的路，把十二因緣的運行規律用到了修行上。聽說，他是在經聲中圓寂的，火葬後，還出現了很多舍利子。

僧院要變「大寨田」

從文化大革命算起，塔爾寺的存在經歷了幾個不同的階段：第一個階段，作為「牛鬼蛇神」的巢穴和「四舊」的標本，每天接待一波又一波的紅衛兵小將；第二個階段，作為「勞動人民血汗與智慧的結晶」，每天接待來自四面八方的工農兵、解放軍；第三個階段，作爲「國家重點文物保護單位」，每天接待太多的參觀訪問者。

歷史上，塔爾寺的規模很大。到過塔爾寺的加拿大傳教士、西藏探險家蘇喜．卡桑．瑞那特（Susie Carson Rijnhart）[6]寫過一八六一年以前，塔爾寺有僧人七千多；而在一八九四年，至少還有四千多。然而在經過了一九五八年的「宗教改革」、一九五九年的平息「叛亂」，以及之後的大躍進、「社教」運動、「四清」運動、文化大革命之後，塔爾寺只剩下五、六十個僧人了。

當然這也就空出了很多房子。因此，武裝部接管湟中縣時，革命委員會的張政委決定拆掉塔爾寺多餘的住宅，賣給幹部和農民，以增加縣上的財政收入。說幹就幹，從周圍農村來了很多人，趕著大馬車、毛驢車，開著東方紅四輪拖拉機、鐵牛牌手扶拖拉機等等，塔爾寺的每條小路都被擠得水泄不通。拖拉機聲、人們的吆喝聲、牲畜的嘶叫聲、拆房子的钁頭聲和鐵鍬聲混成一片，到處是破敗不堪。

實際上有的空房子還留有畫梁雕柱，依然如故，很有歷史價值，但是都被拆了。我們這些出家人，還被叫去幫他們看管那些被拆了出售的門窗、板壁等等，難受得連頭都抬不起來。

到了太陽落山時，裝滿木材的車輛如長龍般駛離寺院，帶頭的車子已經進入了縣城，而掃尾的車子仍在寺內的小路上擁擠。

「聽說你是塔爾寺的寺主，可現在，寺主連寺院都守不住了，心裡什麼滋味啊？」一個農民走到我的跟前問道。

「不是還在守嗎？你們白天拆，我就在夜裡守唄。」我嘴上開著玩笑，心裡卻很痛苦。

就這樣持續了近一個月，也不知拆了多少座房子。不幸中的萬幸是，塔爾寺的主要殿堂基本保留了下來，還有阿嘉嘎日瓦和當時居住著幾十個僧人的僧舍，也基本保留了下來。數年後，「上面」到處宣傳：「在周總理的指示下，塔爾寺被完好無損地保留了下來。」還把類似的話語寫進了書裡，這眞讓人哭笑不得。

其實很多僧人都在流淚，私下裡相互安慰道：胳膊擰不過大腿，拆就拆了，這也是無常啊。不過，扔下這被土匪打劫過似的院子就不管不顧了，也眞讓人看不下去呀。

兩年後，塔爾寺生產隊召開了會議，本巴隊長說：「『上面』有指示，魯沙爾公社已經進入了『學大寨』[7]的高潮，我們塔爾寺大隊也不能落後，要修梯田，跟上大好形勢！我看，就要在這些破磚亂瓦上，修出大寨的新面貌！不過，我們老的老、少的少，光靠人工，還是不能按時完成任務，『上面』考慮到我們的困難，分配了不少炸藥。」

於是，在塔爾寺，這個宗喀巴大師的誕生地，僧人們靜修的地方，響起了隆隆的爆破聲。硝煙滾滾中，那些錯落有致的古老院落和殘牆斷壁一處處地倒塌殆盡，的的確確，被改成了大寨式梯田。

6 維基百科英文頁面對她有介紹：http://en.wikipedia.org/wiki/Susanna_Carson_Rijnhart。

7 學大寨：大寨是山西省昔陽縣大寨公社的一個大隊（今大寨鎮大寨村）。農業學大寨是中國在二十世紀六〇年代開展的一場運動，依據的是毛澤東於一九六三年發布的一項指示：「工業學大慶，農業學大寨，全國學人民解放軍。」

割鞭麻

說起無常，不信不行呀。工作組突然召開會議，說塔爾寺是「全國重點文物保護單位」之一。「既然這樣，爲什麼當初還要花力氣拆呢？」大家小聲地議論著，然而，沒有答案。

塔爾寺處在高寒潮濕的地方。這裡所有的建築，像大經堂、大金瓦殿、九間殿的基礎，都是墳土而成，需要經常維修，否則地基會下沉。但是，一九五八年以後，政治運動接二連三，只談破壞，不談保護，根本沒有人想到過維修。另外，這些年塔爾寺周圍土地遭過度開墾，使綠色植被遭到破壞，水土流失嚴重，更是讓塔爾寺的建築群雪上加霜。開始是九間殿大面積漏雨，接著是貢康護法殿的地基坍塌，後來，大經堂的四面牆體整個傾斜、出現裂縫，眼看就要塌下來了。

由於藏式建築的牆體和梁柱相互連接，厚厚的牆壁不僅有承重的作用，還畫著古老的壁畫，有著不可估量的歷史價值。雖然已被政治運動破壞不少，但如果牆壁倒塌，殘存的壁畫會徹底消失，這就不得不考慮維修了。

而維修中，最離不開的東西還是鞭麻。那是一種生長在西藏高原的褐色灌木。在西藏，主要佛殿、經堂等建築的牆頭上，都有約一米左右高的深紅色裝飾，看上去雍容、莊重，那其實就是鞭麻壘起來的，叫鞭麻牆，也是西藏獨有的傳統建築工藝。

爲了維修大經堂，塔爾寺生產隊派出十個年輕的出家人，包括我和賽朵仁波切在內，由維色嘉措帶隊，到群加林場割鞭麻，還給我們每兩個人分配了一輛馬車。於是，我們打好行李，往車上一放，出發了。

整整走了兩天，才看到群加林場場部。從山上往下看，是山谷之間的平地；中間有一條河流，零零散散的村落，依山傍水，炊煙繚繞。群加本是典型的西藏村落，雖然連經幡都沒有了，但煨桑爐還在，空氣中隱約彌漫著桑煙的香縷。我們趕著馬車，向山下跑去，差不多又花了兩、三個小時才到場部，外面奔跑的孩子們，還有那些進進出出的大人們，一時都圍了上來。

「阿克，您來了！」一位村民像是認出了賽朵仁波切和我。

於是，大家主動地帶我們到了場部辦公室。沒等我們拿出介紹信，場部的幹部就說他們接到了湟中縣上和塔爾寺工作組打來的電話，已爲我們劃好了一塊割纏麻的地方，不過在山上。看來，我們是白趕著馬車跑了一趟，還得返回到山上，如果早知如此，就把馬車擱在那兒了。

正是初春，山上的樹葉都吐出了綠芽，空氣清新涼爽，四周又格外幽靜。我們立刻安營紮寨：先平整了一小塊地方，割了一些枯草，墊平地面，搭起了帳篷。當我和賽朵仁波切餵完馬，大家也把爐灶搭好了，並煮了熱茶。

「阿克們都在裡面嗎？」傳來了陌生的聲音。

「快進來，進來喝茶。」我們中的一位說。

來人進了帳篷，先摘下帽子揣進了懷裡，再把拿來的牛奶放到地上，還從褡褳裡拿出兩個新鮮的餛鍋子，烤得白裡透黃，放在了一張報紙上。

「這兩位都是仁波切，很可靠，請不要顧慮。」隊長維色嘉措指了指我和賽朵仁波切，又看了看大家，「我們都是自己人。」

這一幅畫描寫約在一九七〇到七六年間的故事，沒有具體時間。在文革後期的某個夏季或秋天，我們在田間勞動，吃完午飯後，我給大家玩撲克遊戲取樂。(阿嘉仁波切繪)

「知道，這是阿嘉仁波切，那位是賽朵仁波切，我就是特意來看望兩位仁波切和你們大家的。」來人說著，雙手合十。

我趕緊放下茶碗站了起來：「麻煩你們了！隨便，隨便。」我伸出右手，認出來人正是剛才在場部跟我們打招呼的村民。

「你們割過緶麻嗎？」那村民轉向維色嘉措。

「沒割過，不是和割田一樣嗎？」維色嘉措問。

「你們的鐮刀是什麼樣子的？」那村民笑了。

我們拿出割田的鐮刀。

「這不行啊。割緶麻的鐮刀應該又窄又厚，瞧你們的，又寬又薄。」村民很是在行。

第二天一大早，陸陸續續來了不少人，都帶著工具，有的人甚至二話沒說，就幫我們割起了緶麻。

「我們就是割這個長大的。」一位村民說：「讓我們幫你們割吧。」

「這，怎麼好意思？」維色嘉措和其他幾位僧人都不知所措了。

「仁波切們給我們加持就行了。」一位割緶麻的村民看了看我和賽朵仁波切，大家都笑了。

「那我們做飯吧，一起吃天圖。」我們的伙夫說。

「我們也帶來了中午飯，那就一起吃吧。」村民們說著，把自己帶來的乾糧送進了帳篷。

這樣，村民們幫我們割緶麻，我們給他們做飯，很快就湊足了第一趟要運送的緶麻。於是，五輛大馬車一起上路了。六、七天以後，他們回來了，都說一路順利。

所以，我們連夜又裝好了車，準備送第二趟。可第二天早晨，一打開帳篷門，紛紛揚揚的雪花撲面而來，我們決定等一天，待雪停了再上路。第三天早上，當我們從帳篷裡爬出來時，只見白雪壓得柏枝東倒西歪的，馬兒一見我們，便哼哧哼哧地喘粗氣，鼻孔一張一縮的，像是拒絕上路的樣子。

看來大雪下了一夜。我們還是決定上路，未料裝好的緶麻被雪水壓得增加了重量，馬兒累得每走兩步，就得停下來喘粗氣，鼻孔張得大大的，肚子也跟著脹了起來，我們不得不停下。正是春天，雖說仍然冷絲絲的，積雪還是漸漸地融化了，馬路鬆軟而泥濘。哎，所有的逆緣都被我們碰上了。

天氣說變就變了，又開始雨雪交加。本來就濕了的緶麻更濕了，越來越重，馬更累了。再說，我們的馬都是專門種地的，不是拉車的馬，尤其上坡時，一點都走不動，老是停下來喘氣。我們就得趕快勒緊，把馬車轉個方向，免得滑到坡下，這就像緊急煞車一樣。後來，大家一起推著馬車上坡，一輛一輛地往上推，平時差不多只需要走一個小時的路，我們卻多花了二、三倍的時間。

我們穿得又薄，都沒有準備多餘的衣服，只覺得冷風扎著皮膚。眼看著馬往前使勁，車卻一動也不動，就這樣折騰了大半天，才翻過山口。這時，雲散日出，炙熱的太陽照耀得山巒和大地一片銀白。突然承受這種強烈的光芒，我們的眼睛都被灼傷了，一個勁兒地流淚，又癢又痛，還腫了起來。有人說，這是得了雪盲症。幸好上路時，有經驗的老人讓我們帶上了用犛牛尾做的眼罩，正是專門在這種情況下防護眼睛的，我們先到小溪邊用冷水洗了眼睛，再戴上了犛牛尾防護眼罩，匆匆忙忙地又上路了。

人家走了兩天的路，我們折騰到第三天的頭上，才算回到了塔爾寺。後來，我們又拉過四、五趟緶麻，才和群加林場的村民們依依告別，他們一直目送著我們，直到我們走出很遠回頭時，他們還站在那裡呢。

走蘭州

生產隊有個規定，外出勞動回來，可以縫縫補補，歇上幾天。所以，割完緶麻，我們幾個朋友就湊到一起，喝起了茶。

「從西寧到蘭州有飛機了，在試飛。」我的朋友拉括洛桑提供了一個消息。他是拉括仁波切府上的人，成分不好，但上過學，會讀中文，所以當了生產大隊的會計。

「你怎麼知道的？」歪歪問。歪歪名叫音巴，走路有一點斜歪，所以大家給他取了這個外號，不過他的心眼倒是正。

「報紙上寫的。」洛桑回答。

「你和賽朵仁波切以前都坐過飛機，就我們幾個沒有坐過。」老黑說。他是第二生產隊的隊長，常給我們通風報信。

「我們那時坐的是軍用飛機，像個卡車。」賽朵仁波切說。

「機票不會太貴吧？」我問。

「一個人才要二十元錢。」洛桑說。

「二十元？不是二百元吧？」歪歪的聲音提高了不少。

「這叫作試飛，所以便宜。老歪歪你知道嗎，什麼叫試飛？」洛桑有點不高興了。

「我同意。」嘎桑倫珠說。他在工作組那些人的眼裡，是個身分不明的流動人員，是我們小時候的同學。

「我也同意。我倒要看看民航飛機是個什麼樣子。」賽朵仁波切看著我。

「回來咋辦？」我問。

「坐火車唄。嘗嘗滋味就得了。」歪歪倒知足。

「不能讓『上面』知道啊。」老黑說。

「這屋裡說的話，就留在這屋裡，誰也不要帶出去呀。」洛桑看了看大家。

第二天一大早，我們就偷偷地動身了，都穿著平時幹活的舊衣服，這主要是怕被人發現。我們先坐公共汽車到了西寧，然後直奔澡堂子，洗完了澡，每個人都去買了件襯衫，換上了新衣服，這才去了樂家灣機場。

那時買機票需要介紹信，生產隊會計洛桑是個想得周到的人，利用職權，開好了介紹信，所以我們在機場很順利地買到了機票，果然是二十元錢，很便宜，我們相互看看，都笑了。

從一九六二年第一次坐飛機，已經十幾年過去了，時間過得很快。登機的時候，似曾相識。不過民航和軍用飛機不一樣，全都是軟椅，沒有條凳。這架飛機不大，人也不多，一共二十幾人，大多數看上去像是出差的幹部，也有農民模樣的。我們幾個看上去也像出差幹部，比如我，穿著白襯衫，外套是嶄新的印著「抓革命，促生產」字樣的勞動布上衣，稜子絨[8]褲子，一雙黑布鞋，那是幹部中最流行的裝束，正在學習焦裕祿[9]的艱苦樸素。可誰都不知道，我們包裡裝的盡是脫下來的破舊衣服。

飛機起飛了，向下看去，山坡上都是梯田，跟照片中的大寨田一樣，不同的是，多了一條彎彎曲曲的湟水。接下來，梯田和湟水都漸漸地模糊了，白雲一片片飄過，不是在我們的頭頂，而是眼前，得低下頭才能看見。白雲越來越濃，像海一樣波浪翻捲。我眼睛一眨不眨地盯著下面，心想，爲什麼第一次坐飛機時就沒有發現這些呢？

從樂家灣到蘭州只有四十多分鐘。飛機降落時，我們的眼前又出現了層層的大寨田。其實在中國，當時不管走到哪裡都一樣，都在學大寨。

但從蘭州飛機場到市裡這段路，卻走得沒完沒了。

「啊，進蘭州城了！」當我們見到第一座樓房時，老黑喊了起來。

我看看錶：「從蘭州機場到市裡，一共花了三個小時呀！」

---

8 稜子絨：當地方言，即燈芯絨。

9 焦裕祿（一九二二—一九六四）：中共黨員，一九六二年任河南省蘭考縣委書記。當時蘭考內澇、風沙、鹽鹼三害猖獗，糧食產量全省倒數第一。焦裕祿率領全縣群眾展開生產自救，被樹立爲全中國學習的榜樣。

「想想今晚住什麼地方吧？」歪歪說。

「飛機也坐了，也享受了，不如今晚就坐火車回去。」洛桑說。

「這倒實際，買個硬座車，還能節省幾個錢。」嘎桑倫珠說。

「我同意。」我說。

「坐飛機出來，坐硬板車回去，不知道的還以爲我們瘋了呢。」老黑也說話了。

「就怕不這麼想呀，說句不吉利的話，讓周三堂知道了，說不定會說啥呢。」賽朵仁波切說。

我們直接去了火車站，買的是硬座票。硬板車廂的人很多，都站著，我們還好，車票上都有個座號。於是，我們幾個人輪番坐著。車是慢車，大大小小的車站都會停一停。

「那飛機上的小桌，還不如這個牢靠呢。」賽朵仁波切老是不忘飛機上的事，因爲他坐在最前面，對面有個桌子一推就下來，有時候，顛簸起來，不推自己也會「砰」的一聲掉下。

「飛機裡面，還是比這火車乾淨，說眞的。」洛桑說。

「聽說，那架飛機還是蘇聯製造的呢。」歪歪說。

「你說得對，老歪歪，叫U15。」嘎桑倫珠說。

「裡面的聲音太大，跟開個手扶拖拉機似的。」賽朵仁波切引得我們哄笑起來。

一路上，說不完的是坐飛機的感受。不過我們後來，爲此付出的代價也不小。

回到塔爾寺，大約兩、三天後，周三堂來了，說要召開塔爾寺全體社員大會，還包括魯沙爾鎭的一些人，差不多集中了一、二百人。他又開始了拍桌子，吹鬍子，瞪眼睛：「目前，在國內形勢一片大好之際，我們卻在塔爾寺找出了很多問題……」

接下來，周三堂就點名批判了我和賽朵仁波切，說我們藉割縺麻的機會剝削群眾，要求群眾送吃送喝，還把這一切怪罪於無辜的嘉雅仁波切。周三堂說：「這都是反革命嘉雅幕後操作的，致使兩個反動萌芽阿嘉和賽朵，尾巴翹得越來越高。並且，他倆還夥同幾個覺悟不高、立場不穩的人，企圖從飛機上散發反革命傳單……」

說實在的，我在飛機上，除了看著波浪翻滾的白雲和一片又一片的大寨梯田以外，連想也沒有想過「傳單」這個詞。

第七章　劫後重生

「神」死了

那天，生產隊派我們清理施工場地，把剩下的沙子用馬車拉走。快到晌午的時候，我們都累了，就把馬車趕到一邊，躺在地上休息。那時，不少電線杆子上都掛著大喇叭，會突然響起來，格外高亢地傳達各種新聞，如原子彈試驗成功、人造衛星上天，還有某某會議勝利閉幕的消息，並按姓氏筆畫，念誦那些參加會議者的名字。時間長了，還沒等廣播裡說，我們就知道下一個名字是誰了。

我們正在昏昏欲睡時，頭上的大喇叭又突然響了。和往常不同的是傳來了哀樂，播音員以少有的帶著哭腔的聲音說道：「我們偉大的導師、偉大的領袖、最最敬愛的毛主席……」[1]我們幾個人立刻坐了起來，你看看我，我看看你。大家都熟悉這哀樂，這一年裡，周恩來和朱德去世的時候，都播過。所以，僧人洛桑格勒，他外號叫大漢，一下子唱了起來。

「大漢，你瘋啦？還不趕緊閉嘴！」賽朵仁波切說。

我卻想起了葛甘拉森。那是幾年前的事了。當時大家都傳說毛主席要死了，因爲每當我們看電影時，前面加演的「新聞簡報」[2]裡總有毛主席的鏡頭，而毛主席的臉越來越腫，就像被水泡得脹起來的朽木。可傳來傳去，又都說毛主席還沒死。有一次，我一進屋就說：「哎，葛甘葛甘，毛主席死了！」

「眞的嗎？」葛甘拉森的眉毛向兩邊慢慢展開。

「沒有死，開個玩笑。」我說著轉身跑了出去。

葛甘就拄著拐杖追，一邊追一邊說：「哎呀，你不能這樣，這種玩笑可不能再開了，連你跟我開了這個玩笑也不能說出去呀，聽見沒有？」

可是我的葛甘他沒能活到今天，否則他的眉毛會立刻舒展的。不過，我後來聽說，毛主席去世當晚，嘉雅仁波切最小的弟弟蓋巴就喝酒了。「毛主席去世，你竟然喝酒？」有人問。

「我實在悲痛，以酒消愁呀。」他說。

「上面」要求大家穿素衣，統一在胸前戴白紙花，在胳膊上戴一塊黑袖章。這讓我想起小時候，我的同桌李英的奶奶死時，她的袖子上就套了塊這樣的黑布，上面還寫著「孝」字。記得當時我還對李英說：「這是什麼呀，給我戴一戴，好嗎？」

「上面」還要求我們排著隊，去湟中縣大禮堂，參加向毛主席遺像告別的儀式。遠遠地，就聽見那些早到的人在嚎啕。

「人生無常，因果必報」，我想起葛甘拉森常說的話。他還常說：「像毛主席這樣的人，罪過很大，毀了我們的寺院，燒了我們的經書，還勞改了那麼多的仁波切，餓死了那麼多的人，來世肯定要下金剛地獄了。」說到這裡，葛甘拉森常會閉上眼睛，給毛主席念段經。

就這樣，我一邊回憶一邊跟著長長的隊伍，走進了毛主席的靈堂。當主持人大聲喊道「三鞠躬」時，從人群裡又傳來了抽泣和嚎啕，不少人甚至傷心得昏了過去，被拖到外面去搶救。但後來才聽說，不少人是假哭裝昏來著。

又過了幾天，縣上召開萬人追悼大會。當時我們縣也和其他地方一樣，都是半軍管狀態，武裝部的政委同時也是縣革命委員會主任。湟中縣的張政委兼主任首先講話：「今天的追悼會是全國統一召開的，現場直播中央人民廣播電台的實況。如果開會期間，修正主義和帝國主義發動戰爭的話，中國人民解放軍和武裝民兵都已做好了準備，一接到命令，就將現場作戰。縣屬機關撤到縣委地下防空洞隱蔽，各學校、各單位迅速撤離會場去各自的防空洞躲避，魯沙爾公社向東拉山溝撤退，大源公社向劉琦山溝撤退……」接著，他又說：「如果有停電情況，縣供電局已經準備了兩台柴油發電機。如有『反革命分子』、『地富反壞右分子』乘機翹起尾巴企圖反攻倒算，我

1　毛澤東去世的時間是一九七六年九月九日。他的死，被認爲是長達十年的文化大革命結束之日。

2　新聞簡報：據介紹，一九四九年中共執政後，有了《新聞簡報》，是用電影膠片記錄和傳播新聞，每週一期，每期約十分鐘，在中國是人們集體收看的「新聞聯播」——在電影院或露天的廣場上，故事片開映前十分鐘的「加片」，直到一九九三年才停止。

們就將當場消滅，絕不留情……」話音未落，四處巡邏的解放軍、民兵已架起了槍，陣勢很像一九五八年的「宗教改革」，我不由得脊背發涼。

我心想，雖說「上頭」害怕蘇修美帝進犯，但更害怕的是我們這些參加追悼會的老百姓起來反抗，這才有意誇大了國外敵人的「陰謀」。

接著從高音喇叭裡傳出國務院總理華國鋒用很重的山西口音讚頌偉大領袖和導師毛主席的「豐功偉績」，且響起一片痛哭聲。以張政委爲首的湟中縣領導們也跟著一把鼻涕一把淚了。

湟中縣革委會主任趙禎綏泣不成聲地說：「毛主席啊毛主席，您領導我們推翻了三座大山，您帶領我們進入了社會主義，您親自號召發動了『史無前例』的無產階級文化大革命，您的恩情比大山還高，比大海還深……」會場上又是一片嚎啕，又有很多人「昏倒」了，也不知道是以此來表達對毛主席他老人家的忠誠，還是出於不如此忠誠會有不測的恐懼。

被倒寫的名字

我和賽朵仁波切本來是去西寧洗澡的，沒想到，剛到西門口就發現了大幅標語：「打倒王、張、江、姚！」而這四個字，還是倒著貼上去的。

很多人圍在那裡指指點點，都說「江」就是指江青。

「看來，毛的朝代是完蛋了。」賽朵仁波切小聲地跟我嘀咕。

「我們趕緊回去吧，講給嘉雅仁波切聽。」我說。

賽朵仁波切自然同意。我們掉頭就回塔爾寺，也沒興趣洗澡了。

嘉雅仁波切一聲不響地聽我們講完，又沉默了一會兒，才說：「這和林彪事件不一樣，也許變壞，也許變好。壞，比現在還要壞；好，可能就改朝換代了。反正諸行無常啊。」

從此以後，政治形勢果然不斷地變化，繼「四人幫」[3]下台之後，是華國鋒下台。而塔爾寺也發生了一些變化，比如，過去認為屬「四舊」，要被燒毀和砸爛的，像大小佛像、經書、古老的印經版等等，現在又變成了文物。塔爾寺原來的工作組，改名為「文物管理小組」，同時，也兼管理我們這些出家人。工作組的李組長、陳永華會計等，總的來說不錯，不挑撥是非，也不占便宜。有一天，他倆還找到了嘉雅仁波切和我：「知道吧，文化大革命結束了，我們的任務是整理塔爾寺的文物，比如《大藏經》損失了不少，現在要整理出一個目錄。你倆從今天起就不要下地種田了，負責整理經書。」

「好啊，不過……」嘉雅仁波切欲言又止。

「您直說。」陳會計說。

「就我這樣的『四類分子』整理經書，合適嗎？」嘉雅仁波切看著兩位幹部。

3　四人幫：是文化大革命期間一派重要政治勢力，被視為毛澤東貫徹其「文革」政治思想的主要推手。其成員為毛的夫人江青、張春橋、姚文元和王洪文四人。毛死後，被定罪為「四人幫」反革命集團，被公開審判。

「哎呀老漢，你還是對黨的宗教政策有顧慮呀。」陳會計看了李組長一眼，兩人都笑了。

「那就再給老漢加一個人，三人整理，可以了吧？」李組長很是好脾氣。

這樣，又加進了嘉雅仁波切的弟子阿旺嘉措，我們三個人，開始了整理、登記大金瓦殿裡的藏書。

這樣的事，在毛澤東當朝時是做夢也別想的。當我的手，名正言順地再次觸摸到經書時，那種久別重逢的感受別提多強烈了。每天，我都早早地上班，一本本地，翻看著先輩留下的珍品。有一天，從經書叢中發現了大學者布敦仁波切[4]親手抄寫的《大藏經》。

《大藏經》的版本有很多種，這部《大藏經》是用金銀珠寶磨成的粉寫成的，共一百一十本，完好無損，奇蹟啊！據說布敦仁波切一生共抄寫了七套，這只是其中一套。另外，我們還發現了納唐版的《大藏經》，即《甘珠爾》和《丹珠爾》各一套。納唐，其實只是位於日喀則附近的一個小村莊，因納唐寺和納唐印經院而著名。不過，當我們詳細登記時，發現缺少了四、五十本，顯然是被那些紅衛兵在嘉樣貢色和魯沙爾鎮的十字路口燒毀的。十多年過去了，此刻，那熊熊的火焰和僧人們的哭聲，以及紅衛兵們的瘋癲，再次在我的眼前浮現。

塔爾寺在歷史上擁有龐大的印經院。說起來，最初還是賽朵仁波切的前世將私人印經院（叫賽朵華爾康，就在他自己嘎日瓦的隔壁）捐給了寺院。繁忙時，印經師達到四、五十位，甚至七、八十位。主要印刷格魯教派創始人宗喀巴大師及其高足弟子的經典，也印刷塔爾寺自己的佛學大師旦達．拉然巴、阿嘉．雍增、賽朵．洛桑楚成等高僧的著作。各扎倉也都有自己的小印經院，比如曼巴扎倉就專門印刷醫學方面的經書，居巴扎倉就印刷密宗方面的經書。這樣，塔爾寺的印經院積存了近萬件藏文經板，卻在文化大革命中遭到了破壞。記得那天，紅衛兵們把經板搬了出來，堆成了小山，正欲點火燒掉，有人說：「今天的風太大，燒起來的話太危險，不如放在這裡以後改做農具。」「是呀，留下來當農具吧。」很多人都附和著，於是就沒有燒成。在外面擱了三、四天，又有人說：「暫時搬進屋裡吧，放在這兒礙事。」

這些經板就這麼保存了下來，不過還是有不少破損了，是當時搬來搬去時，被隨便亂扔造成的。我們重新整理時，想了很多補救的辦法，但都不行，最後是從其他殘存的《大藏經》中找到相應的部分才補了上去，因版本不一樣，實際上有很大的差別。當然，我們也附帶說明了這樣做的歷史原因。

這項整理工作，我們進行了兩年多，而且重新編寫了目錄，包括經書的數量、版本、著者、背景……這其實於我，也是很重要的學習。

4 布敦・仁欽朱（一二九〇—一三六四）：藏傳佛教學者、夏魯派創始人。亦稱布敦・寶成。元人譯作「卜思端」。原屬綽浦噶舉派。學習過噶舉、噶當、薩迦等派教法，佛學知識廣博，寫了不少佛學和歷史的著作。其德格版《全集》共二十六函，兩百餘種。對西藏所傳重要顯密經論注釋頗多，並首次編訂了藏文大藏經丹珠爾部目錄。著有《善逝教法史》（亦稱《布敦佛教史》）一書，是研究藏傳佛教發展史的名著。十四世紀中，受夏魯地方封建勢力階氏家族迎請，到夏魯寺主持寺務，寺院得以重新擴建，門徒眾多，從此名聲大噪。元朝末年，順帝曾請他進京傳法，未成行。卒後，夏魯寺開始有了轉世系統，學說為其轉世後輩及弟子所承襲。

摘「四類分子」的帽子

如果說「勞改犯」指的是被抓進監獄的犯人，那麼「四類分子」就是監獄外面的犯人。至於怎麼被戴上這兩頂帽子，完全取決於積極分子和幹部們的心情。一旦發現成分不好的人當中有誰不順眼，就召集批鬥大會給這個人戴上「帽子」，從此此人就完全失去了自由：不能隨便外出，也沒有節假日。大小運動一來，第一個被揪到台上的，就是戴帽子的人。有些地方，這些戴帽子的人，還要給生產隊長和積極分子們幹家務活，像我哥哥瓦里瑪和姐姐卓瑪都被生產隊長叫去過，爲他家裡的羊圈、牛圈裡除糞塊，收拾家務。

後來，在塔爾寺，嘉雅仁波切也被戴上了「四類分子」的帽子。不過，有個說法，若是被改造好了，每年評審時，一年減去「四類分子」中的一類。但首先要寫個材料，表示自己已經認識到了罪大惡極，卻有決心改造好。所以，一到年底評審時，四類分子們搶著交材料，只是申請總也批不下來，天長日久，大家終於發現，「上面」根本就不想給任何人摘這個帽子，那說法只是讓人們戴著帽子，服從改造的一種手段。

現在，湟中縣公安局局長周三堂帶著兩個人，又來找嘉雅仁波切了。進屋之前，周局長狠狠地吸了一口菸，然後把菸屁股扔掉，踩上一隻腳，用勁地扭了幾下腳踝，碾碎了菸頭，才進了屋。和往日不同的是，看到嘉雅仁波切，他立刻摘了帽子：「老人家，近來身體還好嗎？」

嘉雅仁波切抬起頭，辨認著周局長。說起來，文化大革命期間，像嘉雅仁波切這樣的四類分子，是沒有資格正面看人家的。再說，周三堂對我們也老是繃著臉，今天這一笑，倒露出了一口黃牙。好一會兒，嘉雅仁波切才認出來：「還好，就是這關節炎老是好不利索，陰天下雨的就犯了。」

「得注意休息呀，您老人家是這寺院的財富哇。」周局長的黃牙顯得格外醒目了，還露出了黑漬，發出一陣陣菸臭。

「我會好好表現，爭取早日摘掉帽子。」嘉雅仁波切說。

「老師傅，我們就是爲這個來的。」另一個幹部也說話了。

「『上面』有指示，要摘掉你的四類分子的帽子啦。」周三堂往嘉雅仁波切身邊湊了湊，「得感謝毛主席他老人家的恩情，還有我們黨的寬大政策。」

只憑一句「黨的寬大政策」，那些不明不白忍受了十幾年的屈辱就一筆勾銷？還要「感謝毛主席他老人家的恩情」？那麼，當初又是誰無端地給嘉雅仁波切戴了這頂帽子？又是誰讓一位高僧大德無緣無故地成爲人人蹂躪的對象？他的前幾世，可都沒有過這樣的經歷啊。

外面的牆上貼出了一張布告，白紙黑字。當時這樣的布告經常出現。比如要批鬥人或者槍斃人的時候，還會在被槍斃人的名字上，打×。然而，今天的布告，是宣布嘉雅仁波切被摘掉了帽子。還有人捎來了話，說是在縣上，百貨商店前面的牆上，也貼出了同樣的布告。

「阿襄（舅舅），您這永遠也摘不掉的帽子，今天確實摘掉了。啊，吉啦（幸福）！吉啦！」我對嘉雅仁波切說。

「布告都貼出來了，我眞想大喊幾聲！」賽朵仁波切說。

嘉雅仁波切鬆開緊盤的雙腿，從炕上下來，走出門口，習慣性地朝兩邊看了看，這才走到那布告前，看了好一會兒。又拿出鼻煙盒，用拇指和食指，捏了一撮鼻煙，放到左右鼻孔，深深地吸了一口：「不知道你大哥瓦里瑪，還有親戚那邊，是不是也都摘了帽子？」

我家是個大家族，有的家庭富裕，有的家庭貧窮，有的人出家爲僧，有的人被認定爲仁波切，有的是部落王爺，有的是普通的牧人……總之，各種各樣的人都有。但是，他們中很多人，在「宗教改革」和文化大革命中，都被不分青紅皂白地打成了「反革命」、「牛鬼蛇神」、「四類分子」。比如，嘉雅仁波切、我大哥瓦里瑪、姐姐卓瑪、舅舅洛桑、蓋巴等十多個人被戴上了「帽子」；我父親華丹、我姐夫、舅舅相曲永旦、舅舅相曲沃色以及我叔叔才采塔爾等不少人被勞改；另外和我有直接關係的，我的經師、管家等等，都被逮捕入獄；還有的因極度恐懼而自殺。加在一起，有二十八、九人，承受著這場延續了長達二十二年之久的噩夢。

這時，阿媽已被我接到了塔爾寺，聽我說起這些時，她用拇指擦了擦眼睛，數著念珠：「如果你阿爸活著的話，現在也能出來了。他無緣無故地進了監獄，不明不白地死在裡頭，我們連個屍首都沒有見到……」

勞改中的舅舅沃色

一輛輛的大客車滿載著獲釋的人們，開進了塔爾寺，停在了九間殿外面，卻說是參觀。幾乎每個人都拿著一大束人造花，也就是塑料花，這是爲了供養。那時也沒什麼東西可買，難爲了他們。

熙熙攘攘中，聽說他們在西寧開過會，也就是聽幹部們宣傳黨的政策。而參觀塔爾寺是他們的活動之一。他們中有不少是出家人，臉上都掛著淚珠，很激動。塔爾寺一些被抓走的仁波切們也回來了。我看到卻西仁波切朝我走來，身邊還跟著一位高高大大的牧人。

「啊，我都找你好一會兒了，這是你的親戚達洛桑，他有話要和你說。」卻西仁波切說。

達洛桑的臉膛紫紅，眼裡盡是血絲，五十多歲的樣子：「哎，你舅舅相曲，他還沒有被釋放呀，你們去的話現在正是時候。這輩子，我離開家人時都沒像離開你舅舅這樣難受，他眼巴巴地成了離群的小牛犢……」

我這心，像被揪了一把似地翻騰著，就立刻去找嘉雅仁波切，因爲我的相曲沃色舅舅是他的弟弟。嘉雅仁波切低頭想了一會兒，又吸了兩口鼻煙：「也好，其實我也正想這事哪，以前巴荷西和丹巴嘎都去過了，這次你也去探望探望，明天就上路吧，反正現在也有相曲的地址了，對吧？」

每個勞改農場都是地獄，這是人人都清楚的。全青海省到底有多少這樣的地獄，我不知道。僅我聽說的就有甘都勞改農場、塞日克勞改農場、瓦玉香卡勞改農場、察察相卡勞改農場、德令哈勞改農場、諾門洪勞改農場、格爾木勞改農場、浩門勞改農場、貴南勞改農場、香日德勞改農場和南灘監獄等。每個勞改農場下面有幾個大隊，大隊下面又有分隊和小隊。有些農場的占地面積相當大，大隊到大隊之間走上小半天，也望不到影。

根據親戚達洛桑告訴我的詳細地址，我乘車走了一天，才到德令哈勞改農場總部。那是一個類似小村莊的地方，臨時蓋了些簡陋的房子。我在總部找到了舅舅沃色的朋友老王，上海人，屬於新生人員，來這裡改造已經二十多年，仍然在種地。我就在他的工棚過了夜，他給我做了麻油麵條，開始他說麻油其實是芝麻油，而我聽成了「馬油」，以爲是馬身上的油，嚇壞了。

第二天一早，老王又找到了一輛去分隊拉東西的馬車，讓我搭個腳。

直到下午，我才找到舅舅沃色。那是一片剛剛泛綠的草場。舅舅沃色和浙江的老朱都在那裡放馬，老朱是個小資本家出身，和舅舅一樣，在被勞改。他倆僅有的，就是一頂孤零零的帳篷。

這天晚上，舅舅一直在對我講他的勞改故事，講了整整一夜，天快亮時，我們才睡著。

舅舅沃色是賽朵仁波切的管家。五〇年代那會，常去拉薩，也去過印度。那時，像他們這些管家，都是經常出去的。從印度回來後，他就對幾個親近的人說，印度是眞正修法的地方，不少藏人都過去了。那裡很安靜，洗手都有自來水，地上鋪著漆皮一樣的東西，上面印著各種花紋，光著腳上去，涼哇哇的，很舒服。最後，他提出：「我想把賽朵仁波切帶到印度學經。」

「這簡直是發瘋，塔爾寺的佛爺就該待在塔爾寺。」一位高僧說。

後來，「上面」組織上層人士去內地參觀，舅舅沃色也被帶去了北京、南京、上海等地，發現那裡在「土改」[5]。回來後，又叨咕著要把賽朵仁波切帶到印度，仍然沒有人同意，嘉雅仁波切也不同意。沒想到，一九五八年「宗教改革」時，他被打成反革命，後來，又加上了一條「投機倒把罪」，理由是他去過印度。所以，直到現在也沒有被釋放，而他已被勞改了二十多年，吃盡了苦頭。

「這裡沒有人看管，他們不怕你們逃跑嗎？」我問舅舅。

「逃跑的倒是有，」老朱接過了話，「可到了最後，都被抓回來了。還要關禁閉室。人家布下了天羅地網呀。不過我聽說有個國民黨特務，藏在卡車底下逃到了香港，也不知是眞是假。」

我住了幾天後，終於要走了。

「這次我要跟你走，我已經決定了。」舅舅沃色甚至把他僅有的幾件舊衣服，都送給了老朱。

「你要是走不了怎麼辦？」老朱看著舅舅沃色，「你知道，釋放人可不是那麼簡單的，很複雜呀！」

「你們這些漢人，出口就是不吉利的話。」舅舅沃色說著往地上「呸、呸」地吐了兩口。

「老朱說得有道理。我看你現在回去不是時候，放心，我一回去就想辦法。」我勸慰著。

「我就跟總部說，我阿媽病危，要看我一眼。」舅舅沃色說啥也要跟我走，死也不聽我的。

我們就到了總部。趙管教上下打量了我一下，很客氣地站了起來，伸出一隻胳膊，隔著辦公桌，指著對面的椅子：「請坐請坐，我們這邊的條件不好呀。」

這時，舅舅沃色像老鼠見了貓一樣，搓著兩手，點頭哈腰地看著趙管教，把他回家探親的理由說了一遍。

---

5 土改：土地改革的簡稱。維基百科介紹，「是一九五〇年代中華人民共和國建立初期在全國範圍內進行的土地改革運動。」重要內容是在農村中劃分階級成分，地主被定爲剝削階級，是土改打擊的對象。土改中的血腥鬥爭造成大量的人死亡。之後實行農業合作化，農民不再擁有土地所有權。

趙管教看著舅舅，笑容刷地消失了：「相曲，這次釋放的不是你這種罪行。探望你母親可以，但是也要有住院證明呀，另外還要有公社的介紹信，證件齊全了，我們還得研究……」

當我坐上公共汽車時，舅舅老實巴交地站在那裡，一動也不動，眼淚卻一對一雙地掉了下來。

一吐爲快的委屈

有一天，除了我們這些仁波切，還有剛剛獲釋的仁波切們，都接到了通知，去省裡參加宗教人員學習會。我們到達會場時才發現，不只是塔爾寺的仁波切們，全省的仁波切、阿訇、神父、學者，以及當時的社會名流都來了。除了少數人以外，大多數都是剛剛被釋放的勞改犯。

會議室裡面放了一排桌子，鋪著嶄新的白桌布，上面放著暖瓶，還有透明的玻璃杯，都兩個一組地扣著，擺在大家的面前。幾個仁波切進來後，立刻拿起暖瓶，小心翼翼，一點聲音都沒有地，把扣著的杯子倒過來，開始給幹部們倒水。

「哪能讓活佛們倒水呢，快，快，我們的工作人員呢？」一位幹部說話了。

工作人員馬上面帶微笑，從仁波切們的手裡接過了暖瓶。所有的省裡幹部，今天的態度都是格外友好的，甚至還有點致歉之意，一再讓大家談談這些年的經歷，還希望給政府多提寶貴意見。

從幹部們的口氣中，我們也猜得八九不離十了，看來今後的宗教政策肯定要放寬了。不過多年的經驗也告訴我們一個事實：不管什麼新政策出爐，所謂的討論都不過是做做樣子罷了，其實「上頭」早就定好了。儘管如此，會議上，還是有很多人主動發言了。除了表達對黨和政府的感恩和讚頌外，大多數人都說，我們需要信仰，需要宗教，都談了自己的經歷和宗教遭破壞的情況。但也有一、兩個人批判了宗教，還是一九五八年及其以後的口氣，甚至談了宗教的害處，讓我吃驚的是，松巴．堪欽也是說這樣的話。

歷代松巴．堪欽都是格魯傳承的大學者，對佛教的貢獻不小。雖說這一世的松巴仁波切，自打五〇年代起就參加了革命，在一九五八年「宗教改革」時，還成了批鬥「反革命」的骨幹，但因在文化大革命中受到牽連，挫傷了他的積極性。於是，他偷偷地在毛主席的照片上，釘了一個普巴降魔杵，這是一種前頭帶尖的法器，三稜長形，不偏不倚，釘在了毛主席的腦門上，他又念了忿怒金剛咒，那是一個比較厲害的咒。結果他被自己親近的人出賣，進了監獄。現在，松巴．堪欽也是六十歲左右的人了，一頭白髮，過早衰老，經歷了不少的變故，似乎該看明白了，不料他卻賣力地批判起佛教，到底是因爲害怕呢，還是心裡話？

「看來松巴仁波切，你還顧慮呀。」佛協的桑廓祕書長說話了，「要嘛，大家談談勞改中的經歷？」

總的說來，會場的氣氛還比較寬鬆，也可能大家從來都沒有說實話的環境，很多仁波切們也就談起了自己在勞改期間的故事。

卻藏仁波切是卻藏寺的住持，也是塔爾寺的仁波切。而卻藏寺，是格魯派著名的一座寺院，位於青海省互助縣，始建於十七世紀。現在的卻藏仁波切，是一位七十多歲的老人了。早年是國民黨的國大代表，所以文化大革命期間，和國民黨的戰犯關在了一起，熬過了二十多年的監獄生活。他說，六〇年代初鬧饑荒時，監獄裡天天死人，剛開始，我們還一個個處理，給每人挖個坑，後來實在太多了，就將這些死人抬到外面凍僵，再放到人力車上一倒一正地摞起來。這樣，一輛人力車能拉十二具死屍。

他又講了一個故事。一天，一個犯人，找了兩個注射液瓶子，把浸泡過油的線繩綁在玻璃瓶上，點燃後，立即放入冷水中，綁紮線繩處自然斷裂爲兩節，齊刷刷的，像玻璃刀子裁過的。然後，這個犯人用宣傳畫的剩餘顏料，在內畫了些飛禽花卉，擺在牢房裡。有個管教見了便問：「從哪裡來的？」

「我畫的。」那犯人說。

「你是吃飽了撐的吧！」管教接著又訓了他幾句，把瓶子沒收了。

後來，這兩個瓶子給管教的頭頭看見了，大爲驚歎：「像個藝術品呀，誰畫的？」於是把瓶子又拿走了。這繪有彩畫的瓶子被一層一層地往上傳，傳到了監獄長那裡。監獄長說：「這東西，送禮的話，挺好。」

於是，監獄裡就組織了十幾個犯人，開辦了一個「禮品廠」。卻藏仁波切也在其中。兩年多，注射液瓶子成了搶手貨。

卻西仁波切說：「你們在監獄裡夠浪漫了，還能畫瓶子！在我們那裡，不論管教還是隊長，最喜歡的就是泡腳。先讓我們侍候上泡腳水，還要我們給他們洗腳。現在，別的我不懂，要說腳上的穴位，我閉著眼睛也能摸準。因爲洗腳的功勞，我後來當了監獄醫院的護士。」

索南澤茂仁波切這時長歎了一聲說：「如果卻西仁波切不說到這事，這話我可能一輩子就裝在肚子裡了，可是不吐不快呀。不怕大家笑話，在勞教那會兒，我是眞正當過護士的，還學了一手『導尿』的手藝。因爲我導尿時手輕，病人毫無疼痛，所以那些管教們常帶著我，給他們的朋友熟人，還有領導導尿。有一次，我們大隊長的老婆截尿了，隊長要我去給他的老婆導尿。以前，我給導尿的都是男病號，給女病號導尿，我連想也沒有想過，尤其是隊長的老婆，那可不是鬧著玩的。可不去吧，沒選擇。我只好硬著頭皮，跟著隊長，到了他家。他老婆當時躺在床上，疼得眼睛鼻子都歪了。隊長緊繃著臉坐在他老婆旁邊。我也不知導尿管是否對男女同樣適用，就摸索著，挑了一個可能合適的男性導尿管輕輕插入那病號的陰部，同時觀察她的表情。只見隊長老婆齜牙咧嘴，眼睛鼻子更歪了。

「『輕點！輕點！隊長連連警告。

「我的手也抖了，專心地努力了好半天，也不見效果。當時，我很想問他一個問題，又覺得難爲情，就吞吞吐吐地『嗯，嗯』。

「『不要「嗯，嗯」啦，你一定要完成這個任務！』隊長又警告了。

「我只好拿著手電筒再仔細觀察，可還是糊塗，於是我不得不問隊長：『是否有上下二穴？』

「『當然啦！』隊長嚴肅地看著我。

「於是我又小心翼翼地試探。最後，只聽見『嘩』的一聲，尿液終於出來了。隊長老婆的眼睛鼻子也不那麼嚇人了，還連連稱謝。不過隊長仍然面無表情。我明白，我在隊長眼裡，是不配接受『謝謝』二字的。」

「這些年來，仁波切們也受了不少委屈啊！」民委幹部楊慶喜，發出了一聲歎息。

第八章　不平靜的獅子法座

從馬圈到獅子法座

班禪大師是在馬圈裡生下來的。我們蒙古人和西藏人都相信，如果把剛出生的孩子生在牛棚羊圈裡，以後的命就會結實，不怕磕磕碰碰的。

那是多麥地方雅孜所屬的文都部落，村名叫坤倉。雅孜是藏語，後被改爲漢名循化縣，文都部落被改爲漢名文都鄉，而坤倉被改爲可能不是漢名的麻日村。坤倉是藏語，意思是有官家的村子，而班禪大師就出生在坤倉家，也就是官家即部落頭人的家裡。

和其他村民不同的是，這個家庭供奉著貢布古如，是大黑天瑪哈嘎啦的一種，那是薩迦地方才供奉的一位護法神，也就是說，大師的祖先來自薩迦。而在大師還沒有出生前，這戶部落頭人的庭院裡自然地長出了一棵大楊樹，越來越高，鬱鬱蔥蔥。一位在坤倉附近修鍊大威德金剛的密宗上師說，這是一棵神樹，預示著這個家族要誕生一位貴人。數年後，班禪大師誕生。然而，他這個貴人的生命卻是多災多難的。

當年，九世班禪大師在玉樹結古寺圓寂時，怕馬步芳勒索，便以假亂眞，多做了兩個替身法體。眞的法體，據說被祕密地送回了札什倫布寺，另外兩個替身法體，分別留在了結古寺和塔爾寺。到底哪一個才是眞的，眾說紛紜。但是，塔爾寺的這尊法體，凡是見過的人都說和九世班禪大師一模一樣，連手指都可以動，也莊嚴；至今供奉在大金瓦殿一樓正中的佛龕裡，也就是宗喀巴大師蓮聚寶塔的前面。

班禪大師堪布會議廳還留下了一部分人，專門尋找轉世靈童。當時，找到了好幾個，但最爲理想的就是雅孜文都部落坤倉村的這位童子，並迎請到了塔爾寺，送給嘉雅仁波切悉心培養。

「怎麼好留在我這裡？應該住在吉祥行宮啊！」嘉雅仁波切既高興又有些憂慮。

「雖說十有八九就是他了，可還是沒有定下來，哪能放在吉祥行宮呀。」班禪堪布會議廳的人解釋著。

也許，九世班禪大師給我留下的遺言說「今後我們會常在一起」就要實現了吧，嘉雅仁波切這麼思忖著，再沒說什麼。於是，童子就留在了嘉雅嘎日瓦。

確認班禪大師的儀式是在塔爾寺舉行的，當然不是用金瓶，而是糌粑團。一九四九年，這位童子正式成爲第十世班禪喇嘛，嘉雅仁波切也就正式擔任了他的經師。這以後，除了那些特殊年代無法在一起，嘉雅仁波切一直陪伴在班禪大師身邊，幾乎形影不離，直到大師突然圓寂。

嘉雅仁波切告訴我，班禪大師小時候就顯現了不同尋常的徵兆。通常，他不願意坐下苦誦硬背經文，而是讓嘉雅仁波切高聲念誦，他邊玩邊聽，不到一、兩個小時，就可以背誦了。七、八歲的時候，忽然有一天，他要嘉雅仁波切記錄他的口述：「不論富強還是窮困的受苦人，世間眾生您平等對待。佛陀啊珍寶，你沒有分別心，佛陀啊，我虔誠向你恭敬頂禮！」居然是一首法意甚深的《出離頌》。

四〇年代末，到處兵荒馬亂。聽說有一天，塔爾寺的僧眾站在屋頂上，眼看著馬步芳的軍隊和共產黨的軍隊在塔爾寺的東山坡上交了火，共軍派人放火焚燒了區公所、貿易公司和汪家住宅（當時的當鋪大院），幾百餘騎從劉琦山坡上衝下來，占領了魯沙爾鎮。後來，又聽說共軍要攻打塔爾寺，僧人們紛紛祈禱乃瓊護法的保佑。

班禪堪布會議廳就提出，為了班禪大師和其他人員的安全著想，讓年幼的班禪大師躲到都蘭附近的香日德寺，也請嘉雅仁波切一起過去。那是安多地區從屬於札什倫布寺的一個寺院，離塔爾寺有五百公里左右。

後來，共產黨第一野戰軍司令員彭德懷派人前往塔爾寺，詢問班禪大師的去向，接著又跟到了香日德寺，千方百計說服班禪大師，宣傳解釋中共的意圖，主要是想把班禪大師請回塔爾寺。當時，班禪堪布會議廳的人們措手不及，倒是計晉美[1]有了主意，建議應該與中共搞好關係，

[1] 計晉美：全名詹東・計晉美（一九一〇—一九七八），日喀則人，班禪堪布會議廳的核心人物之一。一九五一年任解放軍第十八軍獨立支隊副指揮員，從西北帶軍隊進藏。一九六四年因班禪大師上書「七萬言書」被批鬥，計晉美也曾入獄。

他甚至還專門去西安見了彭德懷，捎回了彭德懷專門寫給班禪大師的信和一張他自己的照片，以及他送的袈裟衣料一件、綢子一匹、茶葉十塊，當然這是中共進一步示好的動作了。

總之，共產黨在班禪大師身邊折騰了好幾個月，反覆勸說：「你只要發一個聲明，說明你是愛國的，是擁護共產黨的，不僅可以保證你們的安全，還可以保證你的地位。」班禪堪布會議廳就表了態，發了聲明。後來，中共方面一直強調那個聲明是班禪大師自己發的。儘管班禪大師作爲轉世靈童，在學經上偶爾會顯現出與眾不同的理解力，但更深的政治，他恐怕是不懂的，甚至連共產黨是個什麼概念，怕是他都不知道，因爲他那時畢竟只有十一歲。然而，有一個事實已經產生了，那就是，班禪大師還在小小的年紀，就被捲入了變幻莫測的政治風雲當中。

從香日德寺返回後，班禪大師繼續駐錫塔爾寺，前前後後，他在塔爾寺的光陰整整有十年。一九五一年十二月，嘉雅仁波切跟隨年僅十三歲的班禪大師，一起踏上了返回札什倫布寺的漫漫長路。

到了札什倫布寺以後，嘉雅仁波切就把班禪大師交給了新的雍增仁波切，便告假去各寺院朝聖。班禪大師依依不捨，希望給予嘉雅仁波切作爲他的啟蒙師所應得的一切照撫。但嘉雅仁波切說：「請允許我像個普通的出家人一樣朝聖吧，這對我是最大的安慰。」於是，他揹上背架子，踏上了朝聖之路。

一天，當他們走累了，坐在路上休息時，後面追上了五、六個人。

「這不是小多布丹嗎？」嘉雅仁波切認出了其中的一位僧人。

「哎，雍增仁波切，班禪大師有話啊！」小多布丹氣喘噓噓地，「還有新的雍增仁波切，他們一定要請您回去。」

嘉雅仁波切就又返回了札什倫布寺。原來，有人請班禪大師舉行時輪金剛灌頂法會，新的經師雖然精通五明，但要教授班禪大師主持時輪金剛灌頂法會，他沒有把握。嘉雅仁波切於是不得不留下來，向班禪大師仔細地傳授。

時輪金剛灌頂是極其複雜的，經過了五、六個月的教授，直到班禪大師把每個環節都掌握熟練，嘉雅仁波切才又揹上背架子，踏上了朝聖之路。一天，當他們接近一個寺院時，前面出現了幾位僧人，一見他們，就趕緊上前，確認是不是班禪大師的經師雍增仁波切，而後又一溜煙地往回跑，不一會兒，寺院裡所有的僧人都出來了，吹著法號，打著黃傘，很隆重地迎接了他們。還專門拿出了銅沱籠，做了別具風味的寺院包子。安多和拉薩，在吃的習慣上有點不一樣，拉薩人總是吃得很少，顯得很矜持，而安多人總是放開量地吃，顯得很豪爽。那一次，他們五、六個安多人，把全寺三分之一的人吃的寺院包子吃了個淨光。

班禪大師與彭德懷

聽說共產黨在攻打蘭州之前，毛澤東電告彭德懷：「班禪現在蘭州。你們攻打蘭州時，請十分注意保護並尊重班禪……」當然，這後面還有沒有更多的意味深長的話，我就不得而知了。

於是，彭德懷派人星夜跋涉，去山高路遠的香日德寺慰問幼小的班禪大師，宣傳共產黨的民族政策。一九五一年，班禪大師來到中國首都北京，朱德、周恩來、陳雲、郭沫若、黃炎培、聶榮臻等，親自到北京火車站迎接。當晚，周恩來還特別設宴，爲班禪大師洗塵。「五一」勞動節這天，毛澤東與班禪大師談了一個多小時的話，這時，班禪大師只有十三歲。而五月二十四日，《十七條協議》簽定的第二天，毛澤東在中南海懷仁堂舉行盛大宴會，邀請噶廈代表團的代表赴宴，也邀請了班禪大師赴宴。當著眾人的面，毛澤東拍著自己的胸脯對班禪大師說：「我們共產黨員是爲了幫助你們發展西藏的文化經濟事業，不是爲了當官，不是去辦壞事，如果漢族幹部欺負了你們，就來找我毛澤東好了。」

然而，昔日安寧而平和的西藏高原，自打被「和平」解放以後，大批僧人被逮捕，經卷、唐卡被墊鞋底，佛像被砸毀，不計其數的藏人被以「平叛」的名義打死，隨後在「大躍進」餓死的人中，也有數不完的藏人，而這在西藏漫長的歷史中是從沒有發生過的。因此，班禪大師親自調查，親自撰寫了著名的《七萬言書》，並上交給毛澤東等人，卻慘遭批鬥，甚至被投入秦城監獄。這是始於一九六二年而比文革更甚的遭遇[2]。

「對面是新來的嗎？誰呀？」有人喊道。班禪大師初進監獄時，發現裡面的門都是斜對著的，看不到彼此，只能喊著說話。當然，這都是大師出獄後，常跟我們回憶起的。

「班禪額爾德尼。」班禪大師回答。那時，雖說他的漢語不怎麼好，但還是理解了對方在問他的名字。

「班禪額爾德尼？你這個活佛也犯錯誤了？毛澤東呀毛澤東……我是彭德懷，你還記得嗎？」

「記得。」班禪大師答道。他是不會忘記這個響亮的名字的。當年，正是彭德懷派人到香日德寺說服他擁護共產黨，說中國共產黨是替西藏人民著想，盡幹好事；還說，只要擁護共產黨，不僅保證他的安全，還保證他的地位。可現在，他能問一問彭德懷，你的諾言呢？你的諾言到哪裡去了？能這麼問嗎？不，彭德懷也主宰不了自己的命運哪，他現在也不過是一個囚犯。眞是讓人哭笑不得啊，班禪大師，也許還有彭德懷，兩人都沒有想到，他們以這種身分見面了，不，這還不叫見面，他們只能聞其聲，而見不到彼此的面容啊。

大師是記得彭德懷的面容的。那年他十一歲，收到彭德懷送給他的照片，有點意外，平時都總是他把自己的照片和嘛呢藥丸送給百姓，卻從沒有收到過任何一個凡夫俗子的照片。當然，班禪大師年紀稍大一些的時候就明白了，彭德懷本來就不是給他磕長頭的佛教信徒，說不定還希望班禪大師跪在他的面前吧？因爲，無論如何，他是一個征服者。而此刻，班禪大師想起了照片上的彭德懷氣宇軒昂，又粗又黑的雙眉顯得那張臉格外嚴肅，雙目也炯炯有神，自信地看著班禪大師，彷彿在說：聽中國共產黨的話吧，沒錯，只有中國共產黨，才是西藏人民的大救星！

2　據維基百科對班禪大師的說明：「十世班禪於一九六二年編寫了《七萬言書》，對中華人民共和國的西藏政策進行了嚴厲的撻伐。該報告與彭德懷《八萬言書》一起，被毛澤東定性爲『反動派的瘋狂反撲』，導致班禪與中共關係惡化。一九六四年，十世班禪出人意料地於一次萬餘藏人參與的集會中，表示達賴喇嘛是西藏最高領袖，宣揚西藏獨立，此後立即被逮捕，被指控爲『反人民、反社會主義、蓄謀叛亂』、『最大的反動農奴主之一』，並被剝奪了一切職務。一九六六年文化大革命爆發後，十世班禪被批判爲『班禪集團』，受到迫害入獄……」

如今，他們在監獄裡相遇了。這是歷史的諷刺還是因果的安排呢？

「你在幹什麼哪？還在讀報紙嗎？你要鍛鍊！別看你年紀輕輕的，進了這裡，不鍛鍊，你就徹底崩潰了。」彭德懷好心地勸著。

「崩潰是什麼意思？」班禪大師問。

「就是完蛋。」彭德懷解釋。

常常地，會從彭德懷的牢房裡傳出喘粗氣的聲音、跑步的聲音。彭德懷的生命力似乎很強，也許，他堅信自己會出獄吧。

班禪大師也開始了鍛鍊。當然，他也只是在牢房裡跑跑步、做做俯臥撐[3]。最讓他苦惱的是那張木板床。在後來的歲月裡，每當班禪大師提起獄中生活，總免不了說到那張又窄又短的木板床。班禪大師是個身材十分魁梧的人，睡覺時總是顧前顧不了後的；若放上枕頭，腿就會伸下去，若將腿捲上床，枕頭又會被擠下去，輾轉難眠是常事。於是，大師就起來讀報紙學習中文。監獄裡別的沒有，只有報紙。彭德懷可能也睡不好覺吧，常傳來他的聲音：

「你是不是在讀報紙呀，大聲讀，我可以教你。」

「不許嚷嚷！」傳來了管教的聲音。他們的對話被打斷是常事。

後來，當班禪大師的漢語一天天提高了，彭德懷還和大師談到了廬山往事和毛澤東。

「廬山會議上，我批評他，他就記仇，我們革命那會兒，他講平等，還講批評與自我批評，可是眞的批評了他，就不一樣了。」

「他說要宗教自由，可在我們藏區，到處都是迫害宗教的事……」班禪大師欲言又止。

「他的話都是說得漂亮，」彭德懷長歎了一聲，「哎，不該當眞哪！」

「不要出聲！」管教又打斷了他們。

儘管如此限制說話，彭德懷有一次還是提到了抗美援朝。他說，毛澤東的兒子死了，也記到了他的頭上……總之，說不完的氣。不過，班禪大師從來也沒有問過，當年彭德懷是不是給毛澤東提出由西南軍攻打西藏的計畫，他又是怎樣派人到香日德寺說服班禪大師相信共產黨，也沒有提起當年他寫給班禪大師的信和送的他自己的照片，這含有特殊意義的一切，似乎已被歲月的積雪深深地掩埋了。

最讓班禪大師難忘的，還是秦城監獄的炎熱。那時，幾乎沒有電扇更沒有空調，一到夏天，酷暑難耐，監獄裡的條件就更糟了。也不知從哪裡，班禪大師弄到了一把舊芭蕉扇，可以帶來一絲涼意。但時間長了，扇葉開始破裂，他就把襯衫拆下一塊補扇子。年復一年，破了就補，補了又破，最後，他不得不撕下自己襯衫的前後邊沿，把整個芭蕉扇縫補了一圈。出獄後，班禪大師把這獨一無二的扇子贈給了嘉雅仁波切，至今還供奉在嘉雅仁波切的嘎日瓦裡。

其實，班禪大師這麼年輕，中共給他的職務又那麼高，如果他不寫《七萬言書》，如果他多說幾句共產黨和毛澤東的好話，不僅不會進監獄，榮華富貴還會滾滾而來。但是，他沒這麼做，所以被關在秦城監獄九年零八個月，直到毛澤東去世才出獄。

3 俯臥撐：伏地挺身。

東總布胡同五十七號

嘉雅仁波切突然把我叫到身邊，壓低了聲音：「你帶著我的信，這就去北京，越快越好，我們的上師可能要結婚了。」

「哪位上師？」結婚？我一時懵了。

「班欽仁波切。」

除了大爲吃驚，還有一種說不清的情感，一下子使我淚眼朦朧。雖然，我很高興終於可以拜見到我們的上師了，可是，我們的上師爲什麼要結婚呢？

前不久，我得知班禪大師從監獄裡出來了，因爲在中央廣播電台的節目裡，宣布一個什麼大會「勝利召開」時，參加會議的人中突然傳來了大師的名字，很多藏人，當時都悲喜交加地對著收音機磕了頭。

「班禪大師結婚的事，他父母親都不同意，兩位老人想不開啊，我寫了一封信，你送過去，順便也把你阿媽帶上，磕個頭。」嘉雅仁波切又打開一張摺了又摺的北京地圖，指著上面一個畫了圓圈的位置說：「看見了嗎？這就是北京有名的王府井百貨商店，讓你阿媽等在這裡，你去找東總布胡同。看吧，很近。」

我點頭。自從經師慈誠拉森圓寂後，我就把阿媽接到了身邊，我經師的大徒弟巴笛也經常過來看望阿媽和我，這次，我決定帶阿媽和巴笛兩個人一起上路，也好有個伴兒。

這件事，直到現在想起來也是個謎，因爲我一直沒有機會問嘉雅仁波切是怎麼知道班禪大師的地址的，我幾次想問，可有時候嘉雅仁波切不在，有時候雖在一起，卻又被別的事岔開了，直到嘉雅仁波切圓寂，再也不可能知道了。

我們買的是硬座火車票，三十六元人民幣，走了兩天兩夜才到北京。一出車站，我就給一位朋友打電話，他住在和平里，我們後來都住到他那邊。第二天，我帶著阿媽和巴笛，按照嘉雅仁波切的指點，很順利地到了王府井百貨商店，卻沒有想到，那些漢人如此好奇，一下子把我們圍得裡三層外三層，都是看我阿媽，因爲她穿著我們民族的服裝。

「你倆就在這兒等著，千萬別離開啊。」我說。

「蘇日古你快點來呀。」阿媽有點焦慮。

我擠出人群，穿過王府井大街，拐了好幾個彎，問了不少人，才看到東總布胡同五十七號。可是，那扇大鐵門緊緊地關著，兩邊的圍牆很長，差不多占了一條街！我從門縫裡還看到了院子裡的警衛。一見到軍人，我這心就七上八下的，再加上對大城市的陌生和語言的不通，眞不知如何是好，就在四周轉悠起來。幸好我戴著一個大口罩，隱蔽了緊張的神色。最後，我站在一個電線杆子的後面，默默地誦起金剛亥母咒。又在心裡一遍又一遍地說：「阿爸或阿媽快點出來吧。」

等了差不多半個多小時，大門旁的小邊門「咔吱」一聲開了，一位用圍巾包著頭的老婦人，提著灰塑料條編織的籃子走了出來，看上去像是去買菜的樣子。我一眼就認出了這是班禪大師的母親，雖然已有十幾年沒見到她老人家了。

我三步併作兩步地跟了上去。但我沒有馬上叫她，而是觀察了前後左右，等她拐了彎，發現確實沒人注意時，這才上前，一把抓住她的胳膊：「阿媽！」

「你——」她的眼睛瞪得挺大，張著嘴。

「是嘉雅仁波切讓我來的，您身體還好吧？我還要見阿爸——」我說。

「身體還好。你是誰？到底是誰呀？」她疑惑地問。

「那年，我不是跟您一起去了札什倫布寺嗎？」我提示著。

「對了，那兩個小仁波切！你是大的還是小的？」她問。

「我是小的。」我說。

「你是雍增仁波切的小外甥？長高了啊！」她一眨不眨地看著我。

「十幾年過去了啊。」我說。

「雍增仁波切還好嗎？都多少年沒見面了……」說著，阿媽哭了起來，哭了一會兒，突然拉起圍巾的一角，擦了擦眼睛，又看了看前後左右，想起了什麼似的，說：「我們走吧，站在這裡不好。」

阿媽把我帶到一個小飯館，不由分說，給我買了一碗豆漿和兩根油條，習慣性地壓低了聲音：「你坐在這裡吃，沒關係，人家不會留意的，吃。」

看起來，阿媽也是見識了各種政治運動的老運動員了。她立刻就沒了影兒。不過，很快地，只有十幾分鐘吧，又回來了，還帶著阿爸。

「在哪裡？哪裡？」阿爸掃視著小飯館裡的每個人，用藏語問著。認出了我以後，大步走到我的身邊，兩隻手一下子放到了我的肩上：「什麼時候來的，雍增仁波切還好吧？」說著，也哭了起來。

「走走，我帶你回家。」阿爸擦了擦眼睛。

回到東總布胡同五十七號時，阿爸先按了門鈴，一個警衛馬上開了門：「這是誰啊？」

「親戚親戚，」阿爸說著指了指遠處，「家鄉家鄉！」

「是家鄉來的親戚啊！」警衛很客氣地邊問邊在本子上做了登記。

後來我才知道，東總布胡同五十七號住著兩戶人家，隔壁是史良[4]，一個警衛班照管兩個首長家。

正是冬天，一進門，熱浪撲面。腳踩地板時，一種莊嚴的感覺包圍了我。「我們的上師就住在這裡啊！」我想著，盡量放輕腳步，可那地板總是發出『砰砰』的碰撞聲，讓我越發緊張，一時間，出了一身的汗。

「先上樓。」阿爸說著，走在了前面。

「班禪大師在樓上嗎？」我悄聲地問。

「樓下。」阿爸邊上樓邊回身看了看。

「這不是到了大師的頭頂嗎？」想著，我心裡很不好受。阿爸和阿媽這時把我讓進了他倆的房間，立刻關上了門，連一點縫隙都沒有留。

---

4 史良（一九〇〇—一九八五）：女，江蘇常州人，著名律師，曾任中共司法部首任部長，人大常委會副委員長。

「這些年，他們把他關進了監獄，到了現在，又勸他結婚。如果雍增仁波切在這裡就好了，這樣的事兒說啥也不會發生呀。」阿媽說著，又哭了起來。

「我們待在北京，連一個家鄉人也看不到，憋得難受時，就到公園裡坐一坐。他在監獄被關了九年多，只允許我們見過兩、三面哪。」阿爸也哭，「讓袞頓結婚的事，最後，他們派夏絨嘎布來說服。」

「他自己結了婚不算，還要勸人家結婚。」阿媽哭得更厲害了，「他不來還好，都是他弄壞的。」

說起夏絨嘎布，我早就認識。他也是安多地區的大活佛，任青海省人大副主任。一九五八年「宗教改革」期間，因批鬥「反革命」有功，成了當時的積極分子中需要提拔的人。但在文化大革命中，他也進了「五七幹校」[5]。不過，平反後，他始終把這些錯誤歸罪於「四人幫」，處處顯示效忠共產黨。現在，又當上了政府派來說服大師結婚並給阿爸和阿媽做思想工作的「欽差大臣」。後來聽說，一開始，政府想派革命老將扎喜旺徐[6]做班禪大師的思想工作，並調解大師和阿爸阿媽的關係，但被扎喜旺徐回絕了。於是，夏絨嘎布很高興地填補了這一空缺。

「阿媽阿爸也別太難過，我帶來了嘉雅仁波切給班禪大師的信。」我說。

「那，趕緊去見哪。」阿爸的眼睛亮了。

「我的阿媽和巴笛也來了，都在王府井那邊等著呢。」我說。

「趕緊叫他們一起過來啊。」阿媽和阿爸同時催促著。

我返身跑到王府井時，阿媽和巴笛還在被人圍著，不再是看熱鬧的人了，而是一些店員，大家都在擔心，這兩人是不是走丟了，會不會有人來接？有沒有記錯路？能不能找到一個懂他們話的人？

「來了，來了。」我阿媽老遠就看見了我。人們也不知道她說的是啥，順著我阿媽手指的方向一個勁兒地伸長脖子看，看到我時，都笑了。可是，巴笛沒有想到今天會見到班禪大師，把藏服留在了和平里。這是我們的習慣，凡是覲見尊者達賴喇嘛和班禪大師時，要穿上最好的民族服裝，以示我們的敬仰。我於是決定再次留下他們兩人，回和平里爲巴笛取藏服。

也不知過了多長時間，等我折回來時，兩人已等得累極了，都坐在了台階上。我讓巴笛到廁所去換衣服，他往廁所那邊看了一眼說：「不用不用，就在這裡穿吧。」

「還是去吧。」我又勸。

「不用不用。」巴笛的犟勁兒是出了名的。可他打開衣服，剛套到身上，還沒等繫上帶子，

5 五七幹校：據維基百科介紹，是「文化大革命時期根據毛澤東《五七指示》精神興辦的農場，是集中容納中國黨政機關幹部、科研文教部門的知識分子，對他們進行勞動改造、思想教育的地方。『幹校』是『幹部學校』的簡稱。」

6 扎喜旺徐（一九一三—二〇〇三）：藏人，中共黨員，藏東康區娘戎（今四川省甘孜藏族自治州新龍縣）人。一九三五年，中共紅軍逃亡經藏區時，跟隨紅軍北上。一九五八年和文革時期，他都被視爲「地方保護主義」的「代表人物」，地方民族主義者，受到批判，被勞動改造。一九七九年獲平反，歷任青海省委副書記、副省長、青海民族學院院長等職，爲解決一九五八年「平叛擴大化」的問題出力很大。

一下子就有四、五十人圍了上來。巴笛這時才有些後悔了，滿臉通紅，直往人群裡鑽。我一手拉著巴笛，一手拉著我阿媽，總算衝出了人群。

再回到東總布胡同五十七號時，阿爸正站在門前向我這邊張望呢。「快來，一去幾個小時，發生什麼事了？」阿爸老遠就問開了。

阿爸阿媽領著我們進了大師的小客廳，這裡也是他的辦公室。迎面是高高的差不多直抵天花板的書櫃，既有線裝書，也有黃綢布包著的長長的藏文經書，一幅珠穆朗瑪的圖片被精緻地鑲嵌在木框裡，掛在書櫃的中間。左邊的牆上，是並列的幾幅唐卡，寬大的寫字台上有個被一隻石鷹銜著的小小的檯燈，燈罩上綴著濃密的流蘇。檯燈旁是電話，電話的上面，是一個銀質的鏤花香爐，香柏木好聞的氣味溢滿了房間，雖說這裡無法和拉薩的雪林多吉頗章，以及日喀則的德欽頗章相比，但是，仍然有一種莊嚴的氣氛。

一會兒，班禪大師就從裡屋走了出來，仍然那麼高大英俊、神采奕奕。我阿媽頓時泣不成聲，我們也立刻向大師磕起了長頭。大師非常和藹地用安多藏話問候：「德莫印納[7]？雍增仁波切怎麼樣？」

「他很好。不過，很是想念您。」我聲音發顫地回答著，拿出哈達和嘉雅經師的親筆信。大師接過哈達搭在我的肩上，又接過信，雙手捧到額頭頂了禮，隨即拆閱。讀罷，眼圈也紅了，我還從沒有見過大師如此激動。

「一會兒，我們一起吃飯。」說罷，大師又把信按照原來的摺痕，細心地摺了起來。

「好，好，現在到我的房間去。」阿爸說。

「夏絨嘎布可能來，如果他在的話，別提剛才雍增仁波切的信。」吃飯之前，阿爸囑咐我。我們是在北側的小餐廳和大師一起用餐的。那頓飯，有四菜一湯。還特意為我們做了手抓羊肉和家鄉的肉包子。除此之外，還有花捲和米飯。那個廚師，據說是原來給周恩來做飯的。

果然，夏絨嘎布也來了。我們以前就認識。他看到我，很是吃驚：「哎，你怎麼來了？」夏絨嘎布五十歲上下，看上去，一副官員模樣。據說，他的漢文水平不錯。飯桌上，除了阿爸阿媽和夏絨嘎布以外，還有班禪大師的弟弟貢布嘉。當班禪大師被關在監獄時，貢布嘉也被下放到一個農場，接受「再教育」多年。對了，飯桌上，還有班禪大師以前的膳食官瑪沁莫。我第一次見到他時，他的個子高高的，眼睛明亮，是位濃髯蓋胸的古扎[8]，可如今已年過七旬，白髮蒼蒼了。現在，他已不再給班禪大師做飯了，只是陪著大師待在北京。這頓飯的主要客人就是夏絨嘎布。但是，家裡人都不和他聊天，班禪大師跟他還配合，不是親切，是配合。

班禪大師看著我們：「雍增仁波切在文化大革命中怎麼樣？」

「打成了『反革命』，被批鬥了多年。」我盡量一問一答，偶爾，還看看阿爸。阿媽就總是照顧我母親，偶爾還會往她的碗裡放一塊肉。

7 德莫印納：安多藏語，身體安康與否的問候語。

8 古扎：藏語，官員、貴族。

班禪大師的婚事

不久，嘉雅仁波切就收到了中央統戰部的通知，要他去北京見班禪大師。沒想到，這一去，就是幾個月。回來時，省裡統戰部和政協的官員也去火車站迎接了。

先是二哥丹巴嘎從軟臥車廂走了出來，又回身扶著嘉雅仁波切下了車。兩人都穿著嶄新的毛料制服，一看就是班禪大師給他們做的。這也是大師的習慣，後來，還給我也做了一套。有的戴帽子的官員，趕緊把帽子摘了下來。

「不需要這樣，不需要這樣。」嘉雅仁波切說。

當天，統戰部的官員們把嘉雅仁波切接到了省裡，直到第二天，嘉雅仁波切才回到塔爾寺。我們都迫不及待地詢問起班禪大師的身體。

「身體是很好。就是文化大革命中，他受的苦啊，確實是我們連想也想不到的。」說到這裡，嘉雅仁波切閉上眼睛，祈禱了一句。

「不是說得到了周總理的保護，沒怎麼被批鬥嗎?」賽朵仁波切問。

「沒怎麼批鬥?鬥得比誰都慘。一般人沒受的苦，他都受了。哎，不說了……」嘉雅仁波切喝了一口還冒著熱氣的磚茶。

停了好久，嘉雅仁波切嚥下到了嘴邊的話，說起了阿媽阿爸在這九年多的時間裡承受的精神折磨。那時，班禪大師的弟弟貢布嘉被弄到一個農場養牛，妻子白瑪央金也與他們劃清了界線，跟一個解放軍結了婚。兩位老人孤單單地待在北京。秋天是最難熬的季節，看著那些落葉，他們總會想起從前，每到這個季節，鄉裡鄉外的人就會送來瓊窪梨和斯朵[9]，有的，還會送來新鮮的核桃。兩位老人就會做奶茶給他們喝，阿媽年輕時經常出去割田，一點也沒有與眾不同，她總是很歡樂，和那些割田的人一起唱著嘛呢歌。

現在，他們不得不待在陌生的北京，像是兩條離開了水的魚，要不是大師就在不算太遠的秦城監獄裡揪著他們的心，也許他們早就枯死了。

初冬的時候，兩位老人會踩著雞爪雪[10]，在公園裡走來走去，一會兒想到監獄裡的大兒子，一會兒又想到遠在農場養牛的小兒子。記得當年，他們跟隨解放軍一起進藏時，張國華、牙含章常說，《十七條協議》簽定了，西藏會越來越好。還說，西藏五十年不變。可這就是五十年不變嗎？

一天夜裡，阿媽做了一個夢，是動物園被關在籠子裡的老虎跑了出來，走到阿媽身邊，但沒有傷她，一點都沒有。第二天，阿爸和阿媽就接到了電話，通知釋放班禪大師。他們簡直不敢相信自己的耳朵。

當大師回到家，高高地站在兩位老人面前，阿媽阿爸嚎啕大哭，班禪大師也流淚了。

剛釋放時，「上頭」讓大師到政協開會。有一輛車，專門拉他們幾位民主人士。後來，又給

9　斯朵：藏語，各種水果之意。
10　雞爪雪：薄雪。

班禪大師單獨派了一輛舊上海車，是蘋果綠色。我還坐過。每當這輛車到了門口，一按喇叭，大師就出去了，去政協參加政治學習、發言、表態。「上頭」領導也開始找大師談話了，主要是民委主任兼統戰部副部長楊靜仁。

「班禪，你還年輕呀，你在獄中度過了將近十年，思想上可能還有些情緒吧。」楊靜仁說。

「我寫這個七萬言，沒有一句是假的，反而給我定了罪。」大師說。

「看來，你還是有些情緒。這其實都是『四人幫』他們搞的。」楊靜仁又說。

「我是交給周恩來和毛主席的，那時還沒有『四人幫』啊。」大師說。

「毛主席在晚年，也的確犯了一些錯誤，趁這個機會，『四人幫』就鑽了空子。不過，他老人家還是功大於過呀。過去了的就過去了，我們還得朝前看，我倒是有個想法，你還很年輕，老這麼單身，也不是個辦法。你的父母年齡也大了，你也該考慮考慮……」楊靜仁欲言又止。

「你這是什麼意思？」大師問。

「要說恢復你從前的班禪堪布會議廳，我看永遠是不可能了，你是不是考慮結婚，把自己改造成我們這樣的普通人？當然這是你自己的選擇呀。不過，你如果還是保持沒有結婚的活佛身分的話，人家是永遠也不會信任你的。我說的是眞心話呀。」楊靜仁語重心長。

班禪大師沉默著。

過了幾天，楊靜仁又問大師：「班禪，你想好了沒有？」

「爲了民族，我是什麼犧牲都可以做的。」大師說。

「最好是找一個漢人，文成公主不也是漢人嗎？這對你長期在北京生活都有幫助的呀。」楊靜仁眞的像老朋友一樣出著主意。

後來，楊靜仁主任就在中央領導中間到處宣傳「班禪現在解放思想了，也不再埋怨了，還有成家的意思」。

國民黨起義將領董其武，有一天在老幹部們的麻將桌上也聽到了楊靜仁的話，就回家講給了家人。而他的女兒很積極，打算把自己的大女兒，也就是董其武的外孫女介紹給班禪大師。

楊靜仁很快安排了這次相親會見。據說陪同的人裡面，除了董其武的女兒作爲母親出場，還有她的小女兒，當時好像十八歲，想看看神祕的班禪活佛是什麼樣子，就跟著去了。而結果，似乎是班禪大師更傾向小女兒。當然，當時的實際情況究竟怎樣，我也不清楚。總之，統戰部爲了促成這門「喜事」，台前幕後做過不少工作。

不久，政協有個去三峽的參觀團，班禪大師和董其武都在這個團裡，楊靜仁特別安排了董其武的這個小外孫女一同隨行，算是培養感情吧。

班禪大師的婚事就在這場婚姻的總設計師楊靜仁主任的指揮下，順利地展開了。最後，楊靜仁要求班禪大師親自給中央寫書面報告請求結婚，並一定要明確說明這是他自己的主張。一般情況下，報告和申請的審批需要很長時間，可大師的這個報告，據說上午遞出，下午楊主任就親自拿了回來。其效率之高，可創中國共產黨建國史之紀錄，當時是一九七八年六月。

但中共很快意識到這件事反倒成了對外宗教宣傳上的一個重大失誤，聽說鄧小平說過，公開班禪大師結婚的話，國外會說中共的壞話。實際上當時已經有傳聞，達賴喇嘛持戒有國際威望，班禪大師還俗有失威信，加上他是在共產黨手中，沒有其他選擇。但事已至此，已經無法挽回。

因此，班禪大師結婚一事，從此被禁止公開，他的夫人李潔，也不允許和他一起參加任何宗教、政治活動。

青海民族學院的研究生

想讀書的願望，在我的心中早就生了根。既然沒有學經的機會，也可以上學讀書。我常這樣勸自己。因此，一聽說青海民族學院招生了，我立刻報了名。最後，眞的拿到了錄取通知書，但還需要湟中縣主管領導審批。當時，軍人身分的趙禎綏還是縣委書記，幾經輾轉送到了他的手裡，可一直沒有批下來。

一九七八年，又聽說青海民族學院成立了一個藏文研究生班，我又打報告要求上學，這次是透過私人關係，也可以說走後門，把我的報告送給了系主任扎西頓珠。雖說扎西主任是藏人，但是不會說藏語，對我也沒怎麼理睬，不過，還是把這個報告送到了青海省民族學院院長兼省委副書記扎喜旺徐的手裡。

「好事嘛，應該鼓勵活佛接觸新東西。」扎喜旺徐批了下來。

現在，我和賽朵仁波切都正式接到了青海民族學院的入學通知書。嘉雅仁波切特地爲我們做了一頓歡送家宴。在嘉雅嘎日瓦裡，我們都盤坐在炕上，除了嘉雅仁波切、賽朵仁波切和我以外，還有二哥丹巴嘎和洛桑舅舅，我們一邊吃著手抓羊肉、肉湯麵片，一邊聽著嘉雅仁波切的囑咐：

「去青海民院學習是好事，因爲你們現在沒有在寺院學習的機會。聽說，他們又把夏日東仁波切請去了，這我就放心了，你們也要盡可能地在那邊多學一些佛教知識。學校的那些組織，我清楚，會處處想辦法給學生們洗腦的。別忘了你們是佛教徒，要恭敬三寶，是信眾們信仰你們，才有你們的今天……」

我們的藏文研究生班只有七個學生，都精通藏、漢兩種語言。而我和賽朵仁波切，因爲多年沒學習，很是吃力，尤其做作業時。

藏文的文法格式跟中文完全不一樣，尤其學《意義修飾法》時，或論或贊，格式繁多，表達稍微不符，就會滑入另一種格式。如其中有引證，有修辭；有讚揚也有批評；有誇飾（誇張），也有特寫；有隱贊，也有祝願。我和賽朵仁波切老是跟不上。同學們卻對我倆格外尊重，他們都是虔誠的佛教徒。比如，我們走進教室時，他們都會站起來，讓我們先坐，一點也沒把我們看成同學，始終像對待仁波切一樣。

我們的主要課程，有藏文的修辭學和史學以及佛經解釋。都由夏日東仁波切教授。夏日東仁波切是夏瓊寺的著名仁波切。還在幼年時，他就到了夏瓊寺修習，精通大小五明等和金剛乘。他曾被打成「右派」，文化大革命時期，被遣送回老家接受貧下中農的再教育，沒少挨批鬥。但夏日東仁波切把這一切，都看成是深修忍度的機會。他嚴守戒律，一塵不染，後來還參與校對了夏瓊寺出版的《菩提道次第廣論》木刻版，這些，都是後來人們對他無比敬重的原因。

五〇年代，夏日東仁波切被請到青海民族學院藏語系，擔任藏文班的主要教授。在佛學上，他是對我恩重如山的上師，除了學校課程以外，他還特別暗中給我教授了《佛子行三十七頌》、《修心七要》，以及《入菩薩行論》。

英文是我一直想學的課程。六〇年代我在札什倫布寺學經時，認識了一位曾在噶廈政府任職的古扎，他精通藏、英雙語，我原計畫跟他學習的。不幸的是，在三大教育[11]運動中，我們都被劃成了「階級敵人」，也就無緣拜他爲師了。後來在文化大革命中，嘉雅仁波切鼓勵我自學，什麼知識都可以學，不必拘泥於任何形式。那時候，我拚命想找一位英語老師，到處打聽，好不容易得知湟中縣供電所有一個人，姓桂，會外文，我便找到了那裡。可是，小桂不懂英文，只會俄文。

「你學俄文吧。我有以前的課本，我教你。」他說。

我就買了一個課本。小桂又說：「我家裡老是人來人往的，不方便，乾脆我到你家裡教課吧。」

我欣然同意。天長日久，得知小桂的家庭出身也不好。他常說毛主席的壞話，而他自己是喜歡民主的。我自然也感同身受。一來二去，我倆就成了好朋友。在一起時，說毛主席壞話的時間倒比學習俄文的時間還長。

青海民院這時還開設了英文共同課，我也報了名。英語老師是一位前國民黨軍官，姓壯，在監獄裡蹲了二十多年。據說他以前的專業是法律。他說他的英語已經忘得差不多了，不過，老師們都誇他英語發音和錄音帶上的差不多。

一年刻苦學習英語的成果，終於在一次與一位外國友人的交談中得到了驗證：他說的話我一句也聽不懂，而我講的簡單英語「歡迎你來塔爾寺」，卻令他直搖頭：「對不起，對不起，我不懂藏文。」

兩年的學習很快結束了。畢業後，青海省統戰部將我安排在青海省佛教協會駐會。除了學習文件、下鄉和偶爾到北京開會外，幾乎沒有具體工作，比較鬆散，我也很自由，常抽空兒去塔爾寺親近嘉雅仁波切。

11 三大教育：一九六三年，中共指示：鑒於西藏目前的階級鬥爭形勢，有必要把加強階級教育、社會主義前途教育和愛國主義教育，堅決依靠貧苦農（牧）民，充分發動廣大群眾，團結改造民族上層人士，堅決打擊農奴主階級的反攻倒算、復辟活動，作為一項重要任務提出，以便徹底完成民主革命任務。從此，在西藏各地農牧區開展「三教」運動。

第九章　鄧小平的政策

定心丸

又通知開會了，地點就在第二生產隊的飼養院。我到會場時，全體僧眾都已坐好。不過，前面對著我們的幾把凳子還是空的。

也就一會兒的工夫，省委副書記兼民族學院院長扎喜旺徐，在縣委書記霍燦等幹部的陪同下進來了。扎喜旺徐看上去又乾又瘦，快七十歲了吧，兩邊的頭髮鬈曲著，臉比其他人更黑一些，穿一件灰色的中式對襟盤扣上衣，外面披著軍大衣，走到座位前，沒有馬上坐下，而是先用兩手交叉著在腋下拽了拽軍大衣。

「嘉雅活佛、卻西活佛都來了嗎？」扎喜旺徐看了看會場。

「來了，都來了，還有阿嘉活佛和賽朵活佛也來了。」有人回答。

扎喜旺徐先講了話，他顯得比往常有精神，聲音格外高昂，不過也可能是我的錯覺，他其實和往常一樣，只是講話內容和以前不同了：

「……黨的民族宗教政策回來了。我們黨的宗教政策一貫是自由的。請大家放下包袱，要解放思想，你們也要把其他的人好好動員起來。喇嘛們應該穿袈裟，你們爲什麼不上殿念經呀，我看沒有問題，這樣做應該沒錯……」

難道從來就沒有發生過一九五八年的「宗教改革」和長達十年的文化大革命嗎？究竟是我們自己不願穿還是你們不讓穿呢？我在心裡反問著。

「這肯定不是老實話，在引蛇出洞吧？」賽朵仁波切貼著我的耳朵說。

講話仍在繼續，越說越玄，大家你看看我，我看看你，不遠處的嘉雅仁波切和卻西仁波切也相互看著，還向我這邊稍稍轉過了身子，似乎在問我：你信嗎？

是啊，這些動聽的話怎麼能叫我們相信呢？尤其是讓我們這些作爲「剝削階級」的喇嘛們重新穿上袈裟，難道是太陽要從西邊出來了？

「過幾天，有一批重要客人來訪，他們是達賴喇嘛派來的代表。要讓他們親眼看一看，這裡的形勢一片大好，我們把民族宗教政策落到了實處。回去後，毫無疑問，他們會向達賴喇嘛彙報，而這對達賴喇嘛早日回到祖國的懷抱，也有很大的好處嘛。」扎喜旺徐補充道。

「原來，是爲了應付達賴喇嘛的代表呀！」

「不管怎麼說，跟以前不一樣了，我什麼也不管，就穿袈裟了。」

「說不定又要秋後算帳呢！」

「誰知道口袋裡賣的是什麼藥?」

人們議論紛紛。

「請大家不要有絲毫顧慮,『破舊立新』和文化革命都已經過去了,『四人幫』也被打倒了,所以,你們一定要穿袈裟,這也是『上面』的任務……」縣長霍燦也這麼說。

話雖這麼說,畢竟往事在人們的心上留下了疤痕,大都抱持懷疑,未敢聽從。不過還是有些人大膽地穿上了袈裟。雖然我仍穿著往日的藍制服和黑稜子紋褲,但當久違的絳紅色、紫紅色再次在塔爾寺出現的時候,我的眼睛格外舒服,彷彿回到了過去。遺憾的是,僧人已寥寥無幾了,僧舍也是拆的拆、塌的塌,僅有的幾個主要佛殿建築也顯得衰敗了,從前的塔爾寺僅僅是水中的倒影,或者說,一個蜃景。

也有人開始出聲誦經了,甚至還有人在家裡點上了酥油燈,當然,就是在文化大革命中,也還是有人點酥油燈的,只不過那時,人們會非常小心地把供燈放在空鍋裡,蓋子半開著,還要時刻觀察著四周的動靜,萬一有緊急情況,會立刻把鍋蓋全部蓋嚴。現在,人們把供燈放在了桌子上,偶爾會下意識地透過玻璃窗看一下外面,那種心有餘悸的感覺很難消失。

我也沒有再上班,根據「上邊」的安排,將在我的嘎日瓦接待達賴喇嘛的代表團,所以需要打掃、安置已經做了多年倉庫的佛堂,還要收拾、裝飾客廳,增加一些椅子、各種佛具等等。巧的是那兩天發生了一件事,有位信徒請我為他早逝的雙親超度,點百燈供。我雖然答應了,但心裡還是不踏實。習慣上,點燈就要誦經修法,這是必需的宗教儀軌,可是,「上邊」真的「不抓辮子」[1]了嗎?出於怕秋後算帳,我只默誦了一段很簡短的祈願文《桑覺默朗》(即普賢行願品)。

剛念完，治安主任堅參智華就氣喘噓噓地破門而入：「這下糟了，省公安廳周本加同志來檢查情況，這些百燈可藏到哪裡呀？」他驚慌的口氣裡還帶有幾分責備，弄得大家也都瞪大了眼睛，面面相覷。話音未落，周本加已帶領幾位幹部進來了。我們頓時無語，都聽天由命地低下了頭。「噢，好，好，說明你們放下包袱了。」周本加同志朗朗笑著，又轉身看著堅參智華：「告訴大家不要有顧慮，要解放思想，首先你們當負責人的就要解放思想，才能做好群眾的工作嘛……」

聽他的口氣，倒像是我們自己不願意履行一個出家人的義務，就好像他們從沒有做過對出家人的各種折磨，就好像他們從沒有說過宗教是什麼「封建迷信」，眞的是啼笑皆非。

不過，還是値得高興，畢竟「形勢寬鬆了」，這是那時的流行話。而且，用當時流行的話來說，一些「冤假錯案」得到「平反昭雪」了，包括我在獄中往生的父親。在這裡，我必須要補充的是，過了幾年後，我有機會跟一位叫馬海霖的朋友聊天，才得知這些所謂「平反昭雪」的來龍去脈，眞是相當不易。

馬海霖當時是青海省委統戰部的幹部，後來當過青海省伊斯蘭教協會祕書長。他告訴我，七〇年代末和八〇年代初，扎喜旺徐多次到中央，要求對一九五八年青海地區的「平叛」平反。扎喜旺徐是藏人裡最早加入紅軍，跟紅軍長征的「紅小鬼」之一，也是第一批來青海的藏人領導之一，所以他親眼目睹了一九五八年青海「平叛」的情況，後來他常常要求中央對「平叛」徹底平反。馬海霖有機會跟扎喜旺徐去北京參加過一些高級別的會議。扎喜旺徐每次進京開會都會找一些中央領導人，要求他們對青海「平叛」徹底平反。扎喜旺徐每次都會反映青海「平叛」的錯誤，

「平叛」給當地少數民族帶來的災難，特別是對藏人同胞的摧殘傷痕，「平叛」必須平反，否則黨的信譽無法恢復，工作也無法開展。

馬海霖說，當時從中央到地方，對平反「平叛」都有非常大的阻力，特別是省一級領導，因為當時下命令鎮壓所謂叛亂和參與槍戰的州縣一級領導現在已經提升到省級了，平反「平叛」對他們的職務、利益和榮譽都有著直接的影響，所以他們不肯承認自己的錯誤，也不願意平反「平叛」。他們堅持說「平叛」是正確的，「擴大化」恐怕有過錯，最多只能承認這一點。

但扎喜旺徐堅持徹底平反「平叛」。他下了九牛二虎之力，到處收集資料，尋找一切機會為徹底平反「平叛」而做最後的努力。又有一次進京開會，一天傍晚，扎喜旺徐繞道疾行，故意去「碰見」散步的鄧小平。鄧小平可能看在當年長征的藏族紅小鬼的情分上，給了他很大的面子，單獨召見談話，並點頭同意徹底平反「平叛」，以便開展民族區域落實政策的工作，恢復黨的榮譽。

扎喜旺徐回來之後，手捧鄧小平的「聖旨」，避開省裡的種種抗拒和干擾，並調來各州縣的檔案，在省委召開了一個特別的祕密會議。在戒備森嚴的情況下開啓了那些封存的檔案，馬海霖也有機會看到了這些文件，說這些檔案使他目瞪口呆，說當時的血腥鎮壓，真是對少數民族血債累累，言詞無法表達。就這樣才有了當時的平反昭雪，「平叛」被宣布無罪，一些家庭得到了一

1 不抓辮子：諸如「不打棍子，不抓辮子，不扣帽子」的說詞，是有著中國特色、充滿政治含義的隱喻。意思是不抓把柄、不隨便打擊人和不冤枉人等等。

點經濟賠償，「反革命」亡靈們也許超度了。我問馬海霖那些檔案現在還能不能看到？他說除非太陽從西面出來，恐怕老百姓難能一見。馬海霖說，青海的「平叛」能夠得到平反，都是扎喜旺徐一個人的功勞。馬海霖作爲我的一位回族朋友，對扎喜旺徐這位藏人老革命他很敬佩！

達賴喇嘛的代表團

那天，大家都早早地聚集在了先典拉康，也就是長壽殿。這是爲七世達賴喇嘛的長壽而修建的佛殿。當年火供的地方，後來長出了很多檀香樹，鬱鬱蔥蔥，還有不少盛開的檀香花。旅遊者參觀塔爾寺，一般來說，這裡是第一個景點。

站在先典拉康門前的有嘉雅仁波切、賽朵仁波切，還有剛被勞改釋放的卻西仁波切、格嘉仁波切、楊嘉仁波切等等，當然，也有不少縣上的幹部，大家一起等待著達賴喇嘛代表團的到來。仁波切們穿的都是藍、灰色中山裝，只有幾個殿堂管理人員充當今天的香燈師，穿上了袈裟。我今天，也如往常一樣沒有穿袈裟，也可以說其實大家都沒敢穿袈裟。不僅如此，我們幾個較年輕的仁波切還留著頭髮，看起來很像工人或開拖拉機的農民。

陽光又亮又暖，我也感到些許自在。心想，二十年前，達賴喇嘛被迫流亡印度，以後的歷次政治運動中，不論是「社教」還是文化大革命，始終被稱爲騎在藏族人民頭上的剝削階級的「總代表」、叛變祖國的「分裂集團」的總頭目，從沒有間斷地被批判著。而今天，我們終於可以捧著哈達迎接達賴喇嘛的代表了！不過，這哈達並不是新的，而是我們從護法神殿裡找出來的，因爲那時沒有賣哈達的了。

「來了這麼多人哪！」賽朵仁波切打斷了我的思路。

這時，大家也都前後左右地看著。沒有不透風的牆，達賴喇嘛的代表要來的消息，看來早就傳了出去。人們絡繹不絕地從四面八方趕來。當然，鎮上那幾個公安也來了，儘管都化了裝，戴著墨鏡、草帽，但我們這個魯沙爾鎮也不是什麼大地方，整天抬頭不見低頭見的，張三李四大家都認識，怎麼化裝也沒用。

塵土掀了起來，七、八輛北京吉普鳴著喇叭駛進了寺院，一輛輛地停了下來。除了幹部、公安人員和記者，代表團一行只有五人。團長居欽．土登朗傑，在縣委書記朱志明的陪同下，首先被介紹給我們。他穿一套雍容的藏服，輕言慢語，溫文爾雅。接著是團員洛桑桑天，達賴喇嘛的三哥，他上身著藏服，下身穿一條很顯眼的格子喇叭褲，留著鬍鬚和長髮，很是新潮；還有達拉．彭措扎西也在，他是達賴喇嘛的姐夫。另兩人也穿藏服，不同的是，拿著相機和筆記本。也許他們知道嘉雅仁波切是班禪大師的經師，也許因爲嘉雅仁波切的年歲較大，團長居欽．土登朗傑向嘉雅仁波切獻了一條哈達，接下來，又給我和其他仁波切獻了哈達。

進了先典拉康後，他們點酥油燈、念經，我們也很想念經，但還是有些顧慮，就都在嗓子眼兒裡念著，只有嘉雅仁波切一個人隨他們念出了聲。到了小金瓦殿也就是乃瓊檀康時，他們又給護法神獻酒、獻茶，還祈願達賴喇嘛長壽、班禪大師長壽，祈願佛法長駐，祈願流亡的藏人早日回到自己的土地上……這對我們來說很是新鮮，甚至有些驚訝，大家都悄悄地低下了頭。

後來，又參觀了大經堂、措欽堆康、貢康、覺康、大金瓦殿、嘉樣貢色等，每進一個殿堂，他們就要頂禮、點燈、誦經。很快就到了中午，在各級領導的陪同下，他們來到我的阿嘉嘎日瓦裡用餐。午飯是按照「上面」的要求準備的，都是地方風味。縣上還派來了廚師和招待所的服務員。有手抓羊肉、涼麵、涼粉等，洛桑桑天一再說：「啊，又吃到家鄉飯了。」

吃飯時，縣委書記朱子明說：「現在，家鄉發生了很大變化，人民的生活水平提高了。你們可以經常回來看看。正如中央所講的那樣，愛國不分先後，來去不受限制。所以你們這次來了，就多看看我們這邊宗教自由的情況。至於一九五八年和文化大革命那些事，都是林彪、『四人幫』他們搞的，那段歷史已經過去了。」

談話間，一位代表突然問道：「這幾位仁波切爲什麼不穿袈裟？」雖然我們早就爲這次談話做了充分的準備，比方怎麼回答問題、如何保持對外口徑一致等等，但沒想到會被追問這樣一個問題，都不知如何回答是好了。書記也問我們：「是呀，你們幾個爲什麼不穿袈裟？」

我們面面相覷，正在呑呑吐吐時，省統戰部的幹部替我們解了圍：「他們穿不穿袈裟是他們的自由，可能他們都不太喜歡穿吧。」

不知爲什麼，整個吃飯過程，我們老是覺得背後有數不清的眼睛在盯著。代表們也沒有再爲難我們，只問了縣裡有多少人、藏族多少人、其他民族多少人，各占多少比例等等。還談及了一九五八年的「宗教改革」運動，後來的「社教」運動、「四清」運動、文化大革命、「清理階級隊伍」以及後來的落實政策等等。看來，他們對這裡的情況都非常瞭解，至少在上路之前做過調查和研究。他們沒有再問仁波切們多少問題，反而經常問陪同的幹部們。他們似乎也知道我們的苦衷。

吃過午飯後，大家都有點累了，尤其是那些陪同我們的幹部，也許到了他們的午睡時間，不再緊跟著了。於是，代表們提出到屋頂拍塔爾寺全景，我就帶他們去了。他們要我用藏語講解。待他們拍完後，團長感歎：「您的拉薩話這麼標準呀！」

「我小時候跟班禪大師去過札什倫布寺。」我說。

代表們又要我介紹寺院的簡歷，順便也問了一些過去的情況。他們還問我塔爾寺是什麼時間開放的？我如實相告，開放至今還不到十天。他們聽了異常驚訝。

「到底我們是回來好，還是不回來好？」團長居欽·土登朗傑問我。

「當然每個藏人都希望早日拜見達賴喇嘛，但現在回來恐怕還為時過早。」我說。

他們紛紛點頭，表示會意。臨走之前，代表團和幹部們合影留念，還要求跟我們幾個仁波切們一起拍照。

該是他們啓程的時候了，我們陪著他們一道向停車的先典拉康走去。這時，從我的嘎日瓦，一直到先典拉康，長長的路兩邊都擠滿了人。有的人還雙手合十。

「這些人裡面有藏人嗎？」團長問。

「有，但很少。」我說。

「請向達賴佛爺帶個好！」這時，有些回民用當地土話，人聲地喊著。

「地下轉世」

達賴喇嘛的代表來的那年，塔爾寺朝佛的人特別多，一是因爲剛剛開放，二是各地的寺院都被毀掉了。文化大革命以後，青海省六百多座寺院僅剩下十幾座，且殘缺不齊。

佛經伴隨著我們西藏高原的藏人和蒙古人，從生到死，可是，自從來了共產黨，有了社會主義，政治運動一個接著一個，對往生的人，沒有人敢舉行宗教儀式，因爲那都被打成「封建迷信」。現在，趁塔爾寺開放之機，人們都趕來超度親人的亡靈，或者給正在生病的人求個平安，一時間，人們都聚集到了塔爾寺。

同時，信徒們紛紛給「上邊」打報告，要求修復和開放本地區的寺院。幹部們頭一回經歷這樣的事，但又不知將來政策方向會往哪裡走，不敢同意，也不敢不同意，這樣就出現了三不：不敢管，不會管，不去管。

有些地方循規蹈矩，一直等著「上面」的批文，然而始終杳無音信。也有些地方等不及了，就自行修復，與加入合作社那會兒恰好相反，信徒們紛紛捐款捐物，一座座不大的寺院，很快就建起來了。

後來，「上面」指定開放了一些寺院，但沒有批文而自行開放的寺院更多。最後，出現了兩種情況：所謂合法寺院和不合法寺院。

我那時是青海省佛教協會駐會的副會長，經常下鄉瞭解情況。「上面」規定，只能視察政府批准的寺院，也就是合法寺院。未經政府審批的寺院，叫作「自行開放」，不得視察。但是，往往不合法寺院，反而管理得井井有條。無論僧人的修養還是裡面的設施，都很有規矩。又因爲不被視察之類，倒落得個自由自在，超過了合法寺院。我們也常常混淆，有幾次，正在寺院裡喝茶、瞭解情況時，縣上的幹部跑來了：「這個是自行開放的，你們弄錯了，趕緊撤。」

其他宗教也有這個問題。這樣，過了七、八年，出爐了管理宗教的規章、條例等，明確規定：不能重建寺院。另外，寺院的上級主管也經常變動。比如塔爾寺，開始定爲觀光景點，由旅遊局管理，後來又屬於文物單位，由文化局管理，最後成爲開放的寺院，由宗教局管理。爲了爭得在塔爾寺的利益，這幾個單位之間還往往會衝突起來。

隨著寺院的開放，轉世問題也跟隨而來。各寺院紛紛要求尋找已故仁波切們的轉世。起初，政府堅決制止，並在「紅頭文件」[2]上明確規定：活佛轉世是封建制度的產物，不允許有活佛轉世。然而，信徒們不死心，冒著生命危險，徒步跋涉印度，請求達賴喇嘛以及其他高僧們確認轉世的仁波切。而後，悄悄舉行繼承法座的儀式。這在政府看來，是不合法的，被稱爲「地下轉世」。

隨著大、小仁波切的轉世被尋找、發現、認證，信眾們和達賴喇嘛再次有了聯繫，去達蘭薩

2 紅頭文件：是中國老百姓對各級機關（多指中央一級）下發的帶有大紅字標題和紅色印章的文件的俗稱，雖然不是法律術語，卻極有權力，故有說法「黑頭（法律）管不住紅頭（文件），紅頭管不住無頭（領導指示）」。

拉的人越來越多。漸漸地，宗教部門發現，本來捏在手裡的權力，正在不知不覺地送給了「達賴集團」，如果再對「地下轉世」不聞不問，不僅有越來越多的「靈童」被「達賴集團」認定，往後，毫無疑問，他們還會完全站在政府的對立面，而宗教管理部門的權勢，也就自然地形同虛設。因此，到了一九八〇年代末，中國當局認同了「活佛轉世制度」，並到處宣傳「這是黨的宗教政策更進一步的落實」。事實上，他們在認可的同時還附加了許多的限制，比如，規定只有必須轉世的才能轉世。還有比例和數據，像大的寺院，從前有幾十個仁波切的，現在只能轉世十幾個；有十幾個的，只能轉世五、六個；對於小寺院，只有寺主才能轉世。當然，這幾年，聽說政策又變得越加強硬，對轉世的限制加大了力度。

當時，宗教部門還發放了「活佛證」；再後來，到了一九八七年左右，又開始在寺院裡開展運動，要求出家人必須「愛國守法」，不能供奉達賴喇嘛照片，不能跟國外接觸，還必須簽字按手印。但是人們仍然千里迢迢，去印度請求達賴喇嘛認證自己的轉世仁波切。在藏區，只要說這個轉世是達賴喇嘛認證的，信眾自然就信賴，奉若珍寶，相反，如果說共產黨認定的，不管那「活佛證」怎麼閃閃發光，也沒人承認那是眞的。

我沒有入黨

他進屋時，我剛好吃完午飯，那是下午兩點鐘左右。他很自然地，在炕桌一邊，脫了鞋，上炕盤腿坐下，又摘了帽子，回頭看了看我的被子，是整整齊齊疊起來的，他便把帽子扣在了我的被子上。

他是青海省公安廳的老何，我們管他叫何廳長，但他是不是眞的廳長我們也不知道。他是回族，老熟人了，以前，他就來過我的嘎日瓦，調查我是不是參加了反革命組織什麼的，可能都是「上面」布置的任務吧。

「哎，我吃點你的糌粑呀。」他說。

我給他端上了糌粑、酥油，還有奶茶，他很熟練地攪起了糌粑，又吃又喝。

肯定又有事了，要不，他不會來。我心裡嘀咕著，等著他開腔。可他沒有直說，先談了大好形勢，又問我怎麼看待黨的政策回來了。繞來繞去，好一會兒才說：「我這次來，有很重要的事情和你商量呀。」

「什麼事？」我問。

「你得事先聲明，我們的談話內容，絕對保密，不能說出去呀。」他看著我。

「我不說。」我說。

「『上面』覺得你很可靠，也有文化，想吸收你入黨。入了黨，你的待遇也會跟著好起來，到時候，你的地位會更高，怕是連我都不容易見到你呀。不過，入黨之前，你必須向組織交代一切，包括你犯過的錯誤，這些，我們都會替你保密。」

我的心猛地抽了一下。倒不是我犯過什麼錯誤，而是莫名其妙地，覺得他在提醒我：年輕人，你可要愼重，好好考慮，入了黨，就沒有退路了。而且，讓我一個出家人入黨，這不是很荒謬嗎？當然我也知道，這些年，有的是宗教人士變成了共產黨員，還不只是佛教僧侶。

看我不吱聲，他又說：「不急，你今天答覆可以，改日答覆也可以。過兩天，我還會徵求你的意見。如果你提前想好了，給我打電話也可以。」說著，他打開黑色公文包，撕下一頁紙，又從上衣兜取了鋼筆，寫下一個電話號碼，遞給了我，「如果你同意，我們會在西寧賓館盛情款待你。」

「我是不會接受的，」我對自己說。不過，我也是老運動員了，需要慢慢來，就說：「讓我再想一想吧。」

「當然當然，」他點頭，「是要好好地想一想。」

我們差不多談了一個多小時，然後，他轉身拿起那個扣在被子上的帽子，戴上時又正了正帽簷，囑咐了一句：「千萬別和其他人透露我們的談話內容啊！」

等他走出我的院子，我回身跑到屋頂上，看他是不是真的走了。而他確實一步步地走了出去。之後，我飛快地去了嘉雅仁波切那裡。

「何廳長來了，來找我。」我對嘉雅仁波切說。

「有什麼事嗎？」嘉雅仁波切立即放下茶碗，警惕起來。

「勸我入黨。」

「什麼？入黨？你是怎麼說的？」他一眨不眨地瞪著我。

「我什麼也沒說。」

「那你，到底入不入黨呀？」嘉雅仁波切的雙眉鎖在了一起。

「不入啊！」

「那爲什麼不立刻答覆他？」嘉雅仁波切追問著。

「我告訴他，我再想一想。」

「你可要自己拿好主意，這是了不得的事情！」嘉雅仁波切的聲音大了。

「我是堅決不會入的，這個我知道。」我解釋著。

「以後有這樣的事，要果斷，你現在也不是小孩了。」嘉雅仁波切又端起了茶杯，喝了一口茶，「要記住：虔敬三寶，修習慈悲，深信因果呀。」

幾天後，何廳長果然又來了，他一定也猜到了我的態度，因爲我一直沒有答覆他。

「想好了嗎？」他這次開門見山。

「我認爲，我沒有資格入黨。」我堅決地說。

「噢，你還是思想沒有解放，不過，等你解放了思想，再申請也不遲嘛。」何廳長面帶笑容地說。

他最後友好地走了。當時，他四十來歲吧，爲人謙和穩重，總之，給我留下了很好的印象。如果他當時不是公安幹部，我們也許會成爲好朋友的，直到今大，我也這樣認爲。

張學義的清淨之水

我們都稱他張曼巴，藏語裡，曼巴是醫生的意思，其實他的大名叫張學義。

那是一九六五年的一天，我從札什倫布寺回來不久，與賽朵仁波切一起去嘉雅仁波切那裡。剛進門，就發現一個幹部模樣的中年漢人，坐在迎面的長條炕櫃上，和盤坐在炕上的嘉雅仁波切說著話，兩人的臉上都帶著笑，特別是這位漢人，眼睛都瞇成了一條縫。他的鼻子似乎比一般人大一些，寬而平的前額閃著光，顯得健康而帥氣。他穿著一件有四個兜的中山裝，這是當時標準的幹部服。

我和賽朵仁波切就都規規矩矩地雙手放在兩邊的褲線上，不動了。在札什倫布寺受過「教育」的陰影還籠罩著我們，一見到幹部模樣的人，我們就有點緊張，脊背發涼。「也太不巧了，早不來，晚不來，偏偏今天來……」我心裡琢磨著，後悔這個時刻來看望嘉雅仁波切。

「不要怕，這是張曼巴，張學義先生，自己人，我的老朋友。」嘉雅仁波切笑著，看看我們又看看張曼巴，張學義先生。

我和賽朵仁波切都笑笑，仍然沉默不語，既不上前也不退後。張曼巴似乎看出了我們的防範之心，就站了起來：「那好，仁波切們好好聊吧，我回去了。」便告辭了。

「還是他爸爸那輩，我們就認識了。他的爸爸是個有名的獸醫，共產黨還沒來以前，常爲塔爾寺和嘎日瓦的馬治病。張老先生卻沒讓兒子接著學獸醫。」說起張曼巴，嘉雅仁波切的聲音越發溫和了。

「而是給人治病，當了曼巴？」賽朵仁波切接過了話頭。

「是啊，張曼巴正是年輕有爲時，五〇年代那會兒，爲了保護朋友，講義氣，進了班房。在班房裡，張曼巴經常給人看病，認識了一位寧瑪派的大德，學了藏文，又學了《大圓滿》。」

「噢，他經常來嗎？」我看著嘉雅仁波切。

「現在，他又在學習格魯派的傳承，三天兩頭就來這裡，給我看看病，我呢，就教他《菩提道次第廣論》。」嘉雅仁波切解釋著。

我們的疑雲這才散了。我感歎：「在漢人中，像他這種虔敬學佛的，還從來沒有聽說過呀！」

「一般人也就念念經，這樣細心學習佛理的，還眞不多。」嘉雅仁波切也感慨了。

後來，我和張曼巴漸漸熟悉了。有一次，他請我到他家作客，認識了他的太太、兩個兒子玉麒和玉麟，以及他那慈祥的老母親。那次飯後，他請求我作畫，我提筆給他畫了一張「望月虎」：月，是圓圓的，在深藍的天空中，散著清澈之光；而虎，站在峭壁之上，回首時，猛然看到了這輪明月。

「意境，了不起的意境！」張曼巴雙手合十，讚不絕口，「您落個款兒吧！」

「不要了吧？」我說。

「要寫，再過幾十年，這幅畫就了不得啦。」他搓著手，像看著一幅珍品似的心滿意足。

我就寫了名。

「今天，我還要讓仁波切看一看我的祕密。」張曼巴意味深長地笑了。

「什麼祕密？」我問。

張曼巴不語，轉身進了臥室：「請仁波切自己觀察，祕密就在這間屋子裡呀。」

我四處仔細查看，從床到衣櫃，沒有發現任何異常。於是，張曼巴走到床前，輕輕地挪動了一下床頭。床後，竟出現了一扇小門，並且自動地打開了。他打頭，我隨後，彎腰鑽了進去——

我看到了釋迦牟尼、蓮花生大士、宗喀巴大師、嘉措傑、克珠傑！想不到張曼巴有一個私人的佛堂！他立刻端過來一小碗大米，於是，我誦經、淨贊、開光。

後來，張曼巴還教我中醫針灸，而我，也教了他一些藏文文法，總之，我們越發推心置腹了。

不久，「一打三反」運動開始了。二哥丹巴嘎，他是嘉雅仁波切的管家，有次去探望張曼巴時，剛到門口，就看到幾個公安人員在院子裡晃動，他立刻停下腳步觀望。原來，那幾個公安是在抄家！而張曼巴則被銬上手銬站在院中。二哥丹巴嘎拔腿就跑，一口氣跑到我和賽朵仁波切的住處，告訴了我這個不幸後，又跑回自己家，把佛像、經文都藏了起來。

張曼巴坐牢後，我常去看望張夫人和他的兩個兒子。那兩個孩子都很懂事，在學校裡，總是拿到好的學習成績，還常常幫助媽媽料理家務。一家人說起張曼巴，就忍不住抹眼淚，尤其是張曼巴的老母親，因惦記兒子，已生病臥床了。她告訴我，那次抄家，是因爲張曼巴想做一點生意，到鄉下買了些藏族婦女戴的首飾，那時，連銀匠加工銀器也不敢公開，被叫作「開地下工廠」。當不走運的張曼巴買了首飾，剛出村頭，就被巡邏民兵抓住了。「銀器，哪裡來的？」他們想順藤摸瓜，抓「地下工廠」。張曼巴為人仗義，寧可被打死也絕不檢舉揭發朋友，於是，被扣上了「偷機倒把」的帽子。張曼巴差點被當作「有前科的頑固分子」的典型而丟了命，後來被判刑十多年。

我又向張太太打聽張曼巴的獄中消息，但她不知詳情，只是拿來了張曼巴從獄中寄出的兩封家信，情深意切，絲毫沒有抱怨自己身陷牢獄之災，盡是對家人的惦念。我注意到這信是從西寧南灘監獄寄出的，於是決定按照這個地址，去探望張曼巴。

我先到西寧找了卻西仁波切的獄友喇鼎，他也是個政治犯，當時已「新生就業」。所謂「新生就業」，是專門對勞改犯實施的一種政策，始於「大躍進」那時候，就是說勞改犯在經過一段時間的「改造」後，表現好的可以在勞改農場內或者附近地區自由活動，從法律上說服刑期已滿，獲得了「新生」，但按當時的勞改制度，還需要繼續在農場勞動一段時間，這就是所謂的「就業」。

按喇鼎的吩咐，我買了一條香菸。他便領我去西寧南灘監獄。顯然，喇鼎對這裡的人很熟悉，他給看門的警察打個招呼，我們就暢通無阻了。站在圍牆邊和哨房內的哨兵就像一個個塑像，一動也不動。我們推著各自的自行車，穿過一道道崗哨，像領導在視察工作一樣。在最後一道關口，喇鼎很友好地將香菸送給那個管教，我們便走進了監獄的探視房，很快地，張曼巴就出來了，喇鼎便跟管教聊天，將他的注意力引開。

張曼巴蒼老了許多，從前眼裡的笑容連影子也沒有了，頭髮也白了不少。我告訴了他家裡的情況，表示我會替他照顧他的家人。他含淚表示感謝，說有朝一日若能獲得自由，一定報答佛爺的恩情。

後來，聽說張太太也帶著孩子們幾次到監獄，看望了張曼巴。

多年後的一天，我寺院的隨員說，有人帶著全家老小在門外等候，要親自拜見活佛。我便讓隨員請來人進屋。原來是張曼巴一家。和往日不同，他留了一綹長鬚，一見我，就「噗通」一聲跪拜起來，溫柔敦厚的張夫人以及兩個差不多長大了的兒子也跟著跪拜。

張曼巴舉起一對古舊的西洋咖啡壺，裡面盛滿了清水，哽咽著說：「我家中只有這對舊器還算拿得出手，我們漢人有句諺語：『落井下石僞小人，雪中送炭眞君子。』我不知如何報答您在我危難時雪中送炭的重恩，就用這清淨之水，表達我對您的虔敬之心吧。」

第十章　修復塔爾寺及其他

去北京參加青聯會

中斷多年的中國青年聯合會，又要召開了。我被安排爲全國青聯委員，要去北京參加這次會議，這是一九七九年。

多年前，我們幾位朋友爲了嘗一嘗坐飛機的滋味，利用農閒，從西寧乘飛機去蘭州，又馬不停蹄地坐硬板火車返回，爲此還被捕風捉影地批判了好幾天，甚至我和賽朵仁波切在業餘時間，騎著自行車去西寧看電影、洗澡，都成了罪過。如今卻不必和生產隊長打招呼就可以出門了，還是那麼遠的北京，我的腳步自然也輕快了起來。

在西寧火車站，我們青海省的七位代表碰了面，這是青海省代表團。團長是魯加才讓，藏族，擔任當時的青海省團委書記，但是差不多六十歲了；團員方寶林，漢族，是上海出生的大學生，分配到青海搞地質工作；馬有良，又叫阿卜都拉，撒拉族，西醫大夫。插句話，在我的心中，撒拉族和回族一樣，都信奉伊斯蘭教。田成才，又叫達日傑，土族，互助縣的民辦教師。再插句話，實際上，土族是蒙古族的一支，我們的語言基本相同；還有裕固族，也是蒙古的一支，我們叫黃蒙古。田成才就常用土族話和我打招呼：「哎，你是黑蒙古，我是白蒙古啊。」黑，在我們蒙古人的概念裡，是純的意思。像我們常說的黑開水，就是純開水。另外，鄂倫春族、韃斡爾族，也屬於蒙古族。同樣的道理，像門巴族、珞巴族等等，都屬於藏族。只是，共產黨的中國成立後，蒙古族、藏族等等，像一棵粗壯的大樹，被有意識地向外拔出了許多分叉。

代表團裡，我和傑吉在一起的時間最多。他是藏族，果洛來的牧人代表。高個兒，高鼻梁，大眼睛又黑又亮，長長的頭髮海浪般地飄著，英俊瀟灑。他也很樂意跟我在一起，因爲我們之間沒有語言障礙。在北京，我倆還被安排在一個房間，主要是讓我照顧他，因爲他和別人語言不通。

「哎，傑吉，洗個澡吧。」每當他的丘巴在北京又悶又熱的天氣裡發出膻味時，我就這樣說。

「噢呀。」傑吉爽快地答應著，就是身子一動也不動。

傑吉並不知道我是一個仁波切，只把我看成普通的好朋友。那時，大家都有個習慣，對不熟悉的人不會透露身分，這也是文化大革命教給我們的本領：警惕一切人。再說，我平時穿的都是俗家衣服，連這次開會，也沒有例外。

在西苑飯店，有一次我們吃午飯時，拉卜楞寺的住持嘉木樣仁波切穿著褲線筆直的毛料制服，朝我們走來。他的頭髮自然地鬈曲著，像是燙過了似的。他中等身材，戴著眼鏡，文質彬彬的，有著與他的年齡不相符的老成。說起來，在藏區，尤其多麥一帶，歷代嘉木樣仁波切都享有盛名。這一世嘉木樣仁波切，兩、三歲時，就由僧眾從青海剛察迎請到了拉卜楞寺。後來，文化大革命期間，他被劃爲「階級敵人」，還被帶到「五七幹校」接受改造。和他一起幹活的，都是一些千戶、百戶、資本家，只有他最年輕，又因爲是仁波切，生活上不怎麼會照顧自己。據說有一位司機很是同情他，常給他帶些吃的，問寒問暖，他也常去這個司機的家裡，後來就和司機的女兒結了婚。「平反」後，他被選爲政協委員並駐會，和那些年紀大的政協委員相比，他還太年輕，只有二十多歲。因此，嘉木樣仁波切常自我解嘲：「我這是從少年一步就跨到了老年啊，都不知道當青年人是什麼滋味。」

當年，我在拉卜楞寺受淨土戒時，拜會過他。他坐在那個華麗的法座上，穿著袈裟，還給我們獻了奶茶、措瑪哲色。這次，在甘肅代表團的名單上，一見到他的名字，我就找到他的房間，相互碰頭，獻哈達，喝茶，敘舊。此刻，他來到我們桌旁，我動了一下，想起身，可嘉木樣仁波切馬上伸手，示意我坐，隨後就坐在了我的身邊。

「德莫！」嘉木樣仁波切微笑著向坐在我身邊的傑吉打招呼。這意思是你好。

「德莫。」傑吉笑著回答。

「這是拉卜楞寺的嘉木樣仁波切。」我順口向傑吉介紹。

傑吉的微笑一下子凝固了，臉脹得通紅，再也說不出話了。吃飯時，一會兒用手，一會兒又用筷子，最後，又一眨不眨地盯著嘉木樣仁波切。

我理解傑吉的激動。因爲，在藏區，不要說和一位高僧大德同桌吃飯，就是有機會在遠處望一望，或者被摩一摩頂，都是了不得的福報。終於，當嘉木樣仁波切把喝剩的湯放回桌上時，傑吉立刻站起來，雙手捧了過去，將碗中剩下的湯全都倒進他手裡，一滴不剩地喝了個淨光，又把雙手上的湯汁抹到了頭髮上。

同桌的委員們，全都停下了吃飯，張著嘴巴，看看傑吉，又看看嘉木樣仁波切。沒等主餐上桌，嘉木樣仁波切就尷尬地告辭了。

「我理解，你想祈求加持，可除了我們三個，這一桌的漢人，從來都不知道我們的習慣，你這樣做，也讓仁波切難堪哪。」回到房間後，我責備了傑吉。

「反正我得到嘉木樣仁波切的加持了。」傑吉「嘿嘿」笑著。

大會上，華國鋒和鄧小平都講了話。華國鋒的山西口音很重，他在台上講話時，有的人就在台下低聲學他的口音，偶爾還會引出笑聲。而鄧小平講話時，氣氛就不同了，鴉雀無聲。甚至，他不講話時，也顯得很老資格，側著身子坐在主席台上，一支又一支地吸著菸。

後來，我經常去北京開會，用餐時，常碰上一些領導人，比如胡啓立、王兆國、胡錦濤等。還有一些演員爲我們演出，像說相聲的馬季、侯寶林，唱歌的關牧村等。那時候，爲了「開闊眼界」，全國青聯還常組織我們參觀旅遊。記得我第一次參加的全國青聯會閉幕後，就組織我們去了大連。大連那時剛剛開放，似乎沒什麼好看的，就帶我們參觀了防空洞。的確，那是一個很大的工程，有些委員還開玩笑地叨咕起了當年家喻戶曉的毛主席語錄：「深挖洞、廣積糧、不稱霸！」

後來，我們又坐船到了上海，住的是南京路上的一個賓館。團裡的負責人一再介紹，電影

《南京路上好八連》就是在這裡拍的。

那個賓館的房間很熱，風扇一直開著。我和嘉木樣仁波切被安排在同一個房間，記得我醒來時，嘉木樣仁波切把我脫下的襪子洗得乾乾淨淨的。

認識趙樸初先生

中國佛教協會也常在北京開會。正是在這樣的會上，我認識了趙樸初先生。

早在五〇年代，達賴喇嘛和班禪大師到北京時，趙樸初先生就從事佛教工作了。對我來說，他的名字並不陌生，我還見過他年輕時和喜饒嘉措大師在一起的照片。那天，我很容易地就認出了他。那是在我們報到的賓館裡，趙樸初先生正好在大廳與幾位漢傳佛教的高僧打招呼。他的頭髮差不多全白了，只有一點點灰黑色攙雜其中，個兒不算高，穿一件灰色的毛呢大衣，拄著拐杖，和五〇年代年輕時的那張照片比較，顯得儒雅。

「樸老，這是青海來的代表，塔爾寺的寺主阿嘉活佛。」

「啊，您是宗喀巴大師父親的轉世呀！」趙樸初先生說著，把拐杖掛在胳膊上，雙手合十。

我也雙手合十，感慨他對西藏文化的瞭解。

「告訴你一個好消息，這次開會，宗喀巴大師《菩提道次第廣論》的漢譯者法尊法師也來了！」

趙樸初話音剛落，就傳來了經聲，一種賓至如歸的感覺繚繞而來。後來我才知道，這經聲其實來自一個公共洗澡間。那時，我們住的賓館裡還不具備熱水，早晚洗澡是在旁邊的一個大池塘。往往在洗澡的時候，可能是感覺舒適吧，法師們就會唱起《心經》，而一團團的霧氣，也會跟著經聲旋轉，氣氛非常好。

不幸的是，後來聽說，由於法尊法師年事過高，加上過分激動，竟圓寂於下榻的賓館了。當然，他的激動是因爲黨的宗教政策發生了一些變化。

*

佛教會議上，也免不了攙雜一些歌頌黨的發言，這時，有的人就會瞇上眼睛，養養神。到了趙樸初發言時，大家又會坐直身子，全神貫注。有一次，他說到河南大相國寺要落實政策時，顯得格外激動，聲音更大了。因爲河南大相國寺被單位占用，法師們到省政府門前遊行、靜坐、絕食，可對方就是不退還。此事反映到中國佛教協會，趙樸初先生還找到了班禪大師，兩人先後去河南，跟河南省政府、宗教局和統戰部等相關單位交涉，最後總算解決了。

趙樸初先生在會上很有精神，雖然耳朵有點聾，還戴著助聽器，但說話鏗鏘有力，一點也沒有老年人的孱弱。他說：「河南只是個典型，這樣的問題到處都有，必須引起重視！」大家掌聲不斷，都說：「我們佛教界就是需要這樣的人。」「有這樣的人，宗教才可能有希望啊！」可是，第二天，當領導們的講話以簡報的形式發給我們時，才發現趙樸初先生的講話已經被改頭換面，怕是連他自己也認不出來了。

那時，佛教協會還算好的，政協開會就更嚴了，參加會議的代表如果需要在大會上發言，得提前報名。有一次，我報名發言，想談談活佛轉世難的問題。青海省統戰部的一位幹部就走到我身邊：「您要發言啦？」

「是呀。」我說。

「噢，那我看看你的發言稿。」他伸出了手。我也就遞上了準備好的稿子。「好，我得回去看看，你到底要說些什麼。」

我很是不解，心想，你有什麼資格審我的發言稿？當稿子拿回來時，我一看就忍不住問：「這哪裡是我的發言？你在讓我讀你的發言嗎？」

「這是『上邊』的規定，」他傲慢地攤開雙手，「你不服也得服呀，阿嘉主席。」

「我不講了！」我說。很想一下子就撕掉那稿子。

「怎麼啦？你不是都報了名嗎？爲什麼又不講了？」他話中有話地反問。

久而久之，我也就習以爲常了。我成爲青海省佛協主席後，很多次發言稿都是他們提前寫好、印好的。就連我出走之前，在最後的那次運動總結大會上，我作爲塔爾寺住持表態的稿子，都是湟中縣宗教局的李局長寫的，我只是起了一個念的作用。

不過，偶爾有些特別的時候，人們還是可以說說心裡話的。記得有一天下午，大家討論累了，沒有人再發言的時候，和我們一起去開會的佛協幹部楊慶喜，就說話了：「看來，代表們都累了，我趁這個機會也說幾句。雖說大家都在談大好形勢，政策落實了，宗教開放了，可口頭說說是不行的，要有行動。否則，我們黨的信譽就很難樹起來了。從一九五八年以來，我一直在青海工作，我瞭解得很清楚，對少數民族地區的傷害，不僅僅是砸了佛像、毀了佛殿，還傷了民族感情啊。比如，在青海省貴南縣有一個叫過馬營的地方，『平叛』那會兒，過馬營的解放軍和幹部們，把群眾叫到一個圈牲口的大棚裡開會，等大家都到齊了，會開到一半的時候，軍隊包圍了那個地方。有人發現後，讓大家撤，可是，撤不出去了，門都從外面給反鎖上了。這時，解放軍就開始往裡扔手榴彈，開會的人全都被炸死了。有的婦女喊：『我是無辜的！』還有的男人喊：『我是好人！我是黨支部書記！』回答他們的，是一梭子又一梭子的子彈。一共打死了二百多人，整整一個村子都被消滅了。後來，有人請示連長：『這些屍首怎麼辦？』

『把這些叛亂分子拉到田裡埋掉，當肥料，餵狗！』連長說。那時正是冬天，地面挖不開，就隨便用土蓋了一下。第二年耕地時，那些腸子、肚子、胳膊、大腿都出來了。於是，大家拿著鐵鍁把這些東西又重新給埋了。這樣的事，或者相當於這樣的事，在青海的很多地方都發生過，藏區的其他地方估計也不少，非常慘。所以光說一句落實政策是不行的，如果沒有實際賠償、實際行動，難以癒合這些傷痕哪……」

楊慶喜的一番話把大家聽得目瞪口呆，連打瞌睡的也都瞪大了眼睛。

「你是幹什麼的？」記錄人責問楊慶喜。

「我是青海的，老家在東北，大學畢業就分配到了青海。」

「你是共產黨員嗎？」記錄人又問。

「我咋不是！」楊慶喜也急了。

*

和趙樸初接觸，給我印象最深的一次是在他家裡。那時我已是塔爾寺的住持，因爲維修塔爾寺需要經費，我不得不「跑部門」。這是一句官場上的行話。就是每個部門都要去，水利部、建設部、國家計委、交通部、文化部、教育部、財政部等等，我都跑過。跑到水利部時，有個牛部長，他對此有個比喻：「中央的錢就像蘋果，誰來了誰先得。」

「跑部門」時，我首先想到的就是趙樸初先生，當然中國佛教協會不是出錢的單位，不過趙樸初先生說話是有分量的。這樣，我請佛教協會出面，跟趙老的祕書約了時間，去家裡拜訪。

趙樸初先生的家在六部口附近的一個四合院裡，他住在裡院，外院是書房兼客廳。我們就在他的書房裡等。房間的擺設很簡單，只是放了幾把樸素的藤椅，有的藤條還斷了。不像其他部長的家都是豪華家具、名牌擺設。他的桌子上到處都是書，尤其是毛筆和硯台，彷彿時刻都在等待著他似的。

開會時，他的房間裡，筆墨也總是早早就準備好的，人們排著隊跟他求字。後來，他也給我寫過很多字，還專爲塔爾寺寫過字。他的祕書學的就是他的字體，寫出來的字跟他的一模一樣。我們有時就跟他的祕書開玩笑：「你給我們寫一副得了！」「不行不行，還是樸老寫吧。」他的祕書就謙遜地笑了。趙樸初先生寫字時，身子一點都不顫動，拐杖也不需要了，看他揮筆，很是一種享受啊。

此刻，他的祕書給我們倒了茶，茶具都很舊了，比較簡單。剛好這時，出現了拐杖的聲音。「樸老出來了。」祕書的話音剛落，趙樸初先生已經出現了，外面披著一件毛呢舊大衣，裡面穿著對襟中式短上衣，看到我們後，很自然地，他把拐杖掛在胳膊上，合十行禮。我也趕緊合十，拿出哈達。我們給別的部長準備的都是地方特產如蟲草之類，但是給趙樸初先生，我們專門準備了長壽佛唐卡，別的就都免了，因爲在我的心中，他是清廉之人。

趙樸初先生走到一個靠著書架的椅子旁坐下了。看來，這是專屬於他的椅子，前面就放著他的茶杯。祕書立刻斟滿了茶。趙樸初先生首先請我們喝茶，輕鬆地講起佛教歷史，還講到佛教在各地存在的問題，不過，他又把話收了回來，輕言道：「當然這一切都在解決之中，黨的政策正在落實。」最後，他問我們有什麼事需要他幫忙？

我們就把早已背得爛熟、需要資金維修塔爾寺的理由說了一遍，並遞上了材料。

「塔爾寺是格魯教派的根哪，是宗喀巴大師的誕生地，應該修，這個不修，還修哪個？」

趙樸初先生很是支持塔爾寺的維修，他的話很有力，讓我又一次想到他關於大相國寺的講話。從趙樸初先生家裡出來，我們還見了阿沛・阿旺晉美，雖然跟我一起去的民委主任索南才讓對他抱有更大的希望，可是，阿沛顯得小心翼翼，言辭婉轉，並未答應幫忙。

*

有一次我到北京開會，趙樸初先生特別派人找我，說每個部門他都反映了，同時中國佛教協會供養的十萬元，也轉到塔爾寺了，雖然少，但是滴水成海呀。

爲了感謝趙樸初先生，我特別去見了他。他也跟我分享了他的一個主意，想辦一個茶禪中心。還給我看了他親自設計的圖紙，要蓋一座賓館，專門展覽每個佛教傳統中的茶文化，也可以同時品茶、打坐、研究茶，還可以召開各種佛教會議等等，目的是，以茶文化把佛教的各個傳承連在一起。我當然支持。後來，還根據趙樸初先生的要求，搜集了不少西藏寺院和民間的茶碗、酥油茶筒、茶壺等，送了過去。

修繕菩提塔

宗喀巴大師誕生時，臍帶被剪斷後，就埋在了滴下鮮血的地方，多年後，從這裡長出一棵白旃檀樹，湧出一眼清泉。

大師七歲這一年出家，十六歲時，爲了繼續深造，徒步遠行衛藏。後來，母親思子心切，輾轉捎信，訴說家中發生的一切，包括那株白旃檀樹的故事，並附帶一縷白髮，表示自己已經老邁，希望大師返回安多老家一趟。

信是由一位居住在安多嘎瑪洛地方的商人捎去的，他是宗喀巴大師的功德主，當年，大師就是跟隨他徒步去衛藏的。插句話，他居住的嘎瑪洛，現在已改爲漢名甘溝鄉，嘎瑪洛是藏名。據說，當年松贊干布的軍隊派到那裡駐紮，後來有人問：「什麼時候離開？」答：「不接到命令不能離開。」嘎瑪洛，就是待命的意思。

宗喀巴大師讀罷母親的信，淚水滴落。然而，他正在修習顯密教法，日夜繁忙，不能中斷。於是回信囑咐，在他當年誕生之處，以那棵白旃檀樹爲核心，建一座佛殿，日後可在此興旺佛法，利益眾生。同時，大師還畫了一幅自己的肖像，製成唐卡，讓這位商人捎給阿媽。當時，宗喀巴大師已很出名，這位商人也就是大師的功德主，看出大師來日將更加著名，就將這幅唐卡留給了自己，又做了一個贗品，帶給了大師的母親。而母親打開唐卡時，那畫中之人，居然喊了一聲：「阿媽！」

母親的虔誠心居然使贗品也有了靈性。而這幅唐卡，如今還在塔爾寺保存著，眞的唐卡，據說仍在那個商人的家廟——民和縣甘溝鄉甘溝寺裡，也就是當年的嘎瑪洛寺。

再說大師的母親，遵照大師的意願，請求部落的善男信女，隨喜資助，在藏曆第六繞迴土羊年（一三七九年），圍繞著那株白旃檀樹，建起了一座聚蓮寶塔，人們還可以進入塔內飲泉、磕頭，求得加持。多年後，又有人將此塔改建成了銀塔，取名菩提塔，並蓋起了一座三簷歇山式的金瓦大殿，將菩提塔保護起來。那時，信徒們仍然可以進入塔內朝拜。並有傳說認爲，那株白旃檀樹的每片樹葉上都有一尊小小的佛像或藏文字。說實話，仔細辨認樹葉的話，還眞是很像存有這些圖案。不過，藏曆第十三繞迴火虎年（一八〇六年），第二十六任塔爾寺法台賽朵．阿旺且貝堅參，偶然的一天，接到護法神的諭旨：請他帶領四位比丘速速打掃菩提塔，而後關閉，否則到了末法時代，將對此塔有害無益。於是，賽朵．阿旺且貝堅參就帶領四位比丘持咒淨心，清掃了寶塔內部，並封閉了通往此塔的道路。

文化大革命浩劫中，雖然此塔得以倖存，但年久失修；另外，塔爾寺周圍的植被在「大躍進」時就被破壞了。下雨時，原來可以流走的水，現在積了下來，甚至滲到了殿堂底下，牆基變了形。同時，塔爾寺的其他古建築也都出現了裂縫，菩提塔自然沒有例外。原來榫卯交接的地方，也都鬆動了，斷開了。每當僧人們繞寺，或者在大金瓦殿念千燈供的時候，總有人歎息：「哎，我們的色東欽莫[1]都成了這個樣子了，什麼時候能維修啊？」

於是，一九八六年，塔爾寺決定對菩提塔徹底加固和維修，並讓我主持此事。

這是難得的善緣。我立刻召集各種匠人，僅銀匠，一下子就來了十幾個，連他們的掌尺[2]也來了。說起來，我和塔爾寺附近的銀匠們一直就沒斷了聯繫。還是文化大革命中，大經堂的香燈師才讓阿克，常偷偷點燈，偶爾還會告訴我，哪些銀燈舊了，需要修補，哪些銀燈爛了，不能用了等等。我就說：「好啊，我去找匠人。」

總是等到天黑，我才帶著銀匠，躡手躡腳地來到大經堂的後門，拿起那個鐵扣，敲三下，不開，又敲三下。根據我們的暗號，門立刻就開了，才讓阿克已等我們好一會兒了。待我們進去後，他馬上出去，反鎖上大門，再從側門進來。於是，銀匠就開始修補，對那些太破舊的銀燈，銀匠就量好尺寸，回去重新製作。過些天，會讓家人通知我：「你的『衣服』都補好了！」

「多謝，多謝！」我雙手合十。拿著麻袋，把打製好的銀燈包好，天黑時背回塔爾寺。

1 色東欽莫：藏語，金瓦菩提塔殿。
2 掌尺：木匠行業的領頭人稱「掌尺」。

不過，做黃金的活，以及鑲嵌寶石的技術，只有塔爾寺的僧人有專長，說是寺傳密法，都是在護法前發誓而學修的。

維修大銀塔的風聲，傳得比廣告還快。塔爾寺幾百位僧人，馬上跟自己的親戚和信徒們說開了，一傳十，十傳百，周圍的信眾立刻拿著各種各樣的供養來了。有的是袁世凱、蔣介石頭像的銀元，有的是過去的元寶，五十兩的、二十五兩的、五兩的，都拿出來了，這些財寶究竟是怎樣躲過了文化大革命的劫難？這可眞是一個奇蹟啊！有的人還把母親、妻子去世後留下的奶鉤也拿來了，那本是牧區女子擠奶掛桶或固定奶桶的工具，逐漸演變爲腰間配掛的一種裝飾品，藏語叫作「肖松」，全長加起來不過七、八吋，鑲嵌著珊瑚、綠松石等各種寶石；還有一些人獻出了金銀的頭飾、項鍊……那時，天天都有捐款，人們排著長隊，爲了結緣和積德。

我的嘎日瓦成立了辦公室，還專門騰出一個房間做了臨時倉庫，我還找到了一個保險櫃。根據大家的推薦，特別請來了幾個記帳清楚的人管理帳目。開工的那天，我們都在護法神前點燈、發願：願維修菩提寶塔沒有坎坷，願所有的信眾善財都用於菩提寶塔，用於護持我們的色東欽莫，以興旺佛法。

現在，我的嘎日瓦後院，文化大革命期間的飼養院，成了維修寶塔的作坊。我還另外找來了一些木匠、鐵匠、銅匠。舊的菩提塔上的銀子，經歷了二、三百年的磨礪，更薄了，有的都腐爛了，不得不剝下來。爲了防止繼續開裂，我們在裡層打上了三道銅箍，又在最外層重新包上了銀子。

「就是一百年也不會有什麼問題了！」很多僧人每天都來觀看，常常這樣感歎。

花了一年多的時間，我們把整個菩提塔，從裡到外都維修了一遍，還完全保留了原來的形貌。

建時輪金剛壇城

也許是黃昏的緣故，連嘉雅仁波切那鏡片後面的雙眼，都顯得格外溫暖了。他打開眼鏡盒，拿出那片我早就熟悉的淺灰色眼鏡布，摘下眼鏡，哈了一口氣，擦了擦鏡片，又戴上了：「年輕時，我就有這個心願了，就連文化大革命中，我也默默地祈禱過，建一座時輪金剛壇城。」

「您的意思是，現在，因緣俱足了？」我接過眼鏡布，爲嘉雅仁波切摺好，放進了眼鏡盒裡。

「是啊，這些年的供養，我都想用在這上面。另外，塔爾寺這邊，我跟卻西仁波切（當時的寺管會主任兼任住持）一說，他就樂了，還提出就建在原來的曲桑嘎日瓦裡，說那個院子空空的，不好看。」嘉雅仁波切看著我。

「您是說，我的嘎日瓦前面的那塊菜園子？」我問。

「就是。文化大革命時，我們還在那裡種過蘿蔔、白菜、土豆呢。」嘉雅仁波切說著看了看窗外，像是那塊菜園子就在窗外似的。

「聽說，原來是個不小的嘎日瓦，回民起義[3]時被燒掉了。」我說。

「這次時輪金剛壇城的修建，我想好了，」嘉雅仁波切轉向了我，「就交給你。色東欽莫的維修，你很負責任，聚功德呀。」

「色東欽莫是原來就有，可您要建的時輪金剛壇城，是在您的心裡呀！」我看著嘉雅仁波切，有點發愁。

「這不要緊，我幫你。」嘉雅仁波切喘了一口氣。

平時，嘉雅仁波切很節儉，連一片眼鏡布都捨不得換，現在卻要把所有的供養都捐出來，爲了修建時輪金剛立體壇城。那麼，究竟有什麼功德呢？

當年，佛祖釋迦牟尼在靈鷲山講授《心經》的同時，又化現爲時輪金剛本尊，於印度南方的阿木冉瓦迪講授了《時輪金剛》。《心經》是抽象地告訴我們：一切事物的形成，都是靠因緣、根器，都有其規律，要求我們遠離執著，懂得知足。而《時輪金剛》是具象地告訴我們：在土、水、火、風四大因素的先決條件下，情、器兩大世界的形成，年復一年，日復一日，以此循環，平衡四大因素。修習《時輪金剛》的結果，可以使眾生減少貪欲和憎恨，產生內在和平；也可以平衡宇宙間四大因素，使之風和日麗，引來外在和平。

但是，修習時輪金剛並非一件輕而易舉的事，如果有一個立體模型，就可以幫助人們在修行時更好地觀想，也算是一個方便法門。就是對於俗家人，也會使之產生善念。所以，嘉雅仁波切執意要建一座立體的時輪金剛壇城。

嘉雅仁波切曾跟隨九世班禪大師修習時輪金剛，又教授十師班禪大師時輪金剛的灌頂。他的一生，都在研究時輪金剛，也可以說，與時輪金剛有著特殊的因緣。

然而，建時輪金剛立體模型眞是個謎啊。這一次，無論我跟匠人怎麼解釋，他們都不懂，因爲很多匠人沒有做過這個活，看不見我們腦中的圖畫。我就找米麥稈，嘉雅仁波切搭起了一個簡易模型，匠人們終於明白了。可是，在修建壇城的細節時，又把他們難住了。這麼解釋那麼解釋都不行，嘉雅仁波切就自己動手，用硬紙做了大樂殿。那匠人也是個好手藝人，拿起模型，左看右看，不肯放下：「佛爺啊，這個您都會呀，了不起！我還以爲您只會坐在那裡念經呢！」

我們要完成的不只是時輪金剛壇城，還要修一座殿堂，把壇城罩在裡面。這是兩個工程。如果殿堂的空間大，費用就大，空間小的話，又容納不下壇城。而我們的壇城，直徑就二十六米，直到現在，也還沒有聽說，世界上有比這個更大的時輪金剛壇城了。

壇城代表一個宇宙。共四層，即四個方向、四大因素。裡面包括七百二十五尊佛，代表和平吉祥，是和諧平衡的標誌。我日夜琢磨，怎樣以最爲合適的結構，把殿堂和壇城合理而美觀地搭建在一起。當然，嘉雅仁波切在關鍵時候的指點，總是讓我開悟，後來，我們花了很長的時間，差不多一個月，才定下了框架。

很巧，我們動工時，根據嘉雅仁波切的測算，放線動土，而挖下去的地方，不偏不倚，正是原來曲桑嘎日瓦的經堂地基。「一下子挖到百年前的地基，這是一個吉祥的巧合呀。」嘉雅仁波切感慨著。

當時輪金剛壇城建成後，嘉雅仁波切還要寫上四種文字，即藏、蒙、漢、英的說明文。四種

3 回民起義：清同治二年（一八六三），西北回民反清起義，曾占領湟中魯沙爾，進攻塔爾寺，使寺院受到破壞。五世阿嘉仁波切曾武裝護寺。

文字都寫好了，唯獨英文我們不放心，不知表達的意思是不是準確。突然有一天，來了一位美國人，正好是一位懂藏文的修行人，一看譯文就笑了：「不行啊，沒有表達出藏文的深意呀。」於是他重新寫了，後來都刻到了石頭上。嘉雅仁波切說：「眞是巧合啊，就是護法神派來的。」

一共花了一年多的時間，全部完成了立體時輪金剛壇城的修建。自始而終，我只是催促自己：趁世事平靜，快點做！因爲我老是擔心，事態會突然變化。

完工之後，雖說沒有大的慶功儀式，可那天很吉利，卻西仁波切專門送來一幅唐卡以示祝賀，說是剛剛收到的，特別從達蘭薩拉那邊帶過來的，一幅尊者達賴喇嘛加持過的時輪金剛唐卡。嘉雅仁波切又看著我說：「你圓滿了我的心願啊。」不過我當時卻一點也沒有大功告成的喜悅，只是覺得，所有的重擔都放下了。

隨班禪大師朝覲佛陀故鄉

那是一九八六年十一月，我接到了全國人大民族委員會的通知，要我跟隨班禪大師前往尼泊爾參加世界佛教第十五次大會。我立刻乘五十六次特快列車趕往北京。儘管這時，出國對我來說已不再新鮮，因爲我曾隨全國青聯和佛協，訪問過日本、韓國、香港等地，但是，在火車上，我還是睡不著了。我從臥鋪上下來，坐在靠窗的椅子上，看著窗外漆黑的大地一掠而過，還有那些不知名的小站裡一瞬即逝的昏暗燈光，不禁想像著尼泊爾。上火車之前，爲我送行的民委幹部還特別囑咐，尼泊爾是個貧窮的內陸小國，到了那裡要注意衛生。其實，對西藏或蒙古人來說，那是佛祖釋迦牟尼降生的地方，信徒們總是想盡辦法，甚至不怕翻越高高的喜馬拉雅山，千辛萬苦地去加德滿都、藍毗尼朝聖。而我，能有這個機會，且是跟著自己的上師班禪大師和嘉雅仁波切一起上路，實在是太殊勝了。

看見北京了，天空灰蒙蒙一片，燈光昏暗，像有一層藍色的薄霧罩在我的眼前，無法看得更遠。一下火車，一股冷風，就吹透了我的衣服，在我的胸口打著旋兒，我不由得抖了一下，跟著乘客們向出口移去。

「仁波切，」有人輕輕叫了一聲：「行李都在這裡嗎？」是班禪大師派來的司機。每次大師找我，一下車，準有司機接站，天長日久，雖然叫不出名字，也早就臉熟了。

我們的車，直接開到了東總布胡同五十七號。如今，這座房子對我來說，已經非常熟悉了。司機一按喇叭，大門就開了，門口的解放軍警衛也認出了我，朝我點頭笑了笑，我也就免去了登記手續。

我直接上了二樓，樓上有很多客房，左手邊的第一個，是我常住的。我放下行李，便洗臉刷牙，而後換上墨綠色丘巴，又拿出一條早就準備好的阿細哈達。恰好前膳食官瑪沁莫上來了：「都準備好了嗎？」

「好了。」我說：「現在就可以見大師嗎？」

「可以。」瑪沁莫說著，在前面引路，我們直接進了樓下大師的辦公室。像以往一樣，我先給大師磕了三個長頭。

「好了，好了，不要磕頭了。」大師正坐在他的辦公桌前，戴著他那黑框老花鏡批閱一份文件，桌上的銀香爐繚繞著好聞的香柏木。看來，大師已經工作了好一會兒。「怎麼樣？塔爾寺那邊冷了吧？僧人們都好嗎？」

我簡單介紹了一下塔爾寺的情況。大師滿意地點點頭：「我們要去尼泊爾，雍增仁波切正在忙著準備，和以往不同，這次會有不少佛事活動。你去看看嘉雅仁波切怎麼安排吧。」

樓下的大客廳裡已放了許多包裹，有佛像、《大藏經》、金剛結、哈達，還有許多小紀念品。嘉雅仁波切坐在沙發上，兩手拄著拐杖，正給幾個工作人員東指一下、西指一下地分派工作。我認出了格桑，他是班禪大師的內衛兼攝影師，也是大師的親戚，來自文都老家；還有多吉占堆，他也是班禪大師舊人手，管理財務。一九六二年我去拉薩時，在雪林多吉頗章見過他，他那時很帥氣，頭髮又濃又黑，現在一片花白，還禿了頂，不過仍然很精幹的樣子，一下子就搬起了一摞《大藏經》。除此之外，還有小個兒頓珠、邊巴等人，都是札什倫布寺的僧人，也是大師隨員。

劉隆進來了，他是國家民委的一個副司長，回族。五〇年代初，在北京接待過達賴喇嘛，所以，每次提起達賴喇嘛，他都會激動地流出眼淚。他也將隨我們一起去尼泊爾。跟我們打過招呼，他就去了班禪大師的辦公室。後來，吃飯時他向我們透露：「哎，『上邊』有人說，這次世界大會，說不定我們能見到達賴喇嘛呀。」

「真的？」我們都停下了吃飯，幾乎異口同聲。

「聽說達賴喇嘛的代表會來，說不定，達賴喇嘛也會來呀！兩位大師如果相見，不論對佛法，還是對藏族人民，特別是對西藏問題的解決，都會有決定性的意義。」劉隆說。

「他們已經幾十年沒見面了。兩位大師最後分別是在五〇年代呀。」嘉雅仁波切歎息著。

「阿嘉倉，」班禪大師拿著一尊釋迦牟尼佛像和一個織錦緞外衣，「這是我從拉薩帶來的，你把這個衣服給導師佛穿上。」

我站了起來，剛要伸手去接，大師又特別叮囑了一句：「這是我要送給益西諾布的。」

大師一向稱達賴喇嘛爲益西諾布，也就是如意珍寶之意，而達賴喇嘛稱他爲袞色仁波切，也就是一切知佛。

「眞能見到嘉瓦仁波切就好了。」嘉雅仁波切說。

「您覺得……不可能嗎？」多吉占堆說。

「肯定會見到的。」劉隆又接過了話。

第三天，劉隆又來了，一坐下，就咳聲歎氣起來：「這次，可能見不到達賴喇嘛了，不要說達賴喇嘛，就是達賴喇嘛的代表也可能來不了啦。」

「爲什麼？」我定定地看著劉隆。

「中國政府提出抗議了，給尼泊爾施加了壓力。看來，左派勢力占了上風啊。以我個人的淺見，這是一個很好的機會，達賴喇嘛出去近三十年了，這期間，班禪大師也受盡了委屈。兩位大師，一定有不少的心思要交流，這對將來政策的緩和都是難得的機會，不知『上面』是怎麼想的呀。」劉隆說著，無可奈何地雙手一攤。

我們都沉默著。這以後，在我的眼裡，劉隆是一個正派的人。他身爲國家幹部，能說出這麼通情達理的話，不容易。

*

我們這一行人，由班禪大師帶隊，乘專機向尼泊爾飛去。同行的還有趙樸初會長、貢唐倉仁波切[4]、季羨林教授等二、三十人。除了趙樸初會長，我對季羨林老先生也很佩服，因爲他懂梵文，還把古印度大詩人檀丁的經典之作《詩鏡》譯成了中文。小時候，我們學藏文是必須要背誦《詩鏡》的。據說，從薩迦王朝起，《詩鏡》就成了西藏學生們的必讀課，那是非常美的詩文。季羨林對佛教也很瞭解和敬重，但聽說，他不信佛。我常想，他是眞不信還是有其他顧慮呢？

飛了不長時間，就看見了一座城市。航空小姐馬上走到坐在最前面的班禪大師前艙：「委員長，這是四川盆地，正好過成都……」

「我知道，我知道，到了西藏境內你給我再提醒。」大師打斷了她。

「委員長，昌都到了。」航空小姐的話音未落，班禪大師已站了起來，並回身看著我們幾個西藏來的人：「漢語他們叫昌都，其實這就是察木多，知道嗎？這是察木多！」

飛機的定位可能是一樣的，但是到了高原，尤其臨近拉薩的時候，顯得很低，布達拉宮清清楚楚地出現在我們眼前：紅牆、白牆，還有那閃著萬道光芒的金頂。我們都站了起來。

「可以看到札什倫布寺嗎？」一位札什倫布寺的僧人問。

「馬上就會看到。」航空小姐說。

不出十分鐘，我們果然看到了札什倫布寺。那熠熠生輝的整個建築群，最引人注目的就是那高高的白色展佛壁，還有背後的尼色日山，今天也顯得格外立體。札什倫布寺，是那樣清清楚楚地坐落在綠度母山的懷裡！

「珠穆朗瑪峰到了！」航空小姐又說。

我們就都從右邊窗戶往外看。

「在左邊，左邊可以看到！」班禪大師一邊說著，一邊站到了左邊的窗前。是的，珠穆朗瑪，看上去那麼平常，平常得和我們在飛機上看到的任何一座雪峰一樣，如果不是特別尋找，我可一點也不會想到，這是世界上最高的一座山峰。當然，其實和別的山峰並不一樣，一條長長的、緩慢移動的白雲，就掛在這山峰的左邊，像一條白色的哈達，飄向我們的上師。

接下來，就出現了層層山林，像是完全進入了沒有人煙的世界，迷失了一樣。突然，飛機向下扎去，越來越低。但沒有降落，盤旋了一圈又一圈，最後才降落在一個小盆地上，這便是尼泊爾首都加德滿都機場。

*

4 貢唐倉仁波切：是藏傳佛教格魯派六大寺院之一——安多拉卜楞寺四大賽赤（金法座）之首（其他三大法座爲薩木察倉、霍爾藏倉、德哇倉）。自一世根敦彭措起，至今爲止已傳七世。

幾個小時前，在北京時，還是冬天，一片綠葉也見不到，而這裡，連空氣都彌漫著花香。

班禪大師走下飛機，他黃色的緞子丘巴，在陽光裡更加耀眼。突然，一陣波濤起伏的問候，吸引了我們的目光，原來是早就等在機場的一群藏人，紛紛向大師舉起了哈達和梵香，大師也高高地揚起手臂。但是尼泊爾警察手持小木棍擋在那裡，使他們根本無法靠近我們。

尼泊爾方面前來迎接的官員，爲我們每個人戴上了鮮花編織的花環，並合十說：「那瑪斯得！」（問候語）

「委員長快走，那邊在等我們呢！」有人用漢語催促著。大師一邊向前走，一邊再次向同胞們高高地揚起了手臂。

「委員長，請您快走。」又在催了。

我們一行人被首先請進了機場貴賓室。說是貴賓室，跟一個家庭客廳一般，只能容納六、七個人。不過，牆上的畫是非常吸引人的，佛像呀，木刻啊，看上去也很古老。

尼泊爾的外交使臣和皇家官兵都來迎接我們了，很快地，我們離開貴賓室，坐上了幾輛英國式的吉普車。班禪大師坐的是皇家派來的高級車。加德滿都的街道非常狹窄，也很古老，像我小時候去拉薩的感覺。到處都是盛開的鮮花。我看到有巴日纖（藏語）、卓瑪梅朵（藏語）、菊花、草坪、樹的圍牆……

以趙樸初先生爲團長的佛教代表團住進了賓館。班禪大師帶領我們十幾人，包括劉隆，住進了尼泊爾比蘭德拉國王的清涼宮，也是比蘭德拉國王的夏宮。

儘管是國王的夏宮，衛生間已經很老了，水龍頭還是二〇年代初期的，打開後，不會馬上有水，要等好一會兒，水才來。關閉後，水還在流，要流上好一會兒，才會完全停下來。在房間裡走動時，地板響得厲害，門也關不上，門插老是搆不到門扣，要用勁推，才能關嚴實。不過，房子很高，儘管外面很熱，房裡卻涼爽。

最爲可口的，就是皇家爲我們準備的飯了。早餐有雞蛋和臘肉、小麵包。還有稀粥，看起來黑乎乎的，吃著香得很。到現在，二十多年過去了，還會常常想起那稀粥，不知是用什麼米做出來的。當然，也有藏餐，比如糌粑、酥油茶、乾肉等等。午餐和晚餐都是典型的西餐：牛排、羊排、雞、沙拉等，還有各種湯，有綠色和黃色的湯，我叫不出名字。偶爾也有印度餐，比如印度的餅子、拉色（一種芒果、香蕉製作的酸奶）。

住了四、五天。每當出去參觀那些佛教聖地時，尤其在博物館裡，總會見到等在那裡的藏人，他們請班禪大師寫字，向大師頂禮。後來，原計畫讓大師去的很多地方都取消了。中國大使館的理由是：「這裡太不安全，委員長還是不要出去。」

我們隨員倒是可以自由出入。有一天，班禪大師點名要找一位叫洛桑的人，他是拉卜楞地方的人，一九五九年離開西藏後，就在尼泊爾安了家。八〇年代「歡迎藏胞探親」時，他特別看望過班禪大師。中國大使館無奈，只得找來洛桑。「讓洛桑帶你們去各處走一走。」大師總是鼓勵我們多出去。

我和洛桑出去轉了好幾次，還去了加德滿都的市場。人很多，看上去都像藏人。於是，我們中有的人，就要用藏語跟他們打招呼。

「人家聽不懂。」我說。

「肯定懂，你看，跟我們長得一樣啊！」他們就硬是用藏語跟那掃街的婦女打招呼。結果對方以為我們要給錢，就纏著不放。

洛桑就笑：「眞的不是我們藏人哦，是尼泊爾人。」

在尼泊爾市場，我們買了不少小紀念品。小佛像、小佛龕，以及一些銅器，我們都向班禪大師做了彙報，大師聽得仔細：「再出去走一走，多瞭解這裡的情況。」

一天，班禪大師知道了外面有很多藏人要見他。可是中方的官員對班禪大師說：「這邊很亂，最好不見，再說尼泊爾警察不好溝通。」

「尼泊爾的警察，膽子非常小，你跟他們打交道，只要穿得好，跟他說話像下命令的樣子，保準管用。」洛桑悄悄地告訴我們。

「你們到門口看看，到底有多少人。」大師對我們幾個隨員說。

我們出去一看，人太多了，熙熙攘攘的，都問：

「這次班欽仁波切待多長時間？」

「什麼時候可以拜見？什麼時候可以傳法？」

我們都告訴了班禪大師。他說：「只要他們能進來，我就可以給他們念經。」

「大師，我有個辦法，明天不是要去尼泊爾佛教會館嗎？把給他們準備的禮品，就是那套《大藏經》先裝上車，送過去。車出去前，讓阿嘉會長悄悄地告訴那些人，大門一打開，就進來。」劉隆說。

按照劉隆的主意，後來，大門一開，簡直不敢相信，那麼多藏人一擁而入，都進來了。接下來，他們就請班禪大師講法和加持，不見到班禪大師的話，死也不肯出去。這時候，中方工作人員也不得不顧及面子，就放棄了不讓班禪大師接觸藏人的計畫。這樣，班禪大師很圓滿地滿足了對藏人們弘法的請求。

*

後來，嘉雅仁波切代表大師去了很多地方，比如位於山上的薩瓦嚴布塔，那是一個佛教和印度教的聖地，有很多的佛像佛塔，上千年了。還有市區的博拿大佛塔，相傳是六世紀建的，塔內安放著釋迦牟尼弟子摩訶迦葉佛的遺骨，是尼泊爾著名的古蹟。

佛塔周圍的房子之間又形成一條環形街道，商店林立，很多西藏人也在這裡做生意，大多數商品都和佛教有關，讓我想起了拉薩的帕廓街。喜馬拉雅地區的風俗、文化，都是相似的。這個地方又叫恰榮嘎雪，意思是：皇帝失口答應。說的是很早很早以前，有個賣雞的老太太，她感到造孽太多，就跟皇帝提出要建一座佛塔。皇帝問她，需要多大一塊地方？她說：「只有一張皮子那麼大。」皇帝想，這是很小的一塊地方嘛，就說：「好，給你一張皮子大小的地方。」於是，這老太太找了一張大象的皮子，從邊上往裡一圈又一圈地裁成又細又長的皮條，而後圍出了一塊地方，開始了建塔。「咦，你占了這麼大的地方！」有人問。「這可是皇帝答應的。」老太太說。

在尼泊爾，著名的佛塔共有三個，除了恰榮嘎雪，還有薩瓦嚴布（藏語叫帕巴興昆）和達摩律金。前兩個我都去了，只有後面的達摩律金，那是佛在前世捨身飼虎的地方，可惜一直沒有機會去朝拜。

*

雖然中國施壓，不讓尊者達賴喇嘛的代表參加將要召開的第十五屆佛教大會，而印度方面卻堅持要達賴喇嘛的代表參加。尼泊爾想出了一個兩邊都不得罪的辦法：同意尊者的代表參加，但持印度護照。

尊者的代表阿拉晉美來了，提出要見班禪大師。說來說去，最後決定，班禪大師和達賴喇嘛的代表在中國大使館見面。

去中國大使館的路上，遠遠地，就看見了那門前的一個小商店。「這是印度的特務機構。」車上的中方人員透露，也許是告誡。我們都往這個小商店看去，是一個很小的便賣店，似乎只有些飲料，我們誰都沒有靠近。

中國大使館很有中國味道。大使是一個很瘦的官員，不記得叫什麼名字了，但他和別人不一樣，有點傲氣，別人見到班禪大師時都要站起來，向前走一、兩步，而他，只是坐在那裡，不動，甚至沒有抬一抬屁股。

在早已準備好的一個小客廳裡，班禪大師在等候客人的出現。阿拉晉美來了，先給大師磕長頭、獻哈達，而後，捧出了尊者達賴喇嘛贈予班禪大師的禮物，有佛珠、佛經、佛像，還有印度的綢緞，也給我們大家都帶來了禮物，每人送了一支筆。最後，阿拉晉美雙手捧出了尊者親筆寫給班禪大師的信。班禪大師也捧出了那幅五彩緞的釋迦牟尼佛像，以及一些其他的禮物。這是西藏的傳統。

「本來我以爲能和益西諾布見面，因緣不足呀。」班禪大師感歎。

但沒有說更多的話，都是禮節性的問候。儘管阿拉晉美是黃河以南的熱貢[5]人，我們還是多麥的同鄉，可我們沒有多說，因爲我們要嚴守涉外規則，再說還有使館工作人員，不停地在旁邊轉來轉去。

*

去藍毗尼時，我們乘坐的是一架小型直升飛機，只能坐十二個人，有班禪大師、嘉雅仁波切、中國大使，我也輪到了。

從直升飛機的小窗戶往外看，很險哪，總像要掉下去似的，有時候，差不多直立了起來。大地上的一切，都看得清清楚楚，我甚至看到那些拉著水稻捆子的牛車，像蝸牛一樣地爬呀爬；還看到有的農民，頭上頂著大號的籃子走在田裡。

突然出現了草坪，畫著白色的圈，圈裡寫著H符號。飛機開始降落，周圍的樹都被吹得東

5 熱貢：藏語，意爲「夢想成眞的金色谷地」，位於今青海省東南部的黃南藏族自治州。其州府同仁縣也往往被稱爲熱貢。

倒西歪的，飛機的聲音大得出奇，震耳欲聾。藍毗尼位於印度平原，很有亞熱帶特色，到處都是綠蔭蔭的。

在藍毗尼參觀時，也來了不少藏人，有四、五十人，捧著哈達，舉著雙手，向班禪大師問候。班禪大師也舉起手，高興地和他們打招呼。

但是，在藍毗尼，除了指定之處，我們不能參訪其他地方。我們被直接帶到了佛陀誕生的那棵菩提樹下。那裡有個小廟，裡面的紅色石雕描述了佛陀從母親摩耶夫人的右肋間降生時的情景。據說平時不允許朝聖的人們靠近，但因班禪大師的到來，就特別打開了。那天很熱，班禪大師進去禮拜時，前額剛一觸碰摩耶夫人的右肘時，上面就流下了清水。

「甘露！甘露！」嘉雅仁波切激動地對大家說：「照相，快照相。」我拿出照相機，留下了這一珍貴的瞬間。

還朝拜了不遠處的釋迦牟尼誕生後出現的池塘。《佛陀本生故事》說，佛誕生後，邁出七步，每次抬腳，腳下就生出一朵蓮花。而後，舉目四方，說道：「天上天下，唯我獨尊。」地面湧出池塘，空中有天女，拿著寶瓶沐浴佛陀，天界奏樂，撒下殊妙鮮花。

在那水塘邊，班禪大師不由分說，就喝了那水。

「大師，這水有汙染，小心。」大家都說。

「不管，這個有加持力！」大師說。

*

回到加德滿都後，我們參加了第十五屆世界佛教大會。開幕式非常宏大，跟運動員入場有點像。各國代表們在尼泊爾禮賓小姐的帶領下，陸續入場。會場佈置得很有佛教色彩，印度、緬甸也都有這個習慣。每個代表團的前面都放了佛龕。會上，尼泊爾國王講了話，班禪大師也應邀講了話。

尼泊爾的比蘭德拉國王還請班禪大師到家裡作客，請求班禪大師加持念經。他們信印度教，但也尊重佛教。班禪大師後來告訴我們，王宮裡佛像處處可見。

尼泊爾訪問結束後，班禪大師還應邀訪問了澳大利亞，據說在訪問澳洲時，班禪大師曾與達賴喇嘛通過電話，但在訪問尼泊爾時，並沒有得到這樣的機會。

隨班禪大師去南美洲

一九八八年，應南美洲一些國家的議會邀請，我又跟隨班禪大師訪問了南美。「上邊」如是說道：這些國家都和我們有共同之處。比如巴西和中國一樣，是大國；玻利維亞和西藏一樣，是高原；烏拉圭和內蒙一樣，是牧區。總之可以互相交流。

因爲沒有佛事活動，這次訪問團的組成多爲人大和外交部的幹部。共有二十多人，藏人包括平措汪傑6（我們都稱他平汪啦）、多吉占堆、格桑，還有一個我如今叫不上名字的自治區官員。不過，絕大多數都是漢人。有中央統戰部的副祕書長李佐民，他除了講一口流利的藏語外，還精通英語，這次兼任班禪大師的政治祕書；老黃，來自外交部美大司7，負責管理訪問團所有外交方面的重要文件；王厚德是副團長，一個典型的左派黨員，在我眼裡，他才是我們這個團的眞正負責人。還有公安部的一個人，負責大師的警衛，他是以外交官的名義出訪。另外，人大禮賓司的司長，我也叫不出名字了，只記得他處處替王厚德看著我們。還有人大的張建基，這一路，每當我們將出發時，他就折回房間取東西，他們說，他其實是回去把放在屋裡給服務生的小費揣進了自己腰包。

這個訪問團的成員自然地形成了三六九等。幾個當官的，算是軸心，每次座談時，都會被請坐在主要位置。其他人都是跑腿的。而跑腿人之間也分等級。當然這種氣氛，不單是我們這個團，簡直像風一樣，雖說看不見抓不著，卻颳遍中國的每個角落。

臨走前，在東總布胡同五十七號，班禪大師還特別把我、格桑、多吉占堆叫到一起，囑咐說：「這次南美之行，時間比較長，你們幾個在他們面前不要出什麼婁子。阿嘉倉，你就擔任我的宗教祕書，也許，路上會遇到我們流亡的博巴8，多準備一些小禮物，金剛結、嘛呢丸……」

大師又說：「這次，護照都是自己揣著，但是你們一個都不能出問題，『上面』對你們幾個特別不放心，一是害怕『叛逃』，二是擔心迷路『走失』，三是怕丟三落四……」

「這就像大師平常說的，把我們當成了二等公民，是在歧視我們哪。」出了班禪大師的辦公室，格桑就開口了。

「所以，大師才特別囑咐一下。」我說。

後來，團裡的其他人議論，中央裡有職有權的，去的都是發達國家，有職無權的，去的都是第三世界國家。但聽說安排了我們在紐約轉機，並停留三天，也算是一種安慰了。當時，趁轉機安排一些遊山玩水的機會，已是一種不成文的規定了。

臨行前，訪問團的所有人員，又聚集在人民大會堂班禪大師的辦公室開會。主要通報這次的行程和一些注意事項。沒想到的是，原定在紐約轉機的計畫被取消了，說是紐約的治安太亂，搶劫呀、槍擊呀，經常發生，改由加拿大的溫哥華轉機並停留。其實，我是期望去紐約的。就思忖，說不定達賴喇嘛也在訪問美國，也說不定怕我們遇上太多的藏人，所以找了這個藉口。

6　平措汪傑：一九二一年生，西藏東部康區巴塘人，西藏共產黨創始人，是最早跟隨中共軍隊進入西藏的藏人，第十八軍民運部部長、中共西藏工委統戰部副部長、西藏自治區籌備委員會委員等。曾擔任達賴喇嘛、班禪喇嘛與毛澤東、周恩來等人的翻譯，是中共和西藏談判並簽訂十七條協議的參與者。一九六〇年因被指控為「地方民族主義者」而被囚十八年。一九八〇年代獲平反，後任中國人大常委、人大民委副主任、中國社科院研究生院教授等。近年來，他連續四次致信胡錦濤，要求中共與達賴喇嘛真誠對話，解決西藏問題，呼籲讓達賴喇嘛重回西藏。最近再次致信習近平。

7　美大司：全稱中華人民共和國外交部北美大洋洲司。

8　博巴：藏語，藏人之意。

*

中國駐溫哥華的總領館，例行公事地請我們吃了飯，又帶我們去了一座山上的人類學博物館。那裡全是木頭柱圖騰，有的彩色，有的原色，有的新鮮，有的古舊，裡裡外外地擺著。

想不到，現代西方如此珍視這些土著民族的手工製品。這樣的木刻，其實在西藏也有不少，比如西藏的各種面具，有的非常精細，含義也很深，可是，早在「破四舊」的時候，都被付之一炬了。還有我們古老的宗教樂器，鼓呀，鉢呀，號呀，遠在「大躍進」年代，也都被改成了扭秧歌的助興工具，後來，又都被拿去煉鋼，卻燒成了廢鐵爛銅。

「人類學，藏文應該怎麼講？」多吉占堆打斷了我的思路。

是啊，人類學這個詞應該怎麼翻譯呢？我也在想。

「人類學是國外大學裡的一門學科。」平汪啦聽到我和多吉占堆的對話，走了過來，「在中國，也有這門科學，但是，他們學的內容和國外相比，那就不是一個角度了。」

「快走呀，厚德同志剛剛還在擔心你們呢。」禮賓司的司長回頭朝我們喊著。他說的厚德同志，就是副團長王厚德。每次上下車，他都會讓人點一點我們幾個藏人的名字，就怕我們掉隊、「失蹤」，或者丟了什麼東西。「那幾個藏民來了沒有？」「你們的東西都拿齊了嗎？」這是他掛在嘴邊的話。

我們在溫哥華住的酒店很安靜，連走廊裡都沒有聲音。每個房間的抽屜裡，還都放了一本聖經。

一天，當我們幾個隨員都在班禪大師的房間時，大師信心十足地看著我們說：「知道嗎？這是香港人經營的酒店。既然香港人可以到加拿大經商，我們也可以來呀。我們的崗堅公司將來要發展成跨國公司，還有我準備建的松贊賓館，也可以在國外開個這樣的分店嘛。」班禪大師說著，從抽屜裡拿出了聖經，放在我們面前，「不過，我要在抽屜裡，放上我們藏文的《金剛經》。」

「有人會把經書拿走的。」不知誰說了一句。

「拿走了好啊，說明他們需要，我們就再印嘛。」大師笑了。

*

在墨西哥，我們一下飛機就去了希爾頓飯店。一樓的接待廳很大，有一、二百人，熙熙攘攘的。我們辦完了房間登記手續後，就來到班禪大師的房間，他住總統間，很寬敞，我們幾個隨員就把東西都放在那裡。我的包裡都是佛教用品，鈴、杵、崩巴[9]、嘎吾[10]、護法神塑像等，都很重。

中國駐墨西哥的沈大使也禮貌地跟了上來，告訴我們，希爾頓的飯菜很是昂貴而且還不好

9 崩巴：藏語，寶瓶。

10 嘎吾：藏語，裝有聖物的護身盒。

吃，要我們到中國大使館那邊吃飯。從希爾頓飯店到大使館有一段距離，而墨西哥城很大，堵車厲害，他囑咐我們提前出發。這一點，我們理解。因爲一下飛機，就可以看到墨西哥城的大街上，那些冒著一股股淺灰色煙霧的黃色老爺車，一排排地，像螞蟻一樣擠在大街上，交通堵塞肯定是常事。不過，墨西哥的鄉下是非常安靜而美麗的，到處都是鮮花。我們從北京出發，正是冬天，所以聞著這些花香，格外賞心悅目。班禪大師也感歎：「你看人家的鄉下，多好！」當然這都是後話了。接下來，大使又安排了我們與墨西哥的國會議員如何見面等事宜，最後，通知我們晚上還有招待宴會，請大師早點休息，就走了。

大使一出門，副團長王厚德就帶著外交部美大司的老黃進來了。老黃的臉拉得很長，說有急事，要給大師彙報。

我們幾個藏人都是大師的隨員，這時都站了起來。「不要走，不要走，我還有事。」大師把我們幾個留下了。老黃也就不得不當著我們的面開口了：「今天是太倒楣了！」

「這說不定是他們事先安排的。」王厚德說。

「怎麼啦？怎麼啦？」班禪大師問。

「文件包被盜。」王厚德替老黃說了。

「怎麼被盜的呀？你不是說你經常出國，還在厄瓜多當過總領事……」班禪大師看著老黃。

老黃低下了頭：「上樓時，我發現有個人一直在後面盯著我，等進了房間，我把包放下，進了衛生間，就在這一剎那，包被盜了。」

「這說明，偷包的人已經進你的屋了！」班禪大師說。

「我們的行程太緊張了，老黃也太累了，據他的記憶是這樣。」王厚德說。

「哎，我們這個團還沒等開始活動就把東西丟了，你還丟了什麼？」班禪大師又問。

「就是這個文件包。」王厚德又搶先替老黃答了。

「文件包裡都有什麼？」班禪大師問。

老黃這才說出了很多機密文件的名字，還有一百多封信，都是私人的。那時，使館人員爲了省錢，常讓部裡出差的人往國外捎信。除了這些信以外，老王又補充說，還有二、三千美元。

「這是一個外交事故，很大的事故。行程計畫、機密文件，都丟了。如果眞像你們說的，有人盯上後，盜走了東西，那我們這個團的所有行程，現在都被人家掌握了，我們怎麼辦？」班禪大師停了一會兒，又說：「老黃啊老黃，我們走之前看的那些錄像，這次是重演了！」

是的，每次出國之前，外交部都要給我們上課、看錄像。有一次，講解員還講了一件有趣的事，說是有個團到國外訪問，他們離開中國時一個也不少，是集體出去的。可到了國外後，所有的人都沒了，就剩了一個團長。團長就尋思了，剩下我一個人，怎麼回去交差呀？不如我也留下吧。講解員還講了另一個故事，也是中國的一個團到另一個國家談判，結束時，公事包忘在了椅子上，對方立刻打開，將所有的資料做了複製，然後才打電話請對方來取，還說：「我們可沒有打開呀！請你們檢查！」

王厚德和老黃離開後，班禪大師對我們三個人說：「聽起來挺驚險，不過我認爲是專門編給我聽的。」

「他一定是把公文包忘在了大廳。剛才登記的時候，我眼看著老黃把那公文包放在了沙發旁。」多吉占堆說。

「幸好你們三個人沒有出事，他們最操心的就是你們了。」班禪大師說著歎息了一聲。那天晚上，老黃的臉拉得更長了，飯也嚥不下去，只吃了幾口。這以後，那位禮賓司的司長，也不知爲什麼，對我們幾個藏人，盯得倒不那麼緊了。

到了最後一天，老黃的臉還是拉得很長，飯也還是吃得少。班禪大師同情了，把他叫到了房間：「老黃呀，出事吧，什麼人都會出的，既然這麼多天過去了也沒發生什麼，說明不是被特務盜走的，算是你給小偷做了一次布施吧，不要太難過，回去後，我也給你向『上邊』說說。」

老黃頓時笑了：「謝謝，謝謝，謝謝，謝謝……」

從此，團裡的那些漢族幹部們，對我們幾個藏人也客氣起來了。

墨西哥的一位議員還陪著我們去參觀了馬雅文化遺址和博物館。博物館裡有很多塑像。那墨西哥議員突然抓住我的胳膊，把我拉到一個古印第安人的雕像前，用西班牙語說了起來，還打著手勢，讓大家都過來看。「他說，你倆的臉很像！」翻譯解釋著。

「其實，我們西藏人，還有蒙古人都和印第安人很像。」班禪大師對平汪啦說。

看著馬雅文化遺址裡的那些古蹟，班禪大師又說：「很值得研究，跟我們藏傳佛教裡的塔座很像，我們的佛塔有四層，代表四聖諦，這裡的塔也是四層，還有上面的台階也和佛塔的建築結構相似啊。」

和駐墨西哥的沈大使熟悉了以後，班禪大師就問他：「你們駐國外的大使，工資是不是很高？」

大使也很直爽，一個勁兒搖頭：「高什麼呀，還不到三百美金。換成人民幣是三千塊，在國內說起來很高，可到了國外，什麼也不算哪。雖說我是堂堂中國大使，可工資，還沒有越南使館的一般工作人員高呢。」

*

「這幾天睡得怎麼樣？」大師問我們。

「我老是睡不著。」我說。

「時差時差。」大師說。

「時差是怎麼回事？」我問。

「就是東半球和西半球像西瓜一樣被切開了，再切成對稱二十四塊，形成了二十四條經線，代表二十四小時。一數經線，就知道這裡和咱們家鄉差了多少小時。說明你們人在這裡，作息時間還在那邊呢。」

果然是時差，大約一週後，失眠就過去了。

巴西利亞是一座新興城市，作爲巴西的首都，時間不長。馬路寬闊，建築都很有現代風格。比如，議會大樓的頂層，有兩個碗式的雕塑，一個碗口朝上，一個碗口朝下，象徵立法和執法。議會裡，分爲眾、參兩院，從地毯的顏色，一半爲藍色，一半爲綠色，就可以顯現出權力的分立與公平。

當時，團裡來自人大的幾個人都看得目瞪口呆，一再感歎：「我們什麼時候才能這樣啊！」也是在巴西利亞的政府門口，我們還看到一隊遊行的人群。代表團裡就有人問：「他們為什麼遊行，是不是因爲我們？」

「不是，不是。經常會有。」他們解釋。

「政府允許遊行？」又有團裡的代表問。

「當然。這是他們的權力呀。」他們說。

議會還安排我們和這邊的華僑舉行了一次聯誼會。華僑中有的人似乎一點也不瞭解西藏的今天，問道：「現在達賴喇嘛怎麼樣？」「還住在布達拉宮嗎？」

我們只是迴避。出國前，統戰部專門教育我們到了國外要統一口徑，還讓我們學習了民族政策和一些宗教政策。特別叮囑我們，敏感話題不要答覆，隨團工作人員和翻譯會幫你們解決的。

後來，我隨全國青聯代表團訪問以色列時，耶路撒冷的市長問我：「最近我們將耶路撒冷定爲以色列的首都，美國不僅表示承認，還要把大使館從台拉維夫搬到這裡，你們中國青年如何看這個問題？」我連忙說：「這美麗城市的人們像這美麗的天氣一樣，使我感到溫暖。」翻譯官接著對市長說了很多，也不知都說了些什麼，最後，我們的會見圓滿地結束了。

不過，一位叫皮特的華僑，似乎對藏傳佛教更感興趣，向我打聽了很多有關塔爾寺和宗喀巴大師的歷史，他甚至還知道阿底峽和仲敦巴建立的噶當教派，我大爲驚奇，也進行了交流。當他得知我來自塔爾寺，還是宗喀巴大師的父親的轉世時，格外高興，給了我名片，一再說千萬保持聯繫。我自然樂意。但沒有想到的是，後來，在我人生最爲關鍵的時刻，他起了決定性的作用。

和首都巴西利亞不一樣，里約熱內盧是個大城市，高樓林立，到處都是車和人，去過美國的人都說，這裡很像紐約。我們還去了里約州的州府，那是另一座城市。州長見到班禪大師後，很是高興，還專門請我們到他家赴晚宴。那是一座很大的房子，客廳裡的壁爐就有一人多高，火「劈劈啪啪」地燒著，除了我們這個團的二十幾個人以外，巴西方面的人也來了不少，加在一起，差不多有六、七十人。晚宴是在花園裡開始的。各種樹香、草香一陣陣撲來，還有噴泉，不時地傳來水的流動聲。

那時，中國人常說，在美國，平均每三個人就有一輛汽車。而巴西，也差不多接近了美國的比例。然而，那時的中國，就是平均一百個人，怕是也沒有一輛車。所以，同團的人自然對州長的房子產生了興趣，很客氣地問：「這房子這麼大，値多少錢哪？」

州長說：「這是歷任州長的房子，我不知道價格，一旦我不當州長了，還要搬出去。」

州長跟班禪大師很投機，晚宴結束後，州長決定，他的車供我們在里約熱內盧期間使用。我們都以爲州長的車說不定有多高級呢，結果是一輛大巴士。條件倒是很好，裡面有休息室、會議室等。爲我們開車的司機是首都來的，似乎不熟悉路。他在地圖上看到有一條路離我們的目的地很近，就開了過去。可車在進山洞時，被警察攔住了，說是巴士不讓進。司機就跟警察說，這些乘客都是從中國來的，有中國的高層代表，也是州長最好的朋友。總而言之，讓警察放行。

警察還是沒有同意。最後，警察說，我給你們開道，你們只能退出去。就這樣，我們的車，一直向後退著，兩邊被堵車的人都看著我們。這件事給我的印象很深，說明在那裡，法律大於一切。

他們還安排了一次記者招待會，讓班禪大師講話，許多記者過來採訪。有一個記者問班禪大師的經歷，大師說：「以前我是戴『帽子』的，蹲過監獄的，還沒有『平反』就當了人大主任。」後來，這段話出現在報紙上，聽說人們都對這個故事感到新鮮。

早就聽說巴西的寶石種類多、質量也好。那時，札什倫布寺正在修建扎西南捷大殿，裡面的塔上需要鑲嵌寶石，我和多吉占堆就去買了不少寶石。平汪啦見到後，也有了興趣。以前，我就和平汪啦認識，他的平和、謙遜讓我感到親切。他和班禪大師的關係也很好。他說：「仁波切，你來，我們去樓下的商店打聽一下那些寶石，我想買珊瑚。」

「你們是從哪裡來的？」賣寶石的人問。

「Tibet.」我說。

「啊，Tibet! Tibet!」他們不停地重複著，上下看著我和平汪啦的丘巴，「知道，知道。」

平汪啦看著我，笑了。

*

玻利維亞和西藏確實相似，海拔四千米左右，一出首都拉巴斯的機場，就感到臉上緊巴巴的，氣也不夠了。

從我們住的酒店往下看，盡是小攤，晃動著花花綠綠的印第安人。班禪大師走到窗前，眼睛都瞪大了：「你們看，這些人像誰呀？」

我們也跟著站在了窗前：「像我們藏人唄！」

「不，像大柴旦那邊的蒙古人哪！」班禪大師糾正著。

是的，都矮矮的，臉頰紅紅的，圓圓的鼻子。用五彩的毯子揹著小孩，戴著圓頂氈帽，眞的是很像大柴旦那邊的蒙古人啊！

後來，在玻利維亞的一個文化遺址，大師自言自語著：「這個眞奇怪，他們的房子跟我們西藏的房子差不多，連顏色都一樣，眞是奇怪呀。」

「您還沒有到他們的部落裡呢，連磕頭都和你們西藏人一樣呢！」翻譯說。

在的的喀喀湖邊，我看到那些玻利維亞人的手工織品，幾乎和西藏的氆氌一模一樣，男人的腰帶也是淺褐色和深褐色交織而成，連顏色的搭配都是一樣的。

他們在市場上出售生活用品和食物是不用現金的，都是物品交換，當然，也吵著討價還價。

的的喀喀湖背靠安地斯山脈，湖中央是祕魯和玻利維亞兩國的分界線。湖面像大海似的一望無際，讓我想到家鄉的庫庫淖爾（青海湖）爲群山環繞，一片蒼茫，隨著天空的變化，湖水也變換著不同的顏色。不過，庫庫淖爾的天氣是不確定的，在盛夏也可能下雪，在晴朗之際也可能降下冰雹。而的的喀喀湖也有一點和庫庫淖爾不一樣，儘管玻利維亞是一個內陸國家，但這裡卻有海軍。據說，不僅擁有一支三千多人的海軍艦艇部隊，還有一支五百人的海軍陸戰隊，甚至還擁有自己獨特的「海軍節」。

*

烏拉圭是一個牧業發達的國家。一位牧場主還特別請我們到他家作客。

遠遠地，就看到一望無際的草原，輕風吹來，草原上出現了一群群的牛羊，不過沒有犛牛。這一切，都屬於請我們作客的這位牧場主。遠處，還有一片小湖，湖邊生長著一圈圈的高樹，也都屬於這位牧場主。其實，我的家鄉在五〇年代時也是這樣。當然現在不同了，家鄉的草場都分散成了「草庫輪」，也就是用鐵絲網一家一戶地圈起來，騎馬都無法穿過了。總之，在我的家鄉，如今已見不到完整的大片草原了。

牧場主的房子很大，家產也多，還有牧羊犬，自己也有小飛機。但是，管理的人很少，只有幾個傭人，都是周圍請來的。

班禪大師就問牧場主，有多少隻牛，多少隻羊？聽了牧場主介紹後，班禪大師又轉身給我們介紹了一遍，感慨道：「你看，那麼多的牛羊，才有這麼幾個人管理！將來，我們西藏的牧業就應該照這樣發展哪！」

牧場主又向我們介紹了他的家庭成員，說他有三個兒子，都是大學畢業，在城裡做電腦工作。

我們又坐上直升飛機，看到了世界上最寬的伊瓜蘇大瀑布，那麼氣勢磅礴，由無數個大大小小的瀑布連在一起，猶如大海，一下子瀉入了深淵。遊覽的人很多，觀賞的景點也多，從不同地點、不同方向、不同高度，都可以看到不會重複的風景。但給我印象最深的還是伊瓜蘇河，那是巴拉那河和伊瓜蘇瀑布的交會處，也是烏拉圭、巴西、阿根廷三個國家的分界線，我們站在那裡，看著那三條水，形成一個「丁」字，又匯到一起，有一種和平之美。

第十一章　政治與祕密

北京藏語系高級佛學院

班禪大師把我叫到東總布胡同五十七號他的辦公室說：「我要成立一個高級佛學院，你就作爲第一期學員。一定來呀，由仁波切變成學生需要勇氣，你帶個頭。」

「啦嗦，啦嗦。」我答應著。雖然班禪大師沒有對我解釋辦學的目的，但我清楚，自一九五〇年以來，歷次政治運動中，都有不少德高望重的仁波切們被抓起來，並在獄中相繼圓寂；而年輕一代的仁波切們，大部分只接受過貧下中農的「教育」，並沒有受到正規的佛學教育。西藏境內的藏傳佛教差不多後繼無人了，班禪大師爲此心急如焚。

學校開學，一般都在秋天。這期間，夏宗寺的重建工程找到了我。說起夏宗寺，人人都知道夏哇日宗，那是多麥有名的四大風景區之一，其他三個景區是扎格賽宗、阿瓊南宗和普蘭羊宗。

宗，在藏語裡是風景的意思。每個景區還各有一個寺院，這些寺院不僅風景好，還留下了不少傳說。比如，刺殺滅佛君王朗達瑪[1]的拉隆多吉，後來就到了阿瓊南宗附近的山洞修行。與此同時，三位來自衛藏的佛僧學者也在此修行。歷史上，後弘期的藏傳佛教於下路弘傳，就是從這裡開始的。

夏哇日宗位於達賴喇嘛的故鄉——塔澤村附近的山窩子裡，意爲鹿的家園。層巒疊嶂，溪水潺潺，第四世噶瑪巴若佩多傑曾在此駐足。那時，年僅三歲的宗喀巴大師被父親領到此處受戒，從剃度削髮之處長出一棵馥郁的柏樹，無論什麼人從這裡經過都會忍不住停下，合掌表達虔敬，並享受片刻這淨潔的氣息。又過了許多年，十四世達賴喇嘛在此誕生，這之前，尊者的大哥已被認定爲塔爾寺的塔澤仁波切，他把夏哇日宗的夏宗寺看成自己的家廟。文化大革命期間，那棵柏樹被砍掉，整個寺院被夷爲平地。現在，該寺計畫恢復原貌，且打了一個地基，但離落成還很久。

夏宗寺找到了我。我自然願意助一臂之力，可我知道宗教部門的資金有限，就提出港澳台佛教徒的資助是不可少的。在籌畫時，我發現了一張黑白照片，是達賴喇嘛的姐姐早年站在這座寺院的樓閣遠眺的情景。那時的夏宗寺，莊嚴雍容，而要建成原來的樣子，一下子是有難度的。我爲此提出了幾個步驟。

這時，塔爾寺來了電話，說是北京那邊給我發來了一封很重要的信，要我趕緊回去，我只好匆匆離去。儘管如此，後來重建夏宗寺時我也盡了力，算是我的一點功德了。

回到塔爾寺，我才得知，是北京藏語系高級佛學院的通知到了，賽朵仁波切也接到了。

「你們兩位去北京學習，對塔爾寺來說，實在求之不得，我們現在是後繼無人哪！」當時主持塔爾寺的卻西仁波切非常看重此事，還特別派了一位副僧官且曲送我們去北京。同時，還準備了宗喀巴大師和他的兩位弟子嘉措傑和克珠傑，師徒三尊的全套著作，一共三十九卷，用黃色的織錦緞包著，讓我們帶到北京，專門慶祝北京高級佛學院的圓滿開學。

我們準備在一九八七年八月二十八日下午啓程。然而，就在這天早晨，突然得知，前一天晚上，供奉在大金瓦殿的五盞金燈被盜！我爲此心事重重。沒想到我和塔爾寺的告別，是在這樣一個時刻。

離開塔爾寺時，天氣已經涼了。可到了北京，天氣又悶又熱，我們的衣服也一層層地往下脫。不過，到了黃寺，遠遠地看到了琉璃牆頭，松樹掩映中的紅牆，還有奔跑的小松鼠，頓覺神清氣爽。穿過天王殿，看到了藏式的佛塔，更感到呼吸順暢。這裡原是寺院，如今又有了學校的氣氛。工作人員都穿著傳統的丘巴，笑容滿面地接待我們，客人有客人的報到處，學生有學生的報到處。

一位工作人員帶著我們穿過大殿，繞過佛塔，來到一個四合院。我們的宿舍是在最深處，兩人一個房間，鋪著地毯，每個床前都放有寫字台、電風扇、暖瓶……我到教務處領書時才知道，我們第一批學生共有四十多人，分兩個班級。包括西藏佛教的各大傳承，都來人了。

1 朗達瑪：西元九世紀人物，原名達瑪·烏東贊，吐蕃末代贊普（八三八至八四三年在位）。因滅佛興苯，史稱「朗達瑪滅佛」，最終導致吐蕃王國的「支離破碎」。

上課時，不分宗派，大家都坐在一起。課程安排，兼備了寺院和普通大學的雙重特點，既教授五明學科，也教授藏系各宗派的道次第，還有藏傳佛教史、佛教哲學、天文曆算、藏文語法、書法，還可以選修中文或英文。班禪大師還從藏區請來了許多著名的高僧大德任教，如夏日東仁波切、東嘎洛桑赤烈教授、香薩嘎布桑堅贊教授、措如次朗教授等等，集聚了佛教五明學科的大學者、專家，爲我們這些深居寺院的仁波切們打開了視野。

教學方法，也兼有傳統和現代兩個特點。比如，學習《菩提道次第廣論》時，上師在法座上講，學生們盤腿席地而坐，繼承了西藏口傳授教的傳統。學習歷史語法等其他課程時，就坐在椅子上，和普通學校類似。

大師親自講授了第一節課，講了《菩提道次第廣論》中的皈依敬頌。教我們英語課的老師，有一段時間是阿秋仁波切，通常安多的信眾稱他爲阿木去乎仁波切。早年，他跟隨尊者達賴喇嘛到了印度，住了多年。趁他回家探親時，也被班禪大師請來了。除了英語，阿秋仁波切還教授我們《三皈依》和《入菩薩行論》。

班禪大師後來又說，我們要有體育課。這就眞的開設了體育課。不過，和普通體育課不同，我們的體育課是磕長頭、磕短頭比賽，還有繞塔比賽。可以說，北京高級佛學院，是藏傳佛教文化與現代文化銜接的一個嘗試。

伍精華手裡的原始錄影帶

一九八七年深秋的一天。我走進東總布胡同五十七號班禪大師的辦公室時，他似乎正在接聽長途電話。因爲線路不怎麼好，他的聲音很大：「什麼？」「哲蚌寺又有僧人被抓？」「多少人？」他的聲音越發大了。

那時，西藏的僧俗遊行示威是常事，公安局抓人也是常事。但這一次不同，很快地，北京高級佛學院的仁波切們就議論開了，說「上面」要班禪大師去拉薩，同時，我也從學院這邊接到了通知，與班禪大師一起動身。

出發前，大家集中在統戰部開了一次碰頭會，我們這些參加會議的人員，被分成三個團：高僧團、幹部團和公安幹警團，共一百多人，要由班禪大師帶隊，在北京西郊軍用機場碰頭，乘專機直飛拉薩。

中央首長們在北京西山都有別墅，班禪大師也有。因爲離機場近，我和幾位仁波切就跟著班禪大師，從北京高級佛學院出發，到了他的別墅。一進大門，就有站崗的軍人檢查車牌，而後，才會抬起欄杆，戒備十分森嚴。正是秋天，那些蔥鬱的楓樹一片火紅，水聲潺潺，一座座小樓依山而建，環境十分安好，車上的人指著前面的小樓，小聲地說，那是李鵬的別墅，這是田紀雲的別墅……

我們從後門進了大師的別墅。客廳裡，迎面是一排老式沙發，罩著素雅的銀灰色沙發布，人字形的橡木地板上鋪著藏式地毯。房子十分寬敞，有首長辦公室、祕書辦公室，還有警衛員的房間。臥室也不少，差不多二十多間。我住在小客房。第二天一大早，廚師就做好了飯，有煎雞蛋、稀粥、榨菜和饅頭，自然也少不了糌粑和酥油茶，我選了後者。

到達西郊機場時，其他人差不多都到齊了，就有車把我們拉到了舷梯旁，很快地，都上了飛機。

我和大師多次一起外出，他在飛機上，總是有說有笑的，尤其是去尼泊爾，他還不時地站起來，讓我們看西藏的名山大寺。可今天，大師卻沉默著，專注地看著舷窗外面，因為他坐在前艙，我可以清楚看到他一動不動的高大背影。

飛機穿過層層黑雲、白茫茫的群山，進入了西藏上空。一條瑩亮的河流，在西去的太陽裡現出一片玫瑰色。我不由得喘了一口氣。有一回，在飛機上，一位飛行員拿著地圖向我解釋，在與地面失去聯繫時，應該怎樣以河流辨認方位。所以，看到江河，我就有了一種安全感，尤其是看到了雅魯藏布。現在，水的左岸出現了圓形的圍牆，也就是鐵圍山，象徵著世界的邊緣；中間隆起的烏孜大殿，那是須彌山；還有根本看不清的，如同青稞粒般的四大部洲和八小部洲，但我知道，它們是存在的。這是桑耶寺。我閉著眼睛也可以看見這裡面的壁畫。這是全藏地第一座佛法僧三寶俱全的寺院，從這裡開始，西藏高原興起了六千多座寺院！可如今，除了這座桑耶寺，留下來的古寺還有多少？

飛機還在降落，降落。抵達貢嘎機場時，一排排中巴車和幾輛越野車，早已等在了那裡。自治區的幹部們捧著哈達，登上舷梯，進了機艙。班禪大師接過哈達後，聽取了他們的彙報。工作人員又給我們每個人發了寫著我們名字、編好了號碼的牌子。一下飛機，我們就找到了自己的車子。

我和貢唐倉仁波切、嘉木樣仁波切、那倉仁波切[2]坐上了同一輛中巴。班禪大師和公安部長王芳等，分別坐上了越野車。從機場到拉薩的路上，出現了一些全副武裝的解放軍士兵，但與八年後當局欽定十世班禪大師的轉世靈童相比，氣氛還不算緊張。

我們的中巴直接開到了班禪大師的行宮——雪林多吉頗章。跟隨而來的，有四、五十人，都在雪林多吉頗章住下了。統戰部的大部分幹部，被自治區接走了，而公安部長王芳和其他公安人員，分別被軍區接走了。

我住在雪林多吉頗章主殿，即「班禪小樓」左邊的一座老式房子裡。記得當年去札什倫布寺學經路過拉薩時，我就是和賽朵仁波切一起跟隨嘉雅仁波切住在這裡的。這一晃，二十多年過去了。不過今天我卻沒有懷舊情緒，老覺得心裡有什麼東西堵著，憋著一口氣似的。

第二天，剛吃完早飯，就有人通知開會。會上，自治區的負責人彙報時，像以往一樣，先講了西藏的大好形勢，農業怎麼好，工業怎麼好，增長率多少，黨的宗教政策多麼深入人心，廣大信教群眾如何感謝共產黨，等等。最後，說極少數壞人終於跳出來了，在境外「分裂分子」的蠱惑下，妄想推翻共產黨，恢復吃人的農奴制。當然，有不少不明眞相的群眾也被蒙蔽，向政府示

2 那倉仁波切：那倉向巴昂翁・丹曲成來，藏人，一九四〇年生於西藏東部康區甘孜縣（今四川省甘孜藏族自治州甘孜縣），甘孜縣色西底那倉寺的仁波切。現爲中國藏語系高級佛學院副院長。

威，在黨的正確領導下，自治區政府始終保持了克制，再三進行教育說服，但是，他們一意孤行，越發猖獗，在忍無可忍的情況下，中國人民解放軍和武警官兵，為了人民的財產和生命的安全，爲了祖國邊疆的安寧，對一小撮壞人實行了嚴厲的措施，目前形勢已經穩定，不過還需要做大量的思想工作，尤其是對寺院和僧人。中央工作組的到來對我們是最大的鼓勵……

班禪大師的臉繃得越發緊了。大家都沉默著，直到會議結束。

這天晚上，突然傳來通知：班禪大師要大家集合，一起看錄影。當我走進雪林多吉頗章主殿班禪小樓二樓主客廳時，班禪大師已在沙發中間入座，端著白瓷藍花茶杯。這間會議室不小，前面是一排長沙發，後面擺了幾排椅子。我在第二排找了個空位，坐下了。時間不長，就差不多擠了一屋子的人。

「自治區領導都來了嗎？」班禪大師轉身看著大家。大家你看看我，我看看你，沒人回答。因爲，這些領導們確實都沒有來。又等了一會兒，又陸續進來了一些人。

「好，不等了，開始放錄影吧。」大師說。

錄影放了大約十幾分鐘，還是看不出什麼，老是在切換鏡頭，一會兒是布達拉宮，一會兒是大昭寺，一會兒是轉寺念經的信眾，一會兒又到了自治區政府門口，有警察在鐵門後轉來轉去。終於，出現了大約五、六十人，都穿著袈裟，有僧人有尼師，高喊著口號，高舉著拳頭，是從布達拉宮那邊走來的，看不出是從哲蚌寺還是色拉寺出發的，不過，他們不是三三兩兩地分散著走，而是擠在一起，靠得很近，有點相互保護的樣子，走的速度也快，顯得緊張。到了自治區政府門口，有人要進去，又有人攔著，不讓進，門口圍了很多人，似乎有些人在解釋什麼。後來，這支遊行隊伍，又從自治區政府門口向大昭寺走去，一路都有很多大人和小孩加入，跟在後面，也在喊口號，看上去，每個人都顯得很「反動」。

當這支遊行隊伍到了大昭寺左牆角時，錄影戛然而止。

差不多放了一個小時的錄影，大家都很睏，有的人已經睡著了，沒有睡的，眼皮也在打架。

「完了？這就完了？這就是你們的全部錄影嗎？」班禪大師「騰」地站了起來，瞪大了眼睛，質問放錄影的人。

全場人員都被震醒了。大家屏住了呼吸。班禪大師一邊向上翻捲著他那深咖啡色的丘巴衣袖，一邊大步地走到放錄影的那個小青年跟前，伸出雙手，一把抓住他的前襟，把他揪了起來。班禪大師的魁梧與那位小青年的矮小恰好形成了鮮明對比，就像老鷹抓小雞。偌大的主客廳連空氣都凝結了。每個人都目不轉睛地看著班禪大師，以為那個小青年就要挨打了，而班禪大師只是把小青年推到了座位上，就鬆開了手。

「李佐民，你是來睡覺的嗎？」班禪大師轉身嚴厲地責問這位中央統戰部副祕書長，他的老翻譯和老朋友，「還有誰沒有來？」

「貢唐倉活佛說是有點累，身體不舒服，沒來。」一位工作人員應著。

「不行，一個人都不能缺，都上自己的車，現在就出發。」班禪大師說著，走出了主客廳，大家也都跟著上了車，駛出了雪林多吉頗章。

漆黑的夜色裡，汽車的隆隆聲顯得驚天動地。耀眼的車燈直接射到了伍精華的住宅門上，門是鐵柵欄做的。就有人敲起了門，喊著：「伍書記！伍書記！」這時，差不多是夜裡一點左右了，伍精華披著睡衣走了出來：「這麼多人，發生什麼事了？哎，大師，您親自上門，有什麼急事嗎？」

「如果自治區領導不信任我，我可以立刻離開拉薩！」沒等伍精華說完，班禪大師就已經火冒三丈了。

伍精華趕忙伸手，放在大師的背後：「請大師進去說，請，請……」

不僅是班禪大師，還有他的兩、三個隨從，也都跟著進了伍精華的院子，上了台階，進了屋裡。接著，伍精華房間的燈都亮了。從那敞開的門裡，傳來高聲講話的聲音、打電話的聲音。

我們站在門外，不時相互看看，可在這灑著燈光的黑夜裡，每個人的面目都不清楚。大概十幾分鐘吧，一輛越野車「吱」地一聲停下，從車上出來的是伍精華的祕書，穿著皮夾克，帶子也沒有繫，鬆鬆地吊在兩邊。他二話沒說，急急地跑進屋裡。幾分鐘後，班禪大師親自拿著一盒錄影帶出來，上了車。

「這才是原始錄影帶，原來是伍書記的祕書鎖在了自己的櫃子裡……」大家議論著，又都接踵返回二樓主客廳。這次，貢唐倉仁波切也被請了過來，沒有一個人敢再打盹兒了。這次放映得比較快，只是到了示威出現時，才放慢了鏡頭。大家都很仔細地看著，偶爾有人指著說，這個鏡頭剛才沒看見，那個鏡頭也沒有。當我們看到遊行的隊伍走到大昭寺左牆角時，鏡頭切換到屋頂，那裡有幾個警察，端著槍，很緊張地俯視著遊行隊伍。

「他媽的，過來了，開槍！開槍！」一個警察說。

接著，傳來了悶悶的槍聲。班禪大師站了起來，叫人開燈並關掉錄影：「你們看到了吧？是警察首先開槍了吧？好吧，辛苦了，大家快回去休息吧。」他又轉身看著放錄影的小青年取出了錄影帶，就伸手說「給我」，接過錄影帶，揣進了他的藏裝裡。

此後的每次大會小會上，凡是班禪大師做總結時，總是說：「人民弟子兵是爲人民服務的，卻向人民開槍，這是政府犯了錯誤吧！我們要說服群眾，教育群眾，首先就要敢於承認我們自己的錯誤，這樣才能教育好群眾……」

不久，我們「高僧團」和統戰部的「幹部團」組成的工作組，分成六、七個小組，分別赴拉薩市郊的哲蚌寺、色拉寺和甘丹寺等寺院，給僧人們辦短期學習班。當然，公安部人員的行動，我就不知道了。

我和那倉仁波切去了甘丹寺。我們的工作也分幾個步驟：第一步，聽取僧眾意見；第二步，宣傳民族宗教政策；第三步，統一思想。這都是「上頭」規定的。

甘丹寺是格魯教派創始人宗喀巴大師在十五世紀初親自創建的，是格魯派的祖寺，在藏傳佛教，尤其是格魯教派中，有著極爲特殊的地位。而甘丹寺的甘丹赤巴（法台），有幾任甚至擔任過西藏的攝政王。甘丹寺的僧侶雖說有三千三百人的傳統說法，但實際人數遠遠多於這個數字。遺憾的是，我沒能親眼看見它的輝煌。在史無前例的文化大革命中，這座叢林大寺遭到了毀滅性的破壞，完全變成了一片龐大的廢墟。

據說，當那些紅衛兵造反派拿著鐝頭和鐵鍬，拆毀了裝藏著宗喀巴大師法體的金塔時，只見宗喀巴大師的白髮長得落到地上，雙手似結「法輪」手印之狀，而指甲攀過雙肩。造反派們被這一情景震驚了，就找來了甘丹寺的波米仁波切，讓他將法體揹出去燒毀。據說當時並沒人監督，但是，過於膽怯的波米仁波切把宗喀巴大師的法體揹到甘丹寺東面的山坡上，用大師的紅檀香木法座引火，將大師的法體化爲灰燼。

波米仁波切，生於桑阿曲宗（今林芝地區察隅縣），曾獲得拉讓巴格西學位，本來德高望重，但是有兩件他沒有辦法選擇的事，爲他的名譽蒙上了灰塵，一是文革時焚燒了宗喀巴大師的法體，二是在一九九五年當局欽定十世班禪大師的轉世靈童時舉行欺世盜名的「金瓶掣籤」，他遵命當了違心的掣籤人。

我是直到一九八五年才第一次朝覲甘丹寺，那時雖已開始修復，但仍然是滿目瘡痍。這回是我第二次來甘丹寺，雖說已立起了一、兩處經堂，但從前的壯麗和磅礴已經永遠地消失了。這幾座新建築，在一片殘垣斷壁之間，顯得尤其缺少厚重。

此刻，甘丹寺的住寺僧人只有幾百人。當我們聽取意見時，年輕的僧人們敢於說眞話，他們提到歷史上甘丹寺何等重要，文化大革命時怎樣被毀，如今，「上邊」又怎樣限制寺院的人數、佛事活動，尤其談到作爲僧人本該受人尊敬，可現在處處受歧視，還舉了不少的實例。他們甚至還提到了民主、自由、人權等幹部們最忌諱的字眼。與年輕僧人恰好相反，寺管會主任，也就是政府指定的僧人中的負責人，總是賠禮道歉、吞吞吐吐的。

我們在甘丹寺待了差不多一個多星期，每晚都得回到拉薩的雪林多吉頗章，因爲班禪大師要聽取各小組的彙報。一天晚上，大部分組長都詳盡地講述了參加示威遊行的人員、數目及僧人表示不再參加的保證等等；同時也反映了僧人入寺困難、宗教生活無保障、修復寺院無資金等問題。當輪到坐在班禪大師對面的國務院宗教局二司司長老趙彙報時，他只打官腔而沒有實際數據，大師在側耳細聽時，眉毛漸漸地向中間凝聚，臉色沉重起來，最後終於發作了：「老趙，我希望你明天彙報得具體一點，要實事求是，聽你的彙報，像是形勢一片大好，如果沒有問題，我們今天還會坐在這裡嗎？」

趙司長連連道歉：「委員長，我的工作做得有點不細緻，回頭一定認眞調查，保證下次有事實……」

「好啦！好啦！承認錯誤就是好同志，我是個心直口快的人，事情過去就沒什麼了。」班禪大師也寬慰了趙司長。

兩、三天後的一個晚上，又是同樣的彙報會，班禪大師請趙司長坐在他的對面，並且第一個就要聽他的彙報。這次趙司長的彙報與前次大不一樣，說得有根有據，又有民情民意。可是，說著說著，他突然停了下來，看一眼紀錄本，再看一眼大師的臉，反覆了幾次。我想，可能有人說大師的壞話，他不好意思複述吧。但不對，老趙的臉色變了，灰禿禿的，口水都流了下來。「來醫生，快來醫生！」還是班禪大師最先發現了問題。

外屋的兩、三個醫護人員迅速趕了過來，而這時，趙司長的褲子已經濕了。醫護人員急救的動作又顯得不夠專業，後來才知道他們不是來自北京，而是從拉薩當地的人民醫院派來看護這些北京客人的。

兩天後，我們集體參加了趙司長的遺體告別儀式。漢人有個習慣，處理遺體時要化妝，老趙的遺容看起來比去世以前還端正。他的家屬也從北京趕了過來。有人說，老趙一生爲人老好，趁職務之便跑遍了全國各地，就是沒有去過西藏，現在，眼看就要退休了，在離開單位之前，他提出希望到西藏看看。組織上自然照顧，安排他來藏，欣賞高原風情的同時完成黨的任務，卻因年紀長、體力弱，不適應高原氣候，從此永遠留在了雪域高原。我爲他閉目祈願，還默默地念了一段超度祈文。

這期間，「上頭」還安排我們到西藏自治區武警總部，觀看了武警部隊整齊畫一的武裝演習，還有頭戴防毒面罩、身穿防毒制服的軍人，爲我們做了「拳打敵手」的擒拿表演；最引人注目的是北京王芳部長帶來的特工部隊表演的氣功武術，如以手指頭鑽穿磚頭，一拳頭能同時砸爛十幾塊磚頭，一隻手能抓起一盆水等等，的確顯示了解放軍和武警部隊堅不可摧的戰鬥力，手無寸鐵的藏人僧侶怎能是他們的對手？

大約十天後，我們開了最後一次大型總結會，北京來的人全體到場，另外還有自治區的領導和三大寺的部分出家人。班禪大師還帶來了一些特殊的禮物，其中有明朝皇帝贈給宗喀巴大師的一頂鑲金帽盔，以及從北京民族宮圖書館找到的原甘丹寺的一百多部金粉寫就的《大藏經》等。班禪大師自從復出之後，就開始四處尋找在文化大革命之前及期間被沒收、散失在中國的各種佛經、佛像和佛塔等，原來安放在小昭寺的釋迦牟尼佛像覺吾彌覺多吉，就是在文革中被攔腰鍘斷，上半身流落於北京，後來被班禪大師費盡辛苦才找到、送回。這一次，班禪大師又將一些從北京找到的珍品，陳設在他面前的桌子上，開會時作爲見面之禮，還給了三大寺。

伍精華主持了會議。按慣例，領導們講完話後就該僧人們表態了，而幹部們在會前也做好了他們的工作，只要一表態，一切便圓滿結束，我們就能凱旋回京。現在是，萬事俱備只欠東風了。但突然，哲蚌寺的一位僧人站起來厲聲責問：「你們這些解放軍和漢族幹部們，一九五一年進藏時，不就是拄著一條棍子，揹著個小布袋嗎？可看看現在你們退休後回內地時，一個個都是整車整車地搬家，這不都是我們西藏的財富嗎？可你們給我們帶來了什麼？民主改革、文化大革命……你們槍斃了多少人，毀掉了多少寺院？」

他的話還沒完，伍精華就跟祕書悄悄地說了幾句，那位祕書又跟會議組織人悄悄地說了幾句，再後來，那位組織人走到正在發言的僧人面前打斷了他，同時，還進來了幾個穿便服的警察，手插在口袋裡。全場鴉雀無聲，在座的其他僧人都低下了頭。

伍精華勃然大怒，站了起來：「你們要的是『西藏獨立』是不是？那麼，這些是什麼？」他指著班禪大師放在桌子上的那頂帽盔說：「這就是鐵證，明朝時西藏就已經是中國的了，有這樣的證據，你還膽大包天，爲分裂分子說話。我們在中國共產黨的英明領導下，解放了西藏，推翻了封建農奴制度，你們就是不願意看到這些嗎？」

伍精華氣勢洶洶地大約講了半個小時，接著是班禪大師很爲難地說話了：「我本來希望大事化小，小事化了，早點結束，可現在看來，沒有那麼簡單了。」

爲此，工作組又拖了幾天，對廣大僧眾進行了大量的說服教育。再一次總結會上，上次發言的那位僧人再沒有出現。而三大寺民管會[3]的主任們，紛紛歌頌共產黨的恩情、社會主義的偉

3 民管會：又叫寺管會，是寺院民主管理委員會的簡稱。一九八二年三月三十一日，中共中央印發《關於我國社會主義時期宗教問題的基本觀點和基本政策》（簡稱十九號文件），其中說明「一切宗教活動場所，都在政府宗教事務部門的行政領導下，由宗教組織和宗教教職人員負責管理」。簡言之，即黨控制寺院。

大；紛紛保證以後不再示威遊行。最後，以自治區領導們的長篇講話作爲結束。中央緊接著給三大寺各補助了三、四十萬元人民幣，算是安慰性的「落實政策」。而這次運動的結論是：「與分裂主義的鬥爭是長期的，群眾是受了蒙蔽的，警察開槍也是錯誤的。」

班禪大師的祕意

實際上不僅在拉薩，西藏的其他地區也經常發生類似的抗議遊行，這種情況下，班禪大師想到了一勞永逸的解決辦法。

「我要成立一個藏傳佛教委員會。至於取什麼名字，暫時還沒有想好。內容嘛，我倒是想了不少。」隔著辦公桌，班禪大師坐在書櫃前的高靠背椅上，等著我們說話。

我坐在大師的對面，和我坐在一起的，還有多吉占堆、小個兒頓珠、劉隆、張建基。

「大師，這個計畫好是好，可是，資金從哪裡來呀？」劉隆問。

「我可以先貸款。」大師說：「像我們的崗堅公司，就是爲這個委員會服務的。崗堅，在我們藏語裡，就是雪域莊嚴哪。我們把總部設在北京，我還要在各大省份和西藏的每個區域開設分公司，爭取發展成跨國公司。另外，我還要在北京建一座大型賓館，名字我已經取好了，就叫松贊賓館。」

「好名字。」張建基說：「我會寫，我就幫您整理材料，我決心發揮最大的作用。」

「松贊賓館嘛，我要建十三層，有豪華房間、普通房間，還有一般牧民房間，有單間，也有家庭間，房間裡有西藏卡墊，蒙古氈子……不管穿什麼鞋子，上去踩一踩都沒有關係嘛。每個房間還要放一本佛經，像外國的那些賓館裡放聖經一樣。」

我理解大師建賓館的良苦用心。那時候，很多西藏人、蒙古人來北京，一般的飯店、賓館都不願意接待，嫌他們衣服髒，有膻味，還說他們不脫鞋子就上床。可是，直接拒絕又不好說，就藉口沒有房間。於是，這些不公平的待遇，就反映到了班禪大師這裡。

「現在，你們幾個人組成籌備委員會。我還臨時請了一位雍和宮的老僧人，他以前跟宗教局登記過寺院的房產，熟悉情況，由他領著，查一查從帕木竹巴時期，你們知道吧，就是他們常說的明朝開始，在北京到底有多少座藏傳佛教的寺院？」

班禪大師的這一計畫讓我很興奮。只是劉隆老是嫌張建基礙手礙腳。他悄悄對我說：「活佛，您還記得張建基在南美幹的那些事吧？他把人家放在房間裡的小費都揣進了自己的腰包。在日本，還偷了人家書店裡的書，被人家追了上來，硬是要了回去，他還解釋說，他以為是免費的。免什麼費呀，那是一本色情雜誌，這樣的人也放在了委員會裡，哎。」

「大師也沒有什麼辦法呀，『上面』安排張建基在大師的手下工作，只能用他。」我安慰著劉隆。

那位雍和宮的老僧人的確非常熟悉情況。調查中，他告訴我們，除了西黃寺，這座歷代班禪大師的寺院歸屬班禪大師，如今成了北京藏語系高級佛學院以外，其他的，像東黃寺，那是蒙古最高活佛哲布尊丹巴的寺院；還有中黃寺，是歷代達賴喇嘛的寺院，早就蕩然無存了。只有章嘉國師的府邸還有個輪廓，但是裡面成了東風電視機廠。還有賽赤仁波切以及歷代八大呼圖克圖，早年都在北京有自己的府邸。像我的前世阿嘉呼圖克圖的府邸就在雍和宮裡，不過，早已挪爲他用了。

差不多跑了兩個多星期，最後我們彙總了一個數字：歷史上，在北京有三十六座藏傳佛教的寺院，上個世紀初剩有二十四座，文革以後僅存一、兩座，如雍和宮、白塔寺等。

現在，我們已有了北京藏傳佛教高級佛學院，正在培養藏傳佛教人才，如果再有崗堅公司和松贊賓館解決資金來源，這個藏傳佛教委員會也就立起來了。剩下的，我理解，班禪大師可能會請中央把所有的藏傳佛教寺院歸屬這個委員會，由班禪大師親自領導、處理西藏宗教問題。這樣一來，西藏僧尼抗議的事情，也就迎刃而解了。不過，中國政府眞的會讓班禪大師成立這個委員會嗎？他們會不會認爲這和他們批判的達賴喇嘛的「變相獨立」沒什麼區別？

扎西南捷大殿開光

我們這些仁波切，在北京藏語系高級佛學院當學生這一年，很是緊張。因爲，被文化大革命等各種政治運動中斷了幾十年的佛學課，都擠在一塊，一古腦兒地傳輸給我們，時間就顯得格外地不夠用。

不過，到了一九八八年夏天，我們還是順利地完成了學業。畢業典禮也極爲隆重，中央的很多官員都被請來了，趙樸初先生也來了。班禪大師親自給我們頒發了畢業證書，戴上了哈達。當我們從大師手中接過畢業證時，都恭敬地在前額上觸碰一下，這雙層的加持，讓我們個個笑容滿面。同時哈爾哇·聯波仁波切[4]、木雅·曲傑建才[5]以及我，都被選上了優秀學員。

「還有還有，我們的儀式還沒有結束，」班禪大師也合不攏嘴了，「還有一個好消息，這三位好學生，都被學院聘請爲藏文研究室的研究員了！」

大家合十，都向我們三人表示祝賀。

後來，當高僧大德們準備離開北京回到自己的寺院時，班禪大師又把我叫到了他的辦公室：「我們的佛學院還要辦下去，不是說這一期就結束了，所以，我想把你留下，你願不願意？」

我一心想回塔爾寺，趕緊給班禪大師磕頭。

「好了，好了，我知道你的意思了，」大師笑了，「是啊，主持塔爾寺也很重要。但是，我正

4 聯波仁波切：名哈爾哇·嘉木樣洛周，一九四八年生於安多果洛（今青海省果洛藏族自治州）久治縣。一九五八年「宗教改革」時被迫離寺。文革結束後由班禪大師委任藏語系高級佛學院藏傳佛教研究室主任。現已退休。

5 木雅·曲傑建才：一九四七年生於康木雅（今四川省甘孜藏族自治州康定縣）。一九五〇年代在哲蚌寺學經。一九六三年初，毛澤東指示西藏自治區籌委會開辦「青少年活佛班」，培養「又紅又專」的宗教界上層人士，其中包括各大教派的十一位青少年朱古，有木雅仁波切。一九六五年，「青少年活佛班」改爲自治區社會主義學院（籌備）青年班，遷往拉薩郊區，進行勞動改造。文革期間，木雅仁波切被迫到山南農場勞動。一九七八年被「落實政策」。一九八〇年代從事建築設計工作，後成爲著名的西藏古建築專家之一，在西藏古建築和傳統建築的設計研究等方面做出了突出成績。

式成立藏傳佛教委員會時，要你任職，你可不能推託啊！」

就這樣，我和賽朵仁波切離開了北京。到了西寧後，我換上了袈裟。自從在札什倫布寺被迫改穿俗裝，我又一次披上了袈裟。二十多年風雨交替的歲月，年輕一代僧人的清規戒律早就經不起考驗了。兩年前，我請示了嘉雅仁波切，他說：「在『宗教改革』運動和文化大革命中，雖說政府強迫僧人還俗，但你們都沒有還俗，已很難得。在這個時代，信爲修法之本。你五十歲左右時，恩師自然有，到時候，可求比丘戒，退出一切政務，專心修法。」

遠遠地，五、六百僧眾在卻西仁波切的帶領下，舉行了迎接我們的隆重儀式：長號嗩吶齊鳴，法幢旗幡凌空飄舞，薰香從引路的僧人手中升起、繚繞，莊嚴的華蓋緊隨其後。很多老僧人都激動得熱淚長流，讓我回憶起一九五七年我在拉卜楞寺受過淨士戒後，返回塔爾寺的情景。

現在，又和嘉雅仁波切在一起了。他說：「你在北京佛學院是學了不少佛法，不過，也只是打了一個基礎，不能停下呀，正好我有空，就從《薩朗木囊夏》開始教你吧。」

我求之不得。從此，天天到嘉雅仁波切跟前請法。嘉雅仁波切的僧舍是座兩層小樓，他給我講法的房間在樓上東面的屋子裡，兩邊都有窗子，從北望去是湟中縣城全景，從南望去是塔爾寺全景。嘉雅仁波切總是靠著西面的牆，盤坐在炕上，前面有一個小木桌，而經書總是齊刷刷地擺在上面。

我進去後首先頂禮，再坐在地板上。

「起來，起來，坐到炕上，就坐在我的對面。」他總是這樣說。雖然我們師徒多年，並且他還是我的舅舅，但我對他的恭敬心堅如磐石。

「快放下經書，先喝茶。」嘉雅仁波切接著說。他的隨員小扎西拿起滾燙的鋁茶壺，先爲嘉雅仁波切斟滿一杯茶後，也爲我的碗斟滿了茶。

「這次扎西南捷開光，也帶上你阿媽吧，這也是一個功德吖，你一輩子都不會後悔的。」一天，講完法後，嘉雅仁波切提醒我。那時，大家都在議論扎西南捷開光的事，每個人都想去。

那時，阿媽的耳朵已經徹底聾了。說起來，是有原由的。開始，她老是說背疼，我們就用一些土法子，這按按，那捏捏，可老也不見好轉。

「爲什麼不去醫院呢？」嘉雅仁波切責備了我。其實，我不是沒有想到醫院。那年，哥哥諾日得了肝包蟲病，我是常去醫院的，幫他掛號、排隊、看醫生，折騰得夠嗆，最後還是把他的肝切除了。這以後，想一想醫院都是折磨。再說，我們蒙古人和西藏人本來就對西醫沒興趣。但我還是把阿媽送進了醫院。一檢查，是脊椎結核。她那時已經七十多歲了，開刀的話也受不了，醫生說，最好的辦法是打青黴素，但聽力會受影響。不過，我也沒有別的選擇，不得不同意了。

這就是阿媽耳聾的原因。當然，脊椎結核病也沒有治好，她後來連床也下不來了。阿媽是走著去醫院的，卻是抬著出來的，直接抬到了我的嘎日瓦。我把哥哥嫂子也接了過來，方便侍候阿媽。後來，我們還請了嘉雅仁波切的老朋友祁先生，他是土族，也就是白蒙古人，爲我阿媽治病。藏醫多吉堅參也想出了辦法，讓阿媽用白礬洗腳，同時把一根圓木棍，放在腳下，讓她的腳踩著來回滾動。

沒想到兩週後，阿媽的腳就不麻木了，慢慢地，我們可以扶著她起來了，大約一、兩個月後，她就可以拄著拐杖走路了，再後來，連拐杖也扔掉了，完全好了。

但是，阿媽的耳朵徹底聾了。我們說話，她一句都聽不見。後來我們編出一套啞語，她倒是一看就懂了，有時，連客人都說：「你阿媽沒有耳聾，她是裝聽不到吧，她明白我們在說什麼。」

當我跟阿媽打著手勢，要帶她到札什倫布寺去時，她怎麼也不明白，直到我把札什倫布寺的照片拿給她看才明白，連嘴都合不上了，整天掐算指頭。

爲什麼大家都想去參加扎西南捷的開光呢？扎西南捷，是供奉從五世到九世班禪喇嘛殘存靈骨的殿堂。爲什麼說殘存呢？是因爲在文化大革命中，工作組和紅衛兵衝進了札什倫布寺的所有佛殿，佛經和佛像、壁畫和唐卡都慘遭破壞。當然，那些金瓦紅牆、裝有歷代班禪喇嘛法體的殿堂，也沒有躲過這一劫，法體被扔出靈塔，而靈塔被砸。當時，民管會的普布主任打開第九世班禪喇嘛的靈塔時，發現法體的手上還帶有一塊金錶，便趁亂占爲己有，後來被人揭發，受到了批判。

這都是文化大革命結束以後，我的朋友頓珠班典回到塔爾寺時告訴我的。自從我們離開札什倫布寺，他一直給工作組做飯。有一次，他在寺內一面牆壁的拐角發現了一個紅陶罐。出於好奇，他打開了蓋子，發現裡面竟是一具白髮蒼蒼、形容乾枯的僧人遺體，一股清香從壇內繚繞升起，他簡直無法形容當時的神清氣爽。他趕緊將這個紅瓷罎子揹到工作組，悄悄告訴了還算通情達理的幹部「黑鼻子」老許。老許說，剛接到「上面」的通知：「從現在起，寺內的文物珠寶等，哪怕是殘存零碎的，也不能破壞。」後來，有人確認那是第五世班禪喇嘛曲傑堅參的法體。

現在，十世班禪大師把浩劫之後殘存不齊、從五世至九世班禪喇嘛的靈骨，聚集在一起，放入專門訂做的五個保險櫃中，形成一個半圓，鑰匙他自己拿著，萬一再有政治運動，這樣結實的保險櫃，想破壞也破壞不了。

扎西南捷的開光日定於一九八九年一月二十二日。班禪大師還專門成立了接待委員會，全藏每座寺院的高僧大德都邀請到了。我的邀請函是寄到塔爾寺的，那是一個很精緻的紅色請柬，有佛塔圖案，有燙金的藏、蒙、漢三種文字，四周由吉祥結環繞。

我的阿媽也被邀請了。當我們就要上路時，她高興地試穿了一件件吾齊[6]。這也是我們蒙藏人的習俗，每當朝覲達賴喇嘛和班禪大師時，都要穿上最好的衣服。

我們是開著越野車上路的。路很長，花了好幾天時間，還沒有到拉薩。每到下午，坐了一天車的阿媽，累了的時候就發脾氣：「哎，你們拐來拐去的，路走錯了嗎？」

「阿媽，放心吧，就要到拉薩了。」有人安慰著。

其實阿媽根本聽不見，她繼續說：「應該帶我的丹巴嘎來，丹巴嘎認路好。我的瓦里瑪在的話，他也會認路……」

「您的蘇日古阿嘎，就不會認路嗎？」有人就跟阿媽開玩笑，蘇日古阿嘎是我在家的名字，阿媽就不吱聲了。偶爾，聽人這麼說，阿媽還會岔開話，讓我們看窗外：「黃羊，黃羊，你們看見沒有？」

阿媽一輩子也沒來過拉薩，當我們終於站在布達拉宮腳下時，阿媽仰著頭問：「這是新蓋的嗎？」

6 吾齊：蒙語，蒙古袍。

「不是，原來的。原來比這個還好啊，現在只剩下了一個外殼。」我解釋著。

阿媽點點頭，可過了一會兒，她還會對別人說：「快看，這是新蓋的哎！」

當我們到達日喀則時，大街小巷已是人山人海，還有車，各種各樣的車輛，把日喀則脹得滿滿的，就要脹破了。

札什倫布寺留下了我少年時代朗朗的誦經聲，也留下了我的眼淚和恐懼。但不管怎麼說，札什倫布寺在我的夢中，都是清晰的，連堪布達瓦啦那小小的經堂，我都記憶猶新。然而，這次回來，我已經不認識了，以前的房屋都被拆了，連我住過的地方都找不到了。尤其矚目的就是班禪大師新建的扎西南捷。光芒四射的金瓦，嶄新、絳紅的邊瑪牆比過去所有的建築都更加輝煌。這是札什倫布寺新的象徵，也是班禪大師對藏傳佛教的信心啊。

「怎麼才到呢？法體迎請儀式、靈塔開光的火供都結束了！」一看到我們，嘉雅仁波切就埋怨起來了。

「我們是按著請柬上的時間來的。」我連忙回答。

「可是，很多莊嚴的法會都沒有寫在請柬上。你阿媽還好吧？」嘉雅仁波切最關心的，還是他這個姐姐。

「她累了，在賓館裡休息呢，這一路她老是說我們走錯了路。」我說。

「她是急著早點過來唄。」嘉雅仁波切笑了。

「什麼時候可以輪到森木瓊嘉喀[7]？」我問。

「他太忙了，你們先回賓館休息，等我的電話吧。」嘉雅仁波切說。

我們一出來，嘉雅仁波切的隨員扎西就說：「阿襄跟我打聽了好幾次，問你們到沒到。最近這兩天，出了好幾起車禍了，想都沒有想到的車禍都出了。卻西仁波切和你哥哥祁包的車也翻了。」

「我知道，在拉薩時就聽說了，我專門去看了他們。」

「他們現在怎麼樣啊？」扎西問。

「卻西仁波切倒還好，只是祁包阿嘎住院了，不過，傷得不重。」我解釋。

晚上，突然接到德欽頗章那邊打來的電話，要我們趕緊去朝覲大師。我立刻找出哈達、曼札典陀、供養。

「你們在幹什麼？要到哪兒去呀？」阿媽問。

「阿媽，你就跟著我們走吧。」我打著手勢。

到了德欽頗章，門口的警衛看了我們的車牌後，立刻放行。駛過我從小就熟悉的樹木、花圃，而月光如洗，大地一片銀色，一切恍如昨日。

「朝覲班欽博格德[8]？」阿媽突然拽了拽我的衣袖。

我們都笑了，點頭。

---

7 森木瓊嘉喀：藏語，意爲在仁波切的寢宮朝覲仁波切。

8 班欽博格德：蒙語，對班禪大師的敬稱。

「三拜諾[9]！」班禪大師的嘴特別地噘成喇叭形，像誦經一樣，向我的阿媽發出宏亮而高昂的問候。

阿媽趕忙磕頭，我們也都跟著磕頭。

「累不累啊？」大師拍了拍我阿媽的肩。

阿媽雙手合十，眼裡湧出淚水。

「好，好，平安到了就好。」大師說。

大師看上去很忙，儘管房間依然整齊，但桌子上都是打開的文件，一隻手裡還拿著筆。

「明天還有很多重要的活動，你們一定要照顧好嘉雅仁波切的姐姐，沒有什麼不適應的吧？」大師又摸了摸阿媽的臉頰和額前的頭髮。

「過唐古喇山時，我們都有反應，就她老人家沒有。」有人解釋。

「你們的骨頭還沒有老人的硬啊！」班禪大師笑我們。

一九八九年一月二十二日，開光典禮如期舉行。在扎西南捷前面的朵加[10]正中搭起了台子，擺著一個很大的措[11]，以及其他供品。佛教的吉祥氣氛感染著每個人。

官員們也都來了。我被邀請坐在了台上，中間是班禪大師的法座。而我那時，一點也沒有想到過，這會是大師生前最後一次對公眾講話！雖然他沒少感謝黨中央，但是，也坦率地指出了西藏自從「和平解放」後，中國政府對西藏文化的破壞，比它所宣傳的保護還要嚴重。班禪大師是這麼說的：

「……我們西藏和全藏區所面臨的現實是什麼？第一個現實是：從解放到現在，是否有了發展？發展得究竟有多大？答案是：發展了，發展程度也相當不錯，這是現實。但是與我們付出的代價和取得的成績相比較，我認爲代價大於取得的成績。所以說，今後我們不能再犯同樣的錯誤，不能再犯『左』的錯誤了，同樣也不能犯『右』的錯誤。但是就整個西藏（自治區）和其他藏區來說，『左』的錯誤的危險比『右』的錯誤的危害大……

「……我們口口聲聲說要爲人民服務嘛。那麼西藏在想什麼？我舉個例子，佛教對西藏人民來說是至高無上的，比生命還可貴，我們全都毀掉了，這怎麼能叫西藏人民高興呢？這又怎麼能叫爲西藏人民服務呢？有些同志把理論上的一些東西強加給西藏這塊土地上，硬將自己的標準衡量西藏，這是行不通的……

「……這次參加典禮的少數民族代表大多數是來自全藏各地的藏族。所以，藏族人民是怎樣想的，可能有所瞭解。有些漢族同志不太瞭解，應去看一看，西藏人民到底想些什麼？西藏的特點究竟是什麼？僅僅是『海拔高、氣喘』就這麼簡單嗎？這不是西藏主要的特點。西藏的主要特點是，西藏人民的思想、他們的意識形態、他們的想法。因此要有適合他們的『對象』（相應的政策）。因此遺留下來的宗教、民族和統戰、解決有關農牧民等的一系列問題，眞正落實政策

9 三拜諾：蒙語，您好。

10 朵加：藏語，指僧人辯經或舉行法會的場地，因多爲石塊鋪就，形成石塊院子。

11 措：藏語，用糌粑、酥油、乳酪、紅糖等做成的施食供品。

……」12

後來，班禪大師又在德欽頗章召開了高僧大德的座談會，明確說出了他對藏傳佛教活佛轉世認證的看法。

扎西南捷的開光典禮圓滿結束。而我們也在第二天離開了札什倫布寺。經過拉薩時，我再次去醫院看望了哥哥祁包。這才發現，在扎西南捷開光期間發生了多起車禍，除了卻西仁波切的車被撞翻了，我的哥哥祁包被送進醫院外，札什倫布寺的住持南捷才旺仁波切在慰問卻西仁波切的路上，不幸與一輛大車相撞，一車三人全部遇難。時任西藏自治區交通廳廳長列確的車也被撞翻，列確本人也受了傷，和我哥哥祁包同住一所醫院。列確的夫人還要我為列確念經祈祝，低聲說：「因為您是從外地來的仁波切，我才敢找您念經，自治區這邊的仁波切，我們一個也不敢找啊，傳出去就麻煩了。」我自然滿足了他們的請求，並感慨這樣的官員也會在自己遇到難處時求佛護佑。只是不知道，後來當上了自治區政府主席的列確，是不是還記得這一幕。

班禪大師突然圓寂

回塔爾寺的路上，我一直想著班禪大師的講話，應該說，近十年的監獄生活並沒有讓他屈服，後來的高官厚祿也沒有收買他。大師的民族之心，可能會讓中央那些對他抱有希望的人失望吧？

一隻狐狸從車前跑過，是從左向右跑過去的。我們蒙藏人都相信，如果狐狸從右向左跑過，那是吉利的兆頭。「今天運氣很順啊。」獵人們就會這樣說，而且會放過這隻狐狸的。反之，就不是好兆頭了。

「不吉利不吉利，開車要注意啊。」阿媽說著，念起了金剛亥母咒。

我搖了搖頭，希望換一換思緒，便轉向窗外。正是冬天，白雪覆蓋著群山，蒼茫茫地連接著遠天，幾隻意想不到的野馬在雪原上撒著歡兒地奔跑著。前方，一望無際的黑色柏油路上，除了會碰見五、六十輛軍車迎面而來，幾乎看不到人煙，藏北草原越發顯得空曠了。

兩天後，我們到達了戈壁上的新城——格爾木，卻令人震驚地聽見，街上的喇叭裡清晰地傳出了哀樂：

「當代傑出的宗教領袖、偉大的愛國主義者、著名的國務活動家班禪額爾德尼・確吉堅贊，昨天在他的行宮德欽頗章圓寂，享年五十四歲……」

這可眞是晴天霹靂！我們充滿疑惑地相互對視著，直到確認沒有聽錯，立刻把車停在一家旅館門前，衝進大廳。恰好這裡的人們，也都在收看這個電視新聞。

我始終不能相信這是眞的，甚至至今想起此事，仍然覺得蹊蹺。我立即給嘉雅仁波切打電

12　這是一九八九年一月二十三日班禪大師在札什倫布寺的東陵扎西南捷開光大典上用中文發布的演講，依據錄音整理。

話，想問個水落石出。這到底是怎麼回事啊？究竟發生了什麼？幾天前的晚上，班禪大師把雙唇特別噘成喇叭狀，像誦經一樣，向我阿媽發出「三拜諾」的問候時，他還是那麼健康、風趣，精力充沛，怎麼就突然圓寂了呢？可是，電話的那一端總是占線，無論如何也打不通。

這時，卻西仁波切的車也趕了上來。見了面，大家都抱頭痛哭。

「我想返回札什倫布寺。」我對卻西仁波切說。

「只會添麻煩。我們在車上也討論了，還是先回塔爾寺，準備上師圓寂祈願法會，然後再組織人去札什倫布寺吧。」卻西仁波切想得比較周到。

之後的一路上，從格爾木到塔爾寺，沿途八百多公里，都有男女老少在煨桑點燈，桑煙鋪天蓋地，像霧靄一樣，繚繞著我的車前車後。有時候，還會傳來隱隱的哭聲。

塔爾寺更是一片寂靜，僧人們個個神情黯然，見面後也不知從何談起，都含著淚水，面面相覷。我們舉行了莊嚴的上師圓寂祈願法會，全寺的僧人和仁波切們，都默默祈求三寶加持，祈請班禪大師的法意早日圓滿，祈求上師的轉世乘願再來。

我還被通知參加了青海省官方組織的班禪大師圓寂紀念會。這裡的人們也議論紛紛，不論藏族幹部還是漢族幹部，都悄悄地問我：「你參加了開光法會，應該知道究竟發生了什麼事吧？」可事實上，我什麼都不知道。

大約十天後，我又回到了札什倫布寺，以特殊客人的身分，來到班禪大師的臥室，敬拜大師的法體。這時的大師，頭戴五冠佛帽，面罩赤紅錦緞，手持金剛鈴杵，端坐於法座之上……這簡直像夢一樣，如此不眞實。

卻西仁波切和賽朵仁波切也都流下了眼淚。大師的突然離去，實在讓我們想不通！我本想慰問大師的父母，可他們都已病倒在床，被直升飛機送到了拉薩。

嘉雅仁波切也病倒了，在發高燒。我走進他的房間時，他的頭上放著一塊濕毛巾，在含含糊糊地說著什麼。班禪大師從前的侍者圖登啦正在嘉雅仁波切旁邊附耳靜聽，並做著筆記。到了近處，我才聽見，嘉雅仁波切正在口述班禪大師的祈願轉世文。

等到屋裡沒人時，我走到嘉雅仁波切床邊，俯下身子輕聲地問：「阿襄，您的身體好一點了吧？」

「老是……糊塗呀……」嘉雅仁波切斷斷續續的。

「到底發生了什麼事？我們離開時大師還好好的呀！」我急切地說。

「就是啊，誰都沒有想到。」嘉雅仁波切的隨員小扎西走到我身邊，「那天早晨，差不多六點多吧，阿襄還沒有起床，班禪大師的隨員就跑了下來，說有急事要見嘉雅仁波切，我說，嘉雅仁波切正在休息。他不聽，直接進去了。

『雍增仁波切，趕緊，袞頓圓寂了。』他說。

『什麼？』我和阿襄都驚呆了。

『已經圓寂了。』他又重複了一遍。

「我和阿襄立刻穿上衣服，手忙腳亂地跑到樓上袞頓的臥房。袞頓就躺在他的床上，神情非常安詳，無法形容的安詳。

「往常，袞頓一般五點鐘左右就起來了，一聽到動靜，隨員會立刻進去。可是，那天早晨，都等到六點鐘左右了，沒有一個隨員聽到動靜，就不得不進去了，結果見到了這種情景，就返身跑到了樓下我們的房間。

「我們立刻通知了北京跟來的那些人，也通知了自治區。一個小時左右吧，都來了。他們看到上師的臉上還很亮，說要搶救。阿襄就阻止，說：『人都圓寂了，還搶救什麼呀。』可是，他們不聽，就拉開大師的被子，解開了睡衣鈕扣，先是輕輕地按壓，越壓越重，越來越快，就這樣，大師的臉慢慢地變了，先是發青，然後就變黑了，越來越黑。大約到了下午四點鐘左右吧，一直等到溫家寶他們來了。大師夫人李潔也在那個飛機上，一起來了，這才算停止了搶救。這時，阿襄也不行了，又開始搶救阿襄，阿爸和阿媽自然沒能承受得了這個突如其來的打擊，他們就用直升飛機把兩位老人送到了拉薩。可是，阿襄堅決要守在這裡。

「我們給大師戴上五佛冠時，看到大師的臉又黑又紫，就用紅布蓋上了……」小扎西說著流下了眼淚。

「晚上還好好的，早晨就圓寂了……不不……不要搶救，大師的法體是不能動的……大夫們不聽我的勸阻……他們不聽，一直在搶救……」嘉雅仁波切虛弱地喘著氣，也斷斷續續地跟我說著：「五十多年我們都沒有分開，爲什麼現在要分開呢？沒想到，他留下我們就走了……」

我拿過毛巾，爲嘉雅仁波切擦了擦臉。嘉雅仁波切的汗和淚，都混在了一起。

幾天以後，嘉雅仁波切還是被送進了西藏軍區總醫院。賽朵仁波切和我就留在了嘉雅仁波切身邊。西藏自治區統戰部和有關部門的領導也常來探望。

一天晚上，來了一輛黃色的尼桑越野車，而後進來了一位官員，穿著藍色羽絨服。他是當時的西藏自治區黨委書記胡錦濤。這時，醫生正爲嘉雅仁波切插針輸液，他不便到近處探望，便轉向我們這些親屬。當他得知，我擔任全國佛協副會長、全國青聯副主席等職務時，立刻說：「我也在全國青聯工作過呀！」那以後，每次我到北京開會，他只要看到我，都會過來打個招呼。那天臨走時，他還特別到嘉雅仁波切床前，握著嘉雅仁波切的手，安慰了幾句。

緊接著，嘉雅仁波切和我都接到了去北京參加班禪大師追悼會的通知。嘉雅仁波切仍不能起床，更不可能出遠門，我便獨自啓程了。

一九九〇年二月五日，我冒雨來到人民大會堂，參加了班禪大師的追悼會。很多中央領導都參加了，我知道這是政治形式，但仍然有很多人手捧哈達，到大師遺像前鞠躬或雙手合十，表達他們個人對班禪大師的敬重和懷念。追悼會後，我在賓館遇見很多熟人，也有些人偷偷地問我：「班禪大師到底是怎麼圓寂的？」

而我只能是無語。

目睹「六四」學潮

一九八九年春天，嘉雅仁波切轉到北京協和醫院住院治療。我和賽朵仁波切也隨之到了北京，繼續照料嘉雅仁波切的同時，也去佛學院聽夏日東仁波切講授《修菩提心要》。雖然我們可以住在西黃寺佛學院內，但是我們只聽週一的課程，其餘時間還得在外面，就這樣，經朋友介紹，我們住進了雍和宮的內部招待所。房間雖然簡陋，但交通便利，乘公車去醫院探視嘉雅仁波切很容易。另外，雍和宮是藏傳佛教寺院，住在那裡也感覺親切。但這次來京我們心緒低落，一是班禪大師已圓寂，二是嘉雅仁波切重病在身。

四月的一天，我們經過天安門廣場時，發現三三兩兩的學生在人民英雄紀念碑前獻花圈，還把一幅畫像擺到了人民英雄紀念碑的高台階上。我和賽朵仁波切好奇，就在天安門這一站下了車。走到近處，才發現是胡耀邦先生的遺像。

我有幸見過幾次胡耀邦先生。一次是他視察塔爾寺，那是個雨天，他兩手提著褲角，向旁邊的普通人走去，想跟他們聊一聊。但是，他有一級警衛，他們就把他「架」走了。另外幾次，是在北京的青聯會上，他講話直截了當，不講情面；他還建議，人與人之間應該以名字相稱，不必叫官銜。他給我的印象是，比較開放，平等待人。

到了協和醫院，我和賽朵仁波切就把天安門的事說給了病中的嘉雅仁波切。

「這是不是和前段時間的回民遊行一樣？」嘉雅仁波切尋思著。

「我看不一樣。回民遊行是因爲有人寫了一本書汙辱他們。」賽朵仁波切說。

「也有一樣的地方，都是對共產黨不滿，都是積壓的憤怒。文化大革命那會兒，『上頭』還強迫回民養豬。阿訇韓生貴還附和說：『噢，記得那小豬眞可愛，多讓人心疼呀。』」我接過了話。

嘉雅仁波切點點頭：「依我看，學生們和回民的示威有一樣的地方，也有不一樣的地方，你們倆說得都對。」

我同意嘉雅仁波切的說法。回民在西寧示威時，我正在青海省佛協駐會，聽到人聲鼎沸，我們都站在外面看。示威的人很多，都是群眾，從西門口到大十字（西寧的主要街道），一組組走來的有男人組也有女人組，婦女們頭上都戴著蓋頭，男人們都戴著白頂帽，相互挽著胳膊，很是同心協力。旁邊看熱鬧的我們幾個藏人就說：「你看人家同甘共苦！」漢族老百姓說：「這肯定是政策沒落實好呀……」可是，幹部們說：「他們太過分了，究竟要什麼，難道要獨立？」

遊行持續了五、六天，當時倒是沒有鎮壓。聽說西北等地的回族也要來聲援的。西寧的公安都出來攔截和控制，派出幾輛大車堵在西寧小峽口，不讓回民們上京告狀，有幾個回民代表爲了繞過那些攔截，跳進了湟水，據說有人淹死了。這件事折騰了很長時間，直到收回了傷害穆斯林信眾的書之後，才算是得以平息。

「學生們都在說什麼？」嘉雅仁波切打斷了我的思路。

「反腐敗，要民主。」我說。

「不要社會主義了！」賽朵仁波切開起了玩笑。

「這可不是壞事呀。」嘉雅仁波切笑了。

我們仍然每天到協和醫院看望嘉雅仁波切。每次經過天安門廣場時，都發現那裡的人比前一天更多。後來，還出現了很多騎自行車的人，頭上繫著白布。還有人舉著橫幅，高呼「反腐敗」、「說眞話」、「要民主」等等。聽說，各大學的學生們都聯合起來了。

我和賽朵仁波切越來越頻繁地在天安門這一站下車了。我們在天安門廣場上走來走去，讀著那些橫幅。有時，也在學生們中間坐一會兒。不管是誰，見面時都不自主地伸出食指和中指，做出「V」的手勢，表示勝利是屬於我們的。

大學裡的教授們也出來了，頭上還繫著表示聲援的布帶。學生們手拉手，圍著他們，像保護的樣子。他們當中，有的白髮蒼蒼，很有學者氣度，也在喊也在說。後來，還出現了很小的孩子，似乎是從幼稚園來的，排著隊，由老師帶著。

我和賽朵仁波切都很激動，嘉雅仁波切似乎更激動，「哎，今天怎麼樣了？」一見到我們，他就追問。

我和賽朵仁波切就一五一十地把天安門廣場的情況告訴他。恰好，西藏自治區統戰部的鄭英部長和許副部長來看望嘉雅仁波切了。鄭英部長的名字雖說有點漢化，但他是藏人，是跟十八軍進藏的巴塘藏人。雙方寒暄問候之後，又談起了已故班禪大師的後事。仁波切對他們的看望自然表示謝意。接著，仁波切又跟他們打聽：「天安門那裡的學生們怎麼樣了？」

「哎呀，這是年輕人的事，您老就不要管了，連我們都不清楚啊。」兩位部長笑著，把話題岔開了。

「聽說要民主，就給他們唄！」嘉雅仁波切又說。

「這是學潮，相信中央會妥善解決的，您老就專心養病吧，班禪大師的後事還需要您老啊！對了，自治區的胡錦濤書記也向您問好呢！」鄭英部長補充道。

北京高級佛學院的很多仁波切都認識中央民族學院的藏人學生。現在，他們騎著自行車，頭上繫著白布條，來佛學院看望仁波切們，同時，也帶來了天安門廣場的最新消息。在我們佛學院裡，有一個電視室，中午休息時，大家一邊看新聞一邊議論天安門廣場的情形。那時，學生們的請願也快兩個月了，可是，不僅沒有被官方正面對待，還老是往下壓，學生們便升級爲絕食了。

「爲什麼當官的不出來見見學生呢？」

「學生們的要求是正當的呀！」

「我們應該聲援學生！」

北京高級佛學院的仁波切們也準備遊行了。然而，校方上報了宗教局和統戰部，「上面」立刻來了不少人，勸我們不要參加，嚴肅地說：「班禪大師成立這個佛學院，是爲了培養適應於社會主義的愛國愛教的宗教人士。」「班禪大師生前非常熱愛祖國，你們不能違背大師的意願！」那以後，北京高級佛學院被嚴加看管起來了，任何人都不得隨便進入，當然學校也不再上課了。

遊行的隊伍越來越多。一天，我和賽朵仁波切從佛學院出來時，習慣性地看了看隔壁的工廠，發現工人們都在做橫幅、旗幟，還準備了一些鑼鼓，說是要有非常大的遊行。其他的工廠和單位，凡是我們經過時所見的，也都在爲聲援學生做準備。

不久聽說戈巴契夫要來，歡迎的儀式先是定在天安門，但因學生們占領了那裡，據說就改在機場了，於是學生們又趕到了機場；最後，從電視看，是在人民大會堂裡關上門，搞了一個小型的歡迎儀式。

儘管佛學院不再上課了，每天，我和賽朵仁波切仍然換一、兩次公車，去天安門廣場。後來，大遊行那天，車堵得很厲害，我們不得不遠遠地下車，步行去天安門廣場。那裡人山人海，車隊一個跟著一個，舉著橫幅，敲著鑼鼓。有一個橫幅給我的印象很深：「主人來了，僕人在哪裡？」意思是要求「人民公僕」與人民對話。還有一個橫幅，是鄧小平老家四川人打出的：「請鄧小平回家！」意思是要他退休。

我去過日本。剛到大阪就感受到，這才是眞正的太平盛世。設施先進，人也文明。我們團裡有一個人丟了相機，大家都很著急，以爲找不回來了，可是晚飯時，我們的日本嚮導接到電話，說在餐廳裡撿到一台相機，讓我們去認領。我們的團長劉再復[13]給大家開玩笑說：「一夜之間，資本主義腐朽之說，在我的腦子裡完全崩潰了！」而這次的學生運動，會不會給我們帶來一個日本那樣的世界呢？

我和賽朵仁波切暗自祈禱，但願這次運動，能使中國成爲民主國家，但願學生們的願望能夠實現……

這時，遊行隊伍中還出現了解放軍，出現了募捐的，送飯的，送水的，送毛巾的。

還有一件趣事，本來天安門這邊有警察站崗，可是，學生們一來，警察就都走了，留下學生們自己維持秩序。

嘉雅仁波切似乎健康了一些，那是五月的最後一天，我和賽朵仁波切到他的病房時，他正在慢慢地踱步。

「你們兩個明天必須離開北京。」一見到我們，他就說話了。

「爲什麼？」我和賽朵仁波切都愣了。

「我的病已經見好了。再說，學校放假，你們在這裡也沒事幹，而塔爾寺那邊，還有不少事情在等著你們。」

我和賽朵仁波切沉默著，不知如何是好。

「今天一早，我打了個卦，卦象也說，你們越早走越好。要不，你再打一卦？」嘉雅仁波切看著我。

早年，嘉雅仁波切曾教給我一種叫「昌摩」的占卜方法，意爲佛珠卦。如果不分心，念咒測算，專注於一件事，會很可靠的。我就打了卦。卦象與嘉雅仁波切說的一樣。

「也許，塔爾寺或者家鄉那邊有要緊的事？」賽朵仁波切尋思著其中的祕意。

於是，第二天，也就是六月一號，我和賽朵仁波切，開著統戰部送給嘉雅仁波切的北京吉普，踏上了歸途。

這時，北京的交通堵塞已很嚴重，繞了好久，我們才到豐台。人們還把一個大油罐車拉了出來，擋在路中間，說是阻止解放軍進城，而對老百姓，則是放行的。我們的車，就從油罐車旁繞了過去。

城外的路邊，出現了一排排軍車，都蓋著軍用帆布，像是隨時準備進城的樣子。我們只看到坐在駕駛室裡的軍人，他們的身後都被擋得嚴嚴實實。

一路上，凡是我們經過的大城市：鄭州、西安、蘭州、西寧等地，都有很多人在遊行，排著長長的隊伍。我們讀著那些標語：「腐敗祭！」「民主！自由！法制！」……

而六月四日，我們剛回到塔爾寺，就傳來了天安門廣場的槍聲。

---

13 劉再復：維基百科上介紹他是「中國作家、文學評論家。一九六三年成爲中國科學院哲學社會科學部編輯。一九八四年中國社會科學院研究員。一九八九年後流亡海外，旅居瑞典、美國、加拿大等地。」而當時在去日本的參觀團裡，我與他結識後成了朋友。

第十二章　前世的因緣

當塔爾寺的住持

當初我從高級佛學院畢業時，班禪大師發現我一心想回塔爾寺，就沒有堅持讓我留在北京，反而說：「是啊，主持塔爾寺也很重要……」

然而，主持塔爾寺並不是一件容易的事。聽說我的前世在主持塔爾寺期間，由於戰亂等多種原因，聞思修一直滯後，他很是著急。雖說塔爾寺有傑尊和果芒兩個扎倉下屬十三個級別的五明修習，但當時不求質量，有的人甚至跳著升級。我的前世決定矯正寺規，對所有的僧人重新考試，有的高年級僧人就被降到了低年級。與此同時，他還和拉卜楞寺、夏瓊寺等寺院交流，把那邊的善知識請到塔爾寺上課。

一天，我的前世發現護法神殿的一幅珍貴唐卡，應該是三世達賴喇嘛所賜，被轉移到了乃瓊神諭師1家裡。因爲歷代的乃瓊神諭師都出自一個家族，久而久之，就把自己家也當成了護法神殿。我的前世怒道：「沒有護法神的唐卡，怎麼能抓起聞思修呢？」就叫來了乃瓊家族的人，質問那唐卡的來龍去脈，聽著聽著，他就忍不住給了那人一拳頭。自那以後，我前世的胳膊就腫了起來，竟在三十八歲的盛年圓寂了。那是一九四八年。但後來嘉雅仁波切常說，這不一定是損失。我的前世和賽朵仁波切的前世過早圓寂，也許都是因緣安排，使他們躲過了一九五八年「宗教改革」的劫難。

應該說，每一代阿嘉仁波切不僅對塔爾寺有貢獻，在民間也很受尊敬。當時的清朝皇帝也看到了這一點，就把我的五世、六世和七世分別都請到北京長住，還賞宅賜院，敬獻題爲「賢能述道禪師」的匾額。更早，我的三世也被乾隆請去住過。當然，這不只是我的前世，還有其他的呼圖克圖也都受到過同樣的禮遇。而且，我第六世阿嘉仁波切還遠行日本，受到天皇的接見。他當時在日本的影響很大，至今我還保存著他在日本參加重要活動的報導，以及他的旅行紀事。

再說我從北京高級佛學院畢業回到塔爾寺時，正是卻西仁波切擔任住持（官方職務：民主管理委員會主任）。卻西仁波切全名是卻西・洛桑班丹隆柔嘉措，一九五七年，他通過了達賴喇嘛在西藏境內時的最後一批格西考試，榮獲了拉讓巴格西學位，而後從拉薩回到了塔爾寺。他意氣風發，正計畫在塔爾寺大興講、辯、著三賢事，圓滿戒、定、慧三宏業，如狂風暴雨般的「宗教改革」開始了，他被關進監獄長達二十二年，熬到了獲得無罪釋放的那一天，之後，被當局任命爲塔爾寺民管會主任。

一九九〇年，卻西仁波切晉升爲北京藏語系高級佛學院副院長，按照班禪大師的遺願，並在嘉雅仁波切的推薦下，我接任了塔爾寺的住持。

這時候，由於市場的突然開放，管理出現混亂，小商小販已經蔓延到了寺院，文物盜竊案接連發生。另外，自「宗教改革」以來，政府禁止念經禮佛，鼓動人們反對佛教，一直衝擊著僧人們的修習，再加上塔爾寺古建築群年久失修，一年比一年脆弱，急待修繕，眞是千頭萬緒啊。

其時，嘉雅仁波切的病情雖說略有好轉，但從北京返回西寧住院療養時，因爲吃了不衛生的食物，傷了腸胃，產生劇痛，又住進了醫院的急救室。從那以後，病情再也沒有好轉。我除了處理寺院的日常事物，還要經常去醫院照顧嘉雅仁波切，儘管有賽朵仁波切、洛桑東悅舅舅、哥哥丹巴嘎，還有小扎西和松贊兩位隨員的照顧，可我不去那裡，心裡總像有什麼事似的，能爲他擦一擦臉或者倒碗茶，對我是一種安慰，也算盡了孝心。

嘉雅仁波切看出了我對塔爾寺的焦慮，就勸道：「牧民有句諺語：『馬的兒子要跑得快，人的兒子要走得慢。』意思是年輕人要穩，越穩越好。我看你有點急於求成，要慢！慢！慢！」

嘉雅仁波切的話和佛教的五種精進[2]都給了我啓發，我就討個吉利，隨後成立了五個辦公室，那就是教務辦公室、治安辦公室、財務辦公室、佛教研習辦公室和古建築維修辦公室。

1 神諭師：神明附身的代言者。漢文化中，將這類靈媒稱爲「乩童」，是道教儀式中，神明跟人或鬼魂跟人之間的媒介。在台灣又稱「童乩」。

2 五種精進：佛教術語，據《成唯識論》卷六舉出五種精進，即被甲精進、加行精進、不下精進、無動精進和無喜足精進。

教務辦公室的任務是使寺院的傳統教學更加規範，制定了僧人考試獎勵制度等清規戒律，使那些清淨的修行人不但可以安心修法，生活上也得到了補貼。也許是前世的因緣吧，我一直認爲，寺院的聞思修是佛法長久住世的根基。

治安辦公室主要負責登記註冊所有的文物，並規定了如何保護珍貴供品和法器的方法；還給每座房子註了冊，辦了房產證，並規定寺院的房子不能再賣給俗人等，目的是防止改變這座古寺的原貌。我認爲，經過了文化大革命的浩劫之後倖存的遺產，更要珍惜。

財務辦公室主要按照佛法所講《八正道》中正業、正命的要求，管理財物。我還專門選了一位修行好的出家人做財務總監。另外，就每個財務部門，我規定了至少有三人管理：會計、出納、保管。帳目必須清晰，每年的預算決算必須有詳細報告。同時，塔爾寺還建立了自己的養老基金、老人院，並爲老人提供全部醫療費。老年僧人過生日這一天，還要特別舉行法會慶祝。

佛教研習辦公室負責與日本等佛教國家的僧團一起研究《大藏經》，並參加國際上的佛學研討、展覽會等。

古建築維修辦公室主要管理塔爾寺自己的古建築維修隊。因爲文革以來，雖然塔爾寺有過維修，但那只是對年久失修的殿堂做了浮皮潦草的修補，並沒有全面徹底地規畫和修繕，而如今對塔爾寺的全面維修已迫在眉睫。

不吃肉了

記得是文革期間某個秋收的一天，我割完青稞回到家時，發現嘉雅仁波切、賽朵仁波切，還有我的諾日哥哥和丹巴哥哥，都被嘉瑪嘎偷偷地請來了。他做了一桌子的飯菜，中間還放了一盤羊肉。而當時是很難吃得上肉的。看到那盤肉，嘉雅仁波切講了一個故事：

「從前，有一位大師出去化緣，在一座深宅前等了好一陣子，還是沒有人應。大師想看個究竟，就顯了神通。結果發現裡面正忙著吃羊肉。那主人一邊餵著懷裡的小孩，一邊罵著那隻等不及啃骨頭的狗，可那隻狗，其實正是那位主人前世的父親，而他殺掉的羊則是他前世的母親，他懷抱的孩子呢，卻是他前世的仇敵。這就是說，他在吃他的母親，罵他的父親，餵養他的仇敵呀……」

這個故事像種子一樣種在了我的心裡，隨著歲月流逝，慢慢地發芽、長大和成熟了。我常感到，雖然世界看起來很大，但也比針尖還小。每當我吃肉時，就禁不住想這到底是誰的肉呢？

在我那院落重疊的嘎日瓦裡，有一間被稱爲嘎西瑪的空殿堂。嘎西瑪，意思是四梁八柱的經堂。小時候，哥哥們經常帶我到這裡捉迷藏。文革期間，嘎西瑪成了生產隊的倉庫。除了必須上交的公糧，剩下的小麥、青稞、燕麥、豌豆等都儲藏在裡面。八〇年代中期，嘎西瑪空了出來。

有一年，老家的人們給我送來了過冬食用的肉。當時我沒有冰箱，就在嘎西瑪的兩個柱子之間拉上繩子掛起了這些肉。恰好遇上信徒們來塔爾寺朝拜，經過嘎西瑪時很是失望，就說：「這經堂不見佛像，卻掛了不少血跡斑斑的牛、羊肉！」

我那時正在房頂上，聽到了這話。雖然處在高寒地帶上的藏傳佛教的出家人允許食肉，但這件事讓我的心蒙上了一層霧靄。再加上每次到牧區，看到牧民們爲我端上牛、羊肉時，我都忍不住會想，儘管我沒有親手殺害這個生靈，可牠們也是因我而死呀！至於小時候，當我從寺院回到家裡，阿媽阿爸爲我宰殺牛羊的情景，後來竟也時常纏繞著我。

現在，塔爾寺有五、六百出家人。僅以羊爲例，假如一個人一年吃一隻羊，五百個出家人，一年就會吃掉五百隻羊，十年就是五千隻啊！然而，塔爾寺並不僅僅只有五百僧人，每人每年也不只吃一隻羊，所以實際吃掉的羊更多。那麼，全藏區有多少寺院、多少出家人呢？又需要宰殺多少羊群、造下多少殺業呢？

想到這，我決定戒肉，並祈願一定把嘎西瑪變成辯經講法的地方。

在我們安多，藏曆新年前一天的習俗，如今與漢地春節的除夕差不多。通常，寺院做完多日嘉法會，也就是驅邪魔迎洛薩[3]的祈願法會之後，師徒們便聚在一起，熱熱鬧鬧地歡度。這一年，我的管家扎西也跟往常一樣，準備了不少美味和一大盤牛、羊肉招待大家。吃飯之前，我宣布說：「從今天起我就不吃肉了。」

「眞的？」大家以爲我在開玩笑。

「我已經發願了。」我說。

對大家而言，這是個掃興的年三十。但從此以後，我就再也沒吃過肉。當然，對於一個從小就吃慣了牛羊肉的牧人兒子，突然戒肉是比較困難的，每當我見到肉而口饞的時候，我就觀想，那是我阿媽的肉。當然這很有效。

後來，我把嘎西瑪修繕一新，選了個吉祥日子，與我的嘎日瓦裡其他五、六十間房子一起，都捐給了寺院，用於我興辦的入門僧侶學校。

「宗教改革」以後僧人越來越少了，八〇年代末期，各扎倉開始自行招生。而新招上來的僧人，雖然都是十八歲左右的年輕人，但是他們沒有任何佛學基礎，因爲政府規定，不到十八歲不能出家。傳統上，要當僧人的人六、七歲就開始出家學經，特殊情況下，四、五歲就送到寺院了，甚至有的更小。到了十八歲時，已基本掌握了佛法常識。如今，十八歲才開始出家，從頭學習佛法，不僅基礎不扎實，也很難跟上各扎倉的課程。爲此，我建立了初級僧侶學校，專門講授佛學基礎知識，包括祈頌文、數學、藏文文法等等，畢業後，再分配到各扎倉繼續深入學習。

一開始招生，就來了二百多人，多數來自安多地區，還有幾個從內蒙來的，甚至從浙江和福建還來了漢族學生。後來，又有十幾名學生來自蒙古國。

我還與嘉木樣仁波切商量，請來了拉卜楞寺的大善知識根頓嘉措和其他幾位格西喇嘛，爲學僧們傳授五明。後來，我們還加入了不少生活實用課程，傳授方法也很靈活，甚至西方電視裡的搶答方式也都用上了。因材施教，效果自然不錯，各扎倉後來都很隨喜地接受這些學生，直到今天，這個學校還在辦著。

3 洛薩：藏語，藏曆新年。

嘉雅仁波切和阿媽都走了

到現在，我還記得葛甘慈誠拉森給我講的《大藏經》裡貓和老鼠的故事：「貓對老鼠說：『我現在當了居士了，再也不吃老鼠了。』『我們怎麼辦？』老鼠們誠惶誠恐了，於是都拜啊、讚啊，後來乾脆閉著眼睛按順時針繞著貓轉，一圈又一圈，每繞一圈，就少一隻老鼠，這是爲什麼？」「讓貓居士吃了！」我總是脆生生地搶著回答。

「是啊，我們心中的貪嗔癡就像貓，善事就像小老鼠，時刻都有被貪嗔癡呑掉的危險哪。」葛甘拉森總是循循善誘。

如果說葛甘拉森把佛法通俗地講給了我，而嘉雅仁波切則是把佛法系統地教授給了我。「不懂佛法，就像曼巴不識我們的草藥。」嘉雅仁波切常這麼說。甚至在文化大革命期間，他還悄悄地向我口傳了《菩提道次第攝頌》。

藏傳佛教十分重視親近上師，這也是修行的基礎。爲了讓我有個堅實的根基，嘉雅仁波切向我口傳了一些經典。按照傳統，徒弟首先要皈依佛法僧三寶，發菩提心，然後是上師灌頂口授密法，弟子閉關修習。可是在紅衛兵和積極分子經常出沒、公安和幹部隨時闖入的年代，遵循傳統是不可能的。即便如此，嘉雅仁波切還是爲我傳授了《上師五十頌》和《格魯格言》，後者是宗喀巴大師及後代高僧的必學經典，後來還傳授了《菩提道次第攝頌》、《皈依疏》、《佛教度量學》、《塔壇量度》等等。後兩部著作，包括了藏傳佛教中對寺院、塔壇、造像等比例的規定，是代代相傳的經書。除此，嘉雅仁波切還向我教授了佛教藝術和梵文書寫法，尤其督導我寫作，他親自改卷，手把手地引導我，即便是後來我從佛學院畢業回來，他還主動地教我《薩朗木囊夏》。

然而，一九九〇年夏末，我不能再聽嘉雅仁波切講法了。醫生下了病危通知，儘管每天還在輸液，也僅僅是爲了讓他熟睡。偶爾醒來時，他總是會看看周圍，跟我們笑一笑。有一天，嘉雅仁波切顯得格外清醒，對前來查房的院長和主治醫師們雙手合十：「感謝呀，添麻煩了。」又把丹巴管家、賽朵仁波切和我叫到身邊，囑咐了後事，還對一直侍候他的兩個隨員松贊和扎西說：「你們倆很是孝順呀！」

「這個老人的生命力眞頑強啊！」一旁的醫生感歎起來。

接下來，嘉雅仁波切從熟睡中醒來的次數越來越少了，我們總是盡可能地給他喝一點嘛呢丸水，祈願上師早日圓滿一切功德，爲度眾生，早日乘願再來。同時，我們也準備了他的法衣和法器。

漸漸地，他往外呼出的氣越來越多，吸進去的氣越來越少了，最後，他呼出了長長的一口氣，就停了下來。所有的離別之痛和淚水，此時只能成爲我口中誦念不止的《上師供》。

當醫院的靈柩車把嘉雅仁波切的法體送到塔爾寺時，全寺僧眾手舉哈達和燃香，默默地躬身站立。是的，每個人都在深深地躬身。嗩吶聲悲涼地響起，越過塔爾寺，在濃重的灰雲之下，在雪域的廣袤山河之間繚繞。很多人都流下了眼淚，我更是不能自已，嗓子眼像被堵住了似的，淚水橫流……

來年春天，我又接到通知去北京開會，還被安排爲全國政協委員。就在開幕式這天，塔爾寺打來電話，說我阿媽病危。這些年來，阿媽一直住在我的嘎日瓦裡，與我一起生活。雖然我來北京之前，她的健康狀況就不怎麼好，但她一直病懨懨的，反反覆覆，所以我還是啓程了，沒想到，剛到北京就接到了這個電話。

恰好嘉木樣仁波切就在我的身邊，問我出了什麼事，我就跟他說了揪心的消息。「我建議你回去。雖然你剛到就請假有些彆扭，不過這是無法預測的事。我替你請假，你回去吧。」嘉木樣仁波切說。

正要啓程，電話又響了，說是阿媽已經過世。當我趕回到家裡時，僧人們正在誦經。阿媽的靈桌前已點了很多酥油燈。大嫂和大姐一見到我就哭了起來。

「人人都要走的，我們現在唯一能做的，就是爲阿媽超度。」我簡單地安慰了她們幾句，就走到阿媽的靈桌前，拿起阿媽生前從不離手的念珠，忍不住輕輕地說：「您爲什麼趁我不在就走了呢？」

剛說了這一句，所有的淚水都湧了上來。想到小時候，每當阿媽和阿爸來塔爾寺看望我時，我最怕的就是離別，只盼著阿媽不要走。文化大革命那年，我回家探親，阿媽戰戰兢兢地貼補大字報的情景，以及第二天早晨，她佝僂著身子目送我遠去的情景，我都沒有忘啊。今天，阿媽忍心離我而去，來世我們會在哪裡相見呢？

想到這，我終於放聲痛哭……

僧人們依然在誦經，我也爲阿媽念誦了超度祈頌經文。阿媽是火葬的。從頭七到七七，我們都爲她念經修法，並舉行了千燈供，也就是點一千盞酥油燈，一千炷藏香舉著一千朵瞻波伽花，一千個供瓶，一千碗淨水……同時，也爲塔爾寺的所有僧眾做了供養。

但是，就像是一種慣性，每次從外面回來，我還是先要去阿媽的房間看一看，她坐過的那個長條卡墊，還像她在時，原封未動地鋪著。她用過的那串菩提子念珠也還放在佛龕前，上面的幾顆珊瑚很是醒目，彷彿還留著阿媽的指紋和溫度。

逆緣變順緣

那天，我正在西寧勝利公園二樓會議室開會，突然房子搖晃起來，還響起「嗚嚕嚕」的震動聲，一時間，領導的講話也停下了。

「地震！地震了！」有人喊著。

有人一個箭步竄出了門外；有人左顧右盼，觀察著台上領導們的動靜；也有人只是沉穩地坐著，沒有動或者不以爲然。祕書們、警衛們都跑到講台跟前，把書記、省長們的文件收了起來。

「停了，沒事了。」一位工作人員說。

的確，房子不再動了，只有吊燈甩來甩去的。

「沒聽說地震預報呀。」有人埋怨著。

過了四、五分鐘吧，房子又一次搖晃了起來。祕書們夾起書記、省長們的公文包，立刻跑到了門口，書記、省長們已經先走一步，又回頭對大家說：「疏散！疏散！」

剩下的人們一哄而上，擠到了門口，不過還是有幾個人很平靜，不疾不徐地，等大家都出去了，才站起來。

等我們都到了一樓的院子裡，地震也完全停下了。

「東主加書記，海南那邊來了電話，讓您趕緊回去！」東主加是海南州的州委書記，聽祕書一說，他急忙穿上呢子大衣，朝車子走去。

「海南震得很厲害……」他的祕書在後面說著。

我的心也火燒火燎起來，趕緊往塔爾寺打電話。

自從一三七九年，在宗喀巴大師的誕生地建立聚蓮寶塔以來，四、五百年中，經過歷代高僧大德的鞠躬盡瘁，塔爾寺已成為格魯教派六大叢林寺院之一，培育了一代又一代的格西和然堅巴[4]。然而，自從一九五八年以來，經過歷次政治運動的破壞，雖然僥倖留下了主體建築群，但年久失修已如風燭殘年的老人，別說地震，怕是一陣颶風也經受不住。這一直是我的憂慮，這座雪域精華會不會在今天消失？

電話的那一端說塔爾寺損失不小，我於是也匆忙趕回了塔爾寺。

我最擔心的是小金瓦殿。這是一座護法神殿，除了正門以外，還有兩個側門，始建於藏曆第十二繞迴的水猴年（一六九二年），十分精美。梁柱的銜接之處都是細膩的木雕，這在西藏的建築中叫「玉攘玉通」，已為當今稀有。此神殿曾在一八二二年和一八六六年有過修繕，一九三一年也有過一次簡單的維修。但在被共產黨「解放」以後，基本沒有人管理。現在，又經歷了地震，兩邊側門上方的裂縫就更大了，連那些精緻的牆飾、磚雕也都斷裂了，更深處的榫卯都露了出來，出現了錯位。另外，塔爾寺的四門菩提塔，底座完全坍塌，達賴喇嘛和班禪大師曾駐錫的吉祥宮的外牆，也已倒塌。還有幾座僧舍也塌了。後來才知道，我們這裡發生的地震是芮氏規模五．五級，而震央海南離塔爾寺直徑距離僅一百五十公里。

我馬上召開緊急會議，要求詳細調查這次地震對塔爾寺各個建築的破壞。接下來，有的人拉開皮卷尺，去實地測量和登記；有的人則拍照攝像，搜集現場的第一手資料。花了一個多星期，我們寫出了一份震後受損報告。

當我得知中央來人調查地震情況，就把這份報告連夜送到西寧賓館，希望親自交給中央考察團，可我晚了一步，趕到時聽取災情報告的會議剛剛結束。省長金基鵬迎面而來。爲了防止越級上交文件可能產生的不良效果，我便把報告遞給金省長，並特別強調了請他代轉。翻著這些用複寫紙寫成的很不規範的報告，金省長不僅沒有不高興，還感慨：「你們塔爾寺還眞下了不少工夫啊，都是手抄！」

他讓我立即將材料送給省政府祕書長。當時已是夜裡十點多，我趕到省政府大院時，值班人員說：「現在這時候，上哪去找人呀？早就下班了！」但我還是查到了省政府祕書長的電話，打過去時，對方說錯了，給了我一個新號，就這樣，幾經折騰，我終於見到了負責災情的李慶副祕書長。聽完我的介紹，他說：「如果你早一天半日來的話，塔爾寺的災情也會被列入青海省災情報告當中。可惜，最後的材料已經上機印刷了。」

4　然堅巴：藏傳佛教博士學位中最高級別的名稱，在每個叢林寺院的叫法不一，塔爾寺稱然堅巴。

我的心涼了半截，一時無語。

「但是，你也不要失去信心，只要省長有話，我們會重視的。」李慶副祕書長安慰我，也許他看出了我的失望。

返回塔爾寺時，除了車燈照射的地方，偌大的建築群一片漆黑。我的嘎日瓦也是伸手不見五指。不過，我還是習慣性地朝著護法神殿雙手合十，司機也放慢了車速。我在心中默默地說：「但願往後，逆緣變順緣。」

到家後一點力氣都沒有了，我連一口茶都不想喝。

「請茶嗎？」管家扎西走了過來。

「跑了半天，什麼都沒有成。」我自語著。

「護法神有三隻眼哪，仁波切！」扎西安慰著我。

過了兩、三天吧，李慶副祕書長來了電話：「哎，活佛，你前面那個報告，沒有跟上時間，我分管文教，塔爾寺沒有被列入，還是不妥呀，現在有個機會，省裡要成立調查小組，專門到塔爾寺調查災情……」

不久，省裡眞的專門成立了塔爾寺災情調查小組，我的名字也在裡邊，這次還寫了細緻規範的材料，上報中央。知情人提醒我，如果不跟到北京公關，材料寫得再好，也可能石沉大海。於是，我開始跑北京，差不多每月都去一次。中央的有關部門，如國務院辦公廳、財政部、國家計委、文化部、文物處、建設部、建築設計院等等，我都跑熟了，更不要說中央統戰部和國務院宗教局了。其中的一些官員，後來還成了我的朋友，如國務院主管文化的徐志堅副祕書長等。再後來，由於我職務的晉升，參加的會議越來越多，到這些部門去的次數就更頻繁了。

至於塔爾寺的維修，經過多次的「開會論證」、「專家鑒定」、「疏通管道」，又由國務院副祕書長徐志堅組織中央有關部委組成的工作團，多次到塔爾寺考察之後，才決定撥款維修。但因中國南方發生水災，又砍掉了一些經費。說起來，這個款不是直接撥到塔爾寺的，而是由中央到省裡，層層下撥，比如，有的款要撥到財政廳，有的款要撥到文化廳，總之手續十分複雜。但因護法神的保佑，幸好沒有被層層剝皮。

爲了保證施工質量和節省經費，我組建了塔爾寺古建築隊，專門負責塔爾寺維修工程。除了一些特別專業的工程，如水電之外，全部維修基本上都是由塔爾寺自己完成的。有的僧人主管總體規畫，有的僧人負責具體設計，有的僧人承擔原料的採購與運送，更多的僧人參與了實際的修建與彩繪裝飾工作。像楊嘉仁波切、旦貝尼珠、嘎張師傅和史木匠等人都參與了，還有陳永華先生在文革期間擔任過工作組的會計，但他爲人眞摯，經常設法保護寺院的一草一木，所以我也請他來參與。而我早年學過的《佛教度量學》，也在這次的大型維修中發揮了作用。

五年的時間，不，其實跨度到了第六年，才完成了整個維修工程。這期間，我日夜擔心的仍然是政治運動，一旦發生，資金很可能被凍結，而塔爾寺已開始動工，那些拆得七零八落準備維修的殿堂，將會永遠零亂地放在那裡，讓我怎麼向三寶、護法神交代！

萬幸當時局勢尚無大的動盪，讓我們有時間徹底修復了小金瓦殿、大金瓦殿、大經堂、彌勒佛殿、吉祥行宮等八個主要殿堂。同時，還維修了周圍的佛塔和其他小佛殿，疏通了塔爾寺的排水系統，重新規畫和修鋪了各個道路，而這些都是附帶工程了。

舉行竣工典禮時，我們特別選了一個吉祥日子，請來了不少客人，當然少不了中央和省裡的官員。就像那些盛大的法會一樣，聞聲而來的人有十萬之多。然而，雨說下就下了。我思忖，這就是甘露吧？但當法會開始之時，陽光突然穿破厚厚的雲層，尤其是展佛之時，雨完全停了。燦爛的陽光照耀著山頭美好的佛像，光芒四射。「佛光普照啊！」人們都這麼感喟道。我的心中也很感激護法神，使逆緣變成了順緣。

破不了的案

那時，嘉雅仁波切還沒有圓寂。一天，我趕往醫院的途中，不知為什麼，突然心亂如麻，就抓著吉普車前面的扶手，上下左右地搓著。司機也看出了我的煩躁，安慰說：「放心吧，嘉雅仁波切不會這麼快就有事的……」

到了醫院後，剛進病房，松贊就告訴我：「寺院剛來過電話，讓您趕緊回去，有事了。」

我立即趕到現場，值班員嘉措也在。

「怎麼啦？」我問嘉措。

「象牙球等八件文物被偷了。」嘉措低著頭。

「你不在現場嗎？」我責備地問。

「我在，不僅如此，還有遊客呢。」嘉措戰戰兢兢的。

「什麼時候發生的？」我又急著問。

「三點左右。已經彙報了，派出所都來過了。」嘉措解釋著。

我很是失落。這個象牙球，我知道，少說也有一、二百年的歷史了，雕刻得非常精細，一共有九層，每層都可以轉動，圖案各不相同，是放在佛龕裡的精美供品。可是，找回來的可能性有多大？我實在不敢樂觀。

我任住持之前，類似的偷盜案件已經發生過多次。一九八七年八月二十七日，我和賽朵仁波切去北京高級佛學院報到的前一天晚上，大金瓦殿的五盞金燈在一夜之間被盜，當時，轟動了整個藏地。有的說，這些偷盜行為和「上面」有關係。還有的說，這次丟了金燈，下次說不定還會有更大的劫難。也有人主動提供線索，說那天晚上，有輛車停在西面，一直發動著。人們關注這個案子，不僅因為黃金本身的價值，還因為這些金燈有著宗教和歷史的價值。其中的一盞金燈，是六世班禪喇嘛贈送的，上面刻著班禪．班丹益西的名字，底座下面還刻著祈禱文。更重要的是，好幾世達賴喇嘛和班禪喇嘛，都親自點燃過這些金燈，捧在手裡虔誠祈禱。在西藏的僧俗百姓眼裡，這些金燈是有著特別的加持力的，所以燃燈供油的人總是很多，得提前好幾個星期預約。

當時公安上似乎也很重視，還成立了專案組，不僅發現了很多線索，還傳出了具體情節，沸沸揚揚的。可是，追了一段時間，有人說，「上面」有話，要暫時停下，就這樣掛案了。後來，眞的就沒有了動靜。

「怎麼就掛案了？」我上任後追問了幾次，也沒得到明確答覆。我老是覺得，繼續追下去的話，會破案的；而且應該追下去，不然給社會的印象會是，偷了寺院也白偷，還會招來更多的賊。

塔爾寺印經院的八尊銅菩薩像被盜走六尊，就發生在我上任的前幾天。儘管我極力敦促湟中縣魯沙爾鎮派出所趕緊破案，始終都沒有進展。還是一位僧人想出了辦法，他拿著剩下的菩薩像，到鎮上那些賣宗教用品的鋪子裡打聽，假裝買佛像的樣子：「哎，你能找到跟這個一樣的佛像嗎？」

有個回族店主拿起那尊佛像，看了看說：「噢，這個呀，你過兩天來吧。」

那些佛像都是很特別的，有點蒙古藝術的特點，底座是圓的，上面的菩薩是站立的，全塔爾寺也很難再找出這種風格的佛像。我們查了檔案，說是十八世紀造的，一級文物。

這讓我想起了文革後期在魯沙爾鎮派出所當所長的李吉發。然而，他早已不在這裡，不知調往了何方。現在，我們又把這個線索跟派出所說了。「在什麼地方呀？」他們問。我們就說了那個店鋪。

「需要我們帶你去吧？」我問。

「不用不用，你們說了就行了。」派出所說。

可這以後，一直也沒有結果。後來，我們自己去那個鋪子詢問，店主卻改口了，說他根本就沒有見過那尊佛像。

從此，我拜託所有的朋友以及寺院裡的僧人，注意與失竊文物有關的一切線索。我自己也留意起了那些雜貨鋪。幾年後，一次偶然的機會，我的朋友張學義，就是那位我們叫的張曼巴，在外地以高價買到了那丟失的六尊菩薩像中的兩尊。不過，那店主一樣不願提供線索和貨物來源。

除了加強防範，還能有別的指望嗎？作爲塔爾寺住持，我當然有責任敦促公安部門早日偵破金燈案和其他文物偷竊案，可是每次寺院文物被盜之後，公安部門的調查都是雷聲大，雨點小。後來，派出所來了一位新所長，官名叫包偉禎，是藏人，小名叫才讓，他是繼李吉發所長之後，對塔爾寺被盜案唯一感興趣的人，還經常和我談起這些所謂的懸案，想盡辦法尋找線索。

這段時期，我的朋友、僧人頓珠班典從札什倫布寺返回塔爾寺，我請他擔任大金瓦殿的香燈師。一天夜裡，差不多一點鐘左右，他敲過夜鐘後，從三樓下來，剛到二樓時就聞到了香菸的味道，他立刻鎖上了那扇唯一可以進出的窗子，又叉上門，拿起棍子到處找，找遍了所有角落，也沒找到人。

他立即去值班室報了案，包所長立刻趕到了，這時天還沒有亮。包所長斷定大殿裡面確實沒有了人時，就對腳印進行了取證，又到外面觀察，認爲小偷不會逃走，但又藏到哪裡去了呢？這時，包所長發現附近一個小旅館的燈是亮的，就進去問值班員有沒有人進來。值班員說，有幾個，又描述了一下特徵。根據先前對腳印的取證，已估計出作案人的身材和大致年齡，包所長覺得其中的一個人很可疑，就在值班員的帶領下，開始查房。在查到這個可疑人的房門時，雖然裡面有動靜，卻不開門。值班員就用備用鑰匙打開了房門，而那房客就站在門後，和包所長展開了肉搏。

值班員是個女孩子，儘管如此，也上了手，幫助包所長抓住了那房客，果然就是小偷。後來，省公安廳也來人了，審訊中，小偷供認，他當時藏在做千燈供的桌子下，那些桌子都很高，下面有橫梁，他把腿搭在橫梁上，差不多懸了起來，所以沒有被發現。那小偷，是個外省來的漢人。

這期間，我還收到了一封信，是祕書告訴我的，說寫信人願意提供金燈案的一些線索。這封信是從監獄裡寄出的，是一個犯過罪的塔爾寺僧人寫給我的。這引起了我的興趣。但沒等祕書說完，就有人把我叫走了，似乎要我接待什麼人。過了兩、三天後，我再回頭找那封信，怎麼也沒找到。那時，我的信件都是由辦公室的祕書處理。

幾年後，我接到一個電話，對方說他是塔爾寺的僧人，曾在監獄裡給我寫過一封信，想提供金燈案的線索。他又說自己正在五台山掛單，已無臉面回到塔爾寺。電話的確是從五台山打過來的。我於是和包所長商量，他也很有興趣，還說暫時不要跟「上面」彙報，免得驚動不少人，也沒什麼用處，不如我們自己跑一趟五台山，也別暴露身分。

於是，我和包所長都換上便服，還帶上司機嘎元，開車上路。到了目的地，我們住進了一家小旅館，撥通了那位僧人留下的電話，請他過來，還特意安排他和我住在一個房間。

他曾是專門跳羌[5]的僧人。在塔爾寺，像他這樣的僧人有二、三十位。跳羌舞，都是在嘉樣貢色（九間殿）的院子裡，右側的殿堂叫檀切欽巴，是三世達賴喇嘛索南嘉措靈塔所在地，清代回民起義時被燒，後來又修好了，擺上了很多大小佛像。專門跳羌舞的僧人，都要在檀切欽巴換裝。這位僧人就趁換裝時，偷了一尊佛像。原因是這僧人有個朋友，叫他無論如何找個塔爾寺的舊佛像作為傳家之寶。其實那人是小偷，專門倒賣文物，可這位僧人並不瞭解眞實情況。後來，那尊被偷的佛像在拉薩暴露。我和卻西仁波切當時都在拉薩，還被公安局專門找去確認那尊佛像是不是塔爾寺的。

現在，這位僧人就坐在我的對面。監獄生活改變了他的性格，他顯得有些不穩定，反反覆覆的，想說又不想說。不過，對往日的上當，也可以說被教唆犯罪的行爲很是後悔。更大的成分是擔心他的前途。他不知今後該到哪裡？怎麼生活？

他回憶起在五盞金燈被盜的夜裡，他恰好看錄像回來，兩點左右吧，因爲他違反寺規，很是心虛，所以進了寺院後，小心翼翼的，怕被人發現。這時，他突然看見有人在大金瓦殿的東面轉悠，他就躲在了八個塔後面觀察，後來他跟蹤那個人，直到過了橋，眼看著那人一直朝東走去，他才返身。

這個情節和我聽說的情況剛好吻合。聽說，警察和警犬來時，警犬就是從那個橋上聞過去的。

這位僧人接著告訴我，他進監獄後，有一個囚犯問他：「小夥子，你們塔爾寺的金燈案到現在也沒有破吧？」

「你怎麼知道沒有破？」僧人問。

「這不是明擺著呢，那小偷還在外面逍遙呢！」囚犯說。

「你知道是誰偷的？」僧人又問。

「當然。是夜裡一、兩點鐘被盜的吧？」接著，那囚犯又說了那人怎麼朝東逃走的細節，都

---

5 羌：藏傳佛教寺院舞蹈，應譯爲金剛法舞。

和這位僧人當天夜裡看到的一樣，所以他就給我寫了那封信。

「那這個人還在監獄裡嗎？」我問。

「釋放了，就在湟中一帶。」他說。

「見到他，你還會認識嗎？」我又問。

「認識是認識，可是，我一時也回不去……」僧人低下了頭。

告別這位僧人時，我還給他留了一點錢。回來的路上，包所長說：「人在監獄裡和在外面的心情是不一樣的，就算我們找到了那個被釋放的人，可他能不能說也是個問題……不過，畢竟都是線索，慢慢來吧，複查舊案不是一件容易的事，需要確鑿的證據才能層層上報，否則儘管有線索，也只能等待機會。」

可惜的是，後來我的出走使包所長揹了黑鍋，而塔爾寺的文物盜竊案，也都成了懸案，包括象牙球案。

直到二〇一一年二月的一天，我在互聯網上發現，當年偷竊金燈的人突然投案自首了[6]。據說自首的原因是，偷了那些金燈後，他的厄運一個接著一個。然而，不可理喻的是，警方並沒有追究盜賊的責任。理由是，此案已過追訴期。

佛牙造訪佛國

佛祖涅槃後，印度的阿育王建造了八萬四千座佛塔，珍藏佛舍利，期望這難得的福田長久地利益有情世界。由於歷史滄桑和眾生業緣，很多舍利漸漸從世間隱沒，時至今日，佛的眞身舍利已所剩無幾。雖然不少地方還在聲稱存有佛的舍利，但實在是眞僞難辨。不過，北京八大處靈光寺供奉的佛牙舍利，卻是世界公認的兩顆佛眞身舍利之一（另一顆在斯里蘭卡）。

這顆佛牙舍利保存至今，也經歷了多次輾轉。最初由烏萇國（今巴基斯坦）傳到于闐（今新疆于田），是一千六百多年前的事了。西元五世紀中期，中國高僧法顯將這顆佛牙舍利迎接到當時的首都建康（今南京），供奉在定林寺。後來，中原戰亂，佛牙舍利又輾轉到遼國都城北京。在咸雍七年，也就是一〇七一年，遼國王耶律仁先母燕國太夫人將佛牙舍利安置在招仙塔內，也就是今天的北京八大處公園。然而，八國聯軍入侵，招仙塔被毀就在現靈光寺處。到了上個世紀五〇年代末，由中國佛教協會提議，中國政府出資，在原地重建佛牙舍利塔，一九六四年落成，而佛牙舍利也正式遷入其中。

---

6 中國警察網：二十三年前盜竊塔爾寺金燈　青甘警方聯手抓獲嫌疑人（http://www.cpd.com.cn/n1695/n3559/c11189859/content.html），「羅某供述了於一九八七年夥同葉某、雷某在塔爾寺盜竊金燈並非法販賣的犯罪事實……一九八七年八月，羅某等三人將塔爾寺大金瓦殿內的五盞金燈盜走並拿到廣州變賣，所得贓款由三人瓜分。」

一九九四年，緬甸政府請北京允許這顆佛牙舍利巡禮緬甸。國務院宗教局決定，由中國佛教協會出面，派遣使團護送。時任中國佛協副會長的我被通知速到北京。顯然，這是緬甸軍政府想藉佛牙舍利巡禮本國之機，緩和與人民之間的矛盾，安撫信徒，並藉此得到巨額供養。事實上，這顆佛牙舍利曾於一九五五年，由時任中國佛協會長的喜饒嘉措大師護送，第一次巡禮緬甸，據說當時上百萬人來朝拜。一九六四年，佛牙舍利第二次應邀巡禮緬甸和斯里蘭卡，歷時四十五天，市民們夾道頂禮跪拜，每天前來朝拜的信徒達數十萬。

這次在北京，中國與緬甸雙方的代表簽訂了協議。我們使團成員也陪同參加了這一具有濃厚政治和商業氣氛的簽字儀式，還參加了在人民大會堂舉行的宴會。這個護送使團由中國佛協副會長、上海的明暘法師擔任團長，國務院宗教局副局長赤耐爲顧問，佛協副會長刀述仁和我爲副團長。很快地，使團成員就忙起了護送佛牙舍利的準備工作。首先，爲了把佛牙舍利從北京八大處靈光寺的舍利塔內請出，專門製作了一個有機玻璃的塔龕；接著，請出佛牙舍利，供奉於中國佛教協會所在地廣濟寺；並在廣濟寺的大雄寶殿舉行了淨贊法會。

當時，廣濟寺的電話不斷，人人都要求參加法會。「上面」就緊張了，以「名額已滿」爲由，擋住了僧俗信眾的渴求。最後限定二百名居士參加，並且只能站在院子裡朝著大雄寶殿內誦經。

安放佛牙舍利的供桌很高，就在殿內的三世佛像前面。我們這些出家人，包括漢傳佛教的一百多位僧人、藏傳佛教的幾十位僧人（主要來自黃寺），以及南傳佛教的十幾位僧人，被允許站在大雄寶殿的裡面、佛牙舍利的兩側，按照各自的傳統誦經。

漢傳佛教的僧人誦經的時間最長。進行到中間時，只見站在外面的居士「嘩」地一下子都跪下了。法會後，我們問那些居士：「你們為什麼一下子全都跪了下去？」

「佛牙發光了！」大家都這麼說。

「發光了？」我們又問。

「噢，裡面全部紅了！」有人說。

「突然一下子佛牙就亮了，還出現佛像……」還有人這樣說。

總之說什麼的都有，讓我們感到自己福分不夠，雖說近在跟前，卻什麼也沒有看到。而佛協那個拿鑰匙的人，她是不信佛教的，還是共產黨員，也說有好幾次，她都看到佛牙發光了。

第二天凌晨，我們出發之前，又在大雄寶殿前舉行了一個簡單的法會。而後，佛牙舍利將由武警部隊護送至機場。為了節省時間，我們只請了三、五十位漢僧誦經。佛牙一直供奉在大雄寶殿，沒有動。這次，我站在外面，對著佛牙舍利合掌。和我站在一起的，還有北京藏語系佛學院副院長那倉，西藏自治區佛協副會長珠康，以及塔爾寺祕書桑傑。周圍還有護送使團的其他成員，以及新聞記者和工作人員。

誦經大約進行了五、六分鐘吧，裝有佛牙舍利的那個塔瓶中央的小佛龕突然變成了紅色，而後佛牙舍利之上，散發出一縷縷彎彎曲曲、很微弱的光芒，又如同蒸汽，逐漸變濃，還攙雜著五彩光絲。我們幾個藏傳佛教的僧人都停止了誦經，睜大了雙眼看著，也就在這時，有人忽然走過，擋住了我們的視線。就這麼一瞬間，剛剛顯現的光芒，消失得無影無蹤了。

我們是乘專機直飛緬甸首都仰光的。

當飛機著陸，舷梯下立即鋪上了紅地毯。我們一走下飛機，就有人跟我們合十，並給我們每個團員戴上了芬芳撲鼻的花環。我們三人一排，向前走去，後面是佛牙舍利。前來迎接的人很多，排在兩邊，唱起讚頌三寶的緬甸佛歌，並不斷地磕頭。大約走了一百米吧，開始了交接佛牙舍利的儀式：將佛牙舍利請到一輛大象車上，那裡早就準備了被鮮花環繞、像一座小小廟宇似的尖頂佛龕，四周是四個彩柱和雕刻精緻的屋簷，裡面是幾層金色的台階。佛牙舍利被供放在最高一層，由大象拉著，緩緩走著，這時佛樂齊鳴，幾千人共誦佛語佛經，緩緩地步出了機場。我們長長的車隊也緊跟其後。

仰光風和日麗，身著節日盛裝的人們在各自僧團的帶領下恭候兩邊，長長的道路上處處設佛龕，人人獻花果。據說仰光放假一天，人們普天同慶佛牙舍利抵達佛國。

待車隊到達和平塔大聖窟，迎接儀式更爲隆重。佛牙被請到大殿中央的佛龕之後，首先由緬甸的高僧團朝拜，而後是我們護送團成員朝拜，並各自入座。當我們雙方在佛牙舍利兩側坐定時，緬甸軍政府最高首腦之一欽紐將軍便走上前行大禮朝拜舍利，又以同樣的禮節朝拜了我們護送團和緬甸高僧團。

我猛然間想起十幾年前，我在札什倫布寺被強迫掏糞的情景，而如今，連緬甸軍政府的頭頭也向我們朝拜，眞是諸行無常。當然，我後來才知道，表面上看上去崇信佛教的緬甸軍政府，在這期間、甚至長達二十年，軟禁了爲緬甸人民爭取民主與自由的諾貝爾和平獎獲得者翁山蘇姬。

佛牙舍利在緬甸停留了四十多天，還巡禮了緬甸的其他大城市。據說所到之處都是人山人海，各界人士不分老少婦孺都前往瞻禮，領受加持。但是我沒有親眼見到這一情景，因爲我們這時乘坐一架緬甸國防部安排、非常老式的小型飛機，前往曼德勒、蒲甘等地參訪。飛機上，我總想看看窗外緬甸的山巒風景，可是機窗的玻璃經過了多年的風風雨雨，已經不透明了，外面的一切看起來都是模模糊糊的。

江澤民題字

一天，中央警衛局的人來了，由省委辦公廳的幹部陪著，我以爲是來參觀，就介紹了塔爾寺的歷史，但他們似乎對這些不感興趣，只是很仔細地看路線，談論著這個門怎麼進，那條路怎麼走，還不時說「一號」應該坐在這裡、那裡。臨走時還跟我交代了一下：「我們是來看路線的，因爲中央領導要來塔爾寺視察，請您保密。」

儘管他們沒有挑明這位中央領導的名字，但要猜出「一號」是誰並不難。那麼，我們給這位「一號」人物得準備什麼樣的紀念品呢？那時，來塔爾寺參觀的官員，我們都是要送紀念品的。想來想去，就想到了仿大金瓦殿的木雕工藝品。

不久，廣播裡眞的播出了江澤民來青海的消息，說是從機場已到了勝利賓館。過去那是馬步芳的私家公館，叫麒麟公園。雖說占地面積不大，但設計十分精巧，一九六〇年代，紛傳毛澤東要來西寧，還在這個賓館的主房配備了豪華的游泳池等，但毛最後沒有來，現在輪到江澤民可以享用了。然而，蘇聯突然解體，中國的神經也繃緊了，江澤民趕緊開了個會就折回了北京，自然沒來塔爾寺。

到了一九九三年的夏季，中央警衛局的人又來了，還是那幾個人，又是看路線，又是談「一號」。

後來，青海省委還在西寧召開了幾次會議，明確了江澤民視察青海的路線：塔爾寺、海南、格爾木等地，我也參加了會議。同時，還召集江澤民將視察的幾個地方的負責人，做了很詳細的指示：第一，不能要錢，因爲總書記這次來並不是正式視察，而是參觀名勝古蹟，也許會順便瞭解一些民情民意；第二，彙報要簡單，規定了每個人彙報的具體時間，比如給我限定的時間是十分鐘。

江澤民到塔爾寺這一天很是隆重。警衛局的人們早早就來了，不斷地用對講機聯繫：「已進了湟中縣境內！」「到了水庫！」「到了湟中縣城裡！」他們之間通話後，也向我通報一下，因爲我們拿著哈達一直在門外等候。

終於到了寺院。最前面的是警衛車，緊跟著是一排小巴士。從第一個巴士裡，江澤民下來了，我立刻獻上了哈達，他接過去，做出恭敬之態，掛到了自己的脖子上。「扎西德勒！」他用一種誇張的口氣生硬地摹仿著藏語說道，又向周圍筆直站立的僧人們和仁波切們合掌行禮。他的臉很白，像是從沒有經過風吹日曬似的。

我陪著他向前走去。他看著兩邊，雙手交叉在胸前，走得很慢，慢得驚人。

「塔爾寺有多少僧人哪？」他說一種帶有蘇北口音的普通話，還拉長了聲調。

「五百多人。」我說：「原來號稱三千六百人。」

「你們都會講漢語吧？」他問。

「多數人都會說。」我說。

「有人給你們教漢語嗎？」他又問。

「我們有專門的五明佛學院，傳統的和現代的文化，都在學習。」我說。

我把他迎進了嘎公館。這是塔爾寺的接待室，建於民國時期，蔣介石來過，國民黨的一些要人也常來，比如宋子文、白崇禧等。

江澤民坐下後，雙手又習慣地交叉在胸前，看了看天花板：「這個地方很精緻呀！」

我解釋：「塔爾寺始建於一五六〇年，是格魯派創始人宗喀巴大師的誕生地……」

「所以，我第一站就來這裡嘍。」他特別著重地說出「這裡嘍」三個字。

「塔爾寺在文化大革命期間沒有被毀掉，是周總理下令保護的結果，現在，您又撥款維修，僧人們都很感激您……」

「活佛，你的普通話講得比我還標準哪。」江澤民打斷了我，「財政上給你們撥了多少款？」

「本來要撥兩千六百萬，可南方發生水災，只給我們撥了兩千萬……」

「這樣的話，維修經費夠嗎？」他問。

「當然不夠了，而且一、兩年之間材料的價格漲得很厲害，還有管理費……」

他笑起來了，用手摸了一下臉說：「我本來是來旅遊的，想不到一到青海，就在這裡召開了第一個現場工作會呀。」

眾人都跟著爆出一陣笑聲。

江澤民看了看坐在他右邊的國家計委主任甘子玉：「活佛已經說了，你那邊怎麼解決呀？」

甘子玉部長離開了椅子，彎著腰，有點半起半坐，連身說：「好，好，這我們考慮。」又是一陣笑聲。

等江澤民站起，我趕緊說，我們塔爾寺還有一個紀念品要送您。立刻有人抬來了那個大金瓦殿的木質浮雕，我打開盒蓋，一股木頭的香氣彌漫了整個房間。

「噢，很精緻，很精緻。」他高興地稱讚著。

我們出來時，院子裡盡是公安，有的穿著制服，有的穿著便服。我看見湟中縣公安局的李局長，站在離接待室很近的地方，規矩而恭敬地戴著白手套。

「江總現在上車吧？」省委書記尹克升[7]說話了。

「活佛，來，我們一起上車。」江澤民看著我，向省委書記點點頭。他先上了車，而後，我也跟著他上了那個巴士，最前面坐著警衛。到了大經堂，我們都下了車，穿過大經堂的院子，來到大金瓦殿門口。江澤民停下腳步，正了正眼鏡，又把西裝上的第一個鈕扣繫上了：「這就是有名的大金瓦殿吧？」

我點頭稱是。看來，他對自己的路線很熟悉。

「用英語怎麼翻譯？」他又問。

「Golden Temple。」我回答，那時我還不會用英語說大金瓦殿。

「那就是金殿了？」他說。

從大金瓦殿出來，我們到了嘉樣貢色，也就是九間殿。在前面的台階上，也就是一九五八年「宗教改革」時杜華安部長講話的地方，已安排了一排摺疊椅。江澤民坐在中間，我坐在他的左邊，兩邊由青海省委書記和省長陪同。

僧人們開始表演羌舞。江澤民目不轉睛地看著。

「這是什麼意思？」他問道。

「這是骷髏舞，表現人生無常。」我簡單地解釋著。

「這是什麼意思？」他又問。

「這些『鹿牛舞』，代表出離心，要求修行人遠離紅塵，像鹿和牛一樣，在山裡安靜地修行。」我繼續簡單地解釋著。

後來，我們又到了「酥油花展覽館」。這時的酥油花供已放了六、七個月了，遠不如正月間剛做好的時候新鮮、美麗。每逢其時，西藏的所有寺院都要舉行紀念佛陀的法會。在拉薩，新年祈願大法會在宗喀巴大師時代就開始了。法會期間還要向三寶供養大量的「措」，也即施食，是用糌粑製作的尖小、底座大的一種供品，以糌粑、酥油、糖、乳酪等製成，上面有彩色酥油裝飾。不過，在塔爾寺，我們只做酥油裝飾品，即酥油花，而不供奉糌粑製作的施食，也許在很早以前，我們這裡和拉薩一樣供奉施食，但隨著時間的流逝，這個傳統演變了。酥油花的製作材料和技術都很特殊，主要採用冬天的犛牛酥油，顏色純白，容易攙和各種顏料。寒冷的冬天，僧人中的藝人們一邊在冰冷的清水中浸一下手，一邊又在火爐子上烤烤手，一點一點地、一瓣一瓣地

7 尹克升（一九三二—二〇一一）：漢人，河北通縣人，曾任青海省副省長、中央直屬機關工委副書記等職，時任青海省委書記。

捏製而成。酥油花內容豐富，有佛陀本生故事、高僧大德的傳奇、亭台樓閣、飛禽走獸、奇花異卉，造型無所不有，每年製作一次，每次由二、三十位僧侶藝人，花兩、三個月的時間完成。對此江澤民讚不絕口，連連說：「Excellent，Excellent，比英國蠟像館裡的藝術品還精緻！」

他徘徊著，看得出他對酥油花的確很有興趣。出來時，他提筆寫下「佛教聖地」。在門口合影時，江澤民發現「酥油花展覽館」的匾額還是空的，便聲音很高地問爲什麼。

「是我們爲您準備的，請您題個字。」田成平省長立刻接過了話。

這時，先來察看路線的警衛局的人，看了看我，發現我也正看他，就笑了，彷彿在譏嘲：「拍馬屁也可以拍到這個分上？」

其實這個空匾額，是當年落成這個紀念館後，卻西仁波切他們一直放在這裡的，時間很久了。

江澤民當時沒什麼反應，但不久，從「上面」果然捎來了江澤民的題字「酥油花館」。看到這幾個字，我心想，雖說這是生米煮成熟飯，也算是一種因緣吧。

當天下午四點多，江澤民一行歡歡喜喜地離開了塔爾寺。湟中縣公安局的李局長帶著圓滿完成任務的得意表情，走進我們的接待室，一屁股坐在江澤民坐過的位置上說：「今天我很高興，能有這樣的機會接待總書記，眞是三生有幸呀。」

「你不是在開玩笑吧？」有人說。

「眞的，我自己就是這麼認爲的，他是當今的皇上爺啊！」李局長認眞地看著大家。

後來，省裡召開會議，管文教的白瑪省長趁中間休息，跟我開起了玩笑：「這次江總書記來視察，儘管省裡開會定了不許要錢，可是阿嘉活佛還是要了一千萬，這個不是要錢，是化緣……」

我笑了。

實際上江澤民來塔爾寺前後，我還接待過很多北京要員。比如，在這之前，我接待過喬石[8]。在陪他參觀塔爾寺的小金瓦殿時，我讓人特別準備了手電筒，把兩邊側門上方的裂縫指給他看。

「有這樣嚴重的事！」喬石顯得很吃驚：「這是重要的古建築，應該好好地維修呀。」

「就是經費有問題呀。」我說。

「你們要寫信，再透過人大民族委員會轉到『上邊』。」他說。

我就請嘉雅仁波切寫了信，又透過喬石反映到了人大那邊。撥款的時候，「上面」還提到了這封信，說喬石簽過字。

鄧樸方[9]也來過。在省裡管民政的喇省長和辦公廳幾個人的陪同下參觀了塔爾寺，但在離開時，他突然看著我，雙手合十：「活佛，請您給我摩摩頂加持加持，好嗎？」辦公廳的幾個人都嚇呆了，雙目圓睜，看看我，又看看鄧樸方。我當然滿足了鄧的要求，不僅摩了頂，還爲他念了一段經文。

8 喬石：一九二四年生，浙江人，原名蔣志彤。中共主要領導人之一。

9 鄧樸方：一九四四年生，前中共領袖鄧小平長子。現爲全國政協副主席，殘聯名譽主席。

後來，喇省長解釋：「噢，原來是他個人信佛呀。聽說中央領導個人信佛的不少呢。」

雍增仁波切傳戒

嘉雅仁波切沒有圓寂之前，我請求受比丘戒，他老是說「不急，不急」。可我放不下，尤其是當了塔爾寺住持以後，就有人推薦了雍增仁波切。

說起雍增仁波切，那是我們安多地區稀有的大成就者。因為當過夏茸尕布[10]的經師，所以得了雍增仁波切的名號。雍增是藏語中對經師的尊稱，而他真實的名字，也就是法名，為洛桑克珠嘉措。

我早就聽說過雍增仁波切的事蹟。那是一九五八年「宗教改革」時，他也被抓進了監獄，並和才旦堪布關在同一個囚牢。說起才旦堪布，人人都知道，他和有名的才旦夏茸同為安多地區旦斗寺有名的仁波切。雖說才旦堪布的學問沒有才旦夏茸那麼大，但是他在修行上很是為人們稱道。才旦堪布還有個愛好，是喜歡栽樹，在自己的院子裡就栽了三棵旃檀樹。「宗教改革」時，鬥爭才旦堪布的辦法是在他的院子裡，把他的兩隻胳膊吊在那又高又粗的旃檀樹上，用繩索捆緊，再上下地拽，還說：「你不是喜歡栽樹嗎？就讓你嘗嘗這樹的滋味！」

才旦堪布的兩隻胳膊被折磨得脫了臼，疼痛難忍，後來他完全失去了知覺。被關進監獄後，他癱瘓了，大小便也不能自理。雍增仁波切就用自己的雙手為他捧屎捧尿。

有人問雍增仁波切：「你不嫌噁心嗎？」

「這也是我們肚子裡裝的五穀呀，有什麼噁心的？」雍增仁波切淡淡地說。

就這樣，雍增仁波切爲才旦堪布捧了好幾年的屎尿，直到他去世。

可要拜雍增仁波切爲上師就不那麼容易了，我是有過體驗的。那時，我在佛協任駐會副會長，青海省成立了佛學院，我們請他過來當老師，他卻很客氣地拒絕道：「我這人一輩子就是個僧人，什麼學問都沒有。教人？我不敢丟那個醜呀，我連自己的名字都寫不出來了。」

不過，他後來專門找過我，是爲了大佛寺維修的事情。大佛寺是以前的寺院，遠在西寧還沒有多少戶人家時，就有了這座寺院。幾十年前，前半部分做了「班禪辦事處」，後半部分還是大佛寺，漸漸地就破敗不堪了。雍增仁波切一直有個願望，就是修復大佛寺。我自然答應了他的要求。

應該說，請雍增仁波切做我的傳戒師，很合我的意。「就是不知道他能不能同意？」推薦人猶豫著。但說實話，我倒覺得，他會同意的，如果我親自去拜訪的話。不過，這只是瞬間的閃念，如果他眞的不同意怎麼辦？「就磕頭吧。」我尋思著。

雍增仁波切住在塔修寺。那是一個離塔爾寺很遠的山谷，青山環繞，靜謐莊嚴，但去那裡的

---

10 夏茸尕布（一九二九—一九九二）：是安多地區大仁波切之一，安多海晏（今青海省海北藏族自治州海晏縣）人，拉莫德欽寺的寺主。迄今爲止共十六世，前七世係追認。一九五〇年代任中共海北藏族自治州第一任州長，文革中受迫害，平反後任青海人大常委會副主任等職。

路很難走，我花了一天的時間，才到塔修寺。雍增仁波切住在一排房子中一個把頭的房間，很簡陋。一聽說我來了，就迎了出來。還沒等我張口，他就知道我要說什麼，像是早就有了應對。待我剛說完，他立刻接過了話：「我怎麼可以當你的傳戒師呀，你是大仁波切。」

我不灰心，接著說，說來說去，他就答應了，還解釋了從前拒絕給佛學院講課的事：「以前你在佛協的時候，請我講課，我沒有同意，那是因爲給公家做事，我擔當不起那麼大的責任呀。」

我很是歡欣，立刻說了一個受戒的日子，他也查看了日曆，又用指頭掐了掐，就答應了。

他是搭了一輛北京吉普來塔爾寺的。我把他請到我前世的起居室裡休息。上樓時，他的侍者和我都伸手想攙扶，但他拒絕了，他一個人很高興地、甚至是著急地上樓了。那時，他已經八十多歲了。

我是在大金瓦殿的二樓，面對宗喀巴大師的塑像接受的比丘戒。雍增仁波切給我講了《上師相應法》。那一年是一九九五年，我四十五歲。我的經師慈誠拉森的大徒弟洛桑嘉措也參加了。我感到很是圓滿。

接下來的幾天，我請求雍增仁波切爲我講授《頗瓦法》。這是人在死亡之時，掌控靈識從天門出去（俗稱「開頂」），獲得善趣的一種方法。但雍增仁波切說：「我們有個說法，頗瓦法不作爲初法傳。你是大仁波切，應當按照見、行、修的規矩，依次學習。」

於是，雍增仁波切爲我傳授了《緣起贊》，這是見的部分，也就是理論；之後，講了《菩提道次第攝頌》，這是行的部分；最後，講了《文殊善緣傳》，這是修的部分。其實這三個法，我們平時常念、常修，但這樣實際而細緻的講解，我還是第一次有幸聆聽。這之外，雍增仁波切還爲我講了《毗那耶》中很多律部的知識，當然，最後一天，他還是滿足了我的要求，傳了《頗瓦法》。

雍增仁波切離開後，我去了塔爾寺的印經院。對那裡，我懷有特殊的情感，因為是經歷了文化大革命，倖存下來的。那些珍貴的經板，當年都已經被紅衛兵搬出去，在就要點火燒掉的剎那，突起大風，使得紅衛兵們改變了主意。文化大革命結束前夕，我還特別在印經院和阿克尼珠一起翻印了《大藏經》，也就是《甘珠爾》和《丹珠爾》，還刻了一份塔爾寺藏書目錄。此時，我在目錄上仔細查找，沒有發現《文殊善緣傳》。我當即做了功德主，花錢請他們刻了《文殊善緣傳》，這也是雍增仁波切送給我的禮物。

赴雪中玉樹賑災

一般來說，在西藏高原的牧區，儘管冬季寒冷漫長，人們還是其樂融融。秋天長了肥膘的牛羊，也可以輕鬆地度過冬天。但若發生雪災，斷了草料，就是另外一回事了。而一九九四年，在玉樹一帶，就發生了罕見的大雪災。

省政府召開了救災會，請政協裡的主席和副主席參加。除了領導們講話，與會者也發言了。政協副主席韓生貴阿訇說：「聽玉樹那邊傳來消息說，平時在草原上看見的都是穿紅衣服的人，而有了雪災，看見的全是穿綠衣服的人。」此話不言而喻，他說的紅衣服是指出家僧侶，而綠衣服是指解放軍。

又有幹部說：「這是藏族同胞的信仰問題。據說有的地區，政府給了救濟款後，他們轉過身就捐給了寺院，要修復寺院。顯然要解決這個問題，就得挖根兒，首先就要改變他們的信仰，提高思想覺悟。」

這種對藏區眞實情況的曲解，其實在各種會議上都很普遍。事實上，每當遇到各種災禍時，信眾們都會自然而然地想到寺院。比如塔爾寺，在回民起義和中國內戰時期，都有不少回、漢百姓跑去避難。文化大革命以後，百姓們又開始幫助寺院，捐錢，獻力，一定要恢復被砸毀的寺院，對他們來說，不論從精神上還是生活上，寺院都是他們的避難所。

然而，任何語言上的回應，都會被人解釋成別的，不理也罷。

佛教講六度，也就是六種行善的方法，即布施、持戒、忍辱、精進、禪定、智慧，而第一度就是布施，這也是藏傳佛教的傳統。說實話，在這次開會之前，我就動員大家爲災區捐款，僧人們都很主動，隊伍排得很長，財務人員告訴我，塔爾寺已爲災區湊足了捐款。後來，我們還收到了香港明愛中心凱迪小姐匯來的三十萬元捐款和楊釗先生（他曾經也是我弟子）的旭日集團匯來的十萬元左右的捐款。

同時，我又請塔爾寺建築工程隊以及鄰村的信徒們，家家做餛鍋子、炒麵丁並準備了糌粑等食物；還派人到商店買了衣服、枕頭、被子、簡易帳篷等生活用品；又請塔爾寺的藏醫院準備了各種藏藥，當一切物品置備齊全之後，我又親自去軍區要到了十四輛大卡車，組成僧人救災團出發了。

根據香港明愛中心的要求，我們還爲他們做了一個很大的會徽，安放在救災車前。看到我們寄去的照片，他們很滿意地說：「在藏傳佛教寺院中，你們是第一家不僅敢接受我們的捐款，還敢把我們的會徽打出來，可其他地方，一讓打出會徽就爲難……」我理解香港明愛中心的說法，因爲他們是基督教組織。不過，我個人認爲，所有的宗教在行善上都是一樣的，而滿足他們的願望，也是我樂意的修行。

上路之前，司機嘎元還專門配備了四個新輪胎，我也特別準備了很厚的氆氌袈裟。從塔爾寺往南走，海拔越來越高。平日，這裡非常美，高山、河流、綠草、野花、犛牛、羊群……但此刻，一片凋落，寒風不住地從身後吹來，掀起一陣又一陣塵土，漸漸地，風中又夾起了雪花，格外地冷。儘管如此，每過山口時，我們還是下車，取出香柏點燃，以祭護法，拋撒印有經文的「隆達」，以求護佑，同時念誦佛經，望著藍色的桑煙在冰天凍地中繚繞而去。

過了巴顏喀喇山，車子往下開時，那平時的美景，更是連一點影子都沒有了。原本這裡有一條小河，可以清晰地看到河水在石板上流動，像是翻動著木刻經文。傳說，曾有一位伏藏師由此經過，不小心把犛牛馱的經書掉入水裡，因而出現了這般情形。這些年，編故事編出了有著各種深遠意義的導遊們，硬是把犛牛說成了白龍馬，把伏藏師說成了唐僧，還說唐僧取經時，不小心把佛經掉入了水中，就從河水中打撈經書，並放到山坡上晾乾，所以這裡就叫「唐僧曬經台」。其實，唐僧取經走過的並不是這條路，卻生生造出了一個有著國家主義味道的景點。不過現在，小河連一點影子也沒有了，到處都是白雪和封凍。

我們的車隊遇到了不少麻煩，有時，輪胎滑入雪坑，不管怎樣用勁地你拉我推，就是一動也不動；有時，會有汽車突然拋錨；而一直跟隨我們的人，有的還有高原反應，甚至頭痛嘔吐……

總之，花了兩天的時間，才隱約看到玉樹州府。

路旁出現了一個又一個「瓦喀」，也就是聚在一起的人群，在圍著燒茶的柴火取暖，看來，他們連帳篷都沒有了。

我們先去了救災指揮部，接待我們的是個藏人。他說有兩種選擇，一是把救災物品留給指揮部，二是直接送到災民手裡。我們自然要求直接交給災民。他便派了另外一個藏人，帶我們到了災區。

那是離玉樹州府挺遠的地方，風雪還沒有完全停下來，說是已經下了將近一個月的大雪。皚皚的白色，望不到盡頭，到處都可以看到凍死的牛羊，牧民們不僅失去了僅有的牲畜和埋在深雪中的帳篷，連積攢的食物也快要吃完了，年老體弱的牧民們染上了流感，不少人風餐露宿。

領取救災物品的隊伍在一瞬間就排出了很長，每當他們拿到自己的那一份時，都要放在頭上頂個禮，以表示感激。後來，當我們發完救災物品時，他們提出讓我們這些仁波切們摩頂和念經，我們自然同意了，有些老人高興得哭了起來。而我們塔爾寺紅十字會的僧人醫生，就在旁邊看病和發放藏藥。

除了履行救災任務的單位之外，自發支援救災的團體還包括台灣的慈濟基金會和藏區的很多寺院。趙樸初會長也派來了代表，我在救災現場看到他們一邊發放救災物品一邊不停地照相，可能是表示賑過災的意思吧。

不過，這些年，聽說救災物品不容易直接交到災民手裡了。

那麼，可能有的人要問，為什麼香港明愛中心和旭日集團等機構，要把捐款直接匯給塔爾寺呢?這是因爲塔爾寺有自己的紅十字會。說起來,這得感謝青海省衛生廳的于廳長,她是大夫出身,對救人救命這些事很是熱心。她曾特別到塔爾寺找我談話,建議我帶頭成立藏區寺院紅十字會。她說:「你們做了很多賑濟救災的事,還爲縣裡修路架橋跑到中央要錢,如果再建起紅十字會,可以直接從其他慈善機構收到救災款項,還能讓僧人獻血,有利於擴大你們的慈善事業。」

「好,我贊成。」我說。我們就成立了紅十字會,並和不少慈善機構都建立了聯繫,爲不少偏遠的村落捐助資金,籌建藏語學校,比如哲廓[11]的藏語學校,嘉雅灘的藏語學校,倒淌河和多隆鄉的藏語學校等等。

11 哲廓:藏語,現爲湟源縣西岔鄉。

第十三章 「加班禪」

李鐵映的「加持」

有一天，突然接到省委辦公廳曹穗義祕書長的電話：「有位首長要見您，請馬上來西寧一趟吧？」

「好啊。」我當即答應，思忖會是哪位「首長」。

「禮品嘛，跟其他首長一樣，」曹祕書長又提醒道：「也許首長喜歡字畫之類的，他是個文化人。」

「也住勝利賓館嗎？」我問。

「那是，八號樓。」對方放下了電話。

待我來到勝利賓館時，曹祕書長已在樓下：「快，活佛，首長在等你。」

「哪位首長？」我這才問。

「國務委員李鐵映啊。」他說。

李鐵映是李維漢的兒子，而李維漢的太太是鄧小平的前妻，所以李鐵映的身分是很特別的，有人給我講過這個故事。再說，中央領導一般不暴露身分，曹祕書長也沒有在電話裡透露他的名字，我自然也不可能問爲何先不說是誰，似乎雙方都心知肚明。

看見我，李鐵映馬上站了起來，滿面笑容的。當然，這也許是他的臉型給我的錯覺。他戴著一副眼鏡，顯得文謅謅的。我獻上哈達，又拿出一幅畫著黃財神的唐卡。李鐵映對著唐卡點點頭，伸出了手：「很高興認識活佛，請坐，請坐。」

握過手，我坐在另一邊的單人沙發上。這時，工作人員和警衛員都出去了，只留下了三、五個人，包括曹祕書長。

寒暄幾句後，李鐵映轉入正題：「過一段時間我計畫去西藏自治區視察，這次到青海，主要是適應一下高原缺氧，大家都囑咐我動作慢一點。」

「是要動作慢一點。」曹祕書長說。

「另外也想瞭解藏族的風土人情。聽說您是班禪大師的經師嘉雅活佛的外甥，班禪大師和嘉雅活佛都是愛國愛教的典範，應該好好學習呀。」李鐵映話中有話地說。

「他們都圓寂一年多了。」我歎道。

「聽說塔爾寺是藏區六大寺院之一？」李鐵映岔開了話題。

「是格魯教派的六大寺院之一，因爲是格魯教派創始人宗喀巴大師的誕生地……」

「你們塔爾寺的『藝術三絕』很有名呀！」李鐵映打斷了我的介紹。

「首長特別瞭解少數民族的文化藝術，也很喜歡書法。」曹祕書長接過了話。

我這才發現，寬大的寫字檯上，筆墨侍候在側。

「西藏的習俗和青海這邊一樣嗎？」李鐵映又問。

「一樣的，像問候語……」

「這我知道，扎西德勒！」李鐵映又打斷了我，看了看寫字檯，「寫字的話，藏族一般都喜歡什麼字？」

「我們倒是不太有寫毛筆字的習慣，如果寫的話，也許會寫佛菩薩心咒吧？」我想了想答道。

「簡單一點的都有什麼？」李鐵映看著我。

「嗡啊吽，」我說：「就是『身語意』的意思。」

「這個好，這個好，怎麼寫？」他說著，一下子站了起來，好像忘了叫他慢動作的囑咐，「咱們到寫字檯這邊，活佛寫一下。」

我就走過去，拿起那支早就準備好的毛筆，寫下了藏文的「嗡啊吽」。李鐵映拿起另一支筆，把我寫的字放在一旁，模仿著，寫了藏文。他的確聰明，一寫就寫得很像。

「奇才呀，第一次寫藏文就寫得這麼好。」周圍的幾個人都大聲感歎。

李鐵映的眉毛舒展開來，又潤了潤筆。

「首長應該配上中文啊！」曹祕書長說。

於是，李鐵映一口氣寫了好幾張，都是漢文的「身語意」，偶爾也附帶藏文。

「我給活佛寫個字吧。」李鐵映很慷慨的樣子，又潤起了筆。不知爲什麼，那時我的內心竟然升起這樣的意念：如果他寫的是「意」，表明班禪大師的靈童轉世將應天順人……

沒想到，他先寫了一個藏文的「嗡」，緊接著，突然飛舞毛筆，寫了一個很大的中文的「身」，那最後的一撇，古怪地旋轉起來，纏住了整個身子。

「好書法啊！」大家讚歎著。

我卻陡然有一種不太舒服的感覺。

李鐵映始終沉穩地沒有作聲，最後寫下了落款「敬書阿嘉活佛　甲未年」。

一九九一年，西藏自治區舉辦「和平解放西藏四十週年」紀念活動，青海省也派出了代表團，我是副團長。我們從西寧啓程，開車去了拉薩。往常，青藏公路上最多的是軍車，每次來回都能見到長龍。而這次，路上不僅有軍車，還出現了站崗的武警，過了羊八井就越來越多，快到拉薩時，幾乎每個岔路口都有崗哨。

正式的慶祝大會在拉薩群眾藝術館召開。台下台上都坐滿了人。我坐在台下第三排稍微偏左一點。這時，我發現第一排坐著班禪大師「靈童尋訪小組」副組長恰扎仁波切[1]，我是從背影認出來的。

自從班禪大師圓寂，「上頭」就成立了「靈童尋訪小組」。由兩部分人組成，一部分是藏區各大寺院的高僧；另一部分是政界人物，如西藏自治區、青海省、四川省、甘肅省、雲南省和內蒙古自治區主管宗教的書記，以及統戰部部長等。「靈童尋訪小組」由國務院辦公廳直接領導。當時，嘉雅仁波切擔任組長，札什倫布寺的主持恰扎仁波切擔任副組長，我也在這個尋訪小組內。

後來，由於發生了「六四」天安門事件，政治局常委改組，再加上嘉雅仁波切圓寂等原因，靈童尋訪事宜就拖了下來。此刻從恰扎仁波切的座次來看，靈童的尋訪不會再拖了。我猛然悟到李鐵映問我「身語意」之舉，可能就有了這方面的意向。

主席台上，作爲中央代表團團長，李鐵映自然是慶祝活動的重要角色。一開始，所有人被要求站起來唱國歌，接著是一對穿藏裝的兒童向李鐵映獻花。隔著桌子，李鐵映一手接過花，一手在兩個兒童的臉上摸了摸，以表示中央首長的平易近人，才坐下。但很快李鐵映又站起來，頓時，所有的視線都集中在他身上，只見他兩手拿起花，猛地往回一抽身子，將那束花逕直扔進了台下恰扎仁波切的懷裡。一時間，全場鴉雀無聲。還是主席台的領導們先反應過來，熱烈地鼓起了掌，隨即台下也出現了掌聲。

下午，又組織參觀了「西藏解放四十週年圖片展」。當我們走進展覽廳時，中央代表團在熱

1 恰扎仁波切：恰扎．強巴赤列原爲恩貢寺仁波切。幼年在札什倫布寺學經，文革後出任札什倫布寺堪布、民主管理委員會主任。還曾任全國政協常委、西藏自治區政協副主席等職。一九八九年主持尋找十世班禪的轉世靈童，並在中共的許可下與達賴喇嘛接觸。一九九五年五月，達賴喇嘛先於中國政府宣布根敦．確吉尼瑪爲十一世班禪額爾德尼。這引起中國當局的不滿，恰扎仁波切於同月被祕密拘捕。一九九七年，他以「分裂國家和洩漏國家機密罪」被日喀則市中級人民法院判處有期徒刑六年、剝奪政治權利三年。二〇〇一年服刑期滿後未獲釋放，仍被軟禁而圓寂。

地[2]等人的陪同下，已經在裡面轉悠開了。有人就過來特別向李鐵映介紹：「這是青海省代表團的團長白瑪副省長，這是副團長阿嘉活佛……」

「認識，認識。」李鐵映伸出了手，不過，這一次，他的手一直握著，還稍微往一邊用了用勁，於是我跟著往一邊挪了挪，「這次西藏解放四十週年的活動，安排得非常好啊！」

「是啊，很隆重。」我說。

「不僅隆重，還非常吉祥。看到了吧，今天早晨的會場上，我是身不由己呀，也許是什麼神諭，或者是班禪大師在天之靈的加持，我是身不由己地把花投進了恰扎活佛的懷裡。」說到這，李鐵映又用那隻握著我的手，往一邊用了用勁，於是我們都略微側過身子，站在屏風的後面，避開了眾人，「這說明班禪大師的靈童將在中央的關懷和恰扎活佛的主持下，轉世到西藏自治區境內，而不是甘青地區或康區，希望你多多合作……」

我這才恍然，李鐵映那獨出新裁的擲花，原來是有來頭的。

達賴喇嘛宣布之後

我並不吃驚達賴喇嘛宣布了第十世班禪大師的轉世，讓我吃驚的是「上頭」的態度。其實，對於班禪大師的突然離去，人們早就疑惑重重。如果接受達賴喇嘛認定的十一世班禪喇嘛，毫無疑問，會使藏人和中國政府之間的矛盾得到某種程度的緩解，對中國政府來說，應該是一個可遇不可求的機會。

然而，一九九五年五月十四日，達賴喇嘛公開宣布之後，中國官方媒體在五月二十六日代表中共做出的強烈反應是：「達賴喇嘛不顧歷史定制，破壞宗教儀軌，打亂正常尋訪進程，否定中央政府在班禪轉世問題的最高權威，公然在國外擅自宣布『班禪轉世靈童』，這樣做完全是非法的、無效的。他的這一行爲，不僅再次把自己置於同中央政府相對抗的位置，也必然遭到廣大藏傳佛教界人士和信教群眾的堅決反對。」[3]

每個稍微瞭解西藏文化的人都知道，達賴喇嘛和班禪大師都是宗喀巴大師的弟子，自從十五世紀起，就開始了互爲師徒的淵源。班禪大師的主寺——札什倫布寺，就是第一世達賴喇嘛根敦珠巴建立的。大約從第五世達賴喇嘛和第四世班禪大師開始，他們的關係更加密切，並形成這樣的傳統：如果其中一位圓寂，另一位就會承擔起尋訪轉世的責任。無論政治環境如何變化，達賴喇嘛和班禪大師在藏人及藏傳佛教信徒的心中，始終如同日月，互相輝映。自一九五八年「宗教改革」開始，藏傳佛教的活佛轉世制度被迫中止二十多年，直到一九八〇年代末才部分地恢復，

---

2 熱地：一九三八年生於康納秀（西藏自治區那曲地區比如縣），中共黨員，中共宣傳的西藏「百萬翻身農奴」的代表人物，文化大革命中的造反派頭頭，一九七五年至二〇〇三年任西藏自治區黨委副書記、二〇〇三年至二〇〇八年三月任全國人大常委會副委員長，一生從政卻從未當過第一把手。

3 國務院宗教事務局發言人發表談話：「達賴擅自宣布班禪靈童是非法的、無效的」（http://hk.plm.org.cn/qikan/xm/d2q/199502f01.htm）。

而由達賴喇嘛認定班禪大師的轉世，不僅符合西藏佛教慣例，也是西藏固有的傳統。

再說，班禪大師圓寂之後，北京方面召開靈童尋訪小組會議，中央統戰部部長閻明復在會上當眾表示：理解西藏廣大信眾的心情，適當的時候，也要與達賴喇嘛溝通。當時，不僅是我參加了那次會議，阿沛·阿旺晉美和趙樸初也都在。

後來在北京牡丹賓館開會時，國務院祕書長羅幹也說，班禪大師的轉世可分三個部分：第一，靈塔的建造，中央已撥出鉅款修建；第二，籌備尋訪靈童，已由恰扎副組長等人，到各寺院做布施，觀湖等；第三，認定靈童；中央已有充分準備，最後由中央人民政府決定，而在尋訪過程中，也可以採納達賴喇嘛的意見……而話裡提到的「恰扎副組長」即後來被捕的恰扎仁波切。開會期間還下發了紅頭文件，明確地寫著：第十一世班禪大師轉世靈童最後的認定，徵求第十四世達賴喇嘛的意見。也許統戰部和宗教局方面還清楚地記得，在尋找噶瑪噶舉派第十六世大寶法王噶瑪巴的轉世第十七世噶瑪巴時，達賴喇嘛給予了指示，中國和西藏方面有過良好的合作。

另外，一九八九年尊者達賴喇嘛榮獲諾貝爾和平獎，對中國方面的教訓應該是不小的。遠的不說，當時青海省統戰部按照中央的精神，召開揭批達賴喇嘛的會議。我記得省委統戰部李副部長，他是個藏族，特別提到：「本來，這一次的和平獎是要給南非總統曼德拉的，但由於西方反華勢力的壓力，挪威不得不把這個獎頒給了達賴喇嘛……」

爲什麼不能向達賴喇嘛發賀電，就此緩和矛盾，解決棘手的西藏問題，反而批評這位享譽世界的諾貝爾和平獎得主呢？我思忖著，一直沉默無語。散會後，統戰部部長程步雲專門走到我跟前，揪了揪我的下巴：「年輕人，爲什麼不積極發言，一直躲在後面？」

不管怎麼說，那一次，「上頭」花了不少工夫，結果他們越來越被動。這個教訓，還不值得汲取嗎？

因此，當我看到中國官媒如此猛烈地攻擊達賴喇嘛認證班禪大師的轉世靈童時，實在覺得不可理喻。雖說我同各級統戰部及宗教局的大多數領導，多年來，表面上沒有什麼大的分歧，但這一次，讓我非常清楚地看到，尤其在宗教觀上，我們是截然不同的。

對於我們藏傳佛教的信徒來說，轉世是十分嚴肅的大事，是已經脫離了輪迴之苦的菩薩，寧願來到無明的苦海，一次次地離開完美的佛界，爲了普度眾生而來到世間，這是絲毫也不能有差池的選擇。

對於我們藏傳佛教的信徒來說，尋找轉世靈童過程中的所有規矩，包括僧人及信眾的虔誠祈禱，種種神蹟的出現，高僧大德的釋夢或預言，聖湖幻境的觀察，請示神諭或者占卦，以及對候選靈童的測試，都是非常重要的，不能有假。

可是，統戰部和宗教局的領導們是不相信輪迴的，更不要說轉世了。在他們看來，所謂「轉世」乃是宗教頭人編造出來的，是落後的，是不科學的。如果不是統戰工作的需要，他們中絕大多數人不見得會「尊重」這一傳統。因爲他們是無神論者，是唯物主義者，他們在心底裡始終堅持認爲，無神是進步的，高尚的，而有神是落後的，低下的。

說到底，各級統戰部和宗教局的領導們同西藏寺院的關係，是「不信」在管理「信」。回到尋找仁波切轉世這個問題上，對我們來說，這是一項重大使命，必須找到眞正的轉世，這是非同小可的大事；但是對於統戰部和宗教局的領導來說，轉世靈童不過是個小孩，哪個小孩都一樣，所以李鐵映才表演了那麼輕佻的一個擲花動作。

根據以往的經驗，如果官方媒體上出現批評達賴喇嘛的報導，意味著「上邊」有動作，這就必然會在基層掀起政治上的軒然大波。於是，我和身邊的人商量，如果北京通知去開會，我先去應付，再設法請假去南海普陀山朝聖，並叫身邊的幾個人先去南京等我。

「九一一」緊急會議

果然，省委辦公廳來了電話，說國務院宗教局通知我去北京參加緊急會議。啓程時間已經定了。那麼，開會時間和地點呢？電話裡沒有說，我也沒問，儘管話已到了嘴邊。

「到了北京，你就會知道一切了。」對方又補了一句：「你的隨員就只有一位吧？」

「是。」我說。

「還有主管文教的桑結加書記[4]，他也會帶一位祕書。您先來西寧報個到，我們正在組織人安排你們的行程。」說罷，對方掛了電話。

到了西寧，曹祕書長一見我就說：「這次本來安排你和桑結加書記一起去北京，可是中央來了電話，一定要尹克升書記親自參加，但尹書記人在外地，回話說脫不開身，中央不答應，必須讓他去。總之，你們會在北京碰頭。」

一下飛機，我就看到國務院宗教局的負責人親自來了。不少人都已先我而到，熙熙攘攘地站在機場大廳裡，說是去京西賓館報到。京西賓館是軍方的高級賓館，也是中央軍委召開重要會議的地方。中共早期的很多會議都是在那裡召開的，像毛澤東、林彪、劉少奇、鄧小平等人，都在那裡做過重要講話。看來這次會議不同尋常。

當接機車拉著我們快到京西賓館時，門口出現了雙層崗哨，平時大門旁只有一個站崗的武警，今天卻是一邊一個。進了大門，又是兩處站崗的。

我們進了大廳後，首先登了記。轉身時，我看到日喀則那邊來的卻丹、多吉札、巴桑羅布等幾個人，還有西藏自治區政協的人也來了，他們看到我時都面無表情，我也沒有主動打招呼。

這時，嘉木樣仁波切的隨員拿著文件袋走過來，主動跟我的隨員打招呼：「這次會議不同往常，出入要請假，接待客人也不能在自己的房間裡。知道嗎？」他壓低嗓音說：「聽說每個房間都裝有特殊儀器，連電話……」

「什麼？還裝上竊聽器了？」我的隨員接過話低聲問道。

嘉木樣仁波切的隨員應了一聲，走了。雖然我在一旁看會議日程，但他們的對話，我都聽到了，只感到脊背冷滲滲的。一九八〇年代以後的「寬鬆」一掃而光，我像是一下子又回到了

4 桑結加書記：一九四二年生，藏人，在任青海出版局副局長和省文化廳副廳長時，為佛經出版等做過不少善事，時任青海省委副書記。現已退休。

一九五八年的秋天，像是又站在嘉樣貢色（九間殿）的院子裡，看到那些毫不留情地對準我們的槍口。

晚餐時，我看見尹克升書記風塵僕僕地趕來了，正在和青海的幾個人打招呼。我還發現了來自西藏自治區等地的書記和統戰部的部長。的確，這次會議非同尋常。

第二天，沒有正式開會，而是由一輛中巴車把我們拉到了中央統戰部。先讓我們進了一個大的會議室，召開了一個「通風會」，主要是通告這次會議的內容：「第一，達賴集團已經在國外宣布了十一世班禪的名字，這是違法的，我們絕不承認；第二，統一思想，擁護『金瓶掣籤』；第三，毫不留情地批判恰扎等人，因爲他與達賴集團暗中勾結……」

這時，恰扎仁波切已經被逮捕了。據說中央統戰部的幹部們在這之前發現事態不像他們預想的那樣，於是把恰扎仁波切等人都叫到了北京，要求他保證在班禪大師的轉世問題上不出任何差錯，與黨中央保持一致。可是，就在恰扎仁波切返回札什倫布寺的途中，達賴喇嘛宣布了第十世班禪大師的轉世靈童。聽到這個消息，中央統戰部的官員們急了：「哎，這個恰扎是怎麼搞的，屁股一離開北京就變卦了！」於是，立即聲明廢除達賴喇嘛公布的轉世靈童，當然這是得到了江澤民的旨意。

「大家稍微休息一下，還有個別談話。」通風會結束後，有人宣布道。緊接著，一位工作人員就進來叫嘉木樣仁波切，「嘉木樣副主任[5]，王兆國部長[6]找您談話。」

「阿嘉副主席[7]，也請您來一下。」又進來了一位工作人員。

我就跟著進了走廊，兩邊都是統戰部的小會議室。工作人員把我讓進了其中一間，中央統戰部副部長李德洙已在裡面了。他是朝鮮族，平時隨和，謙虛。跟往常一樣，他客氣地站了起來：「請坐，阿嘉主席，請坐。」我就坐在了長條三人沙發上，隔著茶几，李部長坐進了一個單人沙發。待工作人員倒了茶出去，他便開口了。先向我介紹了有關十世班禪大師轉世的一些情況，和剛才通風會上的內容大同小異，又特別強調了今天的通風會主要是統一思想。接著說要徵求我個人的意見，讓我想什麼說什麼，不要有顧慮。顯然這是談話重點。

我就說：「關於班禪大師的轉世尋訪工作，本該早結束，也就是尋訪小組組長嘉雅活佛還健在時，就該結束。拖到今天，又逮捕了副組長恰扎活佛，必將在我們宗教界造成極大影響，我的意見是，不該逮捕恰扎活佛，否則，宗教界的人士都會害怕。」

李德洙部長不再看著我了，不耐煩地往外推了推茶杯，勉強地聽著。我堅持說下去：「至於達賴喇嘛宣布的轉世，也不要急於廢除，民心難得，如果到釋迦牟尼跟前掣籤的話，眞假自然會分明……」

「阿嘉主席，你人在青海，不瞭解札什倫布寺個別人的行為，所以你提出這些建議，我理

---

5 嘉木樣副主任：嘉木樣．洛桑久美．圖丹卻吉尼，又稱嘉木樣謝巴仁波切，一九四八年生於安多岡察（今青海省海北藏族自治州剛察縣），一九五一年由十世班禪大師認定爲五世嘉木樣仁波切的轉世，一九五二年在拉卜楞寺繼承歷任法座。文革中被迫參加勞動改造。文革前後曾任多職，時任甘肅省人大常委會副主任。現爲中國佛教協會副會長。

6 王兆國：漢族，一九四一年生，河北豐潤人，時任中央統戰部部長。現爲全國人大副委員長。

7 阿嘉副主席：當時，我的職務是青海省政協副主席。

解。不過我們一樣都不能答應，今後，也希望你不要再提這個話頭，否則你自己也會受到牽連哪……」李部長幾乎立刻就接過了話，態度很堅決。

當我從統戰部回到京西賓館時，尹克升書記的祕書迎面而來：「書記已親自找過您兩、三次了。」

尹書記爲人正直，說話直截了當，在我心中他是個正派人。我趕緊去找他，剛出門，就碰上他：「這是今晚我第四趟找你了！」

我跟著尹書記到了他的房間。他開門見山地告訴我，李德洙部長已給他打過電話，說：「看來，阿嘉副主席的思想上還是有情緒呀。」尹書記說，這是人家的原話，要求做我的思想工作，保證明天在正式會議上與中央口徑一致，絕不能出差錯。

「說實話，在我們宗教界裡，大家的情緒都不小啊，就是廣大信眾的意見也很大。」我說。

尹書記就坐到了我的身邊，拍了拍我的肩膀：「你一定要放下包袱，統一思想，和中央保持一致。也算是給我這個老朋友一個面子，千萬別出我們青海省的醜啊，否則，我們都得吃不了兜著走。」

我沉吟片刻：「好吧。那我只能聽你的指示了。但我有個要求，這個會議結束後，我得去普陀山朝聖。」其實，這並不全是看尹書記的面子，恰扎仁波切的結局也的確給了我很大的壓力。

「這個好說，只要明天會議上不出差錯，什麼都好說。」尹書記說。

正式會議是在京西賓館開的。這一天好像是一九九五年九月十一日。平時，這種會議室的桌子都是縱向排列的，主席台在前面。這一次，是橫向擺著，中間空了出來，一看就是專門布置的。果然，來了不少官媒記者，在中間空出來的地方還安上了攝像機，正面的位置上坐著國務院祕書長、中央政法委員會副書記羅幹，一邊是國務院宗教局局長葉小文，另一邊是西藏自治區黨委副書記熱地。左側是嘉木樣仁波切、波米仁波切，還有我，我的下面是札什倫布寺的主任和其他兩位仁波切。我們的後面，就坐著各省的統戰部部長們；右側，也就是我們的對面，是幾個省委書記，包括青海的尹克升書記。這座次的安排很用心，幾乎每個省／自治區的書記和統戰部部長，正好對著自己省／自治區的宗教人士。這個意思是如果說話說錯了，這些領導們會及時地暗示，比如拽拽你的衣服，或者給個眼色，總之，這是一種無形的壓力，讓我們感到正在被各種權力包圍著、控制著。

會議是羅幹主持的。主要內容是，達賴集團在西方反華勢力的支持下，想擾亂我們對班禪大師轉世靈童的認定工作，我們要予以堅決地回擊：一、廢除達賴宣布的所謂十一世班禪；二、撤銷恰扎的所有職務，依法處理；三、在拉薩的大昭寺舉行「金瓶掣籤」。而後，會議依照昨天的談話內容，要求仁波切們一一表態，也就是人人過關。

會議時間並不長。當天下午中央電視台就報導了有關這次會議的新聞，和以往不同的是，只有畫面，沒有聲音，大家的發言和觀點都被播音員代替了，要嘛就是字幕。總之，沒有我們的聲音。

晚上，中央統戰部宴請了與會的全體人員，領導們個個滿面春風，不僅表揚了我們這些與會者，還給了我們每人一個紙袋，裡面是一萬元獎金。這中間，國務院宗教局局長葉小文和統戰部二局局長朱小明走近我：「阿嘉主席，請您出來一下。」

我跟著他們到了走廊。

「我們很快就要舉行『金瓶掣籤』，您千萬不要安排旅行活動。出門的話，必須通知省委，或者直接給國務院宗教局打招呼，我們要隨時保持聯繫。」葉局長說。

「我的其他隨員已經在南京等我了。我們早就商定好了去普陀山朝聖。」我說。

「不行不行，絕對不能去。」朱局長也說話了。

「他們一直等下去也不是個事呀。」我說。

「讓他們自己朝聖吧，路費由統戰部負責。」葉局長說。

星夜「金瓶掣籤」

從北京回到西寧已經很晚了。我沒回塔爾寺，而是逕直去往省政府的住處。自從我當了青海省政協副主席，分得一套房子，在一幢樓房的頭上，上下兩層。這幢樓房是五〇年代蓋的，質量非常好，木頭地板，冬天也十分暖和。不過我平時都住塔爾寺，雖說政協和佛協都有我的辦公室，但我只是有事才過來，或者在西寧開會太晚了，才會住在這邊。

沒想到，一進屋就看到電話顯示有個留言，是塔爾寺辦公室主任昂旦的留言，說葉小文局長有急事找我，還留下了他的手機號碼。第二天一早，我給昂旦打電話，特別囑咐他不要把我這邊的電話告訴葉小文，盡可能地找託詞裝糊塗。可是，十幾分鐘後，昂旦又來了電話：「仁波切呀，葉局長又來了好幾次電話，他說：『如果阿嘉活佛再不接電話，我就不客氣了。』」

這話讓我心頭一凜，甚至有點毛骨悚然的感覺，許多往事浮現眼前。「你再想想辦法。」我說。

「不行啊仁波切，您就給他打個電話吧。我看他是認眞的……」昂旦的聲音都變了。

我就撥通了葉小文的手機，他倒客氣起來了：「阿嘉主席，要是再找不到您，我可就不客氣地向尹克升書記告狀了……」

但是我明白，他說的「不客氣」並不是這個意思。漢語可眞是很豐富啊，我心想。葉小文接著通知我，他要來青海一趟，就這兩天，有重要的事情跟我商量，讓我千萬別離開。

第二天，曹祕書長拿來了一個手機，說是專門給我配的，爲了方便與「上面」聯繫，又強調了葉局長這一、兩天就到，已在勝利賓館給他安排了一個高級房間，也給我安排了一個房間。「你住在家裡跑來跑去的不方便……」他說。

葉小文說來就來。曹祕書長特別在勝利賓館的小灶擺了接風宴。參加的人不多，只有我、曹祕書長、葉小文以及他的隨身祕書，還有省委辦公廳的一、兩個工作人員。

當晚，大家散去後，葉小文就和我談話了：「這次，我來青海的主要目的是急速從甘青一帶，再找一名班禪大師靈童的候補人選，添上已被我們廢除的達賴宣布的那個，完成藏傳佛教傳統上『身、語、意』的名額。時間不多了，得馬上辦。暫時別跟其他人說。」

看來，葉小文局長已經有了自己的計畫。第二天，海南州統戰部部長來了，報告了同年同月同日生的幾個孩子作爲靈童候選人。我們便決定去海南，葉小文也就很快回了北京。

曹祕書長和省統戰部及宗教部門的幾個人，和我一起上路了。我們先到了海南州統戰部，與主管宗教的幹部開了會，又去基層看了看那幾個小孩。回來的路上，曹祕書長幾次感歎，哎呀，某某家的孩子很聰明，某某家的孩子看上去一般……對尋找靈童，他很是新鮮。後來，我們把其中一個小孩的名字寄給了葉小文，不過在「金瓶掣籤」之前，我並沒有聽到這個小孩的名字，也許他們又從別的地方找到了他們需要的小孩子，誰知道呢。

幾天後，我又接到了去北京開會的通知，顯然這個「金瓶掣籤」儀式很快就要開始了，怎樣才能避開呢？我很是苦惱。

我在塔爾寺擔任住持的八年中，整天忙碌，常感到頸椎不那麼舒服，何不檢查一下？有人就告訴我，北京海軍醫院有個院長，是一位整骨專家。有一次開大會，江澤民本來要在第二天講話，可是他的腰突然扭了，連站都站不起來。怎麼辦呢？就把那位海軍醫院院長找來了，他「啪」的一下，就把江澤民的腰扳好了。

這樣，北京的會一結束，我就去了海軍醫院，因爲我那時是全國政協委員，他們很熱情，還安排我住進了高幹療養病房。身體檢查的結果是，我的頸椎和關節的確有問題。我一直認爲，可能是過去在札什倫布寺和塔爾寺勞動改造造成的。醫院方面說，不及時治療的話，還會影響到脊椎。很幸運地，我遇到了那位海軍醫院院長，他爲我做了幾次整骨，效果確實很好。

與此同時，塔爾寺的前住持卻西仁波切，當時在北京高級佛學院工作，也住進了醫院，是積水潭醫院。他的膝蓋過去就有點毛病，這次就做了一個手術。我還聽說其他宗教界人士偏偏也都在這時住進了醫院。

我在醫院裡待了十幾天，葉小文就帶著宗教局的幾個人來了，還拿著水果等禮品。

「身體恢復得怎麼樣了？」他問。

「還不錯，不過得治療一陣子，一時回不了塔爾寺。」我說。

「很好。但『金瓶掣籤』的時間，中央已經定了，我們都得馬上去西藏。」葉小文局長嚴肅地說。

「我這次看來是去不成了……」我多少有些懇求了。

不等我說完，葉小文就笑了，是冷笑：「我知道卻西活佛也住進醫院了，還做了手術，這都沒有問題，你們大家不需要擔心，我們有最好的醫生隨團進藏。把住院作爲請假理由，這是態度問題。阿嘉主席，這次任何人都不能例外，一、兩天之後我們就啓程，先到北京飯店集中……」

果然，大家就都準時地聚集到了北京飯店，準備被帶往拉薩。那是一九九五年九月底的一個早晨，我看到卻西仁波切拄著拐杖，一瘸一拐地走了過來。還有貢唐倉仁波切、嘉木樣活佛、烏蘭活佛[8]、都龍莊副會長[9]等等，不僅有青海、四川、甘肅、內蒙古等省和自治區的佛教代表，還出現了漢傳佛教和南傳佛教的代表。

臨走時，統戰部部長王兆國來了，他先走近貢唐倉仁波切，兩人握手寒暄後，王兆國部長就

8 烏蘭活佛（一九二〇—二〇〇四）：蒙古族，爲第十一世烏蘭葛根・嘎拉桑凱日布丹畢尼瑪，由十三世達賴喇嘛認定，早年在塔爾寺修習，一九五〇年代曾任塔爾寺住持，一九五八年被捕勞改，文革後擔任多職，時任內蒙古佛協會長。

9 都龍莊副會長：一九六〇年生於雲南西雙版納，傣族。幼年出家，一九八〇年代在緬甸景棟受比丘具足戒。現爲西雙版納總佛寺住持。時任中國佛協副會長。

說了：「您老這次就不必去了。」

「還是去吧，我看我還可以。」貢唐倉仁波切說。

「您就不要去了，不要去了，您老這次就免了吧。」王兆國部長又說。

這時，眾人恰好從二樓餐廳吃完早飯走來，中央統戰部和佛教協會的一些人，都站在我們必經的大廳裡來送行，並說一些祝願的話。貢唐倉仁波切也就加入了送行的人裡。「這下給我免下來了，好好好。」他轉身對我用藏語低聲說。

我們乘坐的是專機，從北京的西郊機場起飛，下午就到了拉薩的貢嘎機場。飛機還沒有降落，就看到機場裡站著一排又一排全副武裝的軍人，每個軍人都頭戴鋼盔，腰上繫著子彈，左右肩還挎著脹鼓鼓的袋子，雙手握著槍。當我們坐上車離開貢嘎機場時，前後都有警車開路和掩護。而公路兩邊，幾乎每一百米或五十米就有一個崗哨，到了岔路口，崗哨還增加了人，差不多有一個班在把守。越接近拉薩，崗哨的密度就越大。當車開進西藏賓館，門口和院子裡全都是全副武裝的軍人。拉薩這座聖城似乎完全被軍隊管制了。

如果說「金瓶掣籤」是個殊勝的儀式，那麼，爲何要有這種火藥味十足的政治氣氛？等待我們這些總被他們一口一個「活佛」或「高僧大德」的人，又將會是什麼？

我們每個人的房間早已分配好了，一進西藏賓館的大廳，就都立刻拿到了鑰匙。

吃過晚飯後，有人通知我們到樓下開會。除了中央統戰部和國務院宗教局的人，自治區的主要負責人也都來了。主持人開門見山：這次大家進藏的使命是光榮的，是新中國成立以來首次舉行的「金瓶掣籤」。我們安排得非常周密，假如在儀式進行中發生意外，請大家放心，這邊已經做好了充分準備。如果是「達賴分裂集團」進行破壞，毫無疑問，我們要給予嚴厲打擊！請大家放心，我們絕對保證你們的人身安全。但是，如果你們當中有人支持或參與這些破壞活動，我們也會毫不留情，希望大家擦亮眼睛，站穩立場。不過，究竟什麼時候舉行「金瓶掣籤」，還沒有定下來。請大家隨時做好準備，即使是夜裡，也請諸位保持清醒，當然屆時我們會通知……

總之，整個氣氛就像是即將開戰似的，而被送上戰場的我們，並不被信任，所以腰後面都頂著一把上了膛的槍。

「說不定要在夜裡舉行呀。」卻西仁波切悄悄地對我說。

果然，夜裡兩點左右，工作人員一個個地敲門了，要我們到樓下大廳集合。工作人員又一個個仔細地核對了名字，讓我們按照早就分好的小組到院子裡上車。

天地一片漆黑，藉著一團團昏黃的路燈光暈，我看見一個挨一個的全副武裝的軍人背對著我們，站在道路兩邊。這是威懾？還是在提示我們，敵人將來自外部？軍人們就這樣荷槍實彈地站著，從西藏賓館一直到大昭寺這條長路，沒有間斷。

而大昭寺門前，擠滿了軍車。

我們挨個步入寺院，沿順時針方向走了半圈，雙手合十走向最往裡的中心之處，在神聖的釋迦牟尼佛像前做了簡單的朝拜。我注意到，上一次來拉薩時，我在每個小佛殿見到的、或明或暗供放著的尊者達賴喇嘛的照片都沒有了，有的佛殿曾經擺放著美國總統老布希於一九九一年接見達賴喇嘛、英國首相約翰·梅傑於一九九一年接見達賴喇嘛的照片，也不見了。一些穿著便服的人幾乎占據了每個角落，警覺地看著每一個進入寺院的人。

我熟悉的大昭寺僧人，一個都不見了，取而代之的是陌生的僧人和百十來個穿著節日盛裝的藏人，盤坐在大殿正中，偷偷地打量著每個來者，一些人似乎在默默地念經。我無法知道他們來自哪裡，怎麼來的，什麼時候到的。但是他們的節日盛裝，跟這漆黑的夜半三更以及四周的軍人、便衣湊在一些，顯得很不正常。

釋迦牟尼佛像的前面擺了一張方桌，上面鋪著藏式編織的方格彩緞桌布，桌布上放著一個金光閃閃、古色古香的瓶狀器皿。方桌後面是一張長形藏桌，再往後是一排皮質沙發，坐著這三個人：中間是中央特使、國務院祕書長羅幹，兩邊分別是國務院宗教局局長葉小文和西藏自治區政府主席江村羅布，都面朝釋迦牟尼佛像而坐。在離他們較遠的兩側，左邊是諸多官員，右邊則是宗教界的代表，第一排是十七世噶瑪巴[10]、帕巴拉·格列朗傑[11]，以及生欽·洛桑堅贊[12]活佛。說到生欽活佛，雖然班禪大師生前對他並不那麼滿意，但「上面」很是器重他。第二排是嘉木樣仁波切等，我在第三排的頭上。兩邊的人都坐在錦緞卡墊上。

直到凌晨四點左右，儀式方才開始。首先介紹了來賓，而後，來自札什倫布寺貢康哇[13]被稱作喇嘛次仁的僧人，朝著全藏地最神聖的佛祖像磕了三個頭之後，小心翼翼地雙手捧起那個金瓶，自己看了一下，又朝著眾人轉了轉，再放回桌上。這時，就有工作人員把用藏漢文印著三個候選靈童名字的紙條和黃綢封袋、膠水，放進一個托盤。喇嘛次仁和幾個工作人員將三張紙條，黏貼在三個長長的象牙籤牌上，遞交給羅幹、葉小文、江村羅布三人驗視。最後，再由葉小文和自治區的一個祕書長拿起托盤中的黃綢封袋，將籤牌挨個套上，似乎那綢袋過於緊了，葉小文套了好一會兒，才由喇嘛次仁放入金瓶。

實施「金瓶掣籤」的人，是西藏自治區佛教協會會長波米．強巴洛珠活佛。關於他，我在前面介紹過。七十多歲的他走上前，先向佛祖像磕了三個頭，再走到金瓶前。我以爲他會搖晃金瓶，直到一個籤牌從瓶中跳出來，但沒想到，他只是在那三個籤牌上摸了一會兒，就拿起其中的一個籤牌，交給中央特使羅幹，而羅幹稍微點了點頭，算是驗過的意思，波米活佛便將籤牌交給了江村羅布。而江村羅布很是費力地，將包著籤牌的黃綢封袋取了下來。

「嘉黎縣堅參諾布中籤！」江村羅布的聲音特別大。這時，人群中有個男人像贏了大獎似的，兩手攥成拳頭，激動地跳了起來。後來得知他就是那孩子的父親。

就有人立刻把那個小孩抱了過來。已經換了一身小黃袍，頭上還戴了一頂桃兒帽。波米活佛

10 十七世噶瑪巴：全稱爲十七世噶瑪巴．鄔金欽列多傑，一九八五年六月生於康昌都（今西藏自治區昌都地區昌都縣）的牧民家庭，一九九二年在噶舉主寺——楚布寺坐床。是藏傳佛教噶舉派中的噶瑪噶舉派之最高持教法王，並且也是最早擁有轉世制度的藏傳佛教領袖。一九九九年底祕密出走，流亡印度，現住在達賴喇嘛居住的達蘭薩拉。時年在拉薩楚布寺。

11 帕巴拉．格列朗傑：一九四〇年生於康理塘（今四川省甘孜藏族自治州理塘縣），一九四二年被認定爲昌都強巴林寺第十一世帕巴拉仁波切。幼年在色拉寺學習，文革中受到批鬥，文革後任全國政協副主席，中國佛教協會名譽會長等多職。

12 生欽．洛桑堅贊（一九三六—一九九八）：日喀則某寺院普通「活佛」。時任西藏自治區政協副主席，全國政協常委，札什倫布寺民主管理委員會名譽主任，第十世班禪額爾德尼轉世靈童尋訪領導小組成員等等。一九六四年班禪大師因爲《七萬言書》被當眾批鬥時，生欽活佛是積極參與批鬥的人之一。

13 貢康哇：專屬班禪大師履行佛事的僧院，其職能類同專屬達賴喇嘛的僧院朗傑扎倉。

當場就給他剃度，並給他取了法名：班禪額爾德尼．曲吉傑布。一切早已是準備就緒。

這個活動結束時，外面的天還是黑的。不過，中央電視台在報導這個新聞時，卻說的是「早上十點左右在大昭寺舉行了『金瓶掣籤』儀式」。當然，這一天是一九九五年十一月二十九日，這個日子倒是沒錯。更有趣的是，我回到塔爾寺後，很多人都問我：爲什麼那籤牌長短不一？連從電視上看，都看得清清楚楚！連街邊擺小攤的回民也議論紛紛。

還留下了一個笑話：「江村羅布宣布堅參諾布中籤。」這是因爲，在藏文中這兩個名字的讀音和寫法都是一樣的，笑話既是嘲笑當主席的自己宣布自己中籤，也有更深一層的意味。

接下來就是那個小孩的坐床典禮了。我們又是很早就上路了。從拉薩去日喀則，我們走的是新修的公路，仍然有很多軍隊站在公路的兩邊，那時正是寒冬臘月，高原的風簡直冷得刺骨。我們乘坐的中巴車，不知爲什麼，暖氣還壞了，凍得我的心都在發抖。中國佛協的學誠法師，把法衣和外衣都套在了身上。快到日喀則時，天才亮，前面的山上站了很多全副武裝的軍人，據說是在迎接我們，車就停下了一會兒。進入日喀則時，我們先到了十世班禪大師生前住的德欽頗章，有不少人站在路兩邊，除了軍隊和老百姓，還有札什倫布寺的僧人，他們個個臉上不僅沒有一點笑容，還顯得很憤怒。

第二天，國務委員李鐵映向剛被認定的「十一世班禪」頒發了刻有藏、漢兩種文字的「金印」和「金冊」，其中有「愛國愛教」的內容。還授予了江澤民寫給十世班禪大師的匾額「護國利民」。

整個過程很像電影裡古代皇上的加冕進爵。據說這是仿照清朝皇帝的作法，表現了這一世班禪仍然隸屬於中央政府管轄。可是，孫中山推翻清王朝已經八十多年了，爲什麼在西藏，一定要把中國共產黨的地位倒退到封建王朝呢？從一九五八年開始，為了揭批所謂的「封建蓋子」，那麼多的高僧大德都被逮捕了，在監獄裡病的病，死的死，慘絕人寰，可是今天，中共卻在西藏特別尊崇起封建社會的那一套，這是不是不可理喻呢？

李鐵映牽著「十一世班禪」走了過來，又把他抱上了班禪大師的法座……就這樣接二連三地舉行了不少活動，包括李鐵映陪著「十一世班禪」看僧人們演示羌姆金剛法舞。我們則是無聲的配角。至於達賴喇嘛認證的十一世班禪喇嘛，他的法名是根敦．確吉尼瑪[14]，在尊者宣布之後的第三天，這個出生於藏北羌塘草原的六歲男兒，就被中國政府帶走，被永久監禁在無人知道的地方。

返回拉薩時，我們仍然坐的是那輛沒有暖氣的中巴車。有人讓司機開暖氣，司機還是那句老話：「暖氣壞了，只有到拉薩才可以修好。」

大家都不再吭聲了，瑟縮著，無精打彩。涼氣不住地鑽入我的袈裟，連神經都快要凍僵了。有人議論：「這是不是『上頭』故意讓我們修鍊忍辱啊？」我們都無法得出答案。不過有一點是

14 根敦．確吉尼瑪：一九八九年四月二十五日生於藏北羌塘草原（今西藏自治區那曲地區嘉黎縣）。在第十世班禪喇嘛圓寂後，按照藏傳佛教的傳統和儀軌，由第十四世達賴喇嘛認證為十一世班禪喇嘛。一九九五年五月十七日，在達賴喇嘛宣布他為十世班禪喇嘛的轉世靈童之後的第三天，他被中國政府從家中帶走，被永久監禁在無人知道的地方。迄今十七年來，國際社會的諸多人權組織多次向中國政府要求釋放或探視根敦．確吉尼瑪，但都被綁架他的中國政府以各種藉口拒絕。

一九九五年在拉薩大昭寺星夜舉行的「金瓶掣籤」，是最後導致我出走的原因。舉行地點是藏、蒙信徒心中最神聖的大昭寺，活動過程卻嚴肅得像在上法庭。親自參加過而描述此事件的，到目前爲止，恐怕也是唯獨我一人了。(阿嘉仁波切繪)

肯定的，我的忍辱修行還不夠。因此，一到拉薩，我就找到國務院宗教局的幹部，大聲質問：「爲什麼給我們安排這樣一輛沒有暖氣的車？如果你們的身體是血肉組成的，我們的身體也同樣不是鋼不是鐵呀！另外，中國佛協的學誠法師和我都吃素，可你們連個素席素食都沒安排，這到底是有意的還是無意的？」

宗教局管後勤的幹部和自治區的幾個人，趕忙向我賠禮道歉。第二天不僅有了素食，交通工具也得到了改善。我的老朋友嘉木樣仁波切爲此專門到我的房間，半開玩笑半勸解地說：「我雖然沒有仁波切的這種膽量，可享受的話，我一份也不少啊！不過還是希望仁波切節省著使用這點寶貴的膽量吧！」

爲慶祝「金瓶掣籤」和坐床圓滿結束，「上頭」還在拉薩舉行了一個宴會。我們去得都比較早，正在休息室閒聊時，工作人員把我叫了出來，說是李鐵映召見。但我到了門口，又讓我等一等。大約有三、五分鐘吧，嘉木樣仁波切出來了，跟我打了個招呼。我進去時，李鐵映正坐在沙發上吸氧，仰著頭，眼睛半睜半閉。

「不好意思，因爲高原反應，我站不起來。」李鐵映有氣無力地說。

「首長不要動，不要動。」我說。

「您自己坐，阿嘉主席。」李鐵映又說。

我就坐下了。待服務員倒過茶退出去後，李鐵映開口了：「我們做了一件在歷史上有意義的事呀，會青史留名的。我雖然不適應高原，但是，我理所應當承擔中央政府交給我的這個任務，所以我來了。你們大家也配合了中央的工作，都非常好，非常圓滿，中央主要領導和有關部門的領導都很高興，讓我捎信，謝謝你們……」

我離開時，見門外排著卻西活佛、烏蘭活佛等人，顯然，也都等著召見呢。

葉小文透露驚天祕密

返回北京，我們乘坐的還是專機。李鐵映始終吸著氧，坐在前艙，像是剛剛長跑結束，顯得很是疲倦。

「現在，首長要向大家宣布重要事情。」工作人員向眾人報告。

「您身體還行嗎？」有人問李鐵映。

「沒事沒事，」李鐵映摘下氧氣罩放在一邊，由兩個人稍微攙著，走到前艙門口，面朝大家：「同志們，辛苦了！這次進藏，我們完成了黨交給我們的光榮使命，我宣布給大家放假兩天。」

「放假兩天？好啊！」都鼓起了掌。

過了一會兒，一位工作人員來到我的身邊：「活佛，首長要見您。」

我站起時，看到嘉木樣仁波切正走過來，我們就一前一後地到了前艙。這時，李鐵映正仰躺在椅子上，鼻子上插著氧氣管。葉小文在一邊作陪。看到我們，李鐵映又拔掉氧氣，仍然沉浸在自己將被載入史冊的幸福中，顯得很興奮，還向我們談起了文藝復興時期的歐洲，還提到當時修士強姦修女，教會被指責，人們對宗教有了新的認識等故事。

「首長眞是精通歷史呀！」葉小文一邊感慨一邊記錄。

大約談了四、五十分鐘吧，李鐵映像是睏了，又插上氧氣，仰頭閉目休息了。

接著是葉小文與我們聊天，把我們從虛無飄渺的文藝復興時代拉回到現實。他說：「現在一切事都很圓滿了。說實在的，達賴宣布了那個靈童之後，形勢眞叫緊張，我們馬上行動，跟政治局常委們借調了三架飛機，把三個靈童藏到三個地方，誰都不知道……」

葉小文滔滔不絕，自然而然地，就說到了剛剛結束的「金瓶掣籤」：「你們看見那三個籤牌上貼的名字了吧？也看見那三個黃袋子了，對嗎？都是仿照清代的規矩。只是其中的一個，我們裝了一點棉花，爲了保險起見。你們注意到沒有，那個籤牌稍微高一點，我們是在這個籤牌的袋子裡放了點棉花，讓這個籤牌在瓶子裡稍微高出一點，保證抽到的是正確的靈童……」

這簡直是一場晴天霹靂！我完全不敢相信我的耳朵，就像是我自己在洩漏這個驚天祕密似的，心「怦怦」地劇烈跳動起來，我感到恐懼，立刻瞥了一眼李鐵映，他仍在閉著眼睛吸氧氣。我也想看一眼嘉木樣仁波切，可是，我不敢。但我相信我們的感覺一定相差無幾，雖說自從「宗教改革」以來，共產黨天天都在喊「宗教自由」，事實上，宗教遠遠沒有自由，然而無論如何，我還是沒有想到會落到這一步。

對於我們佛教信徒來說，認證活佛轉世靈童是非常神聖的事情，絕對不許作假，那麼，葉小文局長向我們透露這個祕密的動機是什麼呢？我緊張地思忖著，以至於都沒聽到他接著又講了些什麼。可能他覺得，這沒什麼大不了的，爲了達到一個偉大的目的，採取卑鄙的手段是應該的？也可能，葉小文局長僅僅爲了出鋒頭，向我們炫耀他什麼事都知道，都參與？更有可能，他是在暗示黨對藏傳佛教的一種新策略？

結果，這位被中共中央認定的班禪，卻被藏人稱爲「加班禪」。「加」，在藏語中指漢，在漢語中與「假」諧音。「加班禪」，意爲漢人認定的假班禪。自一九九五年「金瓶掣籤」後，「加班禪」始終不被境內、外藏人所承認，所有的西藏寺院都不供奉他的照片，除非被「上頭」強行要求掛上。

我沒有簽字

中央認定的「十一世班禪」，不僅藏區的藏人不承認，連有些漢人也不相信。「佛教上的事，就應該守佛教規矩。」大家都這麼議論。中央自然知道這種情況，於是，就想在民眾中爲這位「十一世班禪」樹威信。

一九九七年夏天，有幾位客人從北京來到塔爾寺，見了我後，介紹自己來自國務院事務管理局。

既然是國務院下屬單位的幹部，爲什麼不見省裡和縣裡的領導們陪同呢？我就問：「省裡和縣裡都知道你們來嗎？」

「知道，知道。」他們相互看了看，拿出一封專門給我的私信，是十世班禪大師生前的一個警衛寫的。此人姓石，班禪大師突然圓寂之後，他得到了升遷，在國務院事務管理局工作。他在信中特別提到了我們是怎麼認識的，又說他們計畫在塔爾寺舉行紀念第十一世「班禪大師」坐床一週年的活動，請我多多關照。

這幾位北京客人還透露了具體時間是在明年六月，屆時將邀請所有的高僧大德來參加。他們還給我看了一份高僧大德認可「十一世班禪」的簽名影本，上面也有我的簽名，那是在札什倫布寺「坐床」那天寫的，每個參加的人都得簽名，必須要簽。

除此之外，他們還帶著一份協議，讓我簽個字。這很古怪，法會又不是商業洽談，爲什麼要簽協議？我們從來也沒有簽協議才辦法會的傳統呀！另外，我們一般也不會舉行「坐床」多少週年的紀念活動。再說，既然是國務院來的，爲什麼不帶單位介紹信而拿份私人信函呢？還居然沒有省、縣領導的陪同呢？

這件事情是如此不明朗，讓我的心很不踏實。顯然，是「上面」想出的辦法，爲了讓這位「十一世班禪」得到民心，先讓西藏的高僧大德承認他，於是製造了這個由民間自發擁護的假象。

「這是個大事，如果國務院有這個計畫的話，『上面』定就行了，不需要我簽名。」我說。

「活佛不要誤會，既然這樣，那就把材料留下，暫時不簽也可以。」那幾個人中的一個看上去像是管事的說話了，還遞過來一沓材料。

同年秋天，我被叫到北京開會，會前會後，人們議論的都是「金瓶掣籤」的事。有一天，在會議間隙，中央統戰部的李國慶處長特別走近我說：「遺憾哪，很多高僧大德都圓寂了，像班禪大師的經師嘉雅仁波切。」

我不置可否。

「這段時間，我們一直在議論，將來由誰擔任十一世班禪的經師。大家都認爲，您是最好的人選了。」

「哪裡哪裡，我哪兒行啊。你們爲什麼這麼說呀？」我暗暗叫苦。

「因爲嘉雅仁波切是第十世班禪大師的經師，他又是您的舅舅，而您是個愛國愛教的大活佛，所以我們考慮來考慮去，覺得您最合適了。」

聽到這話，我的心像是被螫了一下，不是疼痛，而是不舒服、不自在起來。我想起嘉雅仁波切說過的話：「你五十歲左右時，自然會遇到恩師，到時候，可求比丘戒，退出一切政務，專心修法。」

其實最近一段時間以來，嘉雅仁波切的這個預言常縈繞於心，那麼，我的恩師在哪裡呢？我該到哪裡去修行？如何告別這個險惡的政壇？

時間緩慢地流逝著，秋天漸漸消失了，天空稀稀落落地飄下了雪花，大地落了一層薄薄的雞爪雪。冬天又來了。跟著雪花一起進來的，是我的一個隨員。他說，國務院事務管理局的那幾個客人又來找我了。

我對隨員說，你就跟他們說，我在閉關，不能見人。

可一會兒，隨員手裡拿了一沓材料進來了：「他們說這個材料很重要，請您在上面簽個字。」

我翻了翻，還是堅持在塔爾寺搞「十一世班禪」坐床紀念的協議，就說：「這個材料很重要，別放在我這裡，還是請他們帶走吧。我也不要簽字了，明年三月『兩會』[15]召開時，省上的領導們也會去，那時，當著大家的面，再簽字也不遲。」

隨員很快又回來說：「他們說：『好，好，那就「兩會」期間簽字吧。』」

雖說打發走了這些人，可這種折騰沒完沒了，誰知道下一個等待我的是什麼。

這期間，又發生了一樁怪事。我的直屬上級部門的一個領導找我：「活佛，如果你能向國家計委和民政部門要個指標，我們就會從加拿大得到大宗捐贈僧團的小麥和毛豆。」

我沉默著。

「轉手賣掉，我們都會得到好處。不要有壓力，生欽活佛就要過一次這樣的指標，只要你們愛國人士開口就行。不管以塔爾寺名義還是你個人名義，都不會有問題的。」他接著說。

我仍然沉默著。

這位領導又開口了：「回扣的話，我可以給你一千萬，怎麼樣？」

一千萬？我倒抽了一口涼氣。這差不多是維修塔爾寺的一半款項啊！這不僅嚴重觸犯了法律，也將徹底毀掉我的戒律。但我知道，中國的政治圈是很複雜的，如果在這件事上不隨波逐流的話，今後少不了麻煩，因爲他來自我的上級單位，也算是我的上司，少不了難爲塔爾寺。怎麼辦？

自打這位上司提過此事後，每次我去北京他都找我，有一次還熱情地請我吃飯，我自然不能說「不」。席間，他的手下又給了我一份材料，讓我拿著到有關部門要指標。

因爲他再三催促，我不得不到相關部門去一趟，也算找個既可以拒絕又能讓這位領導無法報

---

15 兩會：是中國每年定期召開的「全國人民代表會議」及「中國人民政治協商會議」的簡稱。

復的理由。相關部門的負責人很是熱情，叫來了一位工作人員專門接待我，特別囑咐道：「我們部裡能辦的事，就好好幫活佛辦了。」

當我把材料交給那位接待我的人，他立刻很負責任地翻閱起來，然後吃驚地抬起了頭：「活佛，您不是替青海省要這批糧食吧？這個數字很大呀，打個比方吧，這些糧食如果裝到火車裡，需要一百五十多節車廂啊。活佛，我知道你的難處，還是讓他們自己來吧。」

這的確是一個很好的推託理由，我總算躲過了這一劫。不過，今後呢？

「運動」又來了

轉世，是藏傳佛教中不可缺少的一個關節。一般由高僧大德認證，而後進入嚴格修習，在藏傳佛教中發揮聞、思、修和持、護、增的重大作用。然而，自從一九五八年的「宗教改革」以後，藏傳佛教轉世制度作爲「封建迷信的產物」，被廢除了。一九八〇年代後，幾經變更，如今雖說不得不同意轉世，但附加了很多條件。首先，一個仁波切有沒有轉世資格，要看其前世與黨的關係如何，如果反對過黨，自然就沒有資格轉世了。即便是黨允許轉世，也要嚴格遵照黨的紅頭文件精神，必須有正式批文，直到可以舉行繼承法位的佛教儀式時，才會輪到高僧大德們參與主持。

即便這樣一個苛刻的政策，像內蒙古自治區還是沒有機會享受。所以，每當召開全國政協會議時，內蒙古的委員們就會提出議案，而統戰部和國務院宗教局方面的回答也總是一句話：「內蒙古人民已經提高了政治覺悟，不需要搞靈童轉世了」。可有一天很突然地，內蒙古赤峰市幾個宗教部門的幹部，專程到塔爾寺找我，請我認證一位仁波切的轉世。我吃驚地問道：「『上面』的政策是內蒙古例外，你們有批文嗎？」

「當然有。」他們就拿出了「上面」的批文。

是內蒙的政策鬆動了，還是這位仁波切有特殊的背景？我找不到答案。不過，總算是個好的徵兆吧，我依照佛教程序認定了這位轉世，同時也複印了所有材料，以防萬一。

大概過了十幾天吧，我去省裡開會時，碰到新上任的統戰部部長宋秀岩。「阿嘉副主席，開完會後，你來我辦公室一趟。」她說。

她是新官上任，但我對她多少有些瞭解。她是天津人，文革後期入黨，最初從西寧鐵路局提拔上來。我認識她時，她已在團省委工作，後升爲海東地委副書記，那時，她聽說塔爾寺有一位活佛治病神奇，就來塔爾寺找我，說她的胃不怎麼好，想請那活佛「顯顯靈氣」，我自然幫了她這個忙。

後來，她突然又升爲省委常委、統戰部部長。有人說，這和她當年從西寧鐵路局直線升爲團省委書記是同一個管道，都是利用了她作爲女性的特點。這一點，我倒是不瞭解，只是發現她的酒量比一般的男人還厲害。那是在一次省委舉辦的黨外人士迎春晚宴上，她受尹克升書記之託，作爲東道主，喝了不少五糧液。最後喝得尹克升書記都怕了。「沒事沒事，我有把握。」她雖然還很自信，可我們眼看著她的臉又紅又腫脹起來。

「我們第三梯隊的唯一女同志，希望不要喝成酒仙！」尹克升書記笑了。

當我到了宋秀岩的辦公室，她的祕書客氣地上了茶，並說：「宋部長還在開會，請您等一下。」

「阿嘉副主席來啦！」時間不長，宋部長就出現了，邊說邊走到辦公桌後邊的椅子上坐下。抬了抬眼鏡，威嚴地說道：「阿嘉副主席，聽說最近你給內蒙古自治區赤峰市認定了一位活佛，有這回事吧？」

「有。怎麼了？」我問。

她的眉毛毫不猶豫地立了起來，冷冷地盯著我：「你應該早就知道，人家內蒙古那邊，不搞『活佛轉世』這一套，希望你以後不要插手。」

我笑了：「他們是拿著文件來的，我怎麼可以不給轉？宋部長說我『插手』，這帽子可不小喲，過去程部長和省民委的李慶主任都在會議上明確說過，有文件的話可以轉。現在，我可不知該聽誰的啦。」

「有什麼文件？」宋部長的聲音似乎不那麼冷冰冰了，「你帶來了嗎？」

「今天沒帶在身上呀。」

「請改天帶過來好嗎？」

「完全可以。」我說：「其他還有什麼事嗎？」

「沒有了。」她官腔十足。

回到塔爾寺後，我立刻讓人把那個文件的影本寄了過去。後來，到省裡開會碰到宋秀岩時，我還特別問她是否收到，她說收到了，但是那文件有漏洞，內蒙古自治區仍然不許靈童轉世。

「我是憑紅頭文件辦事，漏不漏洞和我沒關係。」我說。

那以後，宋秀岩對我倒客氣多了。不過，當我祕密出走後，有人告訴我，她咬牙切齒地說：「對這些活佛，堅決不能鬆手，他們在本質上就是跟我們作對，給多高的職務都沒用！」

接著對宗教的整治更加隱蔽了。不久，省統戰部下達文件，說是按照中央精神要在藏區全面開展「不張揚」的「社教運動」，塔爾寺自然也不能例外。這其實就是對藏傳佛教的進一步控制。聽說在西藏自治區，這個運動已經搞了兩、三年，緊張程度跟文化大革命差不多。那些寺院被整頓之後，每個僧人都要簽一份保證書，保證不供奉達賴喇嘛照片、不再參加示威遊行、遵紀守法、熱愛中國等等。

此乃前車之鑒，故在運動開始之前，我首先把塔爾寺各組組長都叫來開了一個會。那時塔爾寺有十幾個組，六、七百名僧人，我讓這些組長把我的意見傳達給所有僧人，讓他們記得文化大革命的教訓，把供奉的達賴喇嘛的照片都藏起來，更要小心別在運動期間出現「傳單」等，那會是很大的麻煩。

一九九七年的冬天，青海省從多個單位抽調了四十多位幹部進駐塔爾寺，召開了社會主義教育動員大會，湟中縣委吳傑雄書記在會上講話：「今天，在塔爾寺開始的這個運動，可以說是一個不叫運動的運動……」如此繞口的話，說明當時人們的思想上已有了變化，對「運動」這個詞已經反感了。而且，每個組的幹部對政治宣傳術語運用得也不多，倒是常談起他們自己的憂慮，比如機構精簡、拖欠工資等等，看得出他們這些人的飯碗也不怎麼穩當。

不過，文件還是少不了要念的，決心也必須是要表的，「上頭」還硬讓每位僧人在「愛國保證書」上簽名。這其中，有不少條款都是要僧人們必須反對達賴喇嘛，說到底，還是要僧人和他們信仰的上師劃清界線、分道揚鑣、違背佛教的教義。而如果違犯這些條款的話，輕者批評教育，重者罰款處理，更嚴重者依法刑懲，開除寺院。很顯然，這在本質上，仍然和文化大革命沒有兩樣。

「不叫運動的運動」斷斷續續地進行了兩個月左右，最後在嘉樣貢色（九間殿）的院子，召開了一次集合了全體僧眾的總結大會。而一九五八年，正是在這裡召開了「揭封建蓋子」的「宗教改革」批鬥大會，並逮捕了五百多名出家人，包括嘉雅仁波切和我的經師、管家等等。四十年後的今天，我坐在台上，難道也要違背佛教理念，批判那位本是我日日頂禮的上師、一如載滿了出離心的白蓮嗎？我該這麼做嗎？可是，不這麼做的話，我有別的選擇嗎？就要輪到我代表塔爾寺表態了，宗教局的李局長已為我寫好了發言稿，我不念這個稿子，能行嗎？

在念稿子時，我還是盡可能地迴避了那些措辭尖銳、對達賴喇嘛的批判術語。然而，就算這個關過了，還會有下一個關等待著我。在不遠的將來，不管我願不願意，都必須成為我從來也不承認的那個「十一世班禪」的經師，成為一個政治工具，而我還能有其他選擇嗎？

「到了五十歲左右，你必然會選擇一條修行之路。」嘉雅仁波切的話又在耳邊響起。然而，那條路在哪裡？只要留在這塊土地上，我就會被一種力量挾持，而這個力量又是千變萬化的，一會兒以槍，一會兒以刀，一會兒以糖果、金錢的形式朝我們撲來，然而萬變不離其宗，那就是：他們永遠與宗教為敵。

最終，我的出走，就像熟透的果子自然落下。而這幾十年來的每一場經歷，都是必不可少的催化劑或者說積累下來的「因」，比如我父親不明不白地死在獄中，我哥哥瓦里瑪飽受折磨的非人待遇，沃色舅舅被勞改，嘉雅仁波切被戴上「四類分子」帽子，班禪大師的突然圓寂，半夜三更的「金瓶掣籤」，以及逼迫我在塔爾寺搞「十一世班禪」坐床紀念活動等等……我這不是記仇，上師們一直教我修忍辱，寬厚待人，我並不懷恨，而是這一場場災難，教我看清了一個政權的本質。

另外，還有難以應付的上級領導們的宴請、回扣等等，這其實是另一種威脅和進攻，讓人從內部改變，必須和他們一樣，學會作弊、賺錢，成爲無利不取的貪官。

我眞的到了該下決心的時候了。

第十四章　祕密出走

出走之前的計畫

那麼，誰跟我一起出走呢？

平時在我身邊的有七、八個人，但不可能全部帶走。當時我第一個想到的，就是我的管家兼祕書扎西。他生於互助縣，和我的年齡差不多，他家鄉附近有西藏北部著名的四大古寺之一：郭隆貢巴，當地叫佑寧寺。也許是這座古寺和寺內諸大修行者的影響吧，這裡的百姓也都虔敬佛法，忠厚誠實。扎西的父母應該屬於白蒙古[1]。

1 白蒙古：現稱作土族，人口約二十萬左右，主要聚居於青海省東部湟水以北、黃河兩岸及其毗連地區，其中大多數人聚居在青海省互助土族自治縣及周邊的民和、大通、同仁等縣，還有少數人居住在甘肅省天祝藏族自治縣等地。

還是在文化大革命期間，師兄巴笛介紹我認識了扎西。當時他還是個學生，後來當了民辦教師，結婚成家。由於出身成分不好，經常受人歧視，這樣，我們就有了共同語言。那時他常來探望我，有幾次我病了，他還主動替我割田。生產隊的積極分子就不高興了，質問扎西：「你爲什麼替他勞動？記住，這不是舊社會了。」漸漸地，扎西更是成了不受歡迎的對象。後來，扎西有了三個孩子，家庭負擔也重了，可不管有多大的困難，不管政治運動多緊張，只要是爲了我的事，他都會鼎力相助，他對我那顆忠誠的心始終不渝。文化大革命結束後，我請他擔任了我的管家和祕書。他和我同甘共苦多年，我多想把他帶走啊！

可我不但不能帶他走，連走的計畫也不能透露。因爲扎西是個處事謹慎的人，一旦告訴了他，就會堅決地阻止我這個盲目而冒險的行動。我只能無情地瞞著他。做出決定後，每當看到扎西朝我走來，無論我在吃什麼，都不再有滋味了。「如果告訴他，日後他就吃苦頭了。」我一遍遍地對自己說。

我想到的第二個人是我的隨員久美群佩。他心地善良，處事細緻周到，是位優秀的比丘。我很想帶他走，但是，如果關鍵時刻被截住，或者到了外邊，生活沒有著落，會不會影響他日後的修行？

「仁波切，您無論如何不能走，這太危險了！」群佩一聽我的計畫，就瞪大了眼睛。

「走是註定的了。我擔心的只是，一旦半路被發現，或者到了那邊，沒有去處，你日後的修習怎麼辦？」

「如果您眞的必須走，就不要爲我擔心，不管您到哪裡，我都跟著。」群佩很是堅定。

我想到的第三個人是我的警衛兼司機洛桑君尼，平時人們稱他「嘎元」，這是他的小名。他辦事麻利，對我很是忠誠，幾乎知道我的一切行動。當我把計畫告訴他時，他倒沒有阻攔，還很樂意跟著我，不過要求帶上他新婚不久的太太美朵。我同意了。

第四個是我的侄兒成列熱傑。他是我小弟久美的兒子。這得從我被認證爲轉世仁波切說起。當時，我阿爸阿媽一直盼著再生個男孩，將來可以侍候我，畢竟年長的，好使喚小的嘛。幾年後，眞的盼來了我的小弟久美。但很快就開始了「宗教改革」，我阿爸和家族裡的不少人都被逮捕了，而我當時也是今日不知明日。這樣，我小弟久美就在大哥瓦里瑪的身邊長大了，因爲他們年齡懸殊，再加上大哥沒有孩子，簡直成了久美的父親，操心他的一切，包括婚姻。

記得那是一個黃昏。大哥已經老了，再加上被多年的政治運動折磨，變得格外謙卑，看見我時也摘下了帽子：「蘇日古阿嘎，阿爸在世時就說過，讓久美長大了當你的嗡布[2]，侍候你。」

「都什麼年月了，還想這些？你身邊也沒有個兒子，讓他留下，也好給家族繼火續煙。」我說。

「我也是這麼想的，但還是要請您允許。如果讓久美成家，阿爸的話不照做，我心裡不好受啊。」大哥很傷感。

我就出了一個主意，讓他消除了顧慮。不久，久美結婚。在生了兩個小孩後，又有了第三胎，而牧區只允許兩胎。夫婦兩人商量著要打胎，消息就傳到了我這裡。

「爲什麼要打胎？」我問道。「第三胎呀。」他們說。

2 嗡布：藏語，隨員或徒弟。

可畢竟也是條生命啊。算是緣分吧，這個計畫生育之外的孩子，我就收養了，這就是成列。也怪，小時候，成列就喜歡到我這裡，不管我走到哪兒，他都在後面跟著。所以他四歲左右時，我就把他帶到了寺院。而這時，他剛滿十三歲，肯定得和我一同走了。但我暫時還不能告訴他，我擔心人家會在「小孩子嘴裡掏實話」。

這樣，跟我一起祕密出走的將有四個人：久美群佩、洛桑君尼、君尼的太太美朵，以及我的小侄成列熱傑。

一九九七年年底，像往常一樣，我帶著洛桑君尼去北京參加每年一度在中南海舉行的「宗教界人士迎春茶話會」。由全國政協主席李瑞環主持，中國五大宗教——佛教、道教、基督教、天主教、伊斯蘭教的主要人物都出席了。第二天，我又按慣例參加了全國政協舉辦的春節聯歡會。佛教協會的尤驤祕書長看到我後，立刻熱情地走過來打招呼，又特別壓低了聲音向我道喜。

「喜從何來？」我說。

「已將您內定為中國佛教協會會長啦，政協那邊，也聽說把您定為常委了。阿嘉會長，祝賀了！往後還得請您多關照啊。」

「這了不得呀，感謝您透露了這麼重要的消息！」我禮貌性地表達感謝的同時，只覺得兩頰發麻、僵硬。因為，尤驤祕書長的消息應該是可靠的。

我不得不加緊計畫了。回到北京飯店後，我立刻打電話給克瑞斯汀。她是我的弟子，一位虔誠的佛教徒，來自印尼，畢業於英國的劍橋大學。說起來，還和查爾斯王子是同學，都學的是經濟。我這麼說的意思是她的英語不錯。

我們在一樓熱鬧的餐廳碰了面，我把出走的計畫告訴了她。克瑞斯汀一時無語，好一會兒才說：「仁波切，我看不妥，這是個非常冒險的計畫啊。」

「請不要勸阻我，我已經決定了。」我雖然嘴上這麼說，心裡卻是忐忑不安，就加了一句：「我們上去商量吧。」

一進房間，克瑞斯汀就問：「那麼，您準備去哪裡？扎西怎麼辦？還有群佩……啊呀，怎麼出去呀？師父，您太天真了，到了國外，怎麼生活啊？」

克瑞斯汀心直口快，說話不會拐彎抹角，跟我和洛桑君尼談了很多到國外之後可能遇到的困難，比如語言障礙、文化差異等等。她還說：「這些先不談，怎麼出去，您想過嗎？」

這我倒是想過多次了。當時我擔任全國佛教協會副會長、全國政協委員、全國青聯副主席、青海省佛教協會會長、青海省政協副主席、青海省佛學院院長等等，職務之多，名片上都印不全。現在，這些職務給我的生活和行動帶來的都是累贅。比如，我去印度肯定拿不到簽證，而我又不可能徒步翻越喜馬拉雅，就連去拉薩，由於這些頭銜，我一出現就會有很多人陪同，難以得到脫身的機會。相反，藉在北京開會之機，進出機場也算情理之中。再說，北京機場也大，每天出國的人無以計數，各種各樣身分的人都有。

總之，走，是註定的了。不久前，在塔爾寺的一次僧眾大會上，我已暗示「告假」，要求他們自己走好自己的路，而「這將是我的最後一次僧眾大會」。以至於不少僧人議論紛紛，以爲我被調到北京做官了。同時，我也向政協和統戰部都請了假，說我將去南方閉關。

我對克瑞斯汀說：「我必須走，這將是我的最後一次機會了，以後官位升高了，周圍的人會越來越多，更不自由了。」

再說，前些天，洛桑君尼把槍交還時，似乎引起了他們的警覺。我說過，洛桑是我的警衛，早在數年前，「上面」想派正式的警衛給我，但我深知這種警衛的實質，名爲警衛，實際上被監控，就說：「寺院裡有個警衛很不方便，暫時能否讓洛桑君尼代替？」因爲我的堅持，「上面」只得同意，還配給洛桑一支手槍，當我們開始準備祕密出走時，洛桑把那支槍放在信封裡，交還青海省公安廳警衛處。

我拿出護照給克瑞斯汀看，並解釋：「這是我的外交官護照，因爲我享受副省級待遇，所以我的隨員群佩和警衛兼司機洛桑君尼也都發有護照，我們一起出國訪問、開會已經有好幾次了。另外，洛桑的太太美朵和成列也都辦了護照。」

克瑞斯汀仍然愁眉不展：「當然，護照必須要有，可是到哪個使館簽證呢？簽證的理由又是什麼呢？在其他國家，您有沒有認識的朋友？」

「我有個朋友在中美洲，是我跟隨班禪大師出國訪問時認識的，他很熱心，每逢過年過節還發來賀卡問候。他叫皮特，好像在墨西哥和瓜地馬拉都有生意，他可能會幫助我們。」我說。

「哎呀，師父，你爲什麼不早說？這很可能是條出路啊，正好中國和瓜地馬拉沒有建交。那麼怎麼和皮特聯繫呢？」克瑞斯汀有點驚喜。

我就翻出皮特的名片給了克瑞斯汀。其實，在這以前，我已向皮特透露了我想去南美度假的想法，他表示歡迎。爲了把握起見，我讓克瑞斯汀再次給皮特打了電話，皮特當即答應安排我們一行去南美度假。

有驚無險過海關

正是一九九八年春節期間，開完了所有的茶話會後，我和洛桑君尼從北京直飛廣州，因爲我向「上面」的請假理由是到廣州閉關。按計畫，久美群佩帶著成列熱傑和洛桑的太太美朵到廣州與我們會合。那段時間，人們都忙著過年，我們的行蹤也沒有引起任何人的注意。幾天後，我和群佩都換上了俗家衣服，和大家一起飛回了北京，住進機場附近的一座小賓館。

當時，除了克瑞斯汀以外，沒有任何人知道我們又返回北京。按照地址，克瑞斯汀找到了我們。當她出現時，其他人都知道她的來意，只有小成列還不知內情，纏著克瑞斯汀問這問那，眨著無憂無慮的大眼睛。群佩、君尼和美朵，很快把成列帶走了。現在，屋裡只剩下克瑞斯汀和我。

「師父，您非走不可嗎？您想過沒有，這個計畫的成功率很低、很低啊！您是否看了『摩』[3]？」克瑞斯汀很是擔憂。

我沉默著。克瑞斯汀的這些問題，我不是沒想過，的確這是個極其冒險的行動。我也確實看了「摩」，而「摩」的顯示是「順」，其實這也是我唯一的支柱。

克瑞斯汀拿出一封信：「這是皮特的邀請函，前幾天就到了。另外，我也打聽了，只有荷蘭

3 摩：藏語，意爲卜卦。

皇家航空公司，有從北京直飛瓜地馬拉的航班，其他飛機都不直飛那裡。」

「能訂到機票嗎？」我急切地問。

「當然能訂。但是得提前。你們去廣州後，我立即趕去訂票，還是太晚了，下週一的航班早已訂完。不過飛機是十一點半起飛，週一早上，我們可以去售票處碰碰運氣，說不定有餘票。如果買得到的話，可以立即啓程，否則還要再等兩週。」

「好，那我們就在週一早上試試吧。」我雖說得鎮定，心裡卻像是著了火一樣。

在等待的那兩天中，我幾乎整夜無法入眠，一直默默地向三寶和護法神祈禱。群佩、洛桑君尼、美朵也憂心忡忡。只有成列，還是那麼開心，不停地問長問短，對一切都充滿了好奇。

終於熬到了星期一。一大早，我就起來了，不巧的是，外面飄起了雪花，紛紛揚揚的。我們開始了出發前的準備，我讓大家虔誠祈求三寶加持和護法神保佑。然後，克瑞斯汀和洛桑去城裡買機票，我帶著其他人搭計程車去機場。

雪，不停地下著，公路上積了厚厚一層。車，走走停停，折騰了好久，才到機場。也許下雪的緣故吧，機場裡的人比往常多，都擠到了候機廳。猛然間，我發現了國務院宗教局的王哲一，他是個藏人，但用漢名，他是宗教局二處的普通幹部，有時候當翻譯。幸好我沒有穿僧服，還戴著一副墨鏡和有帽簷的帽子。再說，這些天來，我留起了兩撇鬍子。他沒有認出我，仍然面無表情，但我心跳加劇。

「願這不是惡兆。」我對自己說。又趕緊打手機聯繫洛桑，得知他們也是好不容易才到了城裡，而售票處已擠滿了人。

我心亂如麻，看得出群佩和美朵也都有同樣的感覺，不住地東張西望，只有小成列滿有興致地問：「我們要去哪裡呀？」

突然，一個拿著攝影機的人過來了。我立刻將帽簷往下壓了壓，還用兩手拽著帽簷擋住臉。我的心真的都快跳出來了。「肯定他們發現了我。」我在心裡說著，偷偷地看了一眼那個攝影的，發現那人已經在拍攝，鏡頭正對著我們。「毫無疑問，這就是取證據呢。」一想到再躲也躲不開了，就豁出去了。我抬起頭來看了看周圍，人家都沒有任何動靜，聊天的聊天，看書的看書，踹躂的踹躂，而那個攝影的人，已把鏡頭從我們這邊挪開了，開始拍別的地方，忙乎了十幾分鐘吧，走了。

我再次給洛桑打電話。他們說正在辦理，要我念經加持。

機場大鐘的時針飛快地轉動著，眼看快到十點鐘，離起飛時間只剩一個半小時，我又撥通了電話，終於傳來了好消息：機票全部辦妥，已在回來的路上，但因路面較滑，有的地方積雪過多，交通堵塞，可能會耽擱一會兒。

這時，機場的廣播開始通知去阿姆斯特丹的旅客登機。眞是心急如焚哪，我不停看錶，直到十點四十分時，才看到克瑞斯汀和洛桑滿頭大汗地飛奔而來，我們都不由自主地露出了笑容。

克瑞斯汀站在那裡，一動不動地目送著我們進入安檢，既緊張又依依不捨。

但是，還可能會有麻煩的。由於我的外交護照的顏色和其他人的不同，我們就將每個人的護照都放入早就準備好、統一的藍色護照封皮內，把美朵和群佩等人的護照放在最上面，我的則被壓在最下面。就這樣，我們冒充一個小旅遊團。當海關檢查護照時，我的心都快提到嗓子眼兒了，不住地在心中祈求著護法神。

也許是護法神的加持，也許是等待安檢的人太多了，我們居然順利地混過了海關，在最後幾分鐘安全地上了飛機。坐定後，正想舒一口氣，卻不見飛機有任何起飛的跡象，不僅機艙的門不關，廣播裡還一直放著音樂。五分鐘過去了，十分鐘過去了，飛機上的旅客們都有點著急了，有的乘客還大聲抱怨。此時此刻，如果說我著急，倒不如說恐慌了，我想像著這一幕：從機艙的小喇叭裡很清楚地傳出我們幾個人的名字，接著幾個便衣警察走過來，給我們戴上手銬，押出飛機……是的，一切就要發生了，我的心又失去節奏地跳了起來。我趕緊撥動念珠，默誦了幾遍金剛亥母心咒。

忽然，幾個人匆匆忙忙地跑進機艙，坐進幾個空座。原來他們是雪後塞車耽擱了登記時間。這時，音樂才停了，喇叭裡傳出乘務員表示抱歉的聲音，機艙門也終於緩緩關閉，我的心，總算安穩了。

這天是一九九八年二月十九日，迄今爲止的流亡生活，由此開始。

飛機很快地穿出雲層，翺翔於藍天。從機窗俯瞰，那厚厚的雲彩正在一層又一層地移來，遮住了越來越縹緲的中國山水。我轉過頭，告訴成列：「我們這是在『逃跑』啊。」成列並不理會，依然好奇地東張西望，似乎沒有完全理解我的話。而我們這四個大人，相互看著，不禁流下了眼淚。雖然我們沒有犯任何罪，但被警察抓到，可就眞的會成爲「罪犯」了，至少會被當作「叛國者」，後果不堪設想。何況，這一別，何年何月，才能踏上歸途，重返塔爾寺呢？

飛機掠過冰天雪地的西伯利亞，穿越歐洲，降落在荷蘭首都阿姆斯特丹。我們就在候機室的硬板凳上過了一宿。機場貴賓室的鮮花與逢迎已經離我遠去，從此遠去的還有那些毫無意義的應酬、虛情假意的應對、危機四伏的陷阱，就像是掙脫了一條金鐐銬的束縛，我陡地感到輕鬆。群佩、洛桑君尼，還有美朵，又像往日一樣同成列有說有笑，也像是一塊石頭落了地。

次日繼續飛行。飛機上除了我們幾個人，已見不到什麼東方人了。經過太平洋進入北美洲，在墨西哥做了短暫的停留後，黃昏時終於安全地抵達了瓜地馬拉機場。

我們順利地通過了移民局的海關檢查。這時，有個東方人正在不遠的出口處向我們揮手打招呼，他就是來接我們的皮特的朋友吧？一種安全感油然而生。從北京到南美的瓜地馬拉，整整兩天兩夜，我們已經遠遠地離開了那片讓我們憂心和不安的土地。然而，出其不意的，一道柵欄擋住了我們的腳步。有幾個旅客被叫了過去，似乎說他們是偷渡過來的，要被遣返。原來這是一個軍隊設立的關卡在檢查，瓜地馬拉政局不穩，正在實行軍隊管制。我們只好跟著其他旅客，等待接受詢問。可能因爲我們是少有的幾個東方人的緣故吧，一個軍官模樣的人也朝我們走來，要特別查看我們幾個人的護照，然後也把我們扣下了。

已經是晚上十點左右，我們差不多到出口處了。在出口等我們的朋友急忙趕來詢問，他用西班牙語和那個軍官討論了大半天，但軍官還是拿著我們的護照上樓了。朋友緊張地說：「啊呀，不好了，他不放你們進去，說你們持的是外交護照，他要和台灣大使館聯繫，遣送你們回去。」正說著，幾個懷抱步槍的軍人牽著大警犬將我們圍了起來，我們的朋友被隔在了外面。

那時，我們既不會講英語，也不會講西班牙語，除了祈禱三寶和護法神，別無他法。記得嘉雅仁波切向我傳授「昌摩」[4]的時候，再三提醒，除了特殊情況，不要隨便問「摩」，否則會失去靈性。我便思忖，昨天在北京機場就瀕臨危境，今天又遭此難，這也該算是我生活中的非常時刻吧？於是我再次占卦問「摩」，顯示的結果仍然是「順」。

眼看著那幾個軍人拿著我們的護照，一會兒上樓，一會兒下樓，折騰了好幾趟。大約過了一個小時吧，那個軍官才走過來，將護照還給我們，然後擺了一下頭，那幾位士兵就牽著警犬離開了，我們這才鬆了一口氣。

一直等在出口的朋友趕緊走了過來，自我介紹是皮特的弟弟瑪瑞歐，因爲哥哥出門明早才能回來，就委託他提前趕來，疏通機場的「吃錢」軍警，卻沒想到，一分錢沒花，問題就解決了。

在瓜地馬拉的日子

第二天早上，趁皮特還沒來，我們先到外面轉了轉。大街上，人們的動作都不緊不慢，有的女人揹著小孩，圍著一條彩色的毯子，站在街上嘮家常；還有一些鋪子的門口也坐著人，在曬太陽，都無所事事的樣子。公車來了，沒等完全停穩，裡面就跳下了人，外面的人則提著大包小包，拚命往上擠。司機更是急性子，不等這一切完畢，就開動車子，而車後冒出一股股黑煙。這一切，都很像尼泊爾和我的家鄉。「看來，瓜地馬拉是個比較容易生存的地方。」我想著，腳步踏實了，感到呼吸暢快起來，生命中第一次聞到了自由的芬芳。

皮特很快來了。一番問候之後，帶我們去吃早餐。這是一頓典型的中南美洲式的早餐，有玉米餅子、黑豆和白色的煉乳，還有咖啡。可是，我們都想喝熱水。皮特就問服務員要熱水。我於是學會了一個單詞：阿瓜嘎里安迪，這是西班牙語熱水的發音。皮特向我們簡單介紹了瓜地馬拉的情況，說這裡的中國人不多，只有兩、三千；說這裡是天主教國家，最熱鬧的時候是復活節，迎請耶穌聖像的儀式很隆重，會在地上鋪五彩繽紛的「鋸末地毯」。皮特還給我們介紹了瓜地馬拉的很多名勝，像馬雅文化遺址等。可是我聽不進去。也許皮特看出了我有心事，就問起我們的旅行計畫。我和盤托出，並說：「我們雖然有往返機票，但不想回去了，也無法回去了。因爲這是擅自出來，回去的路沒有了。我想在瓜地馬拉長住。」

直到這時，皮特才完全明白我們已陷入困境，但他還是非常同情，眞誠地告訴我們，瓜地馬拉不是久留之地，如果有辦法，應該移居美國或者巴西。同時皮特還善解人意地問我們要不要給家裡打電話，報個平安？

我當然很想往家裡打電話，可是，怎麼說呢？思來想去，決定和我的管家扎西通個電話。雖然相距遙遠，但我已經感受到了他的擔憂。一聽到我的聲音，他就急促地問：「仁波切您究竟在南方的什麼地方啊？身體怎麼樣？這電話的聲音怎麼怪怪的？」最後，扎西叮囑我給胡啓姜祕書長通個電話，說他找過我好幾次了。

轉眼間，我們已出來一個月了。往年的這個時候，我會在塔爾寺忙碌著舉行正月法會，然後

---

4 昌摩：藏語，昌是念珠的意思。昌摩即以念珠卜卦。

去西寧給各位領導拜年，名單上自然少不了統戰部的部長們，這都是習慣了，趁拜年疏通管道，避免他們找塔爾寺的麻煩。接下來，我會參加青海省的「兩會」（政協會議和人民代表會議），並去北京參加全國的「兩會」。

扎西說的胡啓姜是青海省政協祕書長，我於是給他打了電話。胡問我在哪裡，什麼時候能到北京等等。我說：「我仍在廣東閉關，這次可能無法參加『兩會』了。」胡著急了：「阿嘉主席，您必須去北京開會，韓英選主席也再三催促我，說無論如何要找到你，通知您去北京。」胡祕書長還限定了我去北京的時間，說他要替我向大會事先報到等等。聽他說話的口氣，好像已經爲我的「失蹤」著急了。我也很想給北京的朋友打個電話，打聽一下人們對我的「閉關」有沒有什麼議論，可是，哪位朋友合適呢？

我想到了武斌。他是一位很有組織能力的人。他每年都組織很多信徒去塔爾寺朝拜，久而久之，就成了功德主。塔爾寺的功德主很多，他們當中，武斌是個又年輕又精幹的人，辦事穩當，門路多，我就請他擔任了塔爾寺駐北京辦事處主任。此時，我非常想給他打個電話，可又怕將來連累他，還是忍住了。

皮特又給我們介紹了幾位開餐廳的香港朋友，他們一有空，就都請我們過去吃飯，也請我爲他們的生意祈福。他們都是好心的朋友，但是，都不能讓我懸著的心落到實處。

不知不覺地，又過去了半個多月。我們的簽證需要延期了。可是，我們居住的這個地區的小小移民局，還從來沒有處理過我的這種外交護照的延期手續，便要求我們去外交部辦理。我們不知所措了。皮特說：「放心好了，萬一有什麼問題，我就開車送你們到薩爾瓦多。」

他的安慰反而加重了我的擔憂。弄不好，這是非法居留啊。皮特大概也看出了我的憂慮，左思右想起來：「請您安心，安心，一切都會搞定的……對了，您可以與達賴喇嘛聯繫啊！他有那麼高的威望，也許能幫忙呀。」

這個主意很合我心。就像是黑洞中透出了一線光亮，我立刻打電話與還在北京的克瑞斯汀聯繫，一是打聽北京方面有沒有關於我們的消息，二是問她如何與達賴喇嘛取得聯繫。爲我們操心的克瑞斯汀說，目前還沒聽說北京知道我們出走；而達賴喇嘛有很多駐外代表處，她答應幫助打聽設在美國的達賴喇嘛代表處的信息。最後，她又加了一句：「師父，您何不自己給達賴喇嘛寫信？我可以專門去達蘭薩拉，交給達賴喇嘛。」

我又何嘗沒想過呢？於是開始斟酌文字，準備給尊者達賴喇嘛寫信。可是，給法王寫信是要非常正式的。習慣上，得用統一規格的大藏紙，還要摺成二十四摺，從第十六摺開始，才能寫正文。上面的空白處，是表示尊崇法王的崇高地位。而且，如果法王有批文，也可以寫下。還必須用很尖細的竹籤，也就是老式的藏筆，蘸著墨水寫，如此，一行行字看起來才更加整齊好看。這是傳統上給尊者達賴喇嘛寫信的格式，我當年在札什倫布寺時，教授書法的葛甘洛道啦曾專門傳授如是書寫。可是今天，我遠在異國他鄉，不僅找不到那樣規格的藏紙，更找不到那樣的藏筆和墨水。怎麼辦呢？左思右想，才又想起，克瑞斯汀說過，法王並不在意繁文縟節，不必講究傳統中一些繁瑣的規矩……思忖再三，我決定用稿紙寫信，就特別到街上買了黃顏色的稿紙，以表示合乎習俗上的尊崇。

平時我寫信很快，可是給法王寫信，既不能囉唆，還得把心裡的話都說清楚，我爲此反反覆覆寫了好幾遍。在最終的定稿上，既說明了我爲什麼想躲開政治的紛擾和目前面臨的困境，也流露了「我們把文化大革命和『宗教改革』當作藉口，不好好修行，其實害的是我們自己的來世」這一想法。然後，我把寫好的信發給了克瑞斯汀。

不久，克瑞斯汀來了電話，說她馬上前往達蘭薩拉，爭取親自把信交給達賴喇嘛。同時轉告我，武斌主動與她聯繫，打聽我們的下落，因爲公安部和安全部開始在暗地裡找我們了。

幸虧我有個愛好，每到一處，都會收集當地的明信片和信紙、信封之類作爲紀念品。這次離開廣州時，也自然帶出了那個賓館的信封和信箋。我便用那個信箋寫了一封請假的信，又放入那個信封，再放入一個瓜地馬拉的信封裡，寄到了深圳的朋友處，求他將裡面的信封拿出後貼好郵票，寄到青海省政協。深圳的朋友確實照辦了，但不知那封信是否發揮了作用。

四月的復活節到了，很是熱鬧。皮特的朋友馮太太邀我們去她的家裡觀賞。是的，人們以彩色的鋸末，精心地製作了活靈活現的「地毯」，每條街上的圖案都是不同的。人們抬著巨大的耶穌聖像在大街小巷之間巡遊。教徒們虔誠跪拜，熱切地搶抬聖像的情景讓我感慨萬千。

儀式結束後，朋友們談起美國簽證的事，難度之大，有如登天。幾乎人人都有一段掃興的故事，讓我不敢深想。待我們回到住處時，遇上幾個警察在外面來回走動。皮特發現後，沒敢讓我們下車，立刻掉轉了車頭。過了好久，當我們再小心翼翼地折回來時，警察已經不見。當晚，我們整夜不敢開燈。後來才知道，那些警察其實和我們一點關係都沒有。

不久，我得知克瑞斯汀不僅到了達蘭薩拉，還親手把信交給了達賴喇嘛。當法王看到我用藏文寫的信時，一再問克瑞斯汀：「是他的祕書寫的還是他自己寫的？」尤其看到「我們把文化大革命和『宗教改革』當作藉口，不好好修行，其實害的是我們自己的來世」時，法王還讓他身邊的人都看了這一段。

很快，達賴喇嘛駐華盛頓特使嘉日・洛珠堅贊仁波切與我取得了聯繫，駐紐約代表達瓦次仁先生也和我通了話：「袞頓四月要來美國傳法，我已請紐約西藏佛教文化中心給你們發了邀請函。但問題是，從第三國申請美國簽證是很困難的，不過也只能試試了。」他謹慎地說。

隨後，我們收到了紐約西藏佛教文化中心發來的邀請函。申請簽證這天，我們請了一位翻譯，帶上所有準備好的材料。美國領事館前，準備簽證的人們排著長隊。我以前雖然幾次出國，但從沒有親自去簽過證，連護照都是統一管制的。現在，聽朋友介紹簽證的情況，心裡自然有幾分緊張，好在紐約西藏佛教文化中心給我們發來邀請函的同時，也給美國領事館發了複件，所以我們還是抱著希望排在了隊伍的末尾。半小時後領事館開門了，不幸的是，有工作人員通知說：「今天是祕書節，除了特殊事宜之外不辦理簽證，明天正常上班。」大部分人都離開了，我們也只得無奈地轉身。這時，那位工作人員走向我們：「你們是西藏來的嗎？總領事要和你們面談，請你們跟我進去。」

我的腦海裡當即浮出的是中國「跑部門」時的那一套：會客室裡，相互介紹，握手，寒暄，獻哈達，獻禮物之類。恰好，我隨身帶了哈達，讓我暗自慶幸。然而，當我們跟著工作人員進去時，和我想像中的情景完全不同：迎面是一個挨一個的窗口，得自己排隊面談。輪到我時，窗口那邊是一位年輕的美國人，自我介紹他是總領事，問了我很多問題，大約有四、五十分鐘之久。最後，他問道：「先生，您還回中國嗎？」我說：「當然啦，我還有往返機票哪。」他又問：「你持外交官護照，又見了達賴喇嘛，難道還可以回去嗎？」我無言可對。他笑了，給了我們六個月的簽證。

拿到簽證後，我立刻打電話給北京的克瑞斯汀，請她無論如何到美國一趟，我們需要她的幫助。克瑞斯汀答應與我們在紐約見面。

第十五章　彼岸的修行

四十年後覲見達賴喇嘛

我們五人到了紐約。前來接機的丹增曲札，曾於一九九五年來過塔爾寺，當時他帶著美國總統布希的侄女。當他介紹她爲何人時，包括翻譯、警察等，都搶著跟布希的侄女合影。丹增曲札就用藏語對我說：「你看，他們沒有見過世面哪。」

現在，我們又在紐約見面了，只是丹增曲札的身邊站著一個東方人，讓我多少有些緊張。丹增曲札似乎看出了我的顧慮，介紹說，他在國際聲援西藏組織，即ＩＣＴ工作，從華盛頓過來的，叫布瓊次仁。

特別從北京趕來的克瑞斯汀也與我們重逢了。而後，丹增曲札和布瓊安排我們住到紐約的中心——曼哈頓。

看著窗外林立的高樓和車水馬龍，想到一九八八年我隨班禪大師訪問南美洲時，本來安排在紐約轉機，我當時也很想看看紐約，但「上頭」說這裡不安全，改成了在溫哥華轉機。沒想到，今天真的到了紐約。離開瓜地馬拉之前，聽說中國方面已經派人在尋找我們，這讓我的心一直不安，擔心他們找扎西的麻煩，找塔爾寺的麻煩，找我的兄弟姐妹和其他親戚的麻煩。直到多年以後，我才知道，他們的確受到了不少的騷擾。

我讓克瑞斯汀給武斌打個電話，探聽一下消息。電話裡，武斌非常緊張，說話的速度明顯地加快了：「不知阿嘉活佛上哪兒去了，便衣已經找過我好幾次了。還責備說：『塔爾寺駐北京辦事處主任不知道塔爾寺寺主的下落，誰會相信！』他們不許我擅自離開北京，還要我隨時打電話和安全部保持聯繫。聽說已經派人到廣東和普陀山分頭找活佛去了。克瑞斯汀，你現在又上哪兒去了？怎麼也找不到你了？」

看來，他們已經懷疑我的行蹤了。自從離開塔爾寺，我和群佩一直穿著便服，主要是避免被人認出。在瓜地馬拉時，我們也很少外出，因為怕別人發現我們的逃亡處境。事隔多年，每每回憶往事，我們總忍不住笑自己，那時實在過於恐懼了。

午後，丹增曲札和布瓊來了，通知我們去拜見尊者達賴喇嘛，並邀請我們先參加一個大型的頒獎儀式。按照傳統，拜見法王時，僧人必須穿袈裟，俗人也得穿上最好的傳統服裝，盤在頭上的辮子都要放下來，表達敬意，小孩也不例外，得穿上節日的盛裝。

「就不必換衣服了。法王很是平易近人，這些過去的習俗，如今也沒有以前那樣嚴格了。尤其現在，說不定有人正盯著你們，所以穿便服是可以的。」丹增曲札安慰著我。

不過，我和群佩兩人還是換上了僧服，只是在外面加了件外套，免得路上被人一下子認出。其他人也都身著藏服，小成列的外套裡是寫著「TIBET」的T恤。就這樣，我們一起來到了一個大廳。

首先見到了達瓦次仁，他留有一點鬍子，看上去很是穩健。和他在一起的，還有達賴喇嘛的特使嘉日．洛珠堅贊仁波切。我們都做了自我介紹。嘉日仁波切說，他很早就知道我，作為尊者的代表，他在八〇年代多次去過中國，也與已故的班禪大師很熟悉。交談中，我瞭解到將要開始的是一個授獎儀式，有很多專家、學者、名流參加，並由尊者達賴喇嘛頒發獎項。

當我們走進富麗堂皇的歐式大廳時，已有兩、三千人就座，我很容易找到了寫有我的名字的座位，就在前排正中，四周都是西方人士，穿著西服，打著領帶，氣度不凡。我環顧周圍，人們也向我彬彬有禮地微笑點頭。幾分鐘後，尊者達賴喇嘛出現了。他的左肩挎著一個僧包，兩邊有人陪同。這時，全場的人們都起立鼓掌，尊者將手搭在額頭，遮著燈光，並稍稍彎腰，望著台下的觀眾，合掌還禮。我簡直不敢相信自己的眼睛。

達賴喇嘛又很自然地指指這個，看看那個，認出了台下一些人，高興地與他們打招呼，是那樣地平易近人，我不由得想起多年前法王到塔爾寺時給我糖果的情景，時光如梭，已過四十年。而此雖然這些年來我沒有機會拜見法王，但是我見過法王的很多照片和錄影，所以深覺熟悉。而此刻，他的目光對準了我，微笑著朝我點頭，還指了我一下。我激動得幾乎站了起來，一直雙手合十。接著，法王給兩個人頒了獎，還講了話，但全部用英語，所以我不知道究竟在講什麼和為什麼頒獎。其實我一直沉浸在紛繁的思緒中，往事歷歷在目，我甚至瞥見「宗教改革」那血雨腥風的一幕。我目不轉睛地凝視著法王，在心裡默默地說：「嘉瓦仁波切，您當年深夜離開拉薩，身後是炮火，頭頂是飛機，你帶著病痛、騎著犛牛爬越喜馬拉雅，從此踏上了漫長的流亡之路，我本以爲這是我們的極大損失和不幸，但實際上，您在全世界傳播慈愛與和平，弘揚佛法，彰顯民族，實乃佛教與西藏的大幸。」想到這，我熱淚盈眶。

儀式結束後，丹增曲札和布瓊馬上通知我們去拜見法王。我們五人以及克瑞斯汀剛走到樓上，就聽見法王爽朗的笑聲。

見到尊者達賴喇嘛，我立即依傳統行五體投地的大禮，但法王抓著我的肩，不讓我們磕頭。他還笑著念道：「炯丹迪尼瓊巴勒……」我知道，這是很早以前，一個叫益西多吉的西藏詩人在尼泊爾的薩瓦嚴布塔寫下的詩，爲十六尊者頌讚釋迦牟尼佛的蒞臨。後來，我們藏地常以此句迎接貴客。沒有想到，法王在此時念起這首詩，這對我實在是過獎了。

我想盤坐在地上，可是，法王一定把我拉到沙發上，讓我坐下。

「聽說，你的中文很好呀，是怎麼學的？」法王開口了。

「其實我沒有進過正規學校，都是自學的，我的中文不算好……」我連忙解釋道。

「自學是個好辦法。以前我們在寺院裡，除了老師教的課程之外，都是自學。」法王又想起了什麼似的問我：「給我的信，是你自己寫的嗎？」

「是。」我說。

「從安多出來的很多人，藏文都很好，在那種情況下不容易呀……」法王感歎。

集體拜見很快結束了，法王握著我和群佩的手，並召喚其他人，讓攝影師爲我們合影。然後將我單獨留下，又問了許多問題。比如：「塔爾寺現在怎麼樣？僧人們好嗎？」「班禪大師是怎麼圓寂的？圓寂的時候，你在不在？」「恰扎仁波切在哪裡？根敦・確吉尼瑪在哪裡？有沒有他們的消息？」「其他寺院的情況怎麼樣？都有什麼活動？」等等。

法王說他在電視上見過塔爾寺竣工的情景：「從當時你的講話中，我感到你是有些壓力的。」

法王還好奇地問我：「你是怎麼出來的？我沒有記錯的話，從藏地逃出來的藏人中，除了我之外，你是被中國政府指定的第二個大官了。」說著，法王笑了起來，「我當時是全國人大副委員長，記得開會時我經常和沈鈞儒、李維漢坐在一起……」

法王談了他對西藏未來道路的想法：「從一九七〇年代起，我就放棄了獨立的觀點，一直希望西藏能夠眞正自治，也就是要保留自己的語言文字、傳統習俗，要有名副其實的宗教信仰。但我的這個讓步也遭到了拒絕，還成了『變相獨立』。不管怎樣，我還是有信心與中國的領導人談判的，希望早日解決西藏問題。」

最後，法王強調：「你雖然有很多委屈，但是無論在什麼場合下，千萬別說傷人的話。我建議你低調。我最近正在與北京設法接觸，希望你的出來不要成爲阻力。」

「我也希望保持低調，大家最盼的，還是您能早日回去。」我說。

「好啊，我們一起回去，如果他們誠心的話……你不是認識江澤民嗎？給他寫個信也好。」

對我來說，這是沒有想到的問題。我本想一走了之，如果要回頭給江澤民寫信，這可怎麼寫呢？

第二天，我又接到了丹增曲札的電話，說法王提出還想見我。我的驚喜是難以言表的。於是在同樣的飯店，我又有幸拜見了法王。

「你每天怎麼修行？」法王問我。

「我念皈依發心，還念兜率天等日常誦集，還有大威德金剛。」我說。

「大威德金剛很好，你修獨尊還是十三尊？」

「獨尊大威德。」

「你平時看什麼經？」

「主要還是《菩提道次第廣論》。」

「這就夠了，很好，很好，要多看《廣論》，每次讀，我都有新的領悟。」法王感歎道。

其實當時我就聽說法王已讀過《廣論》四十多遍了，據說現在已讀了六十多遍。

「今天，我想向您求法。」我懇求道。

法王想了想：「好，我給你口傳《三主要道》吧。」

這樣，法王爲我口誦了《三主要道》。然後說：「你堅持修大威德金剛很好，尤其是在那種情況下。不過，要多參考一些書，像《六釋》等等。另外，有空時，還應該閉閉關，我也可以給你推薦一位老師。」

法王向我推薦了在威斯康辛州的麥迪遜創辦鹿野苑佛教中心的格西喇嘛倫珠索巴。

能這樣近距離地聆聽法王口授佛法，這在藏地是絕大多數人連做夢也不敢想的福報，卻出現在我流亡之路的開端，實在是至爲殊勝的緣起啊。

語言不通的朋友

過去，我雖然也有機會出國，但都是官方訪問，看到的不過是表層。如今，卻要在美國眞正地開始新的生活了。過去身在國外的新鮮，如今都變成了陌生和不知所措。

也是在這時，朋友介紹我們認識了一位美國人：羅斯．寶耀女士，她讓我們暫時搬進她的家，那是一處位於紐約中央公園西側的房子。

到了羅斯的家，我讓克瑞斯汀打電話與武斌聯繫。結果從北京得到的消息嚇住了我們：安全部已經發現我在紐約，並得知我參加了尊者達賴喇嘛的頒獎盛會，正在繼續調查我們是如何出走的。

同時克瑞斯汀也得知她的父親病情惡化，必須急速趕回北京照顧。

克瑞斯汀一走，我們和羅斯女士的交流出現了很大的障礙，談話離不開字典。我便想到一位華人朋友斯迪文。我們是多年以前相識的。他是個生意人，似乎在很多地方都有生意，常去塔爾寺朝聖，也是我的信徒。我知道他住在美國，但我們出走時太匆忙，沒有帶上他的地址。

轉眼間，我們已在紐約住了兩個月，加上在瓜地馬拉的兩個月，差不多小半年過去了。生活的突然變化，給我們每個人都帶來了衝擊，就連飲食也成了我們的心病，大家都想念糌粑、奶茶和麵片，也就是說開始想家了。我也經常想到往事，比如我的被尊崇的童年，由於「宗教改革」等政治運動，不得不紆尊降貴，成了普通的學生；青年時代，本該專心佛法學習，卻接受勞動改造，在田間務農；後來，因爲政策變化，我又平步青雲，高高在上了。但是，對於一個修行人來說，我並沒有得到信仰的自由，高官厚祿的本質上，其實是另一種控制，所以我才選擇了流亡……是的，我不後悔，這是我必須要走的一條路，我反覆地對自己說。

我們每個人除了跟羅斯學點英語外，還跟羅斯的兩位朋友約翰和斡特爾聊天，練習口語，學學怎麼打電話。有一天，我們在練習如何給朋友打電話的時候，在電話簿裡意外地找到了斯迪文公司的地址，他原來住在洛杉磯。我很高興地打電話找到了他，並坦承了我來美國的原因，同時也請求他幫忙，希望能搬到他那裡。斯迪文很是理解我們出門在外的難處，表示願意幫忙，要我們先搬過去，然後再做安排。

第二天我們就想動身去洛杉磯，但首先要向羅斯說清楚，所以我們和羅斯比畫，試著與她溝通。經過一番折騰，羅斯終於知道我們要離開了，她睜大了眼睛：「什麼？上哪裡去？」最後，還是斯迪文透過電話向她解釋，才把事情弄明白。羅斯女士還是不放心，就陪著我們一道去了炎熱的洛杉磯。斯迪文恰好新近搬了家，便將我們安排在他原來住的房子裡，我們就準備在這裡安家落戶了。偶爾，也打電話與克瑞斯汀聯繫，透過她從武斌那裡打聽一點有關北京的消息。

有一次，克瑞斯汀問我：「你們青海省有個省長或者省委書記叫田成平的嗎？」

「有呀，當過省長，也是書記。」我說。

「聽說江澤民知道後，立刻給田成平掛了電話，『你們塔爾寺的阿嘉活佛在什麼地方？』『在塔爾寺啊。』田成平說。江澤民又問：『你們到底有幾個阿嘉活佛？』『一個呀。』田成平說。『我怎麼聽說阿嘉活佛出現在紐約達賴喇嘛的法會上了？』江澤民說完就掛了電話。」

我們都忍不住笑了起來，可是心也懸得更高了。幾年後，嘉日．洛珠堅贊仁波切還跟我透露了一個消息，說我逃到美國不久，中國外交部向美國政府要人，說我根本不是因爲宗教不自由而出走，而是因爲刑事犯罪行爲才潛逃的。但是，美國政府當即拒絕給人，說他們有義務保護人們的宗教自由。

後來，在尊者的一次法會上，我遇到了歐布萊特，她是柯林頓時期的國務卿。有人向她介紹我時，她還特別提到了這件事，說：「這就是中國方面提出要引渡的阿嘉仁波切嗎？」我們當時都笑了。可是，身在這個漩渦時，是怎麼也笑不出來的，要熬過來眞的很不容易。現在，斯迪文要去中國出差了，他問我有沒有什麼事要辦？我說：「我倒沒有什麼事，但很是擔心你自己的安全，不要因爲我牽連了你，惹出一些麻煩。」斯迪文卻認爲這些憂慮都是多餘的，因爲他一向做事光明磊落，不相信會有什麼事牽連到他。

當時是一九九八年的六月，美國總統柯林頓訪華，我們天天關注電視新聞，希望兩國首腦高峰會談之後，能對「西藏問題」達成共識。如果眞有什麼大的轉折，比如尊者達賴喇嘛能夠返回藏地，那我就沒有必要給江澤民寫信了，也可以回到塔爾寺了。如果沒有這個可能性，我自然沒有回去的想法。

我們可以在洛杉磯的電視上看到柯林頓與江澤民記者招待會的電視轉播。柯林頓在講話中特別提到了達賴喇嘛，他說：「我敦促江主席與達賴喇嘛恢復對話……承認西藏具有獨特的文化和宗教傳統。」他的誠懇之心可以理解，就是希望促成達賴喇嘛早日返回西藏，解決這一棘手的西藏問題。

而江澤民最後做出了回答，還是念原來的那本經，而且很荒謬地，把台灣當成了條件之一。江澤民說：「我想對於西藏來講，剛才柯林頓總統所提到的，如果達賴喇嘛承認西藏是中國不可分割的一部分，同時他也要承認台灣是中國的一個省；那麼，我看我們談判的大門是敞開的。」他甚至還語帶嘲諷地反問柯林頓：「我去年訪美的時候，也包括到歐洲的一些國家，我發現許多人教育水準很高，知識水準都很高，可是他們還是很信喇嘛教的教義，這一點，我把這當作一個問題來研究，Why？爲什麼？」柯林頓則答道：「容我說句可能不受用的話。我曾與達賴喇嘛會面，我相信他是一位誠實的人。而且我相信如果江澤民和他對過話，他們將會互相欣賞。」[1]

這個會談結束了。我非常失望，深深明白中國政府並不想解決西藏問題。看來達賴喇嘛返回西藏的日子爲期還遠，中國政府還在堅持對藏傳佛教的歪曲、對達賴喇嘛的攻擊。

雖然我們身在美國，但自從聽到北京那邊發現我們出走的消息後，一直心神不寧。每當到華人商店去購買食品蔬菜等，總感到那些華人在看我們，彷彿人人都在盯著我們似的，到了晚上，即便傳來輕微的動靜，也顯得格外震耳。就在這時，電話鈴聲刺耳地響起，原來是斯迪文從上海打來的，他說他剛下飛機就被兩名便衣警察跟上了，他們不僅向他問話，還跟著斯迪文到了他要住的賓館，叫他不要隨便離開，還問他有沒有手機，斯迪文謊稱沒有手機。電話裡，我可以感受到斯迪文的慌張，這也讓我們坐立不安。

兩天後，斯迪文又打來電話，說他在賓館等了兩天後，從北京來了一位官員正式跟他詢問了有關我的情況：「你認不認識阿嘉活佛？」「是不是你幫忙阿嘉出去的？」「他住在哪裡？」等等。斯迪文一口咬定說「不知道」。那人把同樣的問題差不多重複了二十多遍，還威脅說，這是嚴重問題，不能隱瞞！兩天後，當斯迪文回到他在浙江的公司時，他的經理已被警察帶走了。斯迪文終於向我提出可否盡快離開他的住處？因爲，他不希望惹出更多的麻煩。

多年後，又見斯迪文時，才得知在我出走前，曾寄給斯迪文一張收據，是他訂做的佛龕的收據，被公安發現了。我先寄到了他的浙江公司，又被轉寄到了美國。沿著這個線索，他們找到了斯迪文的浙江公司，打聽到他的情況，所以，他一下飛機，就被盯上了。

江澤民的回信

我不知道羅斯女士是否瞭解整個事件的來龍去脈，看起來她也在替我們擔心。最後，還是在她的幫助下，我們乘上「灰狗」巴士，離開洛杉機向北方的舊金山出發。

車，一直向前開著。窗外不再是綠色，和紐約那邊完全不同了，像戈壁，一點水分都沒有，稀稀落落的草，旱得倒在了焦乾的土地上。車裡大多數都是華人，個個無精打彩的，也成了曬蔫的草。成列已經睡了，洛桑、美朵還有群佩，也都閉上了眼睛，只有羅斯還看著窗外，是爲我們

1 會談全文見《北京之春》「江澤民克林頓記者招待會」（http://beijingspring.com/bj2/1998/140/20031213162134.htm）。

這沒有著落的未來焦急嗎？

前面等待我們的，十有八九，還是一個臨時住處。那麼，會臨時住上幾天呢？中國方面已經知道了我的情況，此刻，會不會正在暗中盯梢？現在，我們是眞正地流浪了。不，流浪漢也比我們的處境要好，至少沒有人盯梢。那麼，老家那邊，扎西會不會受到牽連呢？賽朵仁波切、二哥丹巴、舅舅洛桑他們會不會被騷擾、被審問呢？從前，每當我從外地開會回來，無論在火車上還是飛機上，心都是踏實的。因爲，等著我的是一個實實在在的「家」，那是我的前世們留下的功業和希望，而現在，一夜之間，不僅我在流浪，還有死心塌地跟著我的群佩、洛桑、美朵和小成列也在流浪。這，會不會毀了他們？

車繼續開著，像是永遠也走不出這片乾旱的曠野了，我的臉也是乾乾的，就像是所有的水分都被這些不知所措的變遷和憂慮吸走了。太陽漸漸落下了，不知不覺中，思慮太多的我也打起了盹兒。

「到了，舊金山到了。」是羅斯的聲音。我猛地睜開眼睛，向外面看去，正好經過灣區跨海大橋，重重疊疊的樓房裡透出的燈光像極了塔爾寺的酥油燈之夜，是的，那又叫燃燈節之夜，色彩斑斕，一片生機。回頭看天空，一輪銀月，正好無比圓滿地注視著我。可是，難過的滋味又上來了。當年在札什倫布寺學經時，我們這些幼僧天天都盼著圓月，月一圓，就放假了，可以和同鄉朋友們聚會，可以吃好東西。月圓日，對我們來說是希望圓滿的日子啊。現在，月又圓了，很大也很明亮，我不曾見過這樣的圓月也有幾十年了，可我的眼前，卻是經年歲月中的種種殘缺終於顯現。

來接我們的，是羅斯的朋友凱瑟和她的先生艾瑞克。我們八個人，還有大大小小的行李，擠進了兩輛小小的車子。因爲語言不通，也不知道要開往哪裡、住上多久。我們只是任由命運的發落。

「這就是金門大橋！」羅斯指著窗外橫空而來的建築奇蹟。我點頭。很早以前，我在圖片上見過這個大橋，那時我就想，有一天，我一定要去看看。而此刻，我們就走在金門大橋上，搖下車窗，差不多就可以觸摸了，可我不相信這是眞的，倒更像是一場夢，沒有身臨其境的歡喜。回頭時，發現那輪圓月還在忠誠地跟著我們，一動不動的，像是擔憂著我這顆空懸的心。

漸漸地，我們進了山裡，離城市越來越遠。山路彎彎曲曲，一片又一片的杉林迎面而來。「這兒離紅杉樹公園很近。」羅斯告訴我。

凱瑟和艾瑞克的家就在這片杉林裡，原來是一座禪修中心。月光透過筆直的杉樹，一道道地落在這座離群索居的房屋上，呈現出一種深沉的寂靜。「即便有人盯梢，怕也來不到這裡吧？」我想著，歎出了一口氣。進屋時，我首先看到了那個圓圓的窗子，透過玻璃，又看到了那輪圓月，心裡揮之不去的殘缺感，又濃重起來。

凱瑟和艾瑞克夫婦很是熱情，已給我們準備好了住處，被子都鋪好了，因爲是禪修中心，都是就地搭鋪而睡。我被安排在最好的禪廳裡。可是，這個晚上，我睡得很少，心裡老是七上八下的。我都快五十歲了，才開始「走路」，而以往走的都是沒有譜的路。不不，不管怎麼說，我這一生還是做了幾件有意義的事，比如恢復寺院的清規戒律，僧人們都有了修持的條件，維修了宗喀巴大師的聚蓮寶塔，排除了塔爾寺主體建築群的所有隱患，對了，還建起了時輪金剛立體壇城……唉，有機會的話，眞想再建一座時輪金剛立體壇城啊。

第二天一早，太陽剛出來我就起來了，柔和的陽光透過筆直的紅杉樹照到了窗前，一切都顯得溫馨宜人。但我卻感到不確定和陌生。凱瑟夫婦對我們關懷備至，又是做飯又是拿水果，連這個家裡的小貓也在我們的身邊轉來轉去，一會兒和我們頂頂頭，一會兒輕聲地叫著，像是也在安慰我們似的。

「別著急，如果長期找不到合適的人照管你們，咱們就回紐約。」羅斯說。可是，我們都不想回紐約，在那裡，我們的目標太大了。

現在，我天天想著怎樣給江澤民寫信，因爲這是尊者的囑咐啊。我擔心對方會誤解我回心轉意了，可我對我的選擇並不後悔，唯一難受的是擔心牽連我們的兄弟姐妹、朋友、徒弟。本來，我的不辭而別就是斷了退路，不過尊者讓我寫信，對方說不定會以爲我回心轉意了。我心裡的委屈和矛盾，只有我自己清楚了。事實上我的出走，對中國政府而言是個丟面子的事，他們會希望我鴉雀無聲地回去，但我此番寫信，並不是爲了我自己的回去，而是爲了尊者的回去。具體地說，是爲中國和西藏方面的接觸，打開一個更直接的管道。可是，我的信到底能有多大的效果，我是沒有把握的。不過，我必須試一試。

經過多日斟酌，落筆也很費思量，終於給江澤民寫了第一封信，附寄上一本塔爾寺的畫冊。同時，也給中央統戰部部長王兆國寫了一封信。這些都以快件寄往在北京的克瑞斯汀，請她再速轉武斌處理。

一天天就這樣過去了，到了第十天頭上，來了一位白人女士，金頭髮藍眼睛，開著一輛麵包車。她看上去不到四十歲吧，很美，當然，我指的不是容貌，而是她身上散發著可以放生任何一隻鳥兒的善良之美。羅斯說，她叫美美，要我們趕緊上車。

「東西也全部拉走嗎？」我問。

「都拉走，全部。」羅斯說。

搬東西的時候，美美也幫著搬，不管多重，她都不在乎，偶爾被碰了一下，她還要過去在他們的肩上拍一拍：「沒事吧？」就像是她碰了別人似的。美美又問成列：「叫什麼名字啊？」「想不想家？」「還喜歡這兒嗎？」成列這時只有十三歲。出來時，我們幾個人中，他最高興。後來，當我們告訴他這是在出逃時，他也有了壓力，不再笑了。看到美美，成列笑了。

離別凱瑟和艾瑞克夫婦時，我們連連說「謝謝」，擁抱。這也是不久前，羅斯給我們上的西方課。車在紅杉林裡穿行著。太陽一會兒被遮住了，一會兒又射出萬道光芒。筆直的紅杉樹，有的甚至高高地長在懸崖峭壁上，送來陣陣濃郁的樹脂香氣。山路彎彎曲曲，遠處的大海似有似無。我們仍然不知道這是去哪裡，只是跟著走。

我想起曾經看過的一部印度電影，裡面的人也是這樣開著車，在蜿蜒的山路上走來走去，唱著歌，與世無爭。那時，我就想，有朝一日，我要拋開諸如政務等身外之物，到這樣的山林裡修行。現在，看著兩邊的紅杉樹，我就對自己說：「那電影是不是在這裡拍的？」

車在一座臨近大海的房前停下了。美美給我們介紹了她的丈夫皮特。從這時起，我的生活中出現了許多的皮特，當然這是後話了。這時，皮特正在弄自行車，只跟我們打了個招呼，看起來不是很親切，他是個典型的美國人。美美卻不同，總是笑咪咪地問我們需不需要這個，需不需要那個，她自己也很勤快，不停地忙碌。

美美家有個保姆，我們以爲是華人，一說話才發現語言不通。原來她是韓國人。晚上，美美的兩個兒子和一個小女兒也都回來了。兩個兒子差不多和成列一樣的年齡，「哎，你們一起玩呀。」美美就對成列說，可是語言不通，成列老是跟著我們。

正是盛夏，孩子們都在放假，第二天，美美一家都走了，說是去度假。家裡剩下了我們六個人。羅斯還沒走，她睡在主人房間，洛桑和美朵夫婦睡在另一間臥室，群佩和成列睡在美美孩子們的房間，那是上、下兩層的床，這種床，英語叫 bonk。我睡在一個單獨的 bonk 上。美美開玩笑說，monk 睡在 bonk 上。

一開始，我們以爲這座海邊的房子是美美和皮特的，過了好久才清楚，他們的房子其實在山裡，正在維修，因爲皮特喜歡帆船，美美喜歡海灘，就在海邊租了這個房子。那麼，爲什麼美美把我們都接到了她的家？她是怎麼知道我們的？原來，羅斯的一位朋友是美美的好朋友，聽美美說起要幫助難民的打算，就介紹了我們的情況，美美欣然同意。

也正是在這時，我接到了一份傳眞，是武斌透過克瑞斯汀傳給我的：

阿嘉·洛桑圖旦久美嘉措活佛：

自春節前在北京的宗教界人士迎春茶話會上敘談以來，一直未能謀面。最近得知活佛已到美國，實在出乎所有關心你的人的所料。

活佛此番飄洋過海，如果起因於塵世間許多不如意事，想以此遠離凡塵，用心雖可體察，作法缺欠深思。歷世阿嘉活佛爲國家、民族貢獻頗多。你作爲歷世阿嘉活佛愛國愛教傳統的承繼者，僧眾信徒寄予厚望；你的舅舅、十世班禪經師嘉雅活佛一生愛國愛教，對你也期望甚高。今年二月在北京舉行的第九屆全國政協會議上，活佛被選爲全國政協常委，充分體現了黨和政府對你的關懷。你這樣不辭而別，於情難解，於理不通。

今日中國，國家興旺，民族團結，國際地位日益提高。中、美兩國間領導高層互訪實現，受到全世界的矚目。對此，廣大海外僑胞、華人無不歡欣鼓舞。流落海外的藏胞，也在思量心向祖國，爲家鄉建設出力。就達賴喇嘛本人，也不得不尋求和中央接觸，並企盼能回中國。你在國內政治地位很高，達賴喇嘛對你究竟怎麼想怎麼看呢？藏傳佛教的根基在中國，塔爾寺在中國，你的信眾在中國。活佛可以去美國，但塔爾寺不可能搬到美國。活佛離開了自己的寺院，離開了眾多信徒，將成爲無源之水、無本之木。望活佛審時度勢，好自爲之。

活佛送給江總書記的信和畫冊，已經轉交，總書記希望你早日回來。

活佛此番如能早日回來，回國後一切政治待遇不變，盡可潛修內典，明心見性，莊嚴國土，利樂眾生。如身不由己，或有難言之事，暫時不回來，也望能將歷代阿嘉活佛護國利民的傳統、嘉雅老活佛愛國愛教的教誨銘記於心。若有困難，我們會盡力給予幫助，你可就近與我駐美使領館聯繫。

順祝夏安。

王兆國

一九九八年七月於北京

信中顯然沒有提及尊者達賴喇嘛和任何藏、中對話事宜。這之後，我又給江澤民寫了封信，但只收到了江澤民親筆寫的一首詩的影本：

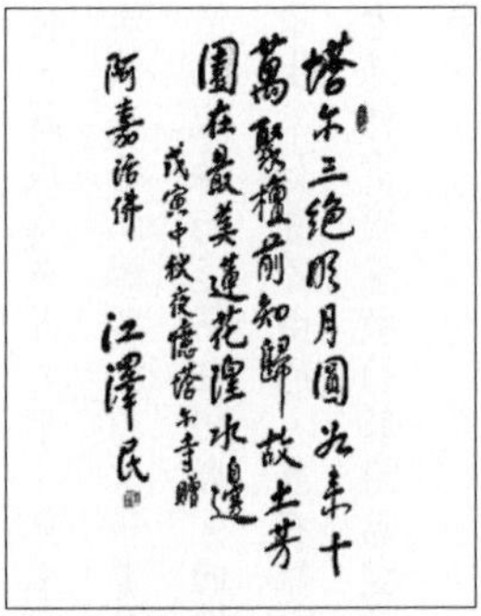

阿嘉活佛：

塔爾三絕明月圓，
如來十萬聚檀前，
知歸故土芳圓在，
最美蓮花湟水邊。
戊寅中秋夜憶塔爾寺贈

江澤民落款

又建時輪金剛壇城

羅斯還在報紙上給我們找到了一位英語老師朱莉亞。朱莉亞夫婦剛從達蘭薩拉回來，想義務教英文，就打出了廣告。正好她的家離我們住的地方不遠。她是一位職業英語老師，在伯林納斯那邊教學，還帶著我們到她的學校，我們的第一堂課就是在那個學校上的。她從「very nice to meet you」教起。我們跟著念的時候，眞是繞口啊，可朱莉亞很有耐心，一個個地糾正我們的發音。成列、群佩、洛桑和美朵也都跟著學了，就這樣，我們開始學習英語。

這期間，我們從瓜地馬拉得到的六個月簽證快到期了，需要辦手續。羅斯就爲我們找了一個律師皮特，也是在報紙上發現的。律師皮特的太太也是律師，夫婦倆一起到了我們這裡。但是，我們無法直接和皮特夫婦交流，還需要一個翻譯，怎麼辦？我就打電話給丹增曲札，他說：「我正好有個朋友在灣區那邊，叫洛桑堅贊，就讓他當翻譯吧，他的英語很好。」

這樣就開始了與律師皮特的交流。他本來不是做移民事務的，也從沒有做過移民事務，但聽了我們的簡單經歷之後，他說他很樂意爲我們做律師，讓我們把資料準備齊全。

過了兩個月，皮特和美美一家人度假回來了，孩子們也要上學了，我們就搬到了另一座房子。那時，對國外的房子，我們沒有任何概念，一直認爲那是皮特和美美的房子。後來，翻譯洛桑堅贊告訴我們，那是皮特和美美特別爲我們租的。不但如此，皮特和美美等於是收養了我們。

律師皮特和美美的丈夫皮特早就認識，兩家的孩子也在一塊上學。那個學校本來只有美美的三個孩子，後來，孩子們越來越多，達到了七、八十個，都在美美的家裡。皮特和美美就想辦個學校，便買了紅杉林客棧，可是鄰居們都不同意在住宅區辦學校。皮特就爲這些孩子們另租了一所教堂的學校，而紅杉林客棧便閒置了。

皮特和美美來了，說了他們的打算。皮特說，我收養你們，是想幫助你們適應美國。從現在開始，你們要學習適應美國，不僅要辦身分，還必須學習開車。洛桑和他的太太美朵要一邊上學、一邊工作。你們兩位僧人不用工作，願意怎麼安排就怎麼安排。至於成列，必須和我的孩子們一起到學校讀書。皮特還特別給成列安排了一個家庭輔導教師。這也算是開了一個家庭會，同時訂了幾個規矩，我主動提出，從這今天起，不要叫我仁波切了，就叫我格啦[2]吧，我要當一個和大家一樣的普通人。

後來，我們還找了一位老師凱瑟林，她常帶美朵去舊金山那邊上學。群佩、洛桑還有我就在家裡上課，偶爾，洛桑也會幫著朱莉亞的丈夫、木匠佛朗茨幹些活兒，以學習適應環境。一般來說，常待在家裡的就是我和群佩。有時，我倆會到海邊坐一坐。在海風與天空的寂寥之間，看著海浪滾滾而來，後浪推著前浪，而我的父母、親朋好友，都跟著那些海浪，一波又一波地湧過來了。去世的、活著的，連早年的朋友歪歪、老黑，還有牧民勾恰、李啓發所長，也都來了。時間截止在我出逃以前，一切栩栩如生，彷彿這裡不是異國他鄉……於是，我的眼睛就疼疼了起來。

「您不是一直有個做曼達拉的願望嗎？」洛桑問我。

「是啊。」我說。

「那就做唄。」洛桑建議。

怪得很，當時匆忙出走，只帶了一尊我前世供奉的宗喀巴大師的銅像和幾本書，當然還有一些法器，而其他很多東西都沒來得及帶上。然而，從中我發現了曼達拉圖。也不知道爲什麼帶來了這張圖，那麼正好，就開始做吧。

可是，要做立體的曼達拉是非常複雜的。過去，我在塔爾寺修建時輪金剛立體壇城時，有嘉雅仁波切的親自指導，而現在只有我一個人了。

「格啦，您還記得那些尺寸嗎？」

「光有這張圖行嗎？」

到了眞要做的時候，群佩和洛桑倒擔心起來了。我說：「我可以做，因爲我還記得清清楚楚，這也是一個很好的機會，趁還沒有忘記。」

律師皮特和翻譯洛桑堅贊又來了，要我們的全部資料，說是根據實際情況，我們可以申請政治避難。要求我把經歷說一遍，包括以前的歷史。我就把出走的前前後後都說了。律師皮特說，你的故事可以寫一部書呀！我向你保證，雖然我不是移民律師，可是我一定能做好這件事，並且，還要義務爲你們做，一分錢也不收。

美美和她的丈夫皮特問我現在有什麼打算。我說：「我想做一個曼達拉。」美美非常喜歡藝術，立刻幫我去買材料。後來，當我會講一些英語，相互可以交流的時候，美美告訴我：「開始，您說要做一個曼達拉，我還以爲是沙壇城，立體曼達拉怎麼做，我當時全都不知道啊。」

曼達拉一直做了八個月。

英語老師朱莉亞的丈夫佛朗茨的手很巧，家裡就有一個木工工作間，有時我們求他幫忙，有時我們借他的工具或者到他的工作間自己動手做。常常是，他上了一天的班回到家裡時，我們還在工作，他就開玩笑：「你們的十個指頭都還在嗎？」意思是，這些工具都是很危險的，要我們小心。

曼達拉緩慢地進展著，儘管我每天都在做。有時，完成了一個小小的木頭框架，有時，放上了一串串小珠子……這是一個非常特殊和複雜的製作過程。孩子們很有興趣，這看看那瞧瞧，大

2 格啦：藏語，老師。

人們也很有興趣，皮特和美美幾乎每天都過來看一看，關心地問，還需要什麼？到了什麼程度？

在這個立體曼達拉還沒有完工的時候，我們搬家了，搬進了紅杉林客棧。這之前，皮特和美美花了兩、三萬美元特別為我們裝修一新。這裡離我們從前居住的海岸稍遠，開車的話，要一個多小時的路程。在一個群山之間的小鎮子裡，庭院裡有四、五十棵參天的紅杉樹，一條小溪在樹林之間，繞了一圈，最後流向了大海，而溪水中間，是一個小小的島子，總之，環境十分清幽。走路的話，只要五分鐘就可以到鎮上，但是，沒有任何喧鬧，連車聲都聽不到。現在，這裡就成了我們的新家，而窗外那兩對老是游來游去的鴛鴦，就成了我的鄰居。

這個立體時輪金剛壇城，一開始做時，我就打算運走，所以底座是一個箱子，一拿下來，曼達拉就可以全部放進去，這是我特別設計的。

終於，立體曼達拉圓滿了。它一共四層，身輪、語輪、意輪俱在，七百多尊佛像都已安住，最高的是勝樂壇城，土、水、火、風層層旋轉，將整個曼達拉包裹為一體。日落月出，一應俱足。看著這個袖珍的香巴拉王國，我沒有那種大喜大悅，只是覺得黑暗已離我遠去了。我置身在時輪金剛本尊和諸多的菩薩之足下，不僅是我，連這房間裡的空氣也滲透進來，充滿了難以言說的成熟和永恆。這其實，是一種平靜。

後來，我將這個時輪金剛立體壇城運到了印第安那州的布魯明頓。第二年，也就是一九九九年夏季，獻給了尊者達賴喇嘛。那時，法王到這裡傳授時輪金剛灌頂。法王長兄塔澤仁波切看到後，很是喜歡，還有朗傑扎倉[3]的僧人，他們都是製作時輪金剛沙壇城的專家，也很吃驚地說：「立體壇城少有，這對我們來說也很罕見哪。」二〇〇〇年，尊者達賴喇嘛將時輪金剛壇城轉贈給華盛頓史密森尼博物館[4]。也正是在那年的時輪金剛灌頂法會上，我第一次公開露面。

壇城運走之前，美美跟我說了她的想法，那時我可以聽懂一些英語了，也理解了美美的意思。她說：「你們西藏人，包括東方人，很善良，很包容，但西方是開放的，很開放。」她說到東方人時，雙手合在一起，說到西方人的時候，雙手盡量地敞開，像是要擁抱整個世界似的。她說：「我想請鄰居們過來參觀一下，看一看咱們這個紅杉木客棧裡都住著什麼樣的人，知道你們每天都在幹什麼。這不僅可以解除周圍人們的猜疑，說不定還會幫你們出主意呀。」

「我們需要做什麼飯呢？是家鄉的飯還是西餐？」我當即想到了如何接待客人。

「你們不要做飯，準備點茶和甜點就行了，這些我準備，我都準備。」美美和皮特都喜歡旅遊，也瞭解東方文化。

「那正好，在曼達拉啓程之前，也做一個預展吧？」我高興地說。

「是啊，是啊！」美美也很高興。

曼達拉就在紅杉木客棧首展了。來的人出乎意料地多，都問長問短的。

3　朗傑扎倉：藏語，意爲殊勝僧院，專屬尊者達賴喇嘛修法僧團。主要負責達賴喇嘛的各項佛事活動和布達拉宮（尊者流亡前）日常的維護管理，定員定制爲一百七十五名僧人，在僧人的選擇上也是十分講究的，均屬傳統。

4　華盛頓史密森尼博物館：史密森尼學會是世界上最大的博物館與美術館聯合會，擁有全球數量最多、規模最大的博物館群落，相繼在華盛頓和紐約建成，藏品總數現已有一．四億多件。華盛頓史密森尼博物館爲其中十五個博物館之一。

「這是什麼呀？」

「立體時輪金剛壇城，也叫曼達拉。」我就解釋，用很吃力的英語，鬧了不少的笑話。

「原來，你們天天在這裡忙，是在做曼達拉呀，我還以爲你們在開地下作坊呢！」鄰居們開著玩笑。

「曼達拉要永遠放在紅杉木客棧嗎？」有人問。

「不，要運到印第安那州，獻給達賴喇嘛。」我說。

「噢！那達賴喇嘛講授時輪金剛的時候，是不是就用這個呀！」那時，這裡的人們都知道法王要來美國傳授時輪金剛灌頂。

「不是的，」我說：「時輪金剛壇城有三種，一種是彩砂做的，一種是唐卡，還有這個立體式的。這三種，用途都不一樣。唐卡是用來供奉的，彩砂是用來灌頂的，這個立體的，是用來示範修行的。」

「噢，這是用來幫助修行的模型啊。」人們感歎著。

從那以後，左鄰右舍的人常過來打招呼，還少不了問一問要不要這個東西，要不要那個東西，都很熱情。也有人打電話詢問，照相、拍電影行不行？我就說：「行啊，誰來都行。」

就這樣，我們慢慢地融入了這個社區。後來，有人感歎，很多人雖然來西方好多年了，卻無法融入西方，最主要的還是缺乏接觸，語言不是障礙，相互不瞭解才是最大的障礙呀。

拜師修法

有一次，我的英語老師凱瑟林上完課後，在回家的路上看見一位西藏僧人。這的確是件新鮮事。凱瑟林便折回來告訴我：「我看到一個和你們穿一樣衣服的人，還主動告訴了他，我的學生也是從西藏來的！」

說實話，我一點也不想見人。不久前，還聽說統戰部派人到處找我，都找到美國了，說是要勸我悄悄地回去。另外，網上還傳說，有些人一旦被中國的公安發現，會馬上綁架，聽說這樣失蹤的人也不少。可是，美朵想去看看這個和我們穿一樣衣服的人，到底是從哪裡來的。就這樣，她跟著凱瑟林出去了。

見到美朵，僧人也很高興：「噢，你好你好，你們會講漢語嗎？從哪裡來的？」

「從台灣來的。」美朵沒敢說實話。

「我原來就在台灣講學，你從台灣什麼地方來的？台北還是高雄？」僧人健談起來。

美朵的臉就紅了，支支吾吾的，很快道了別。

到我這裡打坐學佛的人越來越多了。有一天，來了幾個台灣學生，他們談起這裡有一位格西啦，說他很了不起呀，乍看起來，他就像一塊石頭，可講起課時就是一塊寶石，佛法上的事，他沒有不知道的！

我就在心裡說，這位格西啦我一定要見。有一次，我們舉行了一個法會，格西啦來了。六十多歲的他的確看上去很古板，臉上少有表情，不過那天，我們聊了很多，他很謙虛，比尊者小一歲，還在自學英文，學得也不錯。我提到美朵說我們來自台灣的笑話，他也笑了起來，很是理解我們剛從中國逃出來的謹慎，一點也沒有怪罪之意。

自然也就說到了佛法，顯然他是有著豐厚佛學知識的僧侶。最讓我吃驚的是，他對佛教念誦儀軌也瞭若指掌。在藏傳佛教的叢林寺院裡，修習包括兩個部分，即學和修，近似於現在的文、理科之分，往往精通五明的格西不甚懂念誦儀軌的修行，而專修儀軌的僧人往往不那麼瞭然五明學科。然而，格西啦什麼都懂，他說這都是早年學的。

他出生在西藏北部的那曲地區，他的寺院也在那邊。在那裡，他學完了所有的基礎文法和佛教儀軌。二十出頭時，他去了拉薩，在色拉寺攻讀格西學位。這時，解放軍進入了拉薩。形勢越來越亂，到了一九五九年三月，解放軍居然開火了，不僅向羅布林卡和布達拉宮開火，還把藥王山上的藏醫學院夷爲平地，很多寺院也都被轟炸了，色拉寺自然不例外。格西啦和僧眾們什麼東西都沒來得及帶上，就排著隊往山上跑，眼看著很多房子在硝煙中都消失了，他們邊念經邊流淚邊逃跑，就這樣，拋下了自己多年修習的寺院。

跑到印度後，語言也不通，花了很長時間才找到達賴喇嘛。後來，他被分到了巴薩[5]，這是臨時安排的，各傳承有學問的人、三大寺的僧人們都到了那裡，成立了一個綜合扎倉。就這樣，在經歷了劫難之後，格西啦又開始了他的學業。後來，他被分到了印度南方，與其他僧人一道，花了兩年左右的時間，建起了一座簡易的色拉寺，然後繼續修習。當時，他們的生活非常艱苦，但也非常和睦，正是在這裡，他考取了格西學位。

不久，錫金國王專門請他去錫金當國王母親的老師。後來，錫金變成了印度的一個邦，國家也沒有了，他就在錫金當地教學，也去台灣講學，如今則從台灣到了美國。

拜格西啦為師的想法，在我的心中越來越強了。不過，藏傳佛教中，我們有個規矩，在拜上師之前，師徒之間都要相互考察，直到雙方都感到這個選擇是正確的，才會正式拜師。我對格西啦，以及格西啦對我，都進行了一段時間的考察。

自從拜格西啦為上師後，我就開始了佛法的學習。格西啦在色欽林佛學中心[6]教授。我們上課的地點就選在了那邊。窗外就是高速公路，噪音很大。我們在那邊學習了一年多，色欽林中心就搬到了舊金山，離我的住處近了一些，我們都很高興。然而，這邊的窗外也是一條公路，正好有一個交通信號燈，綠燈亮時，就可以聽見一輛輛車像潮水打來，也很喧鬧。但是，格西啦講授佛經的聲音，很快就壓倒了那些噪音。我每週上課至少一天，有時兩天，就這樣，跟隨格西啦，我沒有間斷地，一共上了五年的佛學課。

5 巴薩：印度某地，流亡藏人初期居住的地方，流亡藏人社區之一。
6 色欽林佛學中心：位於加州舊金山市內，主要信徒為西方人。

講授《菩提道次第廣論》

自出逃以來，我一直沒有穿僧服，怕目標太大。不過，遇上佛教節日，比如佛陀降生日、薩嘎達瓦、燃燈節等，我還是會在家裡穿上。並且，我從沒間斷早頌課和大禮拜，以及每餐前的供養經。記得在瓜地馬拉時，有趣的是，對面樓裡的人們看到我們磕長頭，也舉著雙手學我們。

一些好朋友常問我，您到底爲什麼出來？這也是我常問自己的問題。雖然當時因爲在班禪大師的轉世認證上，中國政府作弊並且沒完沒了地整治宗教、政治運動，以及我個人擺脫不掉的官場應酬、假意應對，這些都是出走之因，但是，說到底，之所以出走，是爲了自在修行，更是不願違心當「加班禪」的經師啊。

現在我們安定了。搬進這個紅杉林木屋後，我想到的第一件事就是佛堂設在哪裡。美美和皮特安排了我一個人住在樓上，群佩住在樓下，我房間的正底下；成列在群佩的隔壁，裡面專門放了一張學生床；洛桑君尼和美朵夫婦，住進了一個帶衛生間的房間。

也算是因緣吧，我的臥室外面有一個不小的廳，四面牆上不是門就是窗，一面還有樓梯，房頂又有四個突起的天窗，做客廳的話太難布置，但這正是佛堂的格局。我們就立刻陳設了起來，在正面首先擺放了佛龕，裡面有釋迦牟尼佛像、宗喀巴大師塑像，右側是智慧三尊，左側還掛上了我隨身帶來的一、兩幅唐卡。雖然簡單，但是莊嚴。美美和皮特也來了，看到佛堂很是高興。儘管兩人都不是佛教徒，也不信其他宗教，但是很理解我，還說：「從此，您就在這裡安度晚年吧，生活上有困難的話，我們給你支持。」

成列去了學校，洛桑和美朵也都上班了。我和群佩正式換上了僧裝，踏踏實實的修習生涯隨之開始。在完成了一個較長時間的大威德金剛閉關之後，我偶爾也到外面走走。當我們到鎮裡買東西時，大家都很好奇。倒不是說，像當年在北京那樣，把我阿媽圍得水泄不通，不是這樣的，他們常常過來打個招呼。有一次，我聽到一個小孩告訴他的媽媽：「我看到兩個男人穿裙子啦。」

「噢，快閉嘴，人家是西藏僧人。」媽媽解釋著。

這時，鎮上一些對佛教感興趣的人也陸續到我們這裡來了。「我們可不可以過來打坐呀？」都這麼問。

「可以呀。」我就把大家請進了佛堂。

後來，又有人說：「你們念的經眞是好聽啊，讓我們心靜。是不是成立一個中心哪？這樣也沒有什麼不合法的。」

雖然美美和皮特什麼都不管，一切都由我們說了算，但出於禮貌，我還是跟他們說了成立中心的事。自然，他們很是樂意。於是我就成立了「西方利樂塔爾寺和西藏悲智中心」。

打坐的人越來越多。慢慢地，又認識了一些中國和台灣的學生。他們提出請我講授《菩提道次第廣論》。這是宗喀巴大師的重要著作。大師的一生，共有十九部著作，最爲著名的就是《菩提道次第廣論》和《密宗道次第論》，系統地理順了佛教教義，成爲格魯傳承的經典。

《菩提道次第廣論》是宗喀巴大師在熱振寺[7]完成的，指出了從皈依三寶到發起菩提心的全部過程。早年，由法尊法師譯爲漢文，是古漢文，難以理解，因此我一直想用通俗的中文講解。

文革期間，嘉雅仁波切曾偷偷地把《菩提道次第攝頌》教授給我。後來，在北京高級佛學院，我又系統地跟隨夏日東仁波切學習了《廣論》。應該說，《廣論》特別地恩惠予我，所以我很有把握地答應了這些學生：「好啊，那我們就學吧。」

我的英文老師凱瑟林也非常支持，還在奧克蘭市中心那邊特別地提供了一個地方，可容納一百人左右。我們又把那裡裝飾成一個佛堂，然後開始《廣論》的教授。第一天，我們還舉行了一個供奉曼達拉的儀式，一下子就來了四、五十人，拿著錄音機、茶杯、筆記本，都準備長期地聽下去。

不過，台灣的日常法師說過，他講《廣論》時，講到最後就只給凳子講了。意思是，開始人很多，以後越來越少，只剩下了凳子。

第二天，我就遇到了困難。雖然我學過，理解這個意思，但是要準確無誤地表達出來就難了，《廣論》中的藏文和中文對不上。到底講下去還是停下來?我想，我拋下一切出走異國，主要目的就是修法，而講授《廣論》是我修法的一個最重環節。

我就回到格西啦那邊再次學習，同時繼續講授。就這樣，一邊學習，一邊講。格西啦以「滿瓶引注」之方式講授給我，我又毫無保留地講給大家。每個星期天，我都要去奧克蘭那邊上課，一講就是三年。有十二位學生一直堅持了下來，他們都是有工作的人，佛學基礎參差不齊，但是《廣論》對他們的修行，普遍產生了影響。

其中有位台灣人叫 Brian．李，他告訴我，以前看到人們做供養，總是不理解，還常嘲笑幾句。不過現在，我的眼裡，他是一位難得的修行人，十分敬重上師，對我自不必說了，對其他的上師也不例外，甚至對乞丐和殘疾人也是很和善的。有一天，我們爲印度哲蚌寺來的僧人舉辦了一個法會，參加的人很多，連過路人也停下來觀看僧人們的辯經。這時，大街上出現了一個精神病人，穿著襤褸，還散發著一陣陣臭味，也停了下來，干擾起我們的活動。正常情況下，在美國就要叫警察了，可 Brian．李走過去，跟這個精神病人聊了起來，最後兩人還擁抱告別。

後來，應達賴喇嘛台北基金會之邀，我還多次到台灣講法。台灣和美國不一樣。美國講法要開門見山，直截了當，而在台灣要遵循傳統、儀軌，師父要身著法衣，學生要有法本。

我也做了充分的準備，我在台灣講授了《修行七要》、《般若波羅蜜多心經》、《菩提道次第攝頌》、《緣起贊》、《三十七佛子行》等。我還朝聖了法鼓山，那是聖嚴老和尚的道場。他早年留學日本，雖專注禪宗，也同樣尊重其他宗派。當我抵達時，他已特別叫人準備好了筆墨，要我留字。我順手寫了一個空心的「佛」字，聖嚴老和尚走過來，寫了一個實心的「法」字，而後，我們共同寫下「僧」字。後來，這幅字作爲墨寶，被法鼓山珍藏起來。

我也去了星雲大師的道場佛光山和惟覺老和尚在中台山的道場，以及故宮博物院等。要說宗教自由，我在台灣是深深地感受到了，那裡的確留下了漢民族文化的精華。

---

7 熱振寺：坐落於拉薩北面二百四十公里的林周地方。由噶當派創始人仲敦巴始建於一〇五七年，是藏傳佛教噶當派第一座寺院，早年宗喀巴大師在此修習，並撰寫《菩提道次第廣論》。

印度朝聖

現在，尊者達賴喇嘛來美國時，我總是盡可能地拜見。有一次，尊者問我：「你還有什麼困難？這個有嗎？」他把拇指和食指、中指捏在一起，撚動著。

我的感動是無以言表的。我說：「雖然我沒有供養您的錢，可是我不能要您的錢。」「你必須去印度朝聖，」尊者又說：「明年我在甘丹寺那邊傳授《密宗道次第論》，你計畫一下，那時候去，我安排。」

恰好，我的政治庇護批下來了。於是，我開始辦旅行簽證，準備去印度，這是二〇〇一年。當時洛桑和美朵已在工作，我侄子成列正在上學，我們幾個人商量，我和群佩先去，他們三個人隨後與我們在印度甘丹寺見面。

這是我祕密出走以後的第一次旅行。印度是佛教聖地，我早就嚮往去朝聖。當年，中國佛協組織我們去尼泊爾時，曾有去印度朝聖的計畫，但最終沒有成行。現在終於能夠如願了。

記得一九九九年，我在美國第一次參加法王主持的時輪金剛法會時，印度哲蚌寺果芒扎倉的堪布慈誠平措正好在美國，還特意來見我，叮囑說：「如你到印度朝聖，一定要加入哲蚌寺。傳統上，塔爾寺的僧人都歸屬那裡，如果查歷史的話，像您，應該屬於我們果芒扎倉。」

流亡社區的藏人很快都知道了我將啓程的信息，紛紛打來電話邀請，南方色拉寺也來了電話：「您要來印度的話，一定要到色拉寺，因爲歷史上，歷代阿嘉仁波切屬於我們色拉寺的傑扎倉。」

都十分熱情。那麼，我是加入色拉寺還是哲蚌寺呢？我就和經師格西啦說了這個情況。「這樣可不行啊，你屬於色拉寺，得去色拉寺呀。歷屆阿嘉仁波切都是到色拉寺學經的。好像是第四世阿嘉仁波切吧，他在衛藏學經期間，還很親近嘉瓦仁波切，後來，尊者推薦他做了蒙古國的國師哲布尊丹巴的經師。我都查了歷史，你屬於色拉寺呀。」

我就笑了。格西啦自然向著色拉寺說話，因爲他來自色拉寺嘛。

後來，從印度過來的藏人又提醒我到印度要注意的幾點。比如，自來水管裡的水是不能喝的，一定要買瓶裝的礦泉水，買時，還要拿過來看一看，是不是被打開過；再比如，買東西的時候，如果對方要價兩千盧比，你不能還價到五百盧比，要出五十盧比……說到這裡，他們總是哈哈大笑，等笑夠了又說，印度是佛教興起的地方，內向平和。印度的鳥，你會看到的，沒人打，牠們在天空中飛翔的時候，那雙翅膀很是舒展，很有安全感的樣子。儘管他們強求你買東西，甚至逼著你買東西，可這是東方人的習慣，不必介意。你就是睡在大街上，也沒有人打擾的。雖然他們有時會吵起來，甚至吵得很凶，但是不會動手的。他們喜歡講道理，動手被認爲是不禮貌的。如果無意中碰了一下你，還會輕輕地拍拍你，再用手輕觸一下自己的前額，表示磕頭、道歉的意思。

總之，這都是讓我們做好在印度的準備。

二〇〇一年十二月上旬的一天，我們從舊金山飛到德里，又轉乘飛機到了印度南方的邦加羅爾。這時候，已是夜裡了，一片漆黑。然而，一出機場，就看到了那麼多穿絳紅袈裟的僧人，每個人都捧著白色的哈達，差不多有四、五十人。也有不少俗人；當地難民營流亡政府的代表、多麥的代表也都來了，也向我獻了哈達。他們一行好幾輛車，大的大，小的小。我們坐上汽車，又走了差不多四、五個小時的路，等到了色拉寺時，天已經亮了。所有的僧人都出來迎接，列著長隊，吹著嗩吶，地上畫著八吉祥圖，這是我自祕密出走之後，兩、三年的光景中，連做夢也沒有想到的盛大場面，如同回到了故鄉、回到了塔爾寺。

色拉寺的大堪布洛桑頓約專門請我們用餐，人參果米飯、卡普塞點心，以及各種印度水果都端上來了。那些水果看著不是那麼新鮮，可是裡頭很甜哪，就像印度人一樣。

我在色拉寺停留了兩、三天。他們專門為我舉行了法會，那是非常隆重的，第二天一早就開始了。儀式上，我的法座跟色拉寺的堪布是一樣的。總之，對我的款待，都是遵循傳統的藏傳佛教規矩，很是盛情啊。

我們也做了供養，那是一頓午飯。雖說西藏的宗教傳統沒有變，但在飲食上已有了很大的變化。可能和這裡的氣候有關吧。那頓午飯是依照印度的飲食習慣，做了沙拉、雞蛋、餅子等。我們給每位僧人也都做了金錢的供養。

接著，我又去了哲蚌寺，雖然沒有法會，但隆重的接待都是一樣的。我也去了難民區、西藏兒童村學校、醫院，還見到一些從老家來的人。有一個蒙古老人，他早年在塔爾寺見過我的前世，因此，他見到我，就一直哭啊哭啊，偶爾說一、兩句蒙古話時，還帶著鄂爾多斯的口音。

我們還見到了一個從多麥那邊逃過來的小孩，十一、二歲的樣子，臉蛋還紅撲撲的，剛過來沒幾天。見到我們以後，他撲到我的懷裡哭了起來。當他說起翻越雪山的漫漫長路和那些擔驚受怕，以及對老家父母親的思念時，我也哭了。

因爲尊者達賴喇嘛要來講經，一時間，三大寺的僧人都集中到了甘丹寺，人山人海，就像是一座僧人的城市。我也去看了他們的廚房，有二、三十個人在做飯，戴著口罩，紮著圍裙，都是僧人，商店裡的售貨員也是僧人，郵局裡的郵遞員也是僧人，大大小小的僧人都有。

尊者達賴喇嘛來了，開始講授《密宗道次第論》。記得我很小的時候，那是一九五五年，在塔爾寺聆聽過法王講法，這以後，已經是四十年的光陰流逝了。據說當時法王講授的是十一面觀世音菩薩的灌頂法。不過，我都記不住了。

因爲我已經有了一定的佛學基礎，很強烈地感受到，法王講法一點也不因循守舊，而是十分形象、生動的，常與生活、經歷相聯繫一併解釋，扣人心弦啊。有一次，我們休息之前，法王講了一個故事：從前有一位老僧人收了一個徒弟，他天天讓這位徒弟幹活，說你要好好幹活，然後會給你教經，還給你放假。小僧人就天天盼著放假，可是老僧人都說了一年多了，還是沒有給小僧人放假。一天，外面傳來喧嘩聲，老僧人就叫小僧人看看，原來是有人死了，正在送葬，吹著海螺。

「怎麼回事呀？」老僧人問。

「有一個人長期度假去了。」小僧人有意提醒道。

大家都笑了起來。

法王講法之前，洛桑和美朵、成列也都到了。聽完法王講經，流亡政府就派車送我們踏上了朝聖之旅。

第一站，是阿瓊達和阿柔啦。這兩個地方都是佛教聖地。這裡很特殊。從山上流下的水在谷地之間繞了一圈，形成一條圓形的河流，越流越深。中間是一座突起的小圓山，四周是懸崖。就在這懸崖峭壁之上，排列著許多人工開鑿的佛殿，一個挨著一個，有八、九十個吧，非常雄偉。有的佛殿面積很大，裡面還有不少石刻和彩色壁畫，古老而玄祕。據說這是從龍樹菩薩時代開始興建的，建了八、九百年。

佛教講人無我，法無我。佛又說過，僅僅講是不夠的，還要形象地看得見。佛陀在世時，就讓人畫出了輪迴圖，如是提醒：人雖然無我，但是我執的心是存在的。所以在輪迴圖中央畫有雞、蛇、豬三個動物，代表貪、嗔、癡；並以三毒之動力，運轉整個生死輪迴。而黑白的業力，分辨著善與惡，再過中陰關，篩選到六道輪迴；輪迴間的生生死死，則以十二因緣的鐵鍊緊緊地連在一起。這幅生死輪迴圖，一般都放在經堂的門口，使每個經過的人都能一目了然。

在這些山洞前，我就看到了輪迴圖，和西藏繪法基本一樣，可能這就是最早的輪迴圖吧？後來，在博物館裡，我又看到了不同時期的梵文。在漫長的演變中，每個時期的梵文字形都有變化，我十分驚奇地發現，七、八世紀時期的梵文與藏文字形非常相近，儘管梵文是三十六個字母，而藏文是三十個字母。

佛經裡常說，印度人有早起和旅行的習慣。這次，我也看到了。他們一大早就趕著牛車上路了。在印度，黃牛被認爲是神牛，什麼活兒都不幹，只有水牛才拉車耕地。我看到的是白水牛，尖尖的角，高高的個兒，長得很美。在鄉間的小路上，兩隻白水牛拉著車「咣噹咣噹」地走著，車上坐著人，有的去旅行，有的去辦事，有的去做點小生意……

我們是乘火車到菩提伽耶的。火車站裡到處都是人，乘客們躺在地上就睡，看起來很亂，不過也說明了印度的寬容。還有那些街道上，既可以容納木頭牛車，也可以有猴子奔跑，山羊徘徊，還有警察在指揮車輛，如果司機不遵守交通規則，也會被罰。可要是有一隻牛走來，警察也會給讓路。總之，守法的要守法，需要保護的也會受到保護。

路上，我還遇到了幾個中國人，也是來朝聖的。其中一位說：「想看一看天堂的話，就去美國；想看一看地獄的話，就來印度。」

「不會是這樣的，」我勸道：「你要領悟印度之美。這兒是有很多的髒亂，但是，汙水中的蓮花是一塵不染的。你看那些要飯的，從過路人的手裡要到飯後，轉身餵猴子和鳥兒，這也是和睦、溫暖呀。」

印度的火車站實在是一景。我們一進去，就被一群揹行李的人圍住了，他們個個穿著紅背心，纏著頭，留了一點小鬍子，長得都差不多。其中一個人，搶過我們的車票看了一眼，就把我們的行李頂了起來，一個、兩個、三個，一層又一層地在他的頭上重疊起來，像一層樓似的，可他還走得飛快，一會兒就沒影了。這不是把東西拿跑了嗎？我琢磨著，想快走幾步趕上去，可是人太多了，又是橫躺豎臥的人，又是剛剛下車的人，根本擠不過去呀。再說，我的眼前，盡是這些穿紅背心的人晃來晃去的，都一個樣子，唉，只有聽天由命了。

可當我們找到自己的車廂時，那幾個行李已被好好地放在了我們的臥鋪下面。那個穿紅背心、留鬍子的印度人，就站在一邊，把手伸了出來。我們高高興興地給了小費，行李沒有丟，還放得好好地，給錢是應該的呀。

我們坐的不是頭等車廂，雖然流亡政府的官員說：「您是塔爾寺的住持，我們應該安排您在頭等車廂。」但我還是堅持道：「不必了，一般的車廂就可以。」這樣，我們就坐上了ＩＣ車廂。後來聽說，ＩＣ車廂雖然不是最好的，但是最安全。「你們想不想看看普通車廂？」陪我們的人問。

我想到了多年前，從蘭州回到西寧，不也是坐的硬座嗎？後來去北京，也是坐過硬座的。不過，印度的硬座車廂是什麼樣子的呢？——坐著的，躺著的，睡著的，醒著的，凳子上的，凳子下的，還有睡在行李架上的……有兩個女的，甚至蹲在兩節車廂連接的車鉤上！印度的火車和中國的不一樣，車廂與車廂之間是不通的，如果去別的車廂，就得下車，從車門進去，當然從窗子外爬進去也可以。而兩個車廂之間的連接處在露天，火車開起來是非常危險的。風「嗚嗚」地吹著，那兩個女的就蹲在車鉤上，一邊一個，還都拿著一瓶水在喝呢！

我們先去了靈鷲山，就是佛陀講授《心經》的地方。可能很早以前，通向那裡的是一條很好的柏油路，但多年沒人維修，兩邊都磨成了沙土，柏油路面已經很窄了，而迎面來車時，誰都不肯讓路，眼看就要撞上了，忽然擦邊而過，好玄哪！

終於，出現了一段很寬的柏油路，看上去是剛剛修的，路面平整，我像是看到了希望。「這就是將來的印度啊。」我對群佩感慨。我們的車也要跑起來了。可是，迎面來了一群駱駝，騎在駱駝上的是一個女人。有人說，這是趕集。駱駝們個個旁若無人，脖子向前伸著，慢悠悠地占領了整個路面。

我們還經過了一片池塘，一朵又一朵的蓮花無慮地盛開著，一塵不染。在佛經裡，蓮花代表出離心，月亮代表菩提心，太陽代表智慧心。過去，上師們提到這個比喻時總說月亮代表菩提心，是因爲月亮出來時，一天的炎熱就會散去，清風吹拂大地，涼爽了；太陽代表智慧心，是因爲太陽一出來，黑暗就不見了，無知也就沒有了。這些我都理解，但是，爲什麼說蓮花代表出離心呢？到了印度我才明白，原來那蓮花下面的汙泥，實在太髒了，可長出來的蓮花卻是那麼乾淨。所以說，解脫的人，就像這些蓮花，是從粗糙的凡俗裡，一塵不染地站起來的。

到了靈鷲山，我吃驚不小。曾經，眾生聚集在此聆聽佛陀講授《心經》，我以爲一定是座很大的山，早就做好了爬山的準備，可到了跟前才發現，靈鷲山並不高，就是一座不大的山包。傳說中，很多修行人到了這裡，並沒有爬上去。比如達賴喇嘛，不記得是六世還是十三世，到了這裡就沒有上山，據說這是因爲他看到的每一塊石頭，都是一本《般若波羅蜜多心經》。不過我怎麼也沒有看出像經書，也許是我的修行還不夠吧。

上去後，心情就不一樣了，我們靜坐，念起了《心經》。這時，二千五百年前佛陀講法的場景，在我的眼前緩緩顯現，彷佛我也在場。一種解脫之感，如清風徐徐而來，頓感神清氣爽。我這五十年來的風雨和煩惱，似乎全然放下了，我不由自主地磕起長頭，祈願永遠跟隨佛祖，利樂眾生。

轉身時，我們找到了玄奘法師曾經打坐的山洞。我跟中國人打交道這麼長時間，也是很有感情的。過去，每當佛教協會舉行大型活動時，看著漢傳佛教的出家人穿著黃袍，敲著木魚誦唱《心經》，我的心總是享受的。連尊者達賴喇嘛在講法時，如果沒有巴利語系的僧伽，法王就讓漢傳佛教的僧伽誦唱《心經》，隨著悠揚的旋律，法王會微微頷首，有時候，還用指頭打著節拍。

我們都在玄奘法師打過坐的洞裡閉目打坐。曾經，我去朝拜西安大雁塔時，得知玄奘法師揹著《大藏經》，走了那麼迢遙的路，艱苦地在漢地弘揚佛教，很是感慨和隨喜這無量的功德。

從靈鷲山下來時，我們也給窮人做了善施，雖然陪同的人說這些要飯的也不是眞正的乞丐，而是職業乞丐。開始，只有一個小孩要錢，等我拿出錢時，一下子圍上了二、三百人，連警察也過來了，腋下挾著一個小木棍，指指這個，又敲敲那個。乞丐們就排起了長隊，我一個個地給錢。他們要過一遍後，就不會再來了。最後那位警察也排到了隊伍的末尾，笑咪咪地向我伸手要了錢。

我們還欣賞了瓦拉那西的夜市。那個市場的攤鋪重重疊疊，迷宮似的，要不是有嚮導，一進去就會出不來了。我們又怕迷路，又感到新鮮。那些小商小販就圍著我們推銷商品，但是，店鋪裡的商人卻在喝茶、吸菸、聊天，很是自在，也歡迎顧客過去聊天，買不買都沒關係。有時他們還會把東西扔到顧客的懷裡，不買的話，再扔回去就是。

到恆河岸邊時，正是黃昏。對我們來說，恆河水是甘露，不僅要喝，還計畫帶回去一點。這天，對印度人來說，可能是個吉祥日子，因爲有十多具屍體都在等待火葬。我們眼看著，他們連包屍布也沒有拿下來，就和抬屍的架子一起，把屍體挨個放到恆河裡浸泡一下，再放到燃燒的木頭上。自然，我們沒有喝恆河水，也放棄了帶水的想法，只是在恆河上划了船。天黑了，我們在小小的紙船裡放上點燃的蠟燭，燭光一閃一閃地映著我們的臉，我們捧起裝著燭光的紙船，舉過頭頂祈禱，再放入恆河。成千上萬的紙船，此時都在順水漂著，一片橘黃色的寧靜。

後記　不是記仇是防範

寫英文自傳

透過窗子，我看著那些紅杉樹，眞像經堂裡的柱子，個個筆直。雨水從樹丫上一滴滴落下，連成了一條線，念珠似的，一串又一串。

我回到平時打坐的座位上。屋裡很安靜，靜得只有窗外的溪流傳來「嘩嘩」的聲音。水，顯然比昨晚大了。舊金山的冬末春初，雨總是下得很厲害，沒完沒了。

在這樣寂靜的時刻，最近一段時間，我的回憶總像不盡的江河，滾滾而來。想起離開北京機場的那個時刻，眞是冒險啊，如果被海關察覺出蛛絲馬跡，後果都是不堪設想的。雖說到了瓜地馬拉，安全了，可是新的困難一個接一個。在瓜地馬拉的那兩個月，仍然是坐臥不寧啊。後來，到了紐約、洛杉磯，像走馬燈一樣搬家，直到有了這個紅杉林深處的木屋，才算是落了腳，有了佛堂，就可以打坐念經了。

時光流逝說快也快，不知不覺的，我已近五十歲了。

想起童年時，雖說被新中國「解放」了，可我周圍的僧人們、我的父母和親戚們，仍然生活在舊西藏的和平裡，最關心的內容總也少不了與佛教相關。雖然那時沒有電，連寺院裡也點著油燈，大家也還都是快樂的。晚上，我們圍著油燈坐在一起時，我總喜歡看一個個映照在牆上的巨大身影，我就遐想，再過些年，我就會長得那麼高大吧？沒過多久，寺院裡有了電燈，那些落在牆上的人影都消失了。說實在的，我很是懷念點油燈的樂趣。

很快地，颳起了暴風雨式的政治運動，像狂風捲走樹葉一樣，那些高僧大德都被捲進了監獄。我的經師慈誠拉森常跟我叨咕：「千萬記住這些事情，要告訴給後人。這不是記仇，是防範啊。你看看，無緣無故地死了多少人啊！」

寫書的想法，實際上從那時起，就在我的心裡扎了根。嘉雅仁波切常說，要多讀書，哪怕是漢文和禁書，都應該讀。我找來了一些豎版的漢文書，有的連封面和封底都不見了，或者後面幾頁都被撕掉了，讀到那個地方時，真讓人著急啊。一些民間流傳的書，比如《封神演義》、《水滸傳》、《三國演義》等等，我都讀得很上癮。我還讀了一些翻譯作品，都是朋友悄悄找來的，其中，我最喜歡的是描寫草原的書，邊讀就邊想，有一天，我也要把我的家鄉寫出來。就這樣，我常常寫呀寫的。

說起來，對我寫作有一些影響的，是我的朋友張曼巴張學義先生。他早年在監獄裡給他太太的信，都是十分感人的。每當我去看望他那一家老小時，他的太太就會拿出那些信給我看。有一

舊金山郊外的「磨坊谷」（Mill Valley）是一處風景優美的小城鎮。自從一九九八年出走以來，我們流浪了近一年後，第一次安頓下來的地方就是這座紅杉圍繞的古木屋。在這裡，我開始了我的日常修行，還完成了英文自傳《虎口餘生》（*Surviving the Dragon*）。（阿嘉仁波切繪）

次，張先生寫道：「自從我娶了你以後，一天也沒有好好地陪過你，都是因爲這個不幸的命運，讓我在監獄裡的日子沒有盡頭。好在你生了兩個孩子，讓我們張家有了傳宗接代的根苗。那天，我戴著手銬排隊上車，從西寧轉到德令哈監獄時，看到你抱著我們的孩子，在遠處可憐巴巴地目送我，心裡覺得實在是對不起你……」

看到這些信時，我也哭了，並深深地感到文字的力量。張先生出獄後，說他還寫了一些文化大革命的事情，我就問：「能不能給我看一看？」他笑了：「佛爺，還不到時候。」後來，聽說他的書一直沒有機會出版。

那麼，現在我到了國外，再也沒有了那種有形無形的鉗制，爲什麼不把印在我腦子裡的往事寫出來呢？

可是，怎麼寫呢？住在瓜地馬拉時，朋友送了我一台電腦，沒有藏文軟體，只能用漢文寫了。當然，用漢文寫也是很有必要的。因爲，我要寫的事情都發生在一九四九年以後，與中國的新政權、與漢民族息息相關。於是，我開始寫作自傳，大概分了五個部分，第一部分爲童年，第二部分爲「宗教改革」和文化大革命，第三部分爲改朝換代和寺院半開放，第四部分爲班禪大師的突然圓寂和我主持塔爾寺，第五部分爲「金瓶掣籤」和我的出走。

我幾乎天天都在寫作。這引起了我們中心裡的成員波娜特和朱麗雅的注意，她們好奇地問了我很多問題。當時，我的英文正在入門學習中，就借助字典，費了九牛二虎之力，才使她們明白了我在寫自傳。兩人都迫不及待了，想一睹爲快。

當發現我是用漢文寫作時，她們很是失望：「能不能翻譯成英文？」

這是一個好主意。後來，結識了一位漢人朋友，他是大學教授，幫我譯成了英文。可是，這幾位美國的佛教徒讀了以後，就跟我提出了新的建議：「老師啊，您的經歷太了不起了，能不能直接用英文寫？」

我同意了。就這樣，波娜特和朱麗雅，又加上另外兩位感興趣的信徒，還有我，一共五個人，我們組成了一個寫作小組，在紅杉林木屋開始了我的英文版自傳的寫作。

冬天的舊金山還是很涼的。我們點著爐火，伴著木柴「劈劈啪啪」的燃燒聲，沉浸在往事的回憶裡。他們有時想知道嘉雅仁波切長什麼樣子，有時想知道那些幹部們穿的是什麼樣的衣服，「是軍裝嗎？」每個細節，他們都想知道。一旦我說得精彩，他們會高興地站起來，走到我的身邊，跟我擁抱。冬去春來，外面的天堂花開了又落，落了又開，那些直沖雲天的杉樹，一陣又一陣地飄來很濃的樹脂清香。不知不覺地，我的英語也提高了。我的自傳也一次次地修改、撰寫。就這樣，整整寫了四年。

二〇一〇年，紐約一家著名的出版社 RODALE 出版、發行了我的自傳，名爲《*Surving the Dragon*》。其中還有多張我個人、家族及塔爾寺的舊照。當然也有我兼具政治身分、與中共官員周旋的舊照。

關於這本自傳，很多大學和學術單位都邀請我去講演。我去了哥倫比亞大學、哈佛大學、史丹佛大學、美國國會圖書館、維吉尼亞大學、普度大學等二十多所高等院校和學術中心。後來，我去西班牙巴塞隆納和英國倫敦講法期間，又應邀在英國的劍橋大學和牛津大學做了講演。

聽眾大致來自兩個領域，一是從事藏學研究、西藏佛教研究、西藏文化研究，以及歷史研究的學者。他們的要求有時很具體，比如，專門講一講班禪喇嘛的轉世，或者講一講漢藏關係、當前的西藏形勢等等；二是學生、教師，以及西藏文化和其他文化的愛好者。

而此書之所以受到歡迎，我認爲，比較重要的一點是，原原本本地記錄了過去五十年來，西藏所發生的諸多大事，公開了一段鮮爲人知也正在被人遺忘的歷史。

從塔爾寺到塔爾寺

那還是二○○五年的一天，一位遠道而來的朋友想看大海。我和群佩便陪朋友去了卡淼爾那邊的海灣。天氣出奇地好，海水藍得耀眼，潔白的雲絮飄來蕩去。看著一波又一波的海浪沖來，在黑色的礁石之間泛起巨大的浪花，讓我聯想到須彌山周圍的七金山和七金海。於是，我在岸邊一塊平整的大石頭上坐了下來，閉目觀想。而我的朋友和群佩繼續往前走著。

不知過了多長時間，群佩又折了回來，一路小跑遞來了手機。是達賴喇嘛駐紐約辦事處的代表打來的電話，提醒我，等會兒將有個重要的電話，讓我注意接聽。大約過了十幾分鐘吧，果然來了電話，是從印度打來的，來自達賴喇嘛的祕書丹增曲吉。他說，尊者的哥哥塔澤仁波切因爲身體的關係，已經不能管理布魯明頓的西藏文化中心了，想請我過去主持。原因是，我和塔澤仁波切都來自塔爾寺，都當過塔爾寺的住持。尊者希望在那裡能夠延續塔爾寺的法脈。

從電話裡，我已感到了責任的重大。其實，我出走的想法很簡單，就是想安安靜靜地修行。

從前，管理塔爾寺時的忙碌，確實不想重複了。我就說出了心裡話。丹增曲吉說：「您請假？那麼，尊者跟誰請假呀？您去主持那裡很重要啊……」

其實，塔澤仁波切身體還好的時候也流露過這樣的想法。那是一九九九年，我製作的立體時輪金剛壇城運到布魯明頓的西藏文化中心後，我也去了那裡，爲的是提前布置壇城和參加尊者達賴喇嘛主持的時輪金剛灌頂法會。

當時，塔澤仁波切的身體恢復得很好，他領著我看了中心的各個地方，指著那座在樹林之間的白菩提塔說：「那裡有我們經師的靈骨。」

是的，在一九八〇年代初，塔澤仁波切得到中國的同意，曾回過塔爾寺一次。當時，我特別將我啓蒙經師慈誠拉森經師的靈骨分出一部分贈予了他。「這實在太珍貴了，我在那邊修菩提塔，要裝上咱們經師的靈骨。」塔澤仁波切當時就說。

想不到，如今因緣也把我帶到了這座菩提塔前。「這菩提塔和別的不一樣呀，前面沒有塔龕？」我問塔澤仁波切。

「後繼無人哪……」塔澤仁波切話說了一半，又笑了，「你來了，就搬過來住吧。僧人在國外不容易，這方面，我有經驗。」

接著，塔澤仁波切特別帶我去看了看樹林之間的幾個禪房：「搬過來的話，你就選一個吧。」塔澤仁波切的話讓我溫暖。然而，我不是一個人出來的，在其他人都沒有安頓之前，我還離不開加州。

而現在，我是眞的要去布魯明頓了。很快地，我就接到了流亡政府傳來、讓我管理中心的正式文件。於是在二〇〇六年，我帶著群佩來到了布魯明頓。我正式接替塔澤仁波切，管理起這座開示、學習佛法的中心。爲了吸收和開示蒙古信眾，更名爲「藏蒙佛教文化中心」。也許是因緣吧，這裡的確和塔爾寺有很多相似之處。比如，這裡的占地面積和塔爾寺一樣，都接近六百多畝；從地球儀上看去，西藏的安多和美國的印第安那州正好都對稱在一個經緯度裡，都有春夏秋冬，四季分明。

我首先在原有的基礎上，對中心做了維護性的修復。接下來，開設了《三主要道》、《修行七要》、《入菩薩行論》等佛學講座。後來，印第安那大學的一些中國學生提出：「您在加州講《廣論》，現在也給我們講《廣論》吧？」

我就專門開設了英文和中文兩種語言的《廣論》班。很是正式，有錄音，有網站。這一次，我講得很細，不僅講原文，還包括注釋。有時，我還請懂佛教的外國人來講。他們有些是修禪宗的，有些是修南傳佛教的。同時，我們還爲蒙藏家庭的孩子辦了一年一度的夏令營，專門溫習自己的語言文字、歌曲，做自己民族的飯菜。

在藏蒙文化中心的院子裡，我設計了一些嘛呢輪，利用太陽能轉動。對於佛教徒來說，這就是一個可以朝聖的寺院；而對於一般人來說，也可以具象地看到遙遠的西藏文化。

我還和各宗教之間進行了交流。甚至和印第安那大學聖保羅教堂的神父本篤成了好朋友，經常聯合舉行宗教活動。

爲了把藏蒙地區的文化特徵更多地展現於此，我還想從家鄉訂做十個蒙古包、十個帳篷和一個大佛的堆繡唐卡。唐卡想在有「唐卡之鄉」美譽的熱貢訂做。本來，我可以在蒙古國訂做，但我的思緒總是離不開家鄉，可又怕我的「政治問題」連累了家鄉的人，想來想去，覺得我的擔心可能是多餘的，畢竟，我都出來七、八年了，不會那麼敏感了吧？

於是就這麼定了下來。但沒想到，後來還確實牽連了不少人。像喇嘛久美[1]就是其中之一。他曾是拉卜楞寺寺管會副主任，二〇〇六年的一天，先打來了電話，解釋說：「以前我在拉卜楞寺的樂隊裡吹奏佛樂，還到過塔爾寺，當時拜見了您。」

我這才想了起來。喇嘛久美打來電話的意思是，他剛拿到護照，想去印度朝聖，請我介紹熟人。我自然滿足了他的願望。後來，他從印度回到拉卜楞寺，還特別打來電話說，有幸見到了尊者達賴喇嘛，聆聽了佛法，朝拜了菩提伽耶，這一生也就心滿意足了。我就請喇嘛久美幫忙訂做十個帳篷。他當即答應，並說正好有朋友是專門做帳篷的。

這以後我們常聯繫，談帳篷的進展情況。喇嘛久美說，很順利。眼看就要完工了，可有一

1 喇嘛久美：一九六六年生，拉卜楞寺僧人。法名久美江措，身分證名久美，別名久美果日。他出生於甘肅省甘南州夏河縣九甲鄉錄堂村的農家，十三歲到拉卜楞寺出家爲僧，曾經擔任「喇嘛樂隊」隊長、拉卜楞寺喇嘛職業學校校長、拉卜楞寺寺管會副主任。從二〇〇六年至二〇一一年，五年間，喇嘛久美歷經四次被捕，而第四次被捕發生於二〇一一年八月二十日，迄今音訊全無。據分析，他的這次被捕與他在二〇〇八年以視訊方式向全世界公開作證、披露藏地被壓迫的眞相有關，屬於秋後算帳。當時他在祕密攝製的視訊中，一人面對鏡頭訴說長達二十分鐘，用眞的面孔、眞的聲音、眞的名字，對二〇〇八年三月以來的西藏事件提供了完整的證言，表達了身爲普通藏人僧侶的希望。這個視訊被美國之音藏語電視節目 Kunleng 播出後，引起很大反響。

天，久美在電話裡的聲音比往常小了很多，顯得緊張：「有一個人，今天我走到哪裡他就跟到哪裡，我像是被人盯上了！」

「你都做了什麼？」我也緊張了。

「我就是去街上買做帳篷需要的東西，別的沒做什麼呀。」喇嘛久美說。

「是不是去印度的原因？」我問。

「就算我去了一趟印度，那也是合法的啊。」喇嘛久美說。

很快地，喇嘛久美又來了電話。這次，他的聲音甚至有些發顫，帶著明顯的恐懼：「不好了，我真的被盯上了。」他說當發現確實被盯上後，就跑到臨夏，去了一家他常住的旅館。老闆一見他就說：「安全上的人在找你呀，都來過好幾次了。我在二樓給你登記了一間房子，沒寫你的名字，快去躲一躲吧。」

喇嘛久美就去了房間，可心裡仍然不踏實，從窗戶往外一看，發現院子裡出現了兩、三輛警車，就從衛生間的窗戶跳了下去，正好落到一戶人家的屋頂。房裡有個老頭以為他是小偷，正要喊人，喇嘛久美就說：「你別喊，我沒有偷過任何人，只是想從這裡出去。」

「到底發生了什麼？」那老頭盤問。

「有人在追我。我就是去了一趟印度，拜見了達賴喇嘛。」喇嘛久美解釋著。

老頭就放了他。而他脫身後就給我打了電話：「我不怕，什麼都不怕！」他像是在安慰自己似的。後來，我就聽說，那些帳篷全都被沒收了，還有我請其他人訂做的蒙古包，據說都從廠裡拉了出來，但在門口被沒收了，包括那幅大的堆繡唐卡，也被沒收了。問他們為什麼要沒收？他們說，這都屬於境外反革命活動。

過了好久，喇嘛久美又來過一次電話，說他幾次被抓進去。有一次，他跑到塔爾寺，身上一點錢都沒了，就找朋友借了錢，去了互助縣。路上，出現了幾輛警車，橫在前面，把他們的車擋住了，然後，那些人上車抓住喇嘛久美，往他的頭上套了一個麻袋。當時，喇嘛久美根本不知道把他帶到了哪裡，後來才發現是臨夏。他們審問他在印度都見過誰？說了什麼？喇嘛久美說，我就實話告訴他們，我見到了達賴喇嘛、桑東仁波切，我對達賴喇嘛說，所有的西藏人都在盼著他早日回來。後來他們又問喇嘛久美，你跟阿嘉活佛通電話都說了什麼？喇嘛久美也如實地告訴了他們：沒有別的，就是訂做帳篷。

那以後，我再也沒有接到喇嘛久美的電話。根據網上的消息，他最後一次被捕是二〇一一年八月，至今未獲釋，凶多吉少。

再說我接任藏蒙佛教文化中心住持的這一年，也就是二〇〇六年夏天，我到瑞士參加尊者達賴喇嘛的法會，在向法王彙報時，他很是高興，一再詢問這邊的進展。我代表藏蒙佛教文化中心向法王提出邀請。法王的行程非常緊，一般都要提前三、四年申請才可能排上，然而，他當即答應了我。當時，祕書爲難壞了，查看行程時怎麼也找不到合適的時間。但是，法王說：「這個必須插進去，我必須去。明年就去。」

二〇〇七年，法王來布魯明頓之前，美國聯邦警衛和地方警衛也差不多來了三、四十人，安排路線、開會。比江澤民到塔爾寺時隆重得多。並且，美國的警衛很是自律，我們準備的飯菜，他們一點也不吃，紀律十分嚴明。

我是到機場迎接達賴喇嘛的。當他走下飛機，接過哈達加持在我的肩上時，我實實在在地感到了責任的重大。我陪著法王坐上了美國國務院配給他的專車，向布魯明頓駛去。除了前面的幾輛警衛車和摩托車以外，我們的車裡，在副駕駛的座位上也坐了一個警衛，後來我發現，他其實是所有警衛的負責人。

我和法王坐在後面，我的右臂挨著法王的左臂。這時，法王抬起手，握住了我的右手。那種親切和關愛，從那隻打顫的掌心之間傳入我的精神。

「中心開課了吧？誰在講課？」法王問。

「多數是我和格西啦講，有時候請西方學者講。」我說。

「很好，很好。」法王說：「前段時間，我在歐洲，看到有個大學搞了一個研究，專門以我們的辯經方法訓練學生，現在，那幾個學生的思維明顯與其他人不一樣，開放、敏捷，給了我不少啓發呀，你們也可以參照這個。你也經常去大學演講嗎？」

「是，經常去。」我說。

「都講些什麼內容？」法王問。

「佛教和佛教藝術我都講過。」我說。

「佛教藝術？這怎麼講啊？」法王轉身看著我。

「主要是東西方藝術比較，以佛教藝術特點爲主。」我答道。

「噢，要是叫我講藝術，我可不行呀。」法王笑了。

「到藏蒙佛教文化中心之前，我們先去聖保羅教堂吧。」快到布魯明頓時，我對法王說。

「各宗教共同祈禱和平的儀式是今天嗎？」法王對他的日程安排非常清楚。

「是。這就到了。」我看著印第安那大學的古老建築在我的眼前掠過。

「好，這很好。應該和各宗教多交流。」法王鼓勵我。

在印第安那大學的聖保羅教堂，神父本篤舉行了大型的迎接儀式，十幾個宗教團體都參加了，有天主教、基督教、伊斯蘭教，連本土的薩滿教人士也來了，共有八百多人。唱詩班唱的是《宗喀巴大師贊》。法王坐在台上，忍不住轉頭看著唱詩班感慨：「我是第一次聽到唱詩班唱頌佛樂呀。」

接著法王舉行了三天的講法，主要講阿底峽尊者的《菩提道炬論》。有二、三十位神父也要求參加，我把他們安排在台上的僧團裡。

一天，法王去講法時，一位蒙古來的老人等在門口。他坐在輪椅上向法王合掌問候。法王問他多大年紀？他說，一百零二歲了，叫達西仁欽。

「你的身體很好啊。」法王感歎。的確，老人滿臉善容，看起來很是健康，還要起身給法王頂禮，法王按住他的肩，沒讓他起來。

「你是哪個寺的僧人？」法王問。

「烏蘭巴托的丹巴大日吉嶺寺。我八歲就出家了，跟著經師修法，二十歲受了比丘戒。到了一九三七年[2]，我三十三歲的時候，我們遇到了從來也沒有過的災難，從此我就失去了經師，

2 一九三〇年代與蘇聯肅反而同步發生的蒙古大清洗，據今天歷史學家的研究考證，應有十萬人死於大清

失去了寺院，也失去了我的戒律呀……」老人說著哭了。

法王的眼淚也湧了上來，就用下頷頂著他的頭，給予他特別的加持。我也淚眼朦朧。但是，我的難過，不全是因為共產政權毀掉了我們的和平，而是，完全沒有原因地，湧上一種對西藏，確切地說，是對塔爾寺的思念。不知何時，才能把我如今正在享受的自由帶回家園。

像是有一種感應，或者說是一種交流，二〇一一年初，在網上，塔爾寺僧人誠烈嘉措給我寫了一首詩。正如把這首詩轉發給我的藏人說：「僧人誠烈嘉措帶著憂傷訴說著對上師的強烈思念，以及對塔爾寺和佛教未來命運的擔憂。」[3]當時，我在旅行途中，看到這首詩，似乎覺得周圍的聲音都漸漸淡去，只有誠烈嘉措哼著他的歌謠，質樸醇厚，也讓人頗感心酸。我也回應了他，賦詩表示了這樣的心願：「惡業罪障淨除後，善業祈願圓滿時，兄弟老幼於故里，終有一日能相聚。」[4]

最後，我想以誠烈嘉措的詩作為我的自傳的尾聲。因為這是來自今天的塔爾寺年輕僧人的聲音，他訴說的一切對於也曾是塔爾寺年輕僧人的我來說，多麼地熟悉、無常，但也給予未來一種希望：

阿嘉仁波切，
今晚的夜裡，
我還會夢見您嗎？

阿嘉仁波切，
昨夜的仁波切，
是今天的太陽；
昨夜的祈禱，
是今天的祈愛；
昨夜的佛音，
是今天的經燈。

可是……

洗，而當時蒙古人口總數不過七十餘萬。一九三七年八月蘇聯增派三萬野戰軍進駐蒙古，作爲肅反的武力後盾，開始大清洗。一九三九年末，内務部部長喬巴山的工作總結寫道：「到十一月，共處決喇嘛二〇三五六人，六百名是高級喇嘛，三一七四名是中級喇嘛，一三一二〇名是低級喇嘛，摧毀七百九十七座寺廟；在一九三七年和一九三九年之間，逮捕了五六九三八人，其中二〇三九六人被處決，被逮捕的人中有一七三三五人是喇嘛。」見〈漠北紅色風暴：外蒙古集體化和大清洗〉（http://woeser.middle-way.net/2012/10/blog-post_6.html）。

3 見唯色博客「看不見的西藏」：《塔爾寺僧人的詩：思念阿嘉仁波切》（http://woeser.middle-way.net/2011/01/blog-post_08.html）。

4 見唯色博客「看不見的西藏」：《阿嘉仁波切回贈塔爾寺僧人的詩與照片》（http://woeser.middle-way.net/2011/01/blog-post_13.html）。

阿嘉仁波切，
今天誠烈想跟您說：
今天的塔爾寺要變了，
無數的廟廟宇宇要變了。

阿嘉仁波切，
今天的塔爾寺在颺風，
無數的經幡一日吹落，
今天的大金瓦在下雪，
無數的佛徒感到日夜冰冷。

阿嘉仁波切，
今天的菩提樹在哭泣，
無數的心在滴血，
今天的五明佛學院在懷念您，
無數的學生掛念您流著淚。

阿嘉仁波切，

今天的護法神在呼喚著您，
無數的神明在陪伴著您，
今天的地寶八塔在冷風中迎著您，
無數的眾生在懷念著您。

阿嘉仁波切，
看見今天的塔爾寺，
想念今生的阿嘉仁波切，
心裡充滿著苦辣。

阿嘉仁波切，
我今生的雙眼，
是您指引我。

阿嘉仁波切，
今天是元月初五，
對我來說，
是永遠難忘的日子，

也是覺悟成長的一日。

……

本書寫作始於一九九八年
終於二〇一二年七月
修訂完成於二〇一二年十二月

附錄：阿嘉仁波切傳承及大事記

一、阿嘉仁波切的傳承

㈠二十一世阿嘉仁波切

在藏傳佛教的傳統中，轉世朱古或轉世仁波切的認證是非常重要的。按照傳統，朱古或仁波切的轉世會一直追溯到佛陀本人或某位阿羅漢。同樣，我的情況也不例外。通常，阿嘉仁波切傳承被認爲是八世，有比較明確的記載；而在這之前，還有十三世（有說十二世）轉世。雖然這些轉世沒有詳細的歷史紀錄，但在傳統上，這十三世被認爲是：

第一世	Drajompa Gedun Sung 阿羅漢・更登松（僧護）	དགྲ་བཅོམ་པ་དགེ་འདུན་སྲུང་།
第二世	Shang Dorje Duedul 香・多傑堆杜（金剛伏魔）	ཞང་རྡོ་རྗེ་བདུད་འདུལ།
第三世	Gewe Jongnee 格尾迥勒（善生源）	དགེ་བའི་འབྱུང་གནས།
第四世	Tse Dawe Wangbo 色・達尾旺波（月主）	ཚེས་ཟླ་བའི་དབང་པོ།
第五世	Nyagmo Kolwa 納謨柯巴（女奴）	ནག་མོ་ཁོལ་པ།

第六世	Sayee Nyingbo 薩伊領波（地藏）	ས་ཡི་སྙིང་པོ།
第七世	Lodon Gedun 諾敦格敦（宣史僧）	ལོ་ཙཱ་བ་རིན་ཆེན་ཉམ་རྒྱལ།
第八世	Lotsawa Rinchen Namgyal 譯師仁清朗嘉（寶尊勝）	ལོ་ཙཱ་བ་རིན་ཆེན་རྣམ་རྒྱལ།
第九世	Choewang Drakpa 卻旺扎巴（法王稱）	ཆོས་དབང་གྲགས་པ།
第十世	Chamba Tonyoe 絳巴鄧約（慈氏不空）	བྱམས་པ་དོན་ཡོད།
第十一世	Wangchug Rapten 旺秋饒登（自在堅）	དབང་ཕྱུག་རབ་བརྟན།
第十二世	Choedan Rabjor 卻登饒覺（法富）	ཆོས་ལྡན་རབ་འབྱོར།
第十三世	待查	མཚམས་འདིར་མཚན་སྨྲ་མི་དེས།

繼十三世之後的八世爲：

八世阿嘉仁波切

姓名	生卒年份	繞迥	出生地
Arjia Tsultrim Jongni or Arjia Choedan Rabjor (Unclear) 阿嘉・崔臣迥勒（戒生處）或阿嘉・卻登饒覺（法富） ཚུལ་ཁྲིམས་འབྱུང་གནས། ཆོས་ལྡན་དཔལ་འབྱོར།	十六世紀	未知	可能來自拉薩地區
Arjia Sherap Sangbo 阿嘉・喜饒桑布 ཤེས་རབ་བཟང་པོ།	一六三三（火雞年）至一七〇七(火蛇年）	一〇-一一	Sina Tribal Area – Li Shu Village, Amdo 安多柳樹村 1（司納部落地區）
Arjia Lobsang Denbi Gyaltsen 阿嘉・羅桑丹貝堅贊 བློ་བཟང་བསྟན་པའི་རྒྱལ་མཚན།	一七〇八（地鼠年）至一七六八(地鼠年）	一一-一二	未知

Arjia Lobsang Jamyang Gyatso 阿嘉・洛桑嘉央嘉措 བློ་བཟང་འཇམ་དབྱངས་རྒྱ་མཚོ།	一七六八（地鼠年） 至一八一六（火鼠年）	一三—一四	Gomee Horja, Amdo 安多貴德賀爾加
Arjia Yeshe Kalsang Kedrup Gyatso 阿嘉・益希克珠嘉措 ཡེ་ཤེས་སྐལ་བཟང་མཁས་གྲུབ་རྒྱ་མཚོ།	一八一七（火牛年） 至一八六九（地蛇年）	一四—一五	Gomee Horja, Amdo 安多貴德賀爾加
Arjia LobsangTenbe Wanshuk Sonam Gyatso 阿嘉・羅桑丹貝旺秋・索南嘉措 བློ་བཟང་བསྟན་པའི་དབང་ཕྱུག་བསོད་ནམས་རྒྱ་མཚོ།	一八七一（鐵羊年） 至一九〇九（土雞年）	一五—一五	Gomee Horja, Amdo 安多貴德賀爾加
Arjia Lobsang Lundak Jigme Tanbe Gyaltsen 阿嘉・羅桑隆朵久美・丹貝堅贊 བློ་བཟང་ལུང་རྟོགས་འཇིགས་མེད་བསྟན་པའི་རྒྱལ་མཚན།	一九一〇（鐵狗年） 至一九四八（土牛年）	一五—一六	Gomee Horja, Amdo 安多貴德羅漢堂村
Arja Lobsang Tubten Jigme Gyatso 阿嘉・洛桑圖旦久美嘉措 བློ་བཟང་ཐུབ་བསྟན་འཇིགས་མེད་རྒྱ་མཚོ།	一九五〇（鐵虎年） 至—	一六	Kokonor, Amdo 安多烏蘭淖爾

1安多柳樹村：藏文的音接近「裡敘」，是丁香的意思，可現在叫柳樹莊。司納部落，現在叫西納川地區。

第一世阿嘉仁波切（十六世紀）

因現有史料存在分歧，所以不能確定第一世阿嘉仁波切是崔臣迴勒（戒生處）還是卻登饒覺（法富）。第一世阿嘉仁波切出生於十六世紀，可能是一五六〇（鐵猴）年三世達賴喇嘛擴建塔爾寺時，跟隨三世達賴喇嘛從拉薩來到安多。在三世達賴喇嘛蒞臨塔爾寺前，這裡只是一個僅有七位僧人的小殿。

1633　**1600**　**1500**

第二世阿嘉仁波切

阿嘉・喜饒桑布（1633-1707）

阿嘉・喜饒桑布出生於一六三三（木雞）年，一七〇七（火狗）年圓寂。出生地是安多柳樹村（司納部落地區），曾任塔爾寺第十六任住持，不僅自身精通顯、密經論，管理寺院也是井井有條。他以嚴明的戒律寺規規範僧眾，並為寺院僧人設立了一套修學佛法的系統課程。他還是塔爾寺夏安居辯經活動的首倡者。在他任塔爾寺住持期間，寺院修葺一新，增建了一間公共大廚房，並將原有的禪堂擴建為十六柱的大廳。

第三世阿嘉仁波切

阿嘉．羅桑丹貝堅贊（1708-1768）

阿嘉．羅桑丹貝堅贊的生卒年份都是在地鼠年，出生地不詳。年輕時，他在塔爾寺完成了五明的學習。後來成爲一名精通時輪曆算（佛法中對宇宙起源和運行規律的重要論述）的知名學者，寫下諸多著作和文章。他還寫過一本有關唐卡佛像繪畫尺寸比例規範的書，和一本藏文詩詞撰寫指導手冊。曾應乾隆皇帝延請至京受封。

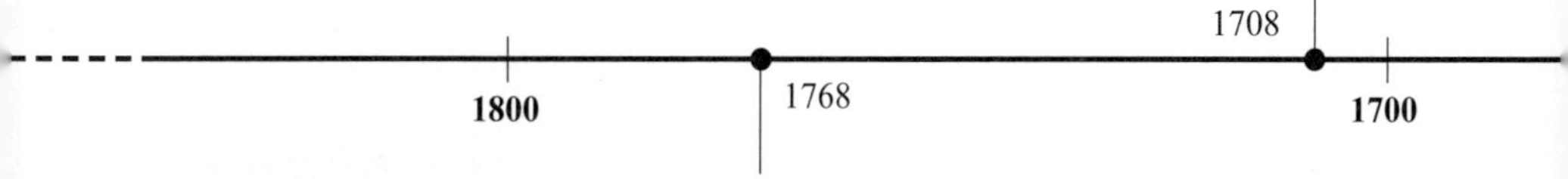

第四世阿嘉仁波切

阿嘉．洛桑嘉央嘉措（1768-1816）

阿嘉．洛桑嘉央嘉措出生於地鼠年，圓寂於火雞年。出生地在安多貴德賀爾加村，他的家人是部落首領。他七歲起在塔爾寺出家爲僧。十二歲時，班禪喇嘛班丹益西（Balden Yeshi）來到塔爾寺，阿嘉仁波切便成了班禪喇嘛座下的沙彌。之後，仁波切跟從他的主要老師，阿嘉雍增阿旺尼瑪（Arja Yungtsen Ngawang Nyima）學習。十八歲時面見清朝皇帝，回程途中，經過拉薩，受到法王八世達賴喇嘛強白嘉措（Jamphel Gyatso）和班禪喇嘛的接見。法王爲他授具足戒，並賜封「額爾德尼班智達」尊號。二十歲時，在拉薩時師從著名的時輪老師隆朵喇嘛（Lungdo Lama）仁波切學習天文曆算，二十五歲返回塔爾寺。後來再次前往中國，並一直待到三十六歲。

再次回到塔爾寺後，四十歲時仁波切被任命爲住持。期間完成了一部佛學著作，完成了寺院整修，開展了一項研究計畫，並廣弘佛法教授弟子。之後，蒙古的精神領袖哲布尊丹巴（Jetsun Dhanba）邀請他到蒙古擔任自己的經教師，仁波切便在烏蘭巴托待了四年，傳授包括時輪金剛在內的口傳和教授。哲布尊丹巴賜封他蒙古語尊號「三寶班智達」。後又應清乾隆皇帝的邀請返回中國，接受「賢能述道禪師阿嘉呼圖克圖」的封號，配官印。四十七歲時，阿嘉仁波切返回塔爾寺，重修宗喀巴大師的誕生處大金瓦殿。四十九歲圓寂後，他的法體舍利保存在大金瓦殿。

第五世阿嘉仁波切
阿嘉‧益希克珠嘉措（1817-1869）

阿嘉‧益希克珠嘉措出生於一八一七（火牛）年，圓寂於一八六九（地蛇）年。出生於安多貴德賀爾加村，由塔爾寺的乃瓊神諭認證爲第五世阿嘉仁波切。七歲入塔爾寺坐床，受到極大尊崇。在塔爾寺以勤奮好學著稱。後多次受清朝皇帝邀請入京。三十七歲從京城返回那年，阿嘉仁波切爲當地民眾大施供養。當其他大喇嘛請求他重修大金瓦殿時，仁波切前往蒙古和中國募集錢款，後於四十六歲返回。

當時，回族爆發抗議朝廷的戰爭，塔爾寺受殃及。阿嘉仁波切爲保護寺院，成立了護院軍，在軍中不分晝夜地奔忙。向清政府求援時，他被告知，朝廷關注事態，但更傾向於阿嘉仁波切能以和平方式解決問題。仁波切當然同意，從長遠來看，培養愛心是解決問題的最好方式，但在當時的急迫情境下，局勢刻不容緩。僧侶和村民被迫拿起武器，保家護寺，終於等到了清政府的援軍，平定了叛亂。五世阿嘉仁波切圓寂於東廓（Dong Kor）現湟源縣所在地要塞，享壽五十三歲。

1817

1871

1800

第六世阿嘉仁波切
阿嘉‧羅桑丹貝旺秋‧索南嘉措（1871-1909）

阿嘉‧羅桑丹貝旺秋‧索南嘉措出生於一八七一（鐵羊）年，圓寂於一九○九（地雞）年。他出生在安多貴德賀爾加（Gomee Horja）村。九歲入住塔爾寺，因成績優異而廣受尊敬。和他的前世一樣，也曾參與軍事行動，善於使劍和矛。一八九五年回族在此爆發抗議朝廷的戰爭時，他應徵參與平息。一九○○年，清光緒皇帝派阿嘉仁波切前往日本，以高僧身分要求日本天皇停止中日之間的戰爭。留日期間，他被邀請至京都的劍道比賽上展示劍術。阿嘉仁波切贏得了日本天皇的敬佩，被贈予包括佛像和一柄寶劍在內的各種禮物。當時，有一位祕書對此事件做了紀錄並繪製了當時的場景。這一紀錄文本和日本天皇所贈的部分禮物，被保存在北京雍和宮的阿嘉佛倉（現在叫北京藏傳佛寺），後在文化大革命中散失。佛像、寶劍以及訪問日本期間的照片，保存在塔爾寺仁波切的居所，每年新年會對公眾展示。可悲的是一九五八年，這些文物在一場暴力政治運動中慘遭毀壞。

第七世阿嘉仁波切
阿嘉·羅桑隆朵久美·丹貝堅贊（1910-1948）

阿嘉·羅桑隆朵久美·丹貝堅贊生於一九一〇（鐵狗）年，一九四八（火豬）年示寂。和他的三位前世一樣，也出生在安多貴德羅漢堂村。第七世阿嘉仁波切是一位偉大的學者，將畢生心血奉獻給了佛法教學。在他的一生中，出版了四部著作。作爲住持，他戒律嚴明，以嚴格的規章規範寺院僧眾。但時逢朝代更迭，衰敗的清王朝被中華民國取代，另有現代西方影響帶來的衝擊，儘管他費盡努力，寺院部分僧侶的道德水準仍有所下降。一次，有一位僧人將寺院的一幅唐卡私自帶回家中供奉，被仁波切發現。雖然他是一個溫和的人，那次卻非常憤怒，打了那位僧人。次日，仁波切的手腫了起來，這以後，手越發腫得厲害，直至去世也沒能治癒。一年後（一九四八年），第七世阿嘉仁波切圓寂，年僅三十八歲。他的荼毗大典在塔爾寺院內舉行。

1910

2000　　1950　　1900

第八世阿嘉仁波切
阿嘉·洛桑圖旦久美嘉措（1950-）

（詳見下頁的「阿嘉仁波切大事記」）

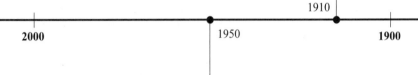

二、阿嘉仁波切大事記

一九五〇年　鐵虎年，阿嘉仁波切出生在安多藏區多倫淖爾草原（位於今青海省）。他的父母都是青藏高原遊牧、有藏人血統的蒙古人。

一九五二年　經由十世班禪喇嘛認定爲格魯派宗喀巴大師的父親魯本格的轉世靈童，法名阿嘉．洛桑圖旦久美嘉措，爲第八世阿嘉仁波切，塔爾寺寺主。並被迎請到塔爾寺繼承法座。

一九五八年—一九六一年　中共發動「宗教改革」政治運動，八歲的阿嘉仁波切經歷塔爾寺劇變，僧眾由三千六百多人減爲六十多人；安多、康等藏區被大清洗，僅阿嘉仁波切家族就有二十九人被逮捕、勞改，他的父親死於獄中。接著在連續三年的大饑荒中，挨餓並目睹餓死多人。年幼的仁波切被迫換上便服，上中文學校。

一九六一年—一九六五年　阿嘉仁波切在札什倫布寺學習佛學四年，因十世班禪喇嘛上書中共領導人遭到批鬥，只得返回塔爾寺。

一九六六年—一九七六年　「文化大革命」期間，阿嘉仁波切被下放，當農民，受到監督勞動改造。直至毛澤東死後，文革結束。

一九七八年　當地公安廳官員遊說阿嘉仁波切加入中國共產黨，被他婉言謝絕。

一九七九年 阿嘉仁波切就讀青海民族學院的研究生。

一九七九年以來 阿嘉仁波切陸續參加青聯會、政治協商會、佛協會等，並隨同十世班禪喇嘛出國訪問。

一九八七年 班禪大師在北京建立藏語系高級佛學院，阿嘉仁波切入學深造並受聘爲研究員。

一九八九年二月 阿嘉仁波切去日喀則札什倫布寺參加班禪大師主持的扎西南捷大殿開光。之後，班禪大師突然圓寂，留下懸疑。

一九九〇年 阿嘉仁波切任塔爾寺住持。

一九九五年 在十一世班禪轉世靈童問題上，中共在全藏區開展批判達賴喇嘛的政治運動，期間達賴喇嘛認定的十一世班禪喇嘛失蹤，中共推崇自己指定的班禪。阿嘉仁波切與諸多高僧被迫參加一九九五年十一月的「金瓶掣籤」儀式。

一九九八年 時任中國佛教協會副會長、中國全國政協常委、青海省政協副主席、全國青年聯合會副主席的阿嘉仁波切，拒絕接受擔任中共指定的十一世班禪喇嘛經師的安排，拒絕接受中共給予的更高的政治地位，於二月二十日祕密出走。先是去瓜地馬拉，後至美國。並於四月二十八日在紐約謁見四十年不見的尊者達賴喇嘛。

阿嘉仁波切一九九八至二〇一三年旅美大事記

一九九八年阿嘉仁波切離開西藏，來到美國之後，建立了兩處佛學中心，並針對流亡藏人以及在蒙古國境內和旅美的蒙古人，開展了一系列卓有成效的慈善事業。平時，除定期開展佛法教學外，還要爲中心的事務奔忙，並參加其他重要活動。以下是仁波切旅美期間的主要大事記：

一九九八年 在尊者達賴喇嘛、國際聲援西藏運動（International Campaign for Tibet）組織和著名藏傳佛教學者們的協助下抵達美國。

一九九八年四月 與尊者達賴喇嘛在紐約市會面。

一九九九年 獲得美國政府政治庇護。

二〇〇〇年 在加利福尼亞州磨坊谷（Mill Valley），創建悲智藏傳佛教中心（TCCW），並開示佛學講座。

二〇〇〇年三月 在美國宗教自由委員會（US Committee on Freedom of Religions）作證。

二〇〇一年 在加州奧克蘭創建悲智藏傳佛教中心的分支，並講授三年的《菩提道次第廣論》。

二〇〇一年 前往印度訪問流亡藏人建立的藏傳佛教寺院，入寺並成爲南印度色拉寺色拉傑扎倉（學院）的正式成員。「九一一」事件發生後，舉辦了各宗教聯合祈禱和籌款的法會。

二〇〇三年三月二十日 主持舊金山亞洲藝術博物館的奠基儀式，並為儀式誦經祈福。

二〇〇三年 組織並帶領二十五人的佛弟子團參訪在印度的佛教聖地。

二〇〇五年六月 應尊者達賴喇嘛的要求，管理印第安那州布魯明頓藏蒙佛教文化中心（TMBCC）。迄今，負責TCCW和TMBCC兩處中心的管理工作。這兩處中心都致力於保存和保護西藏及蒙古境內外的藏傳佛教經典、藝術和文化。

二〇〇六年二月 建立西藏文化中心內的居所，開始中心的建築整修，並進行英、漢兩種語言的佛教開示。同時開始對當地和華盛頓地區、芝加哥地區、舊金山灣區和西雅圖等地的蒙古社區，舉辦佛教講座和法會。

二〇〇六夏 主辦第一屆西藏夏令營和蒙古夏令營。

二〇〇六年七月九日 為西藏文化中心的正式啓用舉行致獻開光儀式。

二〇〇七年十月二十三至二十八日 接待尊者達賴喇嘛對西藏文化中心的第五次來訪。法王於十月二十四日至二十六日，在印第安那大學禮堂講授阿底峽尊者的《菩提道炬論》，並於十月二十七日下午在印第安那大學大會堂對公眾演講「和平安寧源自慈悲」。在這次訪問時，達賴喇嘛將中心更名為「藏蒙佛教文化中心」（TMBCC）。

二〇〇八年三月 為在西藏抗暴中遭受嚴重迫害的藏人舉辦跨宗教祈禱儀式。

二〇〇八年六月 為四川大地震的受難者舉辦跨宗教祈禱募款儀式。

二〇〇九年七月二十七日　率美國和台灣等地的弟子，組織了爲期十天的蒙古朝聖行，沿途援助當地需要幫助的人，並參訪佛教聖地。

二〇一〇年五月十二至十三日　接待法王達賴喇嘛第六次到訪TMBCC。法王在印第安那大學禮堂講解被譽爲「諸佛之母」的《般若波羅蜜多心經》。五月十四日，法王在印第安那波里斯Conseco田徑場演講「和平安寧源自慈悲」。TMBCC與印第安那佛教中心以及「不同信仰援助饑餓倡議」組織，共同承辦了本次活動。

二〇一〇年　出版英文版回憶錄《虎口餘生》（*Surviving the Dragon*），由Rodale出版公司出版發行。

二〇一〇年六月　成爲美國公民。

二〇一〇年九月二十六至二十八日　在烏蘭巴托參加第一屆蒙古佛教國際會議，由位於烏蘭巴托的甘丹寺舉辦。

二〇一一年四月　爲日本大地震和海嘯中的受難者舉辦跨宗教祈禱儀式。

二〇一一年六月　訪問日本仙台和東京，爲地震和海嘯中的受難者祈禱。

二〇一一年六月二十七至二十九日　在蒙古烏蘭巴托參加「後社會主義之蒙古」的會議，由美國亞特蘭大埃默里（Emory）大學「存在區域風險的國家」專案主辦。

二〇〇三至二〇一三年　在印度達蘭薩拉成立旨在保護瀕危藏文化的「多種教育編輯中心」（MEEC），以保存和出版藏人文學作品，贊助「豆腐專案」，爲印度藏傳佛寺中修行的僧侶提供素食選擇等健康項目，贊助圖書館項目，爲達蘭薩拉的西藏難民提供圖書。

二〇一二年 主辦印度的拉卜楞寺僧人美國巡訪活動，爲位於印度德拉敦的拉卜楞寺募款。

二〇一〇至二〇一三年間 爲建成位於蒙古烏蘭巴托的癌症護理治療中心不斷舉辦募捐籌款活動。二〇一二年六月十二日該中心順利奠基，開業儀式擬定於二〇一三年九月二十一日。

二〇一三年一至二月 應牛津大學邀請，擔任講座教授兩個月。

國家圖書館出版品預行編目資料

逆風順水：阿嘉仁波切的一生和金瓶掣籤的祕密 / 阿嘉・洛桑圖旦著 . -- 初版 . -- 臺北市 : 大塊文化 , 2013.09
面；公分 . –(mark 系列；93)
ISBN 978-986-213-454-2（平裝）
1. 阿嘉 2. 藏傳佛教 3. 佛教傳記

226.969　　102015757

LOCUS

LOCUS

LOCUS

LOCUS